GALILEI UND DIE KIRCHE

Ein „Fall" und seine Lösung

GALILEI UND DIE KIRCHE

Ein „Fall" und seine Lösung

WALTER BRANDMÜLLER

CIP-Titelaufnahme der Deutschen Bibliothek
GALILEI UND DIE KIRCHE
Ein „Fall" und seine Lösung
Walter Brandmüller
Aachen, MM Verlag, 1. Auflage September 1994

ISBN 3-928272-35-7

Copyright 1994 by MM Verlag, Aachen
Alle Rechte vorbehalten
Umschlaggestaltung: mm agentur
Titelbild: Johannis Hevelii; Machina Coelestis
Gesetzt aus der TimesTen
Gesamtherstellung Clausen & Bosse, Leck
Printed in Germany

Inhalt

Vorwort 7
Literaturverzeichnis 13
Abkürzungen 20

I. Der Fall 23
    1. Das Trauma 25
    2. Die Geschichte 43
    3. Ursachen und Zusammenhänge 145
    4. Folgen für die Wissenschaft 165
    5. Zwei Jahrhunderte in der Diskussion 169

II. Die Lösung 197
    1. Der Kontext des Verfahrens von 1820 199
    2. Index-Kongregation und Heiliges Offizium 205
    3. Dramatis Personae 221
    4. Der Gang der Ereignisse 235
    5. Argumente Pro et Contra 261
    6. Causa Finita 287

Nachwort 301
Erklärung von 12 Nobel-Preisträgern 311
Bibliographie der Werke Galileis 313
Zeittafel 317
Personen- und Ortsregister 319
Der Autor 335

Vorwort

Im Jahre 1992 habe ich auf Einladung der Libreria Editrice Vaticana eine italienische Übersetzung meines im Jahre 1982 im Verlag F. Pustet, Regensburg, erschienenen Buches „Galilei und die Kirche oder das Recht auf Irrtum" vorgelegt. Von dem gleichen Buch war im Jahre 1987 eine Übersetzung ins Spanische unter dem Titel „Galileo y la Iglesia", Madrid, im Verlag RIALP, erschienen.

Von diesen beiden Ausgaben unterschied sich die Fassung von 1992 mit dem Titel „Galilei e la chiesa - ossia il diritto ad errare" wesentlich. Nicht, daß meine ursprünglich vorgetragene Sicht des Gegenstands oder Beurteilungen der damaligen Personen und Vorgänge hätten korrigiert werden müssen. Es handelt sich vielmehr um zweierlei. Einmal galt es, die seit 1982 zum Thema erschienene Literatur zu sichten, ihre Ergebnisse aufzugreifen und sich, wo geboten, damit auseinanderzusetzen. Insbesondere waren es die zahlreichen Veröffentlichungen, die, namentlich in Italien, aus Anlaß der Kolloquien, Symposien etc. erschienen sind, die zum Gedächtnis an den Galilei-Prozeß des Jahres 1633 im Jahre 1983 veranstaltet worden sind. Ihr großer Wert besteht vor allem darin, daß sie zumeist zu der wissenschafts- bzw. geistes- und kulturgeschichtlichen Einordnung der Gestalt Galileis nicht selten Wichtiges und bislang Unbekanntes beitragen. Zum andern aber wurde das 1982 erschienene Buch um die Darstellung der Nachgeschichte und der schließlich 1820 erfolgten definitiven Entscheidung des Falles Galilei erweitert.

Kurz drauf konnte im Verlag Olschki, Florenz, auf Anregung der Pontificia Accademia delle Scienze die vollständige Edition jenes Dossiers erscheinen, das im Verlauf der Auseinandersetzungen um das Werk „Elementi di Ottica e di Astronomia" des deutsch-römischen Astronomen Giuseppe Settele innerhalb der römischen Kurie, insonderheit des Hl. Offiziums, entstanden war: W. BRANDMÜLLER - E.J. GREIPL, Copernico, Galilei e la Chiesa-Fine della controversia (1820). Gli Atti del S. Uffizio, Firenze 1992.

Da beide Bücher nur in italienischer Sprache erschienen waren, lag es nahe, sie und - was die Edition betrifft - ihre Ergebnisse auch dem deutschsprachigen Publikum zugänglich zu machen. Dies geschieht nun in der Art und Weise, daß die Darstellung des „Falles" Galilei bis zum Urteil von 1633 im wesentlichen dem erstgenannten Buch entnommen wurde, während die Nachgeschichte bis zur Lösung der Frage im Jahre 1820 mit geringen Ausnahmen dem von mir verfaßten Kommentar zu der Aktenedition entspricht.

Die Tatsache, daß das Heilige Offizium die Frage, ob das heliozentrische Weltsystem mit dem katholischen Glauben vereinbar sei, im Jahre 1821 ein für allemal im positiven Sinne entschieden hat, wird in der einschlägigen Literatur nahezu nie erwähnt und überhaupt nicht gewürdigt, obwohl sie seit langem bekannt ist[1]. Schon die zeitgenössische Presse hatte in mehr oder weniger korrekter Weise davon berichtet[2]. Reise- bzw. Memoirenliteratur[3] erwähnte da und dort den Vorgang, und vor dem Forum der bayerischen Akademie der Wissenschaften hat Friedrich von Thiersch in einer „Rede über die Grenzscheide der Wissenschaften"[4] - gehalten am 28. November 1855 - auch die Angelegenheit Kopernikus-Settele behandelt. Thiersch hatte sich während dieser Ereignisse in Rom aufgehalten und von Niebuhr und anderen Bekannten diesbezügliche Informationen erhalten. Seine Münchener Mitteilungen sind nicht in allen Punkten korrekt, in ihrem Tenor zeigen sie jedoch Verständnis und Respekt für die kuriale Vorgehensweise, wenn er schreibt: „So viel bekannt, ist diese Entscheidung in allen Ländern der katholischen Christenheit ohne Widerspruch angenommen worden, und man hat sie mit Recht als einen Beweis geltend gemacht, daß auch die katholische Kirche wissenschaftlichen Entdeckungen

---

1 Vgl. Ed. Naz. 19, 419-421.
2 Vgl. oben 238f.
3 Vgl. etwa W. Ch. MÜLLER, Briefe an deutsche Freunde von einer Reise durch Italien ... 1820 und 1821 II, Altona 1824, 697, 714-716 (unkorrekt und „aufgeklärt"-arrogant im Tenor!).
4 Vgl. F. v. THIERSCH, Rede über die Grenzscheide der Wissenschaften, in: Gelehrte Anzeigen der königlich bayerischen Akademie der Wissenschaften 41 (1855) 177-211, hier: 179, 189-191.

sich nicht verschließe und vermeide, sich mit den anerkannten Resultaten besonnener und gegründeter Erforschung in Widerspruch zu setzen"[5].

Sodann hat darüber Maurizio Benedetto Olivieri, als Kommissar des Hl. Offiziums selbst in ausschlaggebender Weise an dieser Entscheidung beteiligt, in einem 1872 posthum erschienenen kleineren Werk[6] davon berichtet und sie begründet. Er vermochte sich dabei auf das Aktenmaterial des Hl. Offiziums zu stützen, dessen Kommissar er über Jahrzehnte hin gewesen ist. Auf Olivieris und Thierschs Ausführungen vermochte sich Franz H. Reusch zu stützen, als er seine Werke über den Galilei-Prozeß und über den Index niederschrieb[7].

Eine weitere, die „dürren" Akten wesentlich ergänzende Quelle für unsere Kenntnis dieser Vorgänge wurde im Jahre 1886 von dem bedeutenden römischen Philologen und Literaturhistoriker Giuseppe Cugnoni zum Teil zugänglich gemacht[8]. Es handelt sich dabei um das umfangreiche Tagebuch jenes Mannes, der im Jahre 1820 den Stein ins Rollen gebracht hatte. Dies war der deutschstämmige Römer und Professor der Astronomie an der „Sapienza", Giuseppe Settele[9], der durch den „Kampf" um das „Imprimatur" für sein Werk „Elementi di Ottica e di Astronomia", in dessen zweitem Band er das kopernikanische Weltsystem vertrat, die genannte Entscheidung herausforderte. In seinem Tagebuch gibt er eine ausführ-

---

5   Ebd. 191.
6   Vgl. Di Copernico e di Galileo. Scritto postumo del P. M. B. OLIVIERI Ex-Generale dei Domenicani e Commissario della S. Romana e Universale Inquisizione, ora per la prima volta messo in luce sull'autografo per la cura di un religioso dello stesso istituto, Bologna 1872. Ein nicht zutreffender Hinweis auf den unterbliebenen Vertrieb findet sich auf der entsprechenden Karte im Katalog der Vatikanischen Bibliothek, Signatur: Ferraioli IV 4897, der Name des Herausgebers P. Tommaso Bonora OP findet sich im Katalog der Biblioteca Casanatense.
7   Vgl. F. H. REUSCH, Der Process Galilei's und die Jesuiten, Bonn 1879, 441 f.; DERS., Der Index der verbotenen Bücher. Ein Beitrag zur Kirchen- und Literaturgeschichte II/1, Bonn 1885, 400.
8   Vgl. G. CUGNONI, Giuseppe Settele e il suo diario, in: La Scuola Romana 12 (1886) 265-284. Zu Giuseppe Cugnoni (1824-1908) vgl. A. CIMMINO, in: DBI 31 (1985) 338-342.
9   Vgl. oben 221-223.

liche Darstellung der Vorgänge, die zur Erteilung des „Imprimatur" für sein Buch geführt haben. Aus diesem Tagebuch veröffentlichte Cugnoni einige Passagen, wobei er daraus eine Kurzbiographie Setteles entwarf.

Wenig später, durch Cugnoni auf die Spur gesetzt, befaßte sich auch Antonio Favaro im Zuge seiner Galileiforschungen mit Settele und seinem Tagebuch und veröffentlichte seine Ergebnisse unter dem sehr tendenziösen und den Sachverhalt entstellenden, ja sogar ins Gegenteil verkehrenden Titel „L'ultima fase della lotta contro il sistema copernicano"[10]. Die entsprechenden „Deliberazioni della Congregazione del S. Uffizio intorno alla stampa dei libri che insegnano il moto della terra" aus den Jahren 1820-1822 edierte Favaro im 19. Band seiner „Edizione Nazionale" der „Opere di Galileo Galilei"[11].

Nachdem nun Setteles Tagebuch durch verschiedene Hände gegangen war, gelangte es in den Besitz der Universität von Rom, wo es 1977/78 buchtechnisch restauriert und konserviert wurde[12].

Dieser Umstand ermöglichte es im Jahre 1984 Jole Vernacchia-Galli, das Tagebuch als Quelle für die Geschichte der „Sapienza" in den Jahren 1810-1836 zu benutzen[13]. Natürlich behandelt sie darin auch die Affäre von 1820. Indes hat sie bedauerlicherweise auf einen, die Sekundärliteratur aufarbeitenden Kommentar verzichtet. Gleiches gilt auch von dem überdies fehlerhaften Abdruck der einschlägigen Partien des Tagebuchs durch Paolo Maffei im Jahre 1987[14].

Nichtsdestoweniger steht damit erstmals diese Quelle für die Vorgänge, die zu der gewichtigen Entscheidung von 1820 führten, zur Verfügung.

---

10 Erschienen in: Memorie del Reale Istituto Veneto di Scienze, lettere ed arti 24 (1891) 419-430.
11 Vgl. Anm. 1.
12 Vgl. J. VERNACCHIA-GALLI, L'Archiginnasio Romano secondo il diario del prof. Giuseppe Settele (1810-1836) (= Studi e Fonti per la storia dell'Università di Roma 2), Roma 1984, 9 f.; P. MAFFEI, Giuseppe Settele, il suo diario e la questione Galileiana, Foligno 1987, 47-73.
13 Vgl. Anm. 12.

Beide Autoren druckten in ihren Werken in photomechanischem Verfahren auch das vom Kommissar des Hl. Offiziums, P. Olivieri, zusammengestellte Dossier ab, das den Mitgliedern des Hl. Offiziums als Beratungs- bzw. Entscheidungsgrundlage diente.

Selbstverständlich enthielt dieses Dossier, das im übrigen in einem der wenigen für den Dienstgebrauch gedruckten Exemplare außer im Archiv des Heiligen Offiziums auch noch in der Biblioteca Apostolica Vaticana und in der Biblioteca Universitaria von Perugia schon immer zugänglich, aber nie benutzt worden war, nicht das gesamte im Verlauf des Verfahrens angefallene Material.

Dieses liegt jetzt, soweit erhalten, in der erwähnten Edition den interessierten Forschern lückenlos vor.

Bei diesen Arbeiten konnten wir uns stets des verständnisvollen Entgegenkommens der Kongregation für die Glaubenslehre, die das Erbe des Hl. Offiziums und der Indexkongregation angetreten hat, erfreuen. Dafür sei ihrem Präfekten, S. E. Joseph Kardinal Ratzinger, verbindlichster Dank gesagt.

Dank gebührt natürlich dem Archivar der Kongregation, P. Innocenzo Mariani, und Mons. Helmut Moll, die die benötigten Archivalien mit unermüdlicher Geduld und Hilfsbereitschaft ermittelten

---

14 Vgl. Anm. 12. In hohem Grade bedauerlich, weil geradezu schädlich, ist es, daß sich der cause célèbre auch Autoren annehmen, denen das hierfür nötige wissenschaftliche Rüstzeug fehlt. Das gilt besonders von dem Werk von P. SCANDALETTI, Galileo privato, Milano 1989, von dem das Kapitel „La vittoria postuma" besonders zu beanstanden ist. Es genügt ein Beispiel: Auf der einzigen Seite 238 finden sich folgende grobe Fehler:

1) SCANDALETTI behauptet, Benedikt XIV. habe auf Drängen des Kardinals Leopoldo Medici die Streichung des Verbotes heliozentrischer Bücher vom Index verfügt: Dies geschah 1757, Leopoldo Medici war jedoch bereits im Jahre 1675 gestorben!

2) In der Antwort Kardinal Gallis an Lalande 1765 ist von einem Dekret des Hl. Offiziums die Rede und nicht, wie SCANDALETTI schreibt, von jenem Dekret des Hl. Offiziums von 1616, das den Heliozentrismus als absurd und häretisch verurteilt habe. Ein solches Dekret existiert nicht!

3) SCANDALETTI behauptet, Settele habe, weil er Priester war, das „Imprimatur" erbeten: Dies war für Bücher aller Autoren nötig, nicht nur für jene von Klerikern.

4) Mit den Worten „Movendosi la terra ..." beginnt nicht Setteles Buch, wie SCANDALETTI schreibt, sondern der Abschnitt, der über das Weltsystem handelt.

Dergleichen Unkorrektheiten auf e i n e r   e i n z i g e n   S e i t e, die dem Verfasser zufällig in die Augen fielen, charakterisieren dieses Buch zur Genüge.

und zur Benutzung vorlegten. So ist anzunehmen, daß dabei Vollständigkeit erzielt wurde.

Nichtsdestoweniger wird der kritische Leser da und dort das Empfinden haben, daß mehr archivalisches Material vorhanden sein müßte als hier zitiert wurde. Man sollte allerdings dabei in Rechnung stellen, daß erstens die Verluste des Archivs aus der Zeit vor dem Wiener Kongreß durch die Entführung des Archivs nach Paris, seinen Rücktransport nach Rom und mehrfachen Umzug innerhalb Roms nicht gering waren. Andererseits ist darauf hinzuweisen, daß die an den Vorgängen beteiligten Beamten und Kardinäle ihre Akten meist zu Hause aufbewahrten, weshalb sie wohl nur selten ins Archiv der Kongregation gelangten. Schließlich spielte sich auch der Geschäftsgang in größerem Umfang mündlich und nicht nach später üblicher Behördenpraxis ab.

Aus all diesen Gründen haben die hier zu behandelnden Vorgänge zweifellos geringeren schriftlichen Niederschlag gefunden als man wünschen möchte.

In hohem Grade wünschenswert wäre es auch gewesen, die Archive der Accademia dell'Arcadia und der Familie Odescalchi konsultieren zu können. In beiden ist Material zu vermuten, das die Vorgänge der Jahre 1820-1822 zu illustrieren vermöchte. Im einen Falle - der Accademia dell'Arcadia - ist jedoch die Ordnung des Archivs noch nicht so weit fortgeschritten, daß eine Benutzung möglich gewesen wäre, im anderen Falle erhielt ich auf zwei Anfragen keine Antwort.

Zu Dank verpflichtet weiß ich mich hingegen dem General-Archiv der Dominikaner in Sta. Sabina, wo einige Auskünfte über Olivieri, besonders aber dessen Portrait zu finden war.

Augsburg, November 1993   Walter Brandmüller

Literaturverzeichnis

Aufgeführt sind lediglich Titel, die in den Anmerkungen mindestens zweimal genannt werden.

Accademia dei Lincei, Galileo Galilei. Celebrazioni del IV. centenario della Nascita, Roma 1965.

Accademia Patavina di scienze, lettere ed arti, Scritti e discorsi nel IV. centenario della nascita di Galileo Galilei, Padova 1966.

Atti del Convegno di Studio su Pio Paschini nel Centenario della Nascita 1878-1978, ed. Deputazione di Storia patria per il Friuli, Udine 1979.

M. D'ADDIO, Considerazioni sui processi a Galileo (= Quaderni della Rivista di storia della Chiesa in Italia 8), Roma 1985.

R. AUBERT, L'État actuel de l'affaire Galilée, in: Colloque d'Histoire des Sciences (Université de Louvain. Receuil de Travaux d'Histoire et de Philologie VI/9) Louvain 1976, 151-163.

J. H. BANGEN, Die Römische Curie, ihre gegenwärtige Zusammensetzung und ihr Geschäftsgang. Nach mehrjähriger eigener Anschauung dargestellt, Münster 1854.

A. P. BIDOLLI, Contributo alla storia dell'Università degli Studi di Roma - La Sapienza durante la Restaurazione, in: Annali della Scuola Speciale per gli Archivisti e Bibliotecari dell'Università di Roma 19/20 (1979/1980) 71-110.

H. BLUMENBERG, Die kopernikanische Wende, Frankfurt 1965.

G. BOFFITO, Scrittori Barnabiti o della Congregazione dei Chierici Regolari di San Paolo (1533-1933). Biografia, Bibliografia, Iconografia II, Firenze 1935.

L. BORSELLI - Ch. POLI - P. ROSSI, Una libera Comunità di Dilettanti a Parigi del '600, in: Cultura Popolare e Cultura Dotta nel Seicento (= Atti di Convegno di Studio di Genova 23.-25. Nov. 1982), Milano 1983.

R. G. BOSCOVICH, De Aestu Maris Dissertatio, Romae s.a. [1747].

W. BRANDMÜLLER, Galilei e la Chiesa - ossia il diritto ad errare (Scienze e Fede 4), Città del Vaticano 21992.

W. BRANDMÜLLER - E.J. GREIPL, Copernico, Galilei e la Chiesa. Fine della controversia (1820). Gli atti del Sant'Uffizio, Firenze 1992.

J. BRODRICK, Robert Bellarmine - Saint and Scholar, London 21961.

E. BRÜCHE, Das Angebot des Kardinals. Aus der Eröffnungssitzung der 18. Lindauer Nobelpreisträgertagung, in: Physikalische Blätter 24 (1968) 358-363.

D. CINTI, Biblioteca Galileiana raccolta dal principe Giampaolo Rocco di Torrepadula (= Biblioteca bibliografica italica. Contributi 15), Firenze 1957.

Colloque d'Histoire des Sciences (= Université de Louvain. Receuil de Travaux d'Histoire et de Philologie VI/9), Louvain 1976.

A. C. CROMBIE, Von Augustinus bis Galilei. Die Emanzipation der Naturwissenschaft, Köln - Berlin 21965.

N. DEL RE, La Curia Romana. Lineamenti storico-giuridici (= Sussidi Eruditi 23), Roma 31970.

I Documenti del processo di Galileo Galilei. A cura di S. M. PAGANO - A. G. LUCIANI (= Pontificiae Academiae Scientiarum Scripta Varia 53), Città del Vaticano 1984.

S. DRAKE, Galileo at work. His scientific Biography, Chicago - London 1978.

DERS., Galileo and the Church, in: Rivista di Studi Italiani 1 (1983) 82-97.

Encyclopédie ou Dictionnaire raisonné des Sciences, des Arts et des Métiers IV, Paris 1754.

A. K. ESZER, Niccolò Riccardi, O.P., il „Padre Mostro" (1585-1639), in: Angelicum 60 (1983) 428-461.

L. FERRARIS, [Prompta] Bibliotheca canonica, juridica, moralis, theologica ... in octo tomos distributa, Romae 1759-1761 bzw. Bononiae 1763.

G. FERRETTO, Note storico-bibliografiche di Archeologia cristiana, Città del Vaticano 1942.

P. K. FEYERABEND, Der wissenschaftstheoretische Realismus und die Autorität der Wissenschaften. Ausgewählte Schriften I (= Wissenschaftstheorie, Wissenschaft und Philosophie 13), Braunschweig - Wiesbaden 1978.

DERS., Galileo and the Tyranny of Truth, in: The Galileo Affair, 155-166.

A. FÖLSING, Galileo Galilei - Prozeß ohne Ende. Eine Biographie, München - Zürich 1983.

H.-C. FREIESLEBEN, Der Prozeß gegen Galilei (= Veröffentlichungen der Gesellschaft Hamburger Juristen 6), Hamburg o. J. [nach 1965].

DERS., Galilei als Forscher, Darmstadt 1968.

Le opere di G. Galilei. Edizione Nazionale a cura di A. Favaro 1-20, Firenze 1890-1909.

Galileo Galilei. 350 anni di storia (1633-1983). Studi e ricerche. A cura di P. POUPARD, Roma 1984.

Galileo Reappraised, ed. C. L. GOLINO, Berkeley 1966.

The Galileo Affair: A Meeting of Faith and Science. Proceedings of the Cracow Conference 24 to 27 May 1984, ed. G. V. COYNE - M. HELLER - J. ZYCINSKI, Città del Vaticano 1985.

D. GRAFFI, La questione Galileo-Copernicana dopo tre secoli, in: Accademia Patavina, 167-175.

H. GRISAR, Galileistudien. Historisch-theologische Untersuchungen über die Urtheile der römischen Congregationen im Galilei-Process, Regensburg - New York - Cincinnati 1882.

H. C. HAMPE, Die Autorität der Freiheit - Gegenwart des Konzils und Zukunft der Kirche im ökumenischen Disput III, München 1967.

J. HEMLEBEN, Galileo Galilei in Selbstzeugnissen und Bilddokumenten, Hamburg 71979.

H. HURTER, Nomenclator Literarius Theologiae Catholicae. Theologos exhibens aetate, natione, disciplinis distinctos V/1, Oeniponte 1911.

B. JACQUELINE, La Chiesa e Galileo nel secolo dell'Illuminismo, in: Galileo Galilei. 350 anni di storia, 181-195.

E. JÜNGER, Strahlungen II (= Sämtliche Werke. Tagebücher III), Stuttgart 1979.

A. KOESTLER, Die Nachtwandler. Das Bild des Universums im Wandel der Zeit, Bern - Stuttgart - Wien 1959.

A. KRAUS, Die naturwissenschaftliche Forschung an der Bayerischen Akademie der Wissenschaften im Zeitalter der Aufklärung (= Bayerische Akademie der Wissenschaften. Philosophisch-historische Klasse. Abhandlungen 82), München 1978.

J. J. LALANDE, Voyage d'un françois en Italie fait dans les années 1765/66 V, Venice - Paris 1769.

DERS., Astronomie I, Paris ^{2}1771.

J. J. LANGFORD, Galileo, Science and the Church, Ann Arbor ^{2}1971.

O. LORETZ, Galilei und der Irrtum der Inquisition. Naturwissenschaft - Wahrheit der Bibel - Kirche, Kevelaer 1966.

P. MAFFEI, Giuseppe Settele, il suo diario e la questione Galileiana, Foligno 1987.

J. METZLER, Francesco Ingoli, der erste Sekretär der Kongregation, in: S.C. de Propaganda Fide Memoria verum 1622-1972, Roma - Freiburg - Wien 1971, 197-232.

Miscellanea Galileiana I-III (= Pontificiae Academiae Scientiarum Scripta Varia 27), Civitate Vaticana 1964.

A. MÜLLER, Der Galilei-Prozeß, Freiburg i. B. 1909.

DERS., Galileo Galilei und das kopernikanische Weltsystem, Freiburg i. B. 1909.

F. NOACK, Das Deutschtum in Rom seit dem Ausgang des Mittelalters II, Stuttgart 1927, ND Aalen 1974.

Novità celesti e crisi del sapere. Atti del Convegno Internazionale di Studi Galileiani. A cura di P. GALLUZZI (= Supplemento agli atti dell'Istituto e Museo di Storia della Scienza Anno 1983 fasc. 2), Firenze 1983.

Di Copernico e di Galileo. Scritto postumo del P. M. B. OLIVIERI Ex-generale dei Domenicani e Commissario della S. Romana ed Universale Inquisizione, ora per la prima volta messo in luce sull'autografo per la cura di un religioso dello stesso istituto, Bologna 1872.

P. PASCHINI, Vita e Opere di Galileo Galilei, in: Miscellanea Galileiana I-II, 1-724.

L. v. PASTOR, Geschichte der Päpste seit dem Ausgang des Mittelalters 13/II, Freiburg i. B. [1-7]1929.

O. PEDERSEN, Galileo and the Council of Trent: The Galileo Affair revisited, in: Journal for the History of Astronomy 14 (1983) 1-29.

G. PHILLIPS, Kirchenrecht VI, Regensburg 1864.

A. PIOLANTI, L'Accademia di Religione Cattolica. Profilo della sua storia e del suo Tomismo (= Biblioteca per la storia del Tomismo 9), Città del Vaticano 1977.

Quarto centenario della Nascita di Galileo Galilei (= Pubblicazioni dell'Università Cattolica del Sacro Cuore. Contributi III/8), Milano 1966.

F. H. REUSCH, Der Index der verbotenen Bücher. Ein Beitrag zur Kirchen- und Literaturgeschichte I, II/1 und II/2, Bonn 1883, Bonn 1885 und Bonn 1885.

G. B. RICCIOLI, Almagestum novum ... II, Bononiae 1651.

R. RITZLER - P. SEFRIN, Hierarchia catholica medii et recentioris aevi VI und VII, Patavii 1958 und 1968.

Saggi su Galileo Galilei, ed. Comitato Nazionale per le manifestazioni celebrative del IV. Centenario della nascita di Galileo Galilei, Firenze 1967.

L. T. SARASOHN, French Reaction to the Condemnation of Galileo, 1632-1642, in: Catholic Historical Review 74 (1988) 34-54.

G. SCHERZ, Niels Stensen und Galileo Galilei, in: Saggi su Galileo Galilei, 3-65.

J. SCHMIDLIN, Papstgeschichte der neuesten Zeit I, München 1933.

G. SCHNÜRER, Katholische Kirche und Kultur in der Barockzeit, Paderborn 1937.

L. SCHUSTER, Johann Kepler und die großen kirchlichen Streitfragen seiner Zeit, Graz 1888.

H. H. SCHWEDT, Das römische Urteil über Georg Hermes (1775-1831). Ein Beitrag zur Geschichte der Inquisition im 19. Jahrhundert (= Römische Quartalschrift. Supplementheft 37), Rom - Freiburg - Wien 1980.

La scuola Galileiana: prospettive di ricerca. Atti del Convegno di studio di Santa Margherita Ligure (26-28 ottobre 1978). A cura di G. ARRIGHI ed altri (= Pubblicazioni del Centro di Studi del Pensiero Filosofico del Cinquecento e del Seicento in Relazione ai Problemi della Scienza I/14), Firenze 1979.

F. SOCCORSI, Il Processo di Galileo, in: Miscellanea Galileiana III, 849-929.

Z. ŠOLLE, Neue Gesichtspunkte zun Galilei-Prozeß (= Österreichische Akademie der Wissenschaften. Philosophisch-Historische Klasse. Sitzungsberichte 361), Wien 1980.

M. SOPPELSA, Genesi del metodo Galileiano e tramonto dell'Aristotelismo nella scuola di Padova (= Saggi e testi 13), Padova 1974.

G. SPINI, The Rationale of Galileos Religiousness, in: Galileo Reappraised, 44-66.

I. TAURISANO, Hierarchia Ordinis Praedicatorum I, Romae ²1916.

F. v. THIERSCH, Rede über die Grenzscheide der Wissenschaften, in: Gelehrte Anzeigen der königlich bayerischen Akademie der Wissenschaften 41 (1855) 177-211.

S. THOMAE AQUINATIS Opera Omnia, ed. iussu impensaque LEONIS XIII. P. M., Romae 1882ff.

S. THOMAE Opera omnia III, ed. R. BUSA, Stuttgart - Bad Cannstatt 1980.

G. TIRABOSCHI, Storia della Letteratura Italiana X, Roma 1797. Tre secoli di storia dell'Arcadia, Roma 1991.

C. VASOLI, Sulle fratture del Galileismo nel mondo della controriforma, in: La scuola Galileiana, 203-213.

DERS., „Tradizione" e „Nuova Scienza". Note alle lettere a Cristina di Lorena ed al P. Castelli, in: Novità celesti, 73-94.

J. VERNACCHIA-GALLI, L'Archiginnasio Romano secondo il diario del prof. Giuseppe Settele (1810-1836) (= Studi e Fonti per la storia dell'Università di Roma 2), Roma 1984.

W. A. WALLACE, Galileo e i professori del Collegio Romano alla fine del secolo XVI, in: Galileo Galilei. 350 anni di storia, 76-97.

A. WEILAND, Der Campo Santo Teutonico in Rom und seine Grabdenkmäler (= Der Campo Santo Teutonico I), Rom - Freiburg - Wien 1988.

Abkürzungen verwendeter Nachschlagewerke:

ADB	Allgemeine deutsche Biographie
CSEL	Corpus scriptorum ecclesiasticorum Latinorum 1 ff., Vindobonae 1866 ff.
DBI	Dizionario biografico degli Italiani 1 ff., Roma 1960 ff.
DHGE	Dictionnaire d'histoire et de géographie ecclesiastiques 1 ff., Paris 1912 ff.
DThC	Dictionnaire de théologie catholique I-XV, Paris 1903-1950.
EC	Enciclopedia Cattolica I-XII, Città del Vaticano 1949-1954.
EncIt	Enciclopedia Italiana di scienze, lettere ed arti 1-36, Roma 1929-1939.
ERSCH - GRUBER	J. S. ERSCH - J. G. GRUBER (Hg.), Allgemeine Enzyklopädie der Wissenschaften und Künste I/1-99, Leipzig 1818-1882.
KL2	H. J. WETZER - H. WELTE (Hg.), Kirchenlexikon oder Encyklopädie der katholischen Theologie und ihrer Hilfswissenschaften I-XII, Freiburg i. B. ²1882-1903.
LMA	Lexikon des Mittelalters I ff., München - Zürich 1980 ff.
LThK2	J. HÖFER - K. RAHNER (Hg.), Lexikon für Theologie und Kirche I-X, Freiburg i. B. ²1957-1965.
MICHAUD	L.-G. MICHAUD, Biographie universelle ancienne et moderne 1-45, Paris s.a. [1843-1865].
MORONI	G. MORONI, Dizionario di erudizione storico-ecclesiastica 1-103, Venezia 1840-1861.
NDB	Neue deutsche Biographie I ff., Berlin 1953 ff.
PG	J.-P. MIGNE (Ed.), Patrologiae cursus completus. Series Graeca 1-167, Parisiis 1857-1866.

SOMMERVOGEL
        C. SOMMERVOGEL, Bibliothèque de la Compagnie de Jésus I-IX, Bruxelles - Paris 1890-1900, ND Héverlé - Louvain 1960.

WURZBACH
        C. v. WURZBACH, Biographisches Lexikon des Kaisertums Österreich 1-60, Wien 1856-1891.

ZEDLER   J. H. ZEDLER (Hg.), Großes vollständiges Universal-Lexikon aller Wissenschaften und Künste 1-64, Halle - Leipzig 1732-1750.

1. DER FALL

1. Das Trauma

Der Name Galilei ist zum Symbol geworden. Wo immer er genannt wird, werden am Horizont die durch seinen „Fall" ausgelösten Konflikte zwischen Naturwissenschaft, ja Wissenschaft überhaupt, Freiheit der Forschung und des Geistes einerseits und Glaube und Kirche andererseits beschworen. Dabei steht Galilei für Freiheit, Fortschritt, Modernität, Kirche hingegen für starres Dogma, gebundenes Denken und Obskurantismus. Ja, man spricht sogar von Rechtsbeugung, Dokumentenfälschung und Gehirnwäsche. Eine nüchterne, leidenschaftslose Diskussion über den „Fall Galilei" scheint oftmals gar nicht mehr möglich.

Die bei Nennung dieses Namens fast immer aufbrechenden Emotionen lassen aber ahnen, wie tief das Geschehen um Galilei das Selbstverständnis des modernen Menschen berührt; man kann wohl von einem psychischen, intellektuellen Trauma sprechen. Und zwar sowohl auf seiten derer, die es mit der Wissenschaft halten, als auch auf seiten der Theologen und der Männer der Kirche.

Zuerst sind es wohl die Naturwissenschaftler gewesen, die in der Person Galileis sich selber verurteilt fühlten, ihre Wissenschaft, ihre geistige Existenz in Frage gestellt und in Mißkredit gebracht sahen. Die Berufung auf den „Fall Galilei" war aber auch nur zu sehr geeignet, den oftmals längst aus anderen Gründen vollzogenen Bruch mit der Kirche, oder auch den lautlosen Auszug aus ihr, moralisch zu rechtfertigen.

Es ist indes schon hier festzustellen, daß dergleichen nicht eine unmittelbare Folge des Galilei-Urteils war. Vielmehr kann gezeigt werden, daß die Abwendung der Naturwissenschaftler von Glaube und Kirche ein Prozeß war, der erst im Gefolge der Aufklärung ablief und seinen Höhepunkt um die Wende zum 20. Jahrhundert erreichte. Beflügelt durch die atemberaubenden Erfolge von Physik, Chemie, Biologie und Medizin, die das wissenschaftlich-technisch-industrielle 19. Jahrhundert erlebte, entwickelte sich in den damals sogenannten „gebildeten Ständen" eine Mentalität, die geneigt war, nunmehr nicht nur die zähl-, meß- und wiegbare Welt, sondern die gesamte

Wirklichkeit mit den Methoden der Naturwissenschaften zu erklären und an ihren Maßstäben zu messen. Damit war der Religion überhaupt, soferne sie sich auf göttliche Offenbarung berief, der Boden entzogen und der Kampf angesagt.

Da diese Geisteshaltung Hand in Hand mit einem spektakulär erlebten Aufschwung der Naturwissenschaften einherging, wurde sie bald zur Weltanschauung, bildete sich ein sogenanntes naturwissenschaftliches Weltbild, wurden die nicht weiter hinterfragten Naturgesetze zu obersten Maximen. Und das galt bis über den Zweiten Weltkrieg hinaus, dessen Ende im Verein mit dem notwendig gewordenen Wiederaufbau des zerstörten Europa eine neue Phase naturwissenschaftlicher Entdeckungen und technischer Erfindungen einleitete und damit dem Glauben an die wissenschaftliche, technische, ökonomische Machbarkeit aller Dinge neue Nahrung verlieh.

Erste Zweifel daran hatte freilich der Schock von Hiroshima und Nagasaki ausgelöst.

Von solchen Voraussetzungen war und ist heute noch die Stellungnahme breitester naturwissenschaftlich gebildeter Kreise zu dem „Fall Galilei" bestimmt, wenngleich ökologische Probleme in zunehmendem Maße erkannt, ja geradezu angstvoll erlebt werden.

Zahlreiche Äußerungen von Naturwissenschaftlern zu dieser Materie ließen lange Zeit durch ihren aggressiven Ton und durch den gänzlichen Mangel an Bereitschaft, sich über den katholischen Glauben sachlich zu informieren, deutlich die Tiefenwirkung des Galilei-Traumas erkennen.

Selbst bedeutende Gelehrte setzten sich da, wo es um die Auseinandersetzung mit Glaube und Kirche geht, über die einfachsten Erfordernisse eines intellektuell redlichen Dialogs hinweg - ein Verfahren, das sie innerhalb ihres eigenen Fachgebiets niemals einschlagen oder gar billigen würden. Walther Gerlach etwa schrieb über das Kopernikanische System, es habe „besonders gegen zwei" Dogmen verstoßen: „Das erste war die Trennung der Welt in die sublunare Sphäre, die unvollkommene und sündige Erdenwelt, und in die vollkommenen ewig gleichbleibenden ätherischen Sphären ... Das zweite Dogma war die ruhende Erde und die um diese sich bewegende Sonne - unmißverständliche Thesen in Bibel und Heiligen Schriften"[1].

Indes hat die Kirche zu keiner Zeit und in keinem Zusammenhang solche Dogmen formuliert, es handelte sich dabei allenfalls um Züge des antik-mittelalterlichen Weltbildes, das den Zeitgenossen Galileis eigen war. Es wäre wohl notwendig gewesen, sich erst einmal über den Begriff des Dogmas zu unterrichten, ehe man einen Widerspruch des Kopernikus zum Dogma konstatierte.

Ähnliches gilt von einer Äußerung E. Brüches im Zusammenhang seines Kommentars zu der seinerzeit Aufsehen erregenden und bezeichnenderweise von anwesenden Studenten mit Gelächter quittierten Rede Kardinal Königs vor der Nobelpreisträger-Tagung zu Lindau des Jahres 1968. In seinen Anmerkungen zu dieser Rede empfiehlt Brüche der katholischen Kirche „... die Trennung von Dogmen, von denen das von der Himmelfahrt der Jungfrau Maria wegen des Gegenstandes und wegen der erst in unserer Zeit erfolgten Verkündigung wohl das schwerste Hemmnis einer Annäherung ist"[2]. Wie der Kontext nahelegt, versteht der gelehrte Physiker die Aufnahme Mariens in die endzeitliche Vollendung als ein „Naturwunder", was ein groteskes Mißverständnis darstellt, das auch nur ein bescheidener Versuch, sich sachgemäß zu informieren, verhindert hätte.

Von einer anderen Seite her faßt etwa J. O. Fleckenstein den „Fall Galilei" ins Auge, wenn er das Vorgehen der Kurie gegen Galilei mit dem Verfahren der sowjetischen Machthaber gegenüber nicht linientreuen Naturwissenschaftlern vergleicht und schreibt: „Sie haben praktisch in Rom alle weichgekriegt -, im zweiten Rom (Byzanz)

---

[1] W. GERLACH, Zur Geistesgeschichte der Galileizeit, in: Deutsches Museum 32 (1964) 42-50, hier: 47. Ein Aufsatz, der auch von anderen Mißverständnissen zeugt! Den gleichen Tenor hat etwa auch G. HENNEMANN, Der Fall Galilei, in: Zeitschrift für Religions- und Geistesgeschichte 20 (1968) 61-69, der überdies nicht einmal die historischen Daten korrekt referiert.
[2] E. BRÜCHE, Das Angebot des Kardinals. Aus der Eröffnungssitzung der 18. Lindauer Nobelpreisträgertagung, in: Physikalische Blätter 24 (1968) 358-363, hier: 362 f. Dazu: N. A. LUYTEN, Naturwissenschaft und katholische Kirche, in: Freiburger Zeitschrift für Philosophie und Theologie 17 (1970) 428-441.

haben wir solche Fälle selten, im dritten Rom (Moskau) erleben wir sie ständig"[3].

Da rückt nun auch die ganze Problematik der Inquisition ins Blickfeld, vor deren Tribunal Galilei ja gestanden hat. Der Vorwurf der moralischen Korruption, die alle Gewissensregungen bei Klägern und Angeklagten überwunden habe, weitet sich aus auf Kirche und Christentum überhaupt: „Unter dem Vorwand, Hüter der einen Wahrheit zu sein, wurden im Namen des Christentums von der offiziellen Führung der Kirchen Verbrechen begangen, die zur Ausrottung oder Ausschaltung von Personen führten, deren Rechtgläubigkeit bezweifelt wurde"[4].

Nun wird auch noch die Enzyklika „Humanae vitae" in die Diskussion einbezogen, indem manche dieses päpstliche Lehrschreiben Pauls VI. vom Jahre 1968 als einen modernen Parallelfall zur Verurteilung Galileis bezeichnen: Beiden sei es gemeinsam, daß die Kirche mit ihnen offenkundige und gesicherte Ergebnisse der Naturwissenschaften mißachtet habe. Wurde im einen Fall außerdem ein Attentat auf die Gedankenfreiheit des Individuums verübt, so im anderen in die menschliche Entscheidungsfreiheit eingegriffen. „Statt sich in dieser Frage eines Urteils zu enthalten, hat der Papst nicht die Realität drohender Überbevölkerung und Hungersnöte berücksichtigt, sondern gezeigt, daß der Nachfolger Petri letzten Endes noch in jenem Geist befangen ist, der Galilei verurteilte"[5].

Aus diesen Elementen ergibt sich also die Folgerung, die von der großen Zahl der dem modernen naturwissenschaftlichen Denken Verpflichteten aus dem „Fall Galilei" gezogen wird: „Es ist schade, daß es so ist, aber Welten trennen die katholische Kirche und die modernen Naturwissenschaften"[6].

---

3 J. O. FLECKENSTEIN, Naturwissenschaft und Politik von Galilei bis Einstein, München 1965, 51.
4 J. HEMLEBEN, Galileo Galilei in Selbstzeugnissen und Bilddokumenten, Hamburg [7]1979, 9.
5 BRÜCHE 363.
6 Ebd.

Ein eindrucksvolles Beispiel hierfür bildete die Reaktion auf den am 7. November 1980 aus der Feder von Gerhard Prause in „Die Zeit" erschienenen Artikel „Galilei war kein Märtyrer". Die im Vorspann zu dem Artikel gestellte und dessen Tenor formulierende Frage: „Aber war es wirklich ein Fehlurteil, das am 22. Juni 1633 im Vatikan gefällt wurde?" löste geradezu einen Sturm der Entrüstung aus[7].

Daraufhin erhielt er eine ganze Reihe von Leserzuschriften[8], achtzehn an der Zahl, deren nicht eine einzige seine Darstellung sachlich zu würdigen bereit war. Da fragt im Gegenteil ein Briefschreiber: „Wer ist dieser Gerhard Prause, der in schamloser Weise gegen den sittlichen Codex wissenschaftlicher Arbeitsweise verstößt, der die Mühen bei der Entstehung naturwissenschaftlicher Hypothesen und Theorien banalisiert und sich unfähig zeigt, zu trauern mit jenen armen Opfern grausamer Gewissensfolterer?" Ein anderer spricht von Galilei als einem „Opfer des Terrors", und Prauses Darstellungen werden „faule und leicht zu durchschauende Tricks" vorgeworfen.

Auch das Schreckgespenst „eine[r] Naturwissenschaft in den Knebeln der Theologie" wurde beschworen und der Kirche „unangemessene Kompetenzanmaßung" zur Last gelegt. Eine andere Stimme fragt: „Hat denn niemand in der 'Zeit' die Fäuste darob geballt?" Und schließlich wird die „auch heute noch bestehende katholische Intention, Wissenschaft und Humanität mit einem schwachsinnigen (Entschuldigung) theologischen Gebäude zu unterdrücken" als eine „Herausforderung an den Menschen und Bürger" angeprangert.

In jüngster Zeit hat diese abseits der Pfade nüchtern-seriöser Forschung sich fortsetzende Tradition einer von Vorurteilen bestimmten antikirchlichen, eher journalistischen Behandlung des „Falles Galilei" erneut Ausdruck gefunden. Da schreibt etwa Albrecht Fölsing über die Abschwörung Galileis: „Wir wissen nicht, was uns mehr

---

7 Den gleichen Tenor hatte die erstmals 1966 erschienene Darstellung in G. PRAUSE, Niemand hat Kolumbus ausgelacht. Fälschungen und Legenden der Geschichte richtiggestellt, Düsseldorf - Wien, [7]1976, 173-192. Darauf war allerdings keine solche Reaktion erfolgt, wie mir der Autor freundlicherweise mitteilte.
8 Leserzuschriften, in: Die Zeit Nr. 48, 21. November 1980.

erschauern läßt: Galileis servile, sich anbiedernde Bereitschaft zur völligen Selbstverleugnung und Unterwerfung oder aber die erschreckenden Fähigkeiten zur Gehirnwäsche, die der Generalkommissar Maculano so meisterhaft praktiziert hat, daß er als Virtuose der psychischen Konditionierung den Gedankenpolizeien aller Länder und Zeiten als schwer erreichbares Vorbild dienen kann: Die Zerstörung der Selbstachtung eines Menschen binnen weniger Tage ohne die Anwendung tatsächlicher physischer Gewalt bleibt eine Leistung von faszinierender Widerwärtigkeit"[9]. Eine solche Sprache richtet sich selbst. Weit mehr Verwunderung erregt es allerdings, daß selbst hochangesehene Historiker von unbestreitbarem wissenschaftlichem Rang in ihrer Darstellung - vor allem der Folgen - des Galileiprozesses sich nach wie vor Vorurteilen verpflichtet zeigen, deren Wurzeln im kritiklosen Fortschrittsenthusiasmus und im Antiklerikalismus des vergangenen Jahrhunderts liegen. Noch immer wird da bewegte Klage über den Zusammenbruch der Naturwissenschaften im katholischen Europa, insbesondere in Italien, geführt, den die Maßnahmen gegen Galilei verursacht haben sollen.

Davon abgesehen, daß eine solche Behauptung keinerlei Stütze in den historischen Tatsachen findet, die vielmehr das gerade Gegenteil beweisen, zeigt sich in derartigen Urteilen aber auch ein merkwürdiger Mangel an Kritik gegenüber den eigenen geistesgeschichtlichen und wissenschaftstheoretischen Voraussetzungen auf Seiten solcher Historiker. Der moderne Positivismus sowie der Wissenschaftsoptimismus des naturwissenschaftlich-technischen Zeitalters werden von solchen Autoren ebensowenig kritisch befragt, wie die dem Individualismus der Moderne entsprechende Verabsolutierung der Forscherpersönlichkeit.

Von solchen Voraussetzungen aus fällt man dann das Urteil über Galileis Kritiker, über die Kirche[10].

Gerade die Heftigkeit solcher Reaktionen weist jedoch eindringlich die Tiefe dieses Traumas auf, das viel weniger der „Fall Galilei"

---

9 FÖLSING 144.
10 Vgl. 27f.

selbst zu seiner Zeit als seine Darstellung in der Historiographie des 19. und 20. Jahrhunderts in der Gesellschaft hinterlassen haben.

In diesem Kontext stehen nicht zuletzt die Legenden, die sich um Galilei gerankt haben und in denen sich das allgemeine Urteil über seinen „Fall" ausdrückt. Die berühmteste von ihnen hat jenes oft zitierte „Eppur si muove" - Und sie bewegt sich doch - zum Gegenstand, das Galilei mit dem Fuß trotzig aufstampfend gesprochen habe, als er nach seiner Abschwörung das Gebäude der Inquisition verließ.

Es handelt sich dabei um eine schon in der Literatur des 18. Jahrhunderts kolportierte Fabel, die ihren Ursprung jedoch früher haben muß. Im Jahre 1911 wurde nämlich auf einem 1643 bzw. 1645 datierten, Murillo oder seiner Schule zuzuschreibenden Gemälde, das Galilei im Kerker der Inquisition zeigt - so früh setzte also schon die Legendenbildung ein -, bei einer Restaurierung jener Satz entdeckt, auf den die Gestalt des Gefangenen mit dem Finger deutet. In den Quellen zur Biographie Galileis findet sich allerdings davon keine Spur[11]. Die Kerker-Legende hat auch späteren Malern als Sujet gedient. Sie konnten sich dabei sogar auf wissenschaftliche Literatur stützen[12]. Es war zweifellos rhetorisch sehr wirkungsvoll, wenn ein Festredner zum Leibnizjubiläum von 1908 sagen konnte, daß sich „... aus der Kerkerhaft des Galileo Galilei die neue Wissenschaft entwickelte, die ihr 'E pur si muove' schließlich auch gegen den Henker durchsetzte ..."[13], - wahr ist es nicht. Galilei wurde „ad formalem carcerem", also zu einem „Proforma-Gefängnis" verurteilt. Selbst während des Prozesses kann von einer Gefängnishaft keine Rede sein. Die Tage, die er im Inquisitionspalast verbringen mußte (vom 12.-30. April 1633), sowie die knappe Stunde am 10. Mai und die Zeit vom 21.-24. Juni für Schlußverhör und Abschwörung verbrachte er in der Wohnung des Fiskals, eines höheren Beamten der Inquisition,

---

11 Vgl. G. BÜCHMANN, Geflügelte Worte, Berlin ³²1972, 629 f.; MÜLLER, Galilei-Prozeß, 160 f.; DRAKE 356 f.
12 Vgl. MÜLLER, Galilei-Prozeß, 162 f.
13 Zitiert nach ebd. 163.

der ihm mehrere Räume abgetreten hatte, wo ihn sein Diener betreuen und aus der Küche des florentinischen Gesandten verpflegen konnte. Während der übrigen Zeit seines römischen Aufenthalts war Galilei Gast des florentinischen Botschafters in der Villa Medici auf dem Pincio, bei S. Trinità dei Monti. Alsdann bestand sein „Gefängnis" im Bischöflichen Palast seines Freundes Ascanio Piccolomini in Siena sowie in seiner eigenen Villa in Arcetri bei Florenz[14].

Ebensowenig wie Galilei eingekerkert worden ist, ist er gefoltert worden. Die Prozeßakten sprechen zwar von einem „Examen rigorosum" - strengen Verhör -, doch ging es dabei um die „territio verbalis", die Androhung der Tortur mit Worten, die indes Galilei nicht sonderlich beeindrucken konnte, da allgemein bekannt war, daß Personen von über 60 Jahren niemals dieser grausamen Prozedur unterzogen wurden. Die Androhung war eine prozessuale Formalität[15].

Schließlich wird auch - eine eindrucksvolle Szene! - geschildert, wie Galilei halbnackt, nur mit einem Büßerhemd bekleidet, seine Abschwörungsformel verlas. Doch auch darüber hat die Forschung ihr Urteil längst gesprochen[16].

Immerhin charakterisieren die angeführten Legenden, mit welchen Zügen ein der Kirche feindlicher Zeitgeist das Geschichtsbild breitester Kreise von dem „Fall Galilei" ausgestattet hat. Angesichts eines solchen Befundes nur von einem zählebigen historischen Klischee zu sprechen, wäre zu wenig. Was aus der Emotionalität der angeführten Stellungnahmen sichtbar wird, ist vielmehr die existenzielle Betroffenheit einer vom naturwissenschaftlichen Denken geprägten Gesellschaft, die meint, mit ihren rein naturwissenschaftlichen Kategorien die gesamte Wirklichkeit erfassen zu können.

Ehe es zu einer neuen fruchtbaren Begegnung zwischen dem naturwissenschaftlichen und dem theologischen Denken, nicht nur in einzelnen bedeutenden Geistern, an denen es zu keiner Zeit gefehlt hat,

---

14 Vgl. ebd. 163 f.
15 Vgl. GRISAR 89-94.
16 Vgl. MÜLLER, Galilei-Prozeß, 166.

sondern auf breitester Front, wieder zu kommen vermag, bedarf es deshalb der Heilung des Galilei-Traumas.

Ein solches gibt es aber auch beim anderen Partner des Dialogs, bei den Theologen, den Gläubigen - wenn auch in anderer Weise. Sie mußten erleben, daß der vor allem im 19. Jahrhundert explosionsartig verlaufende Fortschritt der naturwissenschaftlichen Erkenntnis den 1633 kirchlich zensurierten Galilei zunächst in glänzender Weise rehabilitiert, die Kirche aber ins Unrecht gesetzt hat. Zudem bot die Galilei-Frage den Vertretern des die zweite Hälfte des 19. Jahrhunderts in zunehmendem Maße beherrschenden religions- und kirchenfeindlichen Liberalismus unerschöpflichen Stoff zur Polemik: „Auf der kirchenfeindlichen Seite hoffte man, durch die authentische Geschichte Galileis den Beweis der Intoleranz des Glaubens gegen die Wissenschaft zu führen, oder die Fehlbarkeit sei es der Kirche als solcher, sei es des lehramtlich (ex cathedra) auftretenden Papstes in Entscheidungen darzutun"[17].

Demgegenüber mußte es den Katholiken darum gehen, „... den Gegnern das mit offenbarem Unrecht beschlagnahmte Gebiet abzuringen ..."[18]. Es ging also - und zwar beiden Lagern - um wesentlich mehr als um Galilei. Daraus erklärt sich auch die streckenweise Schärfe des apologetischen Tones im Werke etwa Hartmann Grisars, der im übrigen wohl den scharfsinnigsten und gründlichsten Beitrag zum Galileiprozeß überhaupt geleistet hat, wie auch anderer dem Jesuitenorden angehörender Autoren. Merkwürdigerweise wird in der in vielen Auflagen erschienenen „Apologie des Christentums" von F. X. Hettinger der Galileiprozeß mit keinem Wort erwähnt, während in langen Ausführungen der Förderung der Naturwissenschaften durch die Kirche und der Leistungen gläubiger und dem Klerus angehörender Forscher gedacht wird[19].

Hand in Hand mit einem solchen offensichtlichen Überspielen des Problems ging eine gewisse katholische Beflissenheit gegenüber den Naturwissenschaften, die der gescheite Lord Disraeli einmal so ironi-

---

17 GRISAR 11.
18 Ebd.
19 Vgl. F. X. HETTINGER, Apologie des Christenthums V, Freiburg ⁸1900, 215-222.

sierte: „Ihre [d.h. der Katholiken] cleveren Leute können die unglückliche Affäre Galilei nicht vergessen und meinen, sie könnten die Entrüstung des 19. Jahrhunderts durch komisch wirkenden Eifer für roten Sandstein und die Entstehung der Arten abwenden ..."[20].

Im übrigen war man katholischerseits bestrebt, durch Aufhellung der Fakten und Hintergründe, insbesondere auch durch den Hinweis auf die historischen Umstände des Prozesses die Richter zu entlasten. Das Urteil selbst wurde von keinem der Autoren mehr verteidigt. Neben Grisar hat sich dabei ein anderer Jesuit um die historische Erforschung des Falles Galilei verdient gemacht: Adolf Müller, in Rom lebender Deutscher, Professor der Astronomie und der Mathematik an der päpstlichen Universität Gregoriana und Direktor der Sternwarte auf dem Gianicolo. Aus seiner Feder stammen nicht nur ein zweibändiges Lehrbuch der Astronomie (1904/06), sondern auch - neben anderem - Monographien über Kopernikus und Kepler, schätzenswerte Vorarbeiten für seine zwei Galilei-Bändchen[21], in welchen er auf Grund der mittlerweile vorliegenden kritischen Gesamtausgabe der Werke Galileis sowie der Quellen zu seiner Biographie durch Antonio Favaro[22] eine nüchterne, sachliche, kritische Darstellung der Vorgänge um Galilei geliefert hat. Er wollte, und das war seine apologetische Methode, durch Objektivität überzeugen, was ihm in Ton und Urteil jedoch nicht durchwegs gelungen ist. Ludwig von Pastor, der in seiner Papstgeschichte unserem Gegenstand eine ausführliche Darstellung widmete, sprach von einem traurigen Ereignis und meinte: „Für die Theologen war der Irrtum von 1616 und 1633 auf Jahrhunderte hinaus eine beständige Warnung, die auch beherzigt wurde. Ein zweiter Fall Galilei ist nicht mehr vorgekommen"[23].

---

20   M. BUSCHKÜHL, Die Irische, Schottische und Römische Frage. Disraeli's Schlüsselroman „Lothair" (1870) (= Kirchengesch. Quellen und Studien 11), St. Ottilien 1980, 25 f.
21   MÜLLER, Galilei-Prozeß; DERS., Weltsystem (Literatur-Verzeichnis).
22   Le Opere di G. Galilei. Edizione Nazionale a cura di A. Favaro 1-20, Firenze 1890-1909. Der Band 19 enthält die Prozeßakten.
23   PASTOR 630.

In ähnlicher Weise urteilte der Schweizer Kulturhistoriker Gustav Schnürer in den dreißiger Jahren: „Tief bedauerlich bleiben gleichwohl die damals gefällten Entscheidungen ... sie schufen bei den Katholiken ein nur zu weit gehendes Mißtrauen, das sie hinderte, an diesen Forschungen sich freudig zu beteiligen ..."[24], was eine „Abschreckung" der naturwissenschaftlichen Forschung in Italien zur Folge gehabt habe. „Der Galileiprozeß unter Urban VIII. bleibt immer ein peinlicher Vorwurf, der erhoben werden kann"[25].

Noch viel dramatischer formulierte aus Anlaß des 300. Todestages Galileis im Jahre 1942 der Physiker Friedrich Dessauer, der den „Fall Galilei" eine „abendländische Tragödie" nannte und jenes seiner Kapitel, das den Lebensabend Galileis schildert, mit dem düsteren „Gescheitert" überschrieb - wobei er im übrigen um historische Gerechtigkeit bemüht war[26]. Indes bewirkte der in der Folgezeit rapide fortschreitende Verlust der historischen Dimension im Denken, daß von Dessauers Worten nur noch jene von der Tragödie und dem Scheitern Galileis übrigblieben.

Aus Anlaß des 300. Todestages Galileis beauftragte im gleichen Jahr 1942 die Päpstliche Akademie der Wissenschaften den römischen Historiker und Professor an der Lateran-Universität Monsignor Pio Paschini mit der Abfassung einer Biographie. Sein zwei Jahre später vorgelegtes Manuskript verzeichnete mit minutiöser Genauigkeit jedes Detail aus Galileis Leben, das aus den Quellen zu erheben war, und verschwieg auch nicht heute als peinlich empfundene Tatsachen. In den maßgeblichen römischen Kreisen hatte man damals jedoch jene Unbefangenheit gegenüber der Geschichte, wie Leo XIII. sie etwa bei der Öffnung der Vatikanischen Archive bewiesen hatte, in solchem Maße verloren, daß die Veröffentlichung des Paschini-Manuskripts nicht gestattet wurde. Diese erfolgte erst zum 400. Geburtstag Galileis im Jahre 1964, nachdem Paschini längst

---

24 SCHNÜRER 612.
25 Ebd. 763.
26 Vgl. F. DESSAUER, Der Fall Galilei und wir. Abendländische Tragödie, Frankfurt a. M. [4]1957.

gestorben war. Das Manuskript war nun schon zwanzig Jahre alt, was bedeutete, daß die in diesen zwanzig Jahren erschienene Literatur nicht berücksichtigt war. Außerdem hatte Paschini selbst aus Mangel an Spezialkenntnissen den Stand der Forschung nicht befriedigend wiedergegeben. So war es notwendig geworden, das Manuskript einer Überarbeitung zu unterziehen, damit es vor der wissenschaftlichen Welt bestehen konnte. Man beauftragte mit dieser Aufgabe den Jesuiten-Historiker P. Edmond Lamalle, der auf dem Gebiet der Wissenschaftsgeschichte ausgewiesen war[27]. Ein Vergleich des Manuskripts mit der Druckausgabe von Paschinis „Galilei" zeigt, daß der Herausgeber das Werk an über hundert Stellen mehr oder weniger verändert hat. Dazu hat die Notwendigkeit einer Anpassung an den Forschungsstand des Jahres 1964 gezwungen, und es ist nicht zu bestreiten, daß das Werk dadurch gewonnen hat.

Der in der Zwischenzeit eingetretene Mentalitätswandel hatte zur Folge, daß selbst auf dem Zweiten Vatikanischen Konzil der Name Galileis laut wurde[28]. Interessant ist hier der Zusammenhang, in welchem dies geschah: Es war Kardinal Suenens, der vor dem Hintergrund der Feiern zum 400. Geburtstag Galileis vor dem Plenum des Konzils am 30. April 1964, bei der Beratung des vieldiskutierten Schema 13 über „Die Kirche in der Welt von heute" zum Problem der Empfängnisregelung Stellung nahm. Dabei forderte er, daß der Text unter Hinzuziehung von Experten der ganzen Welt neu bearbeitet

---

[27] Vgl. das Vorwort zum Werk Paschinis aus der Feder des Herausgebers E. Lamalle VII-XV sowie Aubert 156 f. Zu der Verhinderung der Drucklegungvon Paschinis Werk und den später erfolgten Veränderungen P. Bertolla, La vicende del „Galileo" di Paschini (dall'Epistolario Paschini - Vale), in: Atti del Convegno di Studio su Pio Paschini nel Centenario della Nascita 1878-1978, ed. Deputazione di Storia patria per il Friuli, Udine 1979, 173-208; demnächst erscheint, herausgegeben von der Pontificia Accademia delle Scienze eine ausführliche Dokumentation dieses Vorgangs. Zur Bewertung Paschinis als Galilei-Biograph vgl. P. Nonis, L'ultima opera di Paschini: Galilei, in: ebd. 158-172 - wogegen die obengenannten Reserven gelten. Die Kritik von P. Simoncelli, Inquisizione romana e Riforma in Italia, in: Rivista Storica Italiana 100 (1988) 5-125, hier: 95-97, an der Paschini-Ausgabe Lamalles entbehrt jeder sachlichen Grundlage, wie F. Tamburini, La riforma della Penitenziera nella prima metà del sec. XVI e i cardinali Pucci in recenti saggi, in: Rivista di Storia della Chiesa in Italia 44 (1990) 110-129, hier: 128 f., mit Recht unterstreicht.
[28] Vgl. dazu LORETZ 143-151.

werden müsse, und rief aus: „Folgen wir dem Fortschritt der Wissenschaft! Ich beschwöre Sie, meine Brüder, vermeiden wir einen neuen 'Galilei-Prozeß'. Ein einziger genügt für die Kirche"[29].

In ähnlichem Sinne äußerte sich sodann am 27. September 1965 der indische Erzbischof Eugène D'Souza, der seinem Unmut über zu langsame und zu wenig entschlossene Anpassung der Kirche an die Welt von heute Ausdruck gab. Er zitierte Suenens und fuhr fort: „Doch seit Galilei hatten wir - um von anderen zu schweigen - den Fall Lamennais, den Fall Darwin, den Fall Marx, den Fall Freud und neuerdings den Fall Teilhard de Chardin. Gewiß waren ihre Werke und die von ihnen ausgelösten Bewegungen von bestimmten Irrtümern angesteckt. Und dennoch kämpften diese Männer für echte Werte, die unser Schema heute anerkennt. Warum mußten sie dann in Bausch und Bogen verdammt werden?"[30]. Äußerungen, die kaum von tieferer historischer Kenntnis zeugen.

Beide Male steht also der Name Galilei für Fortschritt von Wissenschaft und menschlicher Kultur - bei D'Souza freilich in einer recht verschiedenartigen Gesellschaft.

Von da an lag der Schatten Galileis über der Konzilsaula. Der Bischof-Koadjutor von Straßburg, Léon Arthur Elchinger, beschwor ihn erneut am 4. November des gleichen Jahres, indem er eine durch die höchste kirchliche Autorität zu vollziehende Rehabilitation Galileis forderte. Er erblickte darin ein Mittel, der Welt zu beweisen, daß die Kirche der modernen Kultur keineswegs ängstlich und abwehrend gegenüberstehe, wie dies viele glaubten[31].

In der Tat entsprach Paul VI. wenige Monate später diesem Vorstoß auf eine eher indirekte Weise, als er bei seinem Besuch in Pisa am 10. Juni 1965 empfahl, das katholische Volk solle den Glauben Galileis, Dantes und Michelangelos - er nannte sie in dieser Reihenfolge -

---

29 HAMPE III 260.
30 HAMPE III 34.
31 Vgl. HAMPE III 330; X. RYNNE, Die dritte Sitzungsperiode. Debatten und Beschlüsse des Zweiten Vatikanischen Konzils, Köln - Berlin 1965, 208 f.

nachahmen[32]. Dieser behutsam nuancierte Hinweis wurde denn auch in der breiten Öffentlichkeit wohl verstanden.

So kam es zu der sehr bedeutsamen Formulierung in der Konzilskonstitution „Gaudium et spes" vom 7. Dezember 1965, wo es u.a. heißt: „Durch ihr Geschaffensein selber nämlich haben alle Einzelwirklichkeiten ihren festen Eigenstand, ihre eigene Wahrheit, ihre eigene Gutheit sowie ihre Eigengesetzlichkeit und ihre eigenen Ordnungen, die der Mensch unter Anerkennung der den einzelnen Wissenschaften und Techniken eigenen Methode achten muß. Vorausgesetzt, daß die methodische Forschung in allen Wissensbereichen in einer wirklich wissenschaftlichen Weise und gemäß den Normen der Sittlichkeit vorgeht, wird sie niemals in einen echten Konflikt mit dem Glauben kommen, weil die Wirklichkeiten des profanen Bereichs und die des Glaubens in demselben Gott ihren Ursprung haben ... Deshalb sind gewisse Geisteshaltungen, die einst auch unter Christen wegen eines unzulänglichen Verständnisses für die legitime Autonomie der Wissenschaft vorkamen, zu bedauern. Durch die dadurch entfachten Streitigkeiten und Auseinandersetzungen schufen sie in der Mentalität vieler die Überzeugung von einem Widerspruch zwischen Glauben und Wissenschaft"[33]. In der Fußnote zu diesem Text wird auf das damals soeben erschienene Werk von Pio Paschini über Galilei verwiesen. Es ist das einzige Mal, daß das Konzil sich auf ein zeitgenössisches wissenschaftliches Werk beruft.

Der Text war während seiner Entstehung heftig diskutiert worden. Dabei waren sowohl die Hinweise, man müsse den „Fall Galilei" doch in seinem historischen Kontext sehen, ebenso wenig beachtet worden wie die Empfehlung, sich dazu gar nicht zu äußern. Zwei Konzilsväter, die diesen letzteren Rat gegeben hatten, waren der Meinung gewesen, daß durch dergleichen Ausführungen nur ein Minderwertigkeitskomplex der Kirche gegenüber der Wissenschaft

---

32 Vgl. HAMPE III 330.
33 Konstitution über die Kirche in der Welt von heute „Gaudium et spes", in: LThK. Das zweite Vatikanische Konzil. Dokumente und Kommentare III, Freiburg i. B. - Basel - Wien 1968, 241-592, hier: 387.

offenbar werde³⁴. Was in der Tat aus diesen Sätzen des Konzils sichtbar geworden ist, ist das Trauma, das der „Fall Galilei" auch in der Kirche hinterlassen hat. Dem entspricht seither eine neue Art von bemühter Apologetik, die nun freilich nicht mehr in der Verteidigung der einstmals Verantwortlichen besteht, sondern das Ansehen der Kirche von heute dadurch zu retten sucht, daß man die Kirche von damals anklagt und sich von ihr distanziert. Aber auch das ist Apologetik und deshalb eine anfechtbare Art, sich der Geschichte zu stellen³⁵. In bezeichnender Weise wurde dieses gespannte Verhältnis zur Geschichte durch eine ddp-Meldung illustriert, die Ende Februar 1981 durch die Presse ging. Da wurde mitgeteilt, daß der in Washington lehrende Dominikanerpater William Wallace bei seinen Forschungen über das wissenschaftliche Werk Galileis darin eine große Zahl von Plagiaten entdeckt habe³⁶. Diese für Galilei wenig schmeichelhafte Tatsache war, was seine nicht als solche gekennzeichneten Anleihen aus den Veröffentlichungen Keplers betrifft, längst bekannt³⁷. Von Interesse ist nun, daß der Entdecker dieser Plagiate im gleichen Atemzug den Versuch unternehmen zu müssen glaubt, diese Tatsache ihrer Peinlichkeit zu entkleiden, indem er Galileis Handlungsweise als damals gang und gäbe, ja sogar schmeichelhaft für die plagiierten Autoren bezeichnet.

Wer aber nur eine oberflächliche Ahnung davon hat, wie eifersüchtig Galilei selbst darauf bedacht war, Priorität bei Entdeckungen für sich in Anspruch zu nehmen, und wie rücksichtslos und erbittert er etwa in den Fällen des Proportionszirkels und der Sonnenflecken³⁸ - um nur das Bekannteste zu nennen - darum gestritten hat, der weiß, wie unhaltbar dieser Entlastungsversuch ist. Nichtsdestoweniger

---

34 Vgl. ebd. (Kommentar).
35 Bezeichnendes Beispiel hierfür ist der oben zitierte Überblick über den aktuellen Stand der Galilei-Frage von AUBERT und dessen Wertungen.
36 Vgl. Süddeutsche Zeitung vom 28. Februar 1981. Es handelt sich um einen Bericht über das Werk von W. A. WALLACE, Galileo's Early Notebooks: The Physical Questions. A Translation from the Latin, with Historical and Paleographical Commentary, Notre Dame (Indiana) - London 1977.
37 Vgl. MÜLLER, Galilei-Prozeß, 53; DERS., Weltsystem, 115-118.
38 Vgl. oben 47f; 89f.

zeigt er - und deshalb ist hier davon die Rede -, daß es offenbar heute, mehr als dreihundertfünfzig Jahre nach dem Galileiprozeß, einem katholischen Forscher noch immer nicht möglich ist, schlichte, erwiesene Tatsachen mitzuteilen, ohne befürchten zu müssen, an offene Wunden zu rühren.

Wir - und zwar alle an dem Verhältnis von Wissenschaft und Kirche Interessierten - müssen wieder unbefangen über den „Fall Galilei" reden können, ohne Aggressionen und ohne Schuldkomplex. Dies ist eine Anfrage an unser Verhältnis zur Geschichte, denn der „Fall Galilei" ist ein Ereignis der Vergangenheit und damit ein Bestandteil unserer Geschichte. Was aber geschieht, wenn ein Mensch seine eigene Geschichte nicht akzeptiert, nicht lernt, mit ihr und aus ihr zu leben, das weiß der Psychoanalytiker. Ähnliche Phänomene gibt es auch in der Dimension des Sozialen. Beide „Gemeinschaften", die Republik der Gelehrten und die Kirche, müssen daher lernen, mit dieser ihrer Geschichte zu leben. Sie dazu zu befähigen, ist nicht zuletzt Aufgabe der profanen wie der kirchlichen Geschichtswissenschaft.

Da nun ist zunächst auf die Notwendigkeit zu verweisen, den „Fall Galilei" aus den Voraussetzungen seiner eigenen Zeit, nicht aber der unseren, zu verstehen. Damit ist freilich eine erhebliche intellektuelle Anstrengung gefordert. Sie besteht darin, zunächst einmal ganz bewußt all das zu ignorieren, was seit dem Jahre 1633 an Erkenntniszuwachs geschehen ist. Der um sachgerechte Erfassung des Geschehenen bemühte Betrachter muß nämlich nicht nur die Fakten an Hand der Quellen exakt ermitteln, er muß vielmehr diese Einzeltatsachen auch in das geistige, religiöse, kulturelle und auch politische Panorama ihrer Zeit einordnen und den ihn interessierenden Vorgang nicht isoliert, sondern in seinem vielfachen Verwobensein in die historische Gesamtsituation betrachten. Außerdem gilt es dabei, unsere eigenen Denk- und Urteilsvoraussetzungen in ihrer geschichtlichen Bedingtheit zu erkennen. Das bedeutet, daß wir unsere durch die Erfahrung einer säkularisierten, pluralistischen und permissiven Gesellschaft gefärbte Brille ablegen müssen, wenn wir der historischen Wirklichkeit des „Falles Galilei" gerecht werden wollen. Praktizieren wir in unserem Fall diese Methode, dann wird es möglich sein, Galilei und seine Richter nicht von unserem Standpunkt aus, sondern mit den Augen eines Zeitgenossen zu sehen, der, selber noch mitten im Fluß der Ereignisse stehend, all das noch gar nicht wissen kann, was dem Spätergeborenen selbstverständlich erscheint. In dem Maße, in dem es dem Historiker gelingt, sich in die Welt jener zu versetzen, deren Handeln und Erleiden zu erforschen er sich anschickt, wird es ihm auch gelingen, zu verstehen, warum der Gang der Ereignisse so und nicht anders verlaufen ist. Erst diese strenge intellektuelle Disziplin schafft also die Voraussetzungen für historisches Verstehen, das uns vor anachronistischen Fehlurteilen bewahrt.

Dann mag man die hohen Gipfel erklimmen, von denen aus sich das Panorama der Welt- und Menschheitsgeschichte dem Blick darbietet, und den Betrachter große Zusammenhänge erkennen und umfassende Einsichten gewinnen läßt.

Die Figur des unhistorisch urteilenden Pharisäers, der auf dem hohen Thron seiner Gegenwart über die Vergangenheit unbekümmert zu Gericht sitzt, entbehrt darum der lächerlichen Züge nicht. Er vergißt, daß auch sein und seiner Zeitgenossen eigenes Handeln und Versagen einmal Gegenstand des Urteilens späterer Generationen sein wird.

Zur geschichtlichen Verfaßtheit von Mensch, Gesellschaft und natürlich auch der Kirche gehört nun einmal jenes Fortschreiten in der Erkenntnis der Wirklichkeit ebenso wie auch das Verblassen, ja der Verlust schon gewonnener Einsicht. Es war ein langer Weg von der Herstellung des ersten Faustkeils bis zur Landung auf dem Mond, und der Umstand, daß das Überspringen des Erkenntnisfunkens vom Genie auf die vielen anderen nicht in Blitzesschnelle zu geschehen pflegt, hat diesen und andere Wege oft so weit, steil und mühsam gemacht. Nicht selten dehnt sich die Spanne zwischen dem ersten Aufleuchten eines ahnenden Gedankens bis zur gesicherten Erkenntnis über Generationen hin.

Wer dies im Auge hat, wird beim Urteil, auch über Galilei und seine Richter, eher vorsichtig, und, weil der Begrenztheit eigener Einsicht und eigenen Urteils bewußt, mit intellektueller Bescheidenheit zu Werke gehen. Dann aber erschließt sich ihm die Schatzkammer der Menschheitserfahrung, und nichts anderes ist die Geschichte, die sich, wenn sie nur verstanden wird, nicht weigert, als „vitae magistra" zu dienen - den Naturwissenschaftlern und den Theologen.

2. Die Geschichte

Anfänge in Pisa und Padua

Als Galileo Galilei am 15. Februar 1564 zu Pisa geboren wurde[1], waren keine vier Wochen vergangen, seit Papst Pius IV. durch die Bulle „Benedictus Deus" das Konzil von Trient bestätigt hatte. Nach den katastrophalen Einbrüchen der Reformation Luthers und Calvins brachte dieses Konzil einen Neuaufbruch religiös-kirchlichen Lebens im katholischen Resteuropa, der, aus den tiefen Quellen eines gereinigten und erneuerten Glaubens gespeist, jenes „Wunder von Trient" hervorbrachte, als das dem Historiker die von da ausgehende geistig-religiös-kulturelle Blüte noch heute erscheint. Im gleichen Jahre starben Michelangelo und Calvin, wurde Shakespeare geboren. Auf der Frankfurter Messe gab es den ersten Katalog verkäuflicher Bücher.

Galileis Kinderjahre sahen den Aufstand der Niederlande, die Tragödien der Maria Stuart und des Don Carlos, und der siebenjährige Tuchhändlerssohn stimmte 1571 in den Jubel über den Sieg der christlichen Flotten über den Halbmond bei Lepanto ein. In Frankreich tobten die Hugenottenkriege, und England besiegte 1588 die Armada Philipps II. von Spanien.

In dieser Welt, in der Politik und Konfession, Mystik und Macht, Heroismus und Kunst im Pathos des Barock verschmolzen, wuchs der junge Galileo Galilei auf. Von dem als Musiker und Musiktheoretiker bedeutenden Vater erbte der Sohn eine reiche intellektuelle Begabung. Mit Glücksgütern war der Florentiner Patrizier Vincenzo Galilei jedoch nicht gesegnet, er lebte derzeit als Tuchhändler in Pisa.

---

1 Da die biographischen Daten Galileis und die der Geschichte seiner Zeit kaum kontrovers sind, werden sie im allgemeinen nicht eigens belegt. Es wird dafür ein für allemal auf PASCHINI verwiesen. Hier werden die biographischen Details in wünschenswerter Breite dargeboten. Für die wissenschaftliche Biographie Galileis sei auf das schon genannte Werk von DRAKE verwiesen. Vgl. auch GENTILI, Bibliografia Galileiana fra i due centenari (1942-1964) (= Hildephonsiana. Collana di studi teologici e religiosi 8), Venegono inf. (Varese) 1966.

Von ihm empfing Galileo ersten Unterricht, dem alsbald eine gründliche Einführung in die lateinische und griechische Literatur folgte, deren intime Kenntnis die Zeitgenossen an Galilei bewunderten. Für die weitere Bildung des Knaben wurde sein Aufenthalt bei den Benediktinern von Vallombrosa von Bedeutung. Seine Absicht, in den dortigen Konvent einzutreten und Mönch zu werden, machte jedoch der Vater zunichte. Der Mitteilung eines Zeitgenossen, des Abtes von Vallombrosa, zufolge, holte Vincenzo seinen vierzehnjährigen Sohn unter dem Vorwand, ein Augenleiden bedürfe der Behandlung, aus dem Kloster. Eine Arztkarriere sollte dem Sohn einbringen, wonach der Vater bislang vergeblich gestrebt hatte: Wohlstand und Einfluß. Deshalb schickte er den siebzehnjährigen Galileo an die Universität von Pisa, wo dieser Medizin und Philosophie hörte.

Diese Studien führte er jedoch nicht zu Ende. Vielmehr begab er sich unter die Schüler des bedeutenden Mathematikers Ostilio Ricci, der zu Florenz, wohin die Familie Galilei 1574 zurückgekehrt war, die Pagen des großherzoglichen Hofes unterrichtete. Hier lernte er Euklid, Archimedes und Pythagoras kennen. Damit war ihm der Zugang zu jener Welt eröffnet, in der er selbst einer der Großen werden sollte.

Erste Arbeiten enthalten erste Entdeckungen, und Galilei ließ schon damals einen späterhin scharf ausgeprägten Zug seines Wesens erkennen, als er sich im Dezember 1587 von vier Zeugen die Urheberschaft an seinen die Schwerkraft betreffenden Beobachtungen bestätigen ließ[2].

Dann lenkte er zum ersten Mal die Schritte nach Rom, wo er den als Astronom und Mathematiker bedeutenden Jesuiten Christoph Clavius[3], den Vater des Gregorianischen Kalenders, kennenlernte. Aus den Jahren um 1590 stammen auch drei lateinisch abgefaßte Notizbücher Galileis, die ersten beiden davon enthalten Abschriften aus Vorlesungsnotizen junger Jesuiten-Professoren des Collegio Roma-

---

2 Vgl. Ed. Naz. 1, 183.
3 Zu Christoph Clavius SJ (1537/38-1612) vgl. E. LAMALLE, in: NDB 3 (1957) 279.

no, die Galilei dann seiner Pisaner Lehrtätigkeit zugrundelegte[4]. Weitere wissenschaftliche Kontakte ergaben sich, und nach dem Zwischenspiel einer „Lettura" an der Universität Siena verschafften die Gönner trotz seines unregelmäßigen Bildungsganges und des Fehlens akademischer Grade dem fünfundzwanzigjährigen Galileo für drei Jahre ein Katheder zu Pisa. Die Empfehlungen des bekannten Mathematikers Marchese Guidubaldo Del Monte und seines Bruders, des Kardinals Francesco, vermittelten Galilei die Bekanntschaft mit dem Großherzog Ferdinand und mit Giovanni de'Medici. Hier in Pisa schritt Galilei auf den Spuren seiner großen Vorgänger Tartaglia und Benedetti auf jenem Wege voran, der zur Formulierung der Fallgesetze führte. Was Galilei dazu befähigte, war die geniale Verbindung von messendem, wägendem Experiment und Mathematik. Damit wurde die Entwicklung der modernen Naturwissenschaft eingeleitet - und der von ihr ermöglichte und bestimmte geistig-gesellschaftliche Prozeß, mit dessen vorläufigen Ergebnissen wir Heutigen uns auseinandersetzen müssen.

Nach dem Tode seines Vaters Vincenzo im Jahre 1591 mußte Galileo auch die Sorge für Mutter und Geschwister übernehmen. Sein Bruder Michelangelo hatte keinen Beruf erlernt, der ihm Einkünfte gebracht hätte, er war nur als Musiker ausgebildet. Die so verursachte wirtschaftliche Bedrängnis - auch die Schwester Virginia war zu verheiraten und auszustatten gewesen - ließ Galileo nach einer einträglicheren Stelle Ausschau halten. Nach Enttäuschungen und Schwierigkeiten mancher Art beschloß endlich die Signorie von Venedig im September 1592, ihm für vier bzw. sechs Jahre einen Lehrstuhl für Mathematik in Padua zu übertragen, der ihm das Dreifache seines Pisaner Gehalts einbrachte. Zudem bot Padua weit mehr als Pisa die Gelegenheit, durch privaten Unterricht Nebeneinkünfte zu erzielen, was durchaus üblich war. Schon von seiner Antrittsvorlesung am 7. Dezember 1592 an erfreute sich der neue Mathematiker eines außerordentlichen Zustroms von Studenten. In die Paduaner

---

[4] Vgl. W. A. WALLACE, Galileo and his sources. The Heritage of the Collegio Romano in Galileo's Science, Princeton 1984.

Jahre fällt auch Galileis Verhältnis mit der Venezianierin Marina Gamba, mit der er seit 1599 zusammenlebte. Sie hat ihm drei Kinder geboren, die er mitnahm, als er im Jahre 1610 Padua und Marina Gamba verließ.

Neben seinen geometrischen Vorlesungen wandte sich Galilei schon damals der Astronomie zu. Darin folgte er, wie es der Auffassung der Zeit entsprach, der Lehre des Ptolemäus, ohne von Kopernikus und Tycho Brahe Notiz zu nehmen. Dies wäre auch in dem von einem strengen Aristotelismus geprägten Paduaner Milieu schwer möglich gewesen. Wann aber kam Galileo dann dazu, die gängige Auffassung preiszugeben und sich Kopernikus zuzuwenden? Ein erstes Zeichen hierfür ist ein Brief des Jahres 1597, in welchem er einen alten Freund fragt, warum er so entschieden gegen die Pythagoräer und gegen Kopernikus argumentiere. Im Jahr zuvor hatte Kepler zu Tübingen seinen „Prodromus" veröffentlicht und davon ein Exemplar an Galilei nach Padua gesandt. Wenn dieser jedoch in seinem Antwortbrief schrieb, er selbst habe schon seit langen Jahren sich Kopernikus zugewandt, es aber nicht gewagt, Abhandlungen dieses Inhalts zu veröffentlichen, so ist doch Galileis immer wieder zu beobachtende Neigung, sich Prioritäten von Entdeckungen zu sichern, ein Umstand, der zu vorsichtiger Interpretation mahnt. Bezeichnend auch die Bemerkung, er würde sich gewiß ermutigt fühlen, seine Arbeiten zu publizieren, wenn es mehr Autoren gäbe, die so dächten wie Kepler. So aber wolle er zuwarten[5].

Noch im Jahre 1606 legte er seinen Schülern in dem „Trattato della Sfera o Cosmografia" das ptolemäische System vor, ohne die leiseste Andeutung von Zweifel oder Kritik. Bezeichnend ist der Umstand, daß er für die Lehre von der Erde als dem Mittelpunkt des Weltalls auch jene Beweise der Alten anführte, die Kopernikus längst widerlegt hatte. Damit hätte Galilei sich allerdings ebenso auseinandersetzen müssen wie mit Tycho Brahe, den er gleichfalls ignorierte,

---

5 Vgl. Galilei an Kepler, Padua, 4. August 1597 (Ed. Naz. 10, 67 f.); MÜLLER, Weltsystem, 13. Zur Genesis der kopernikanischen Überzeugungen Galileis vgl. D'ADDIO 11-17. Zu Johannes Kepler (1571-1630) vgl. M. LIST, in: NDB 11 (1977) 494-508.

während Clavius den Königsberger Astronomen längst als einen zweiten Ptolemäus gefeiert hatte[6]. Das heißt doch wohl, daß Galilei sich bis dahin noch nicht ernsthaft mit Kopernikus befaßt haben kann. Vermutlich ließ er auch deswegen Kepler ohne Antwort, als dieser ihn bat, ihm seine - von Galilei als von ihm gefunden angedeuteten - Gründe für das kopernikanische System mitzuteilen. Auch auf ein zweites Schreiben dieser Art schwieg Galilei. Sieben Jahre dauerte es, bis es zu einem neuen Briefwechsel kam. Wenn Galilei darüber hinaus dem Bologneser Professor Magini gegenüber behauptete, Keplers Buch nicht zu kennen, so sind Fragen nach Galileis Wahrhaftigkeit nicht zu unterdrücken.

Solche Zweifel nährt auch die Art und Weise, wie Galilei sich in dem in seine ersten Paduaner Jahre fallenden Prioritätsstreit um den Proportionszirkel verhalten hat.

Galilei hat dieses mathematische Instrument nicht erfunden, wohl aber hat er es weiterentwickelt. Dieser Proportionszirkel, der sowohl die Reproduktion von Zeichnungen in verschiedenen Maßstäben als auch Wurzel- und Zinsrechnungen ermöglichte, war ein Vorläufer unseres Storchenschnabels ebenso wie des Rechenschiebers von heute. Für ihn verfaßte Galilei eine Gebrauchsanweisung, die er 1606 veröffentlichte.

Dem folgte eine Auseinandersetzung mit dem jungen Mailänder Baldassare Capra[7], der unbegreiflicherweise im Jahre darauf eine äußerst fehlerhafte Übersetzung von Galileis Schrift ins Lateinische als seine eigene herausgab, ohne Galileis Namen auch nur einmal zu nennen. Daß Galilei darüber empört war und auf Genugtuung drängte, ist mehr als verständlich. Wie er jedoch dabei vorging, muß verwundern und enttäuschen, ging er doch auf die gänzliche gesellschaftliche Ächtung des unbesonnenen jungen Mannes aus, obwohl dieser ihm vollständigen Widerruf und öffentliche Genugtuung angeboten hatte.

---

6 Vgl. MÜLLER, Weltsystem 6-9.
7 Zu Baldassare Capra (1580-1626) vgl. G. GLIOZZI, in: DBI 19 (1976) 106-108.

Nach einer großen Szene vor einem akademischen Tribunal, die selbst den Richtern peinlich war, wurde das Urteil unter Trompetenschall der versammelten Studentenschaft verkündigt, worauf man zur Konfiskation und Vernichtung des armseligen Büchleins schritt. Das aber war Galilei nicht genug, er gab nun eine eigene Schrift heraus, in welcher er auch auf eine frühere astronomische Schrift Capras einging. Der Inhalt ist recht interessant, - wiewohl ein als Astronom ausgewiesener Historiker Galilei hierbei Unrecht gibt. Was hier zum Verwundern Anlaß gibt, ist der Wortschatz, dessen Galilei sich in dieser Schrift bedient. So etwa apostrophiert er Capras Lehrer, den Franken Simon Marius aus Gunzenhausen, als neidischen Feind, diabolischen Ratgeber, Hasser des ganzen Menschengeschlechts, der nach Art der Schlange mit seiner bissigen lügenhaften Zunge nach allen Seiten herumzüngle, um mit wahrem Heißhunger anderen, besonders ihm, Galilei, an der Ehre zu schaden[8].

Aber was Galilei seinem Widersacher vorwarf, das tat er nun selbst. Hatte er noch 1606 angedeutet, es handle sich bei dem Proportionszirkel um ein von anderen erdachtes, von ihm verbessertes Instrument, so erklärte er ihn in seiner Verteidigungsschrift als seine ausschließliche Erfindung.

Diese Züge des großen Gelehrten können nicht übersehen werden, wenn man sein späteres Schicksal erklären und verstehen will.

Das Fernrohr und die Folgen

Die Erfindung hatte in der Luft gelegen[9]. Nachdem man schon seit dem 13. Jahrhundert Brillen benutzt hatte, wandte sich der Neapolitaner Gian Battista Della Porta seit etwa 1580 der wissenschaftlichen Optik zu; seine Ergebnisse veröffentlichte er 1589 in seiner „Magia naturalis" und 1593 in „De Refractione" - über die Brechung. Kepler arbeitete theoretisch daran weiter. Daß diese Theorien in die Praxis

---

8 Vgl. MÜLLER, Weltsystem 32-38.
9 Vgl. V. RONCHI, Storia del Cannocchiale, in: Miscellanea Galileiana III, 725-848. Der Vf. war Leiter des in Galileis Villa Arcetri etablierten Forschungsinstituts. Vgl. neuestens A. VAN HELDEN, Galileo and the Telescope, in: Novità celesti 149-158.

überführt wurden und daraus ein Fernrohr entstand, ist wohl einem Holländer zu danken, Zacharias Janssen aus Middelburg. Dort hatte sich, von Italienern eingeführt, eine Glasindustrie etabliert, und es gibt einen freilich nicht verifizierbaren Hinweis, daß aus Italien auch ein 1590 konstruiertes Fernrohr nach Middelburg gebracht worden war, nach dessen Vorbild im Jahre 1604 Janssen sein Instrument herstellte. Indes nahm auch ein Landsmann von Janssen, Jakob Adrianszoon Meetsius aus Alkmaar, diese Erfindung für sich in Anspruch. Wie dem auch sei, 1608 erschien das erste Fernrohr auf der Frankfurter Messe, von wo dieses vor allem für Seefahrt und Kriegführung hochwichtige Instrument seinen Siegeszug durch die Welt antrat.

    Galilei selbst hatte sich bisher eigentlich nie mit Problemen der Optik beschäftigt. Indes scheint er sich seit 1602 mit optischen Linsen befaßt zu haben, und nach seiner eigenen Erzählung hat er auf die Nachricht von der Erfindung des Fernrohrs sich daran gemacht, selbst ein solches zu bauen. Das wäre dann - wie er im „Sidereus Nuncius" sagt - etwa zehn Monate vor dessen Erscheinen, also jedenfalls im Jahre 1609, geschehen. Es war Ergebnis nicht theoretischer Überlegungen und Berechnungen, sondern seines praktischen Geschicks. Ein zeitgenössischer Bericht läßt ahnen, welche Sensation in den führenden Kreisen Venedigs dieses Fernrohr hervorrief, das da auf dem hochragenden Campanile von San Marco aufgestellt war, und für jeden, der hindurchsah, die umliegenden Städte wie auch die Inseln und die Schiffe auf der Lagune zum Greifen nah heranholte. Die Bewunderung und der praktische Sinn der Signorie honorierten den Konstrukteur mit einem lebenslang zu beziehenden Jahresgehalt von tausend Gulden.

    Entscheidend für den Fortgang der Ereignisse aber war es, daß Galilei sein Fernrohr nicht mehr nur auf die Lagune richtete, sondern auch auf den nächtlichen Sternenhimmel[10]. Damit begann in der Tat eine neue Epoche der Astronomie: „Auf irdische Beobachtungen

---

10 Der Ansbacher Hofastronom Simon Marius (1573-1624) führte wohl schon einige Zeit vor Galilei astronomische Fernrohrbeobachtungen durch, in deren Verlauf er Ende November 1609 die Jupitermonde entdeckte. Vgl. E. POHL, 500 Jahre Astronomie in Franken, in: Jahrbuch des Historischen Vereins für Mittelfranken 95 (1990/1991) 83-101, hier: 89 f.

verzichtend, wandte ich mich zu den himmlischen. Da sah ich zunächst den Mond so nahe, als ob er kaum einen Erddurchmesser entfernt gewesen wäre. Dann beobachtete ich häufig und mit einem unglaublichen Vergnügen Fixsterne und Planeten ..."[11].

Und nun beschreibt er seine Beobachtungen, zuerst jene des Mondes. Seine Oberfläche war - ganz anders als die Philosophen lehrten - jener der Erde ähnlich, wies Täler, Höhen und Berge auf, ja dunkle Flächen ließen an Meere denken. Besonders eindrucksvoll war es, daß etwa in den Plejaden, von denen man bisher nur sechs Sterne kannte, durch das Fernrohr mehr als deren vierzig sichtbar wurden, und die Milchstraße sich dem nun bewehrten Auge als eine Ansammlung von ungezählten Sternen und Sternchen enthüllte.

Von noch weiterreichender Bedeutung indes war die Entdeckung der Jupitermonde. Darüber berichtet Galilei: „Es war der 7. Januar des laufenden Jahres 1610, zur ersten Nachtstunde, als ich bei meinen teleskopischen Beobachtungen des gestirnten Himmels auf den Planeten Jupiter stieß. Zu meiner Verwunderung sah ich drei hellleuchtende Sternchen, zwei gegen Osten und eins gegen Westen vom Planeten, fast in einer geraden zur Ekliptik parallelen Linie stehen. Ich hielt sie natürlich für Fixsterne und kümmerte mich deshalb nicht weiter um sie. Am folgenden Abend stieß ich auf das gleiche Objekt, bemerkte jetzt aber eine ganz andere Konstellation. Die drei Sternchen standen nunmehr alle an der Westseite des Jupiter und näher beieinander als das erste Mal"[12]. Weitere Beobachtungen ergaben, daß der Planet Jupiter von vier Monden begleitet ist, die ihn in ungleichen Abständen und mit verschiedener Geschwindigkeit umkreisen. Damit aber war es erwiesen, daß ein Planet, selbst von Monden umkreist, durchaus seinerseits samt seinen Monden die Sonne umkreisen könne. Im Zusammenhang damit entdeckte Galilei auch den Neptun, den er freilich nicht für einen Planeten hielt. Ihn beobachtete er in den folgenden Jahren vermöge eines von ihm konstruierten außerordentlich präzisen Meßinstruments so genau, daß er mit

---

11 Übersetzung nach MÜLLER, Weltsystem 47.
12 Übersetzung nach ebd. 49.

seinen damaligen Messungen die der heutigen Astronomie in Frage stellt[13].

Seine mit dem Fernrohr gemachten astronomischen Entdeckungen legte Galilei dem gelehrten Publikum in einer 1610 veröffentlichten Schrift vor, die er „Sidereus Nuncius" - Botschaft von den Sternen, Sternenbote - nannte. Sie umfaßte 48 Seiten und war - abgesehen von der kleinen Arbeit über den Proportionszirkel - Galileis erste wissenschaftliche Veröffentlichung. Er war damals immerhin schon sechsundvierzig Jahre alt. Allein schon das Titelblatt des Heftes[14], das in der Offizin des Tommaso Baglioni zu Venedig erschienen war, weckt gespannte Erwartung, verheißt es doch, daß da „große und höchst wunderbare Spectacula" jedermann, insbesondere aber den Philosophen und Astronomen dargeboten würden, Entdeckungen, die Galileo Galilei, Florentiner Patrizier und Mathematiker der Hohen Schule zu Padua kürzlich mit Hilfe des von ihm erfundenen [!!] Fernrohrs gemacht habe. Sie beträfen die Mondoberfläche, die unzähligen nebelartigen Fixsterne der Milchstraße und insbesondere die vier Jupitermonde, denen ihr erster Entdecker den Namen „Medicea Sidera" zu geben beschlossen habe.

Der Feststellung eines modernen Autors[15], diese Ankündigung klinge in unseren Ohren etwas marktschreierisch, doch habe Galilei sich hier nur des - freilich von ihm meisterhaft gehandhabten - Stils seiner Zeit bedient, ist nur hinzuzufügen, daß das Titelblatt auch die schlichte Unwahrheit enthält, Galilei habe das Fernrohr erfunden.

Die Wirkung dieser Schrift war ungeheuer. Weder Kopernikus noch Kepler riefen mit ihren Werken einen solchen „Ausbruch der Gefühle" seitens des Publikums hervor, wie Galileis Sternenbote[16]. In unseren Tagen ist seine Wirkung vielleicht mit dem Erlebnis zu

---

13 Vgl. S. DRAKE - Ch. T. KOWAL, Galileis Beobachtungen des Neptun, in: Spektrum der Wissenschaft, Februar 1981, 77-89.
14 Abgebildet in: Accademia dei Lincei, Galileo Galilei. Celebrazioni del IV. centenario della Nascita, Roma 1965, Abb. XVI.
15 Vgl. HEMLEBEN 48.
16 Vgl. KOESTLER 373.

vergleichen, das Millionen hatten, als sie am Fernsehschirm die erste Landung eines Menschen auf dem Mond mitverfolgten.

    Wichtiger war indes, daß Galilei in dieser Schrift mehrfach erkennen ließ, daß er das kopernikanische System für wahr hielt. In der Widmung seines Sternenboten an Herzog Cosimo II. sprach er deutlich von der Bewegung des Jupiter samt seinen Monden um die Sonne, die er den Mittelpunkt des Weltalls nannte. Zweimal sprach er sodann davon, er wolle alsbald in einem eigenen Werk über das Weltsystem ausführlich auf Einzelheiten eingehen. Bis er dies tun konnte, sollten allerdings mehr als zwanzig Jahre vergehen.

Anerkennung und Widerspruch

    Galilei strebte weg von Padua. Gewiß hatte er hier seine ersten großen Erfolge errungen, und gerade jetzt, nach den aufsehenerregenden Entdeckungen am Sternenhimmel, zwang ihn der Zustrom von Hörern, seine Vorlesungen in den größten, tausend Studenten fassenden Hörsaal zu verlegen. Doch war auch Gegnerschaft nicht ausgeblieben, denn „Bescheidenheit war Galileis Tugend nicht"[17]. Er selbst beklagte sich bitter über den Neid und die Eifersucht seiner Feinde. Doch verwickelte er sich auch in Widersprüche, wenn er einerseits schrieb, er habe selbst seine härtesten Gegner nicht nur zum Schweigen gebracht, sondern sie so sehr überzeugt, daß sie sich öffentlich als seine Anhänger erklärt hätten. Wenige Monate später schrieb er dennoch an Kepler das gerade Gegenteil, nämlich, daß die maßgeblichsten Professoren der Universität sich hartnäckig weigerten, Mond und Planeten durch das Fernrohr zu betrachten, wie er es ihnen oftmals angeboten habe.

    Galilei zog es nach Florenz. Die Beziehungen zum dortigen Hofe hatte er stets gepflegt, und der Staatskanzler Belisario Vinta war sein Briefpartner und Freund, mit dem er in aller Offenheit sprechen konnte. Er, Vinta, war es dann auch, der an Galileis Rückkehr nach Florenz arbeitete.

---

17   HEMLEBEN 48.

Dazu schien der Zeitpunkt nun gekommen. Die großen Entdeckungen, die stabilisierte ökonomische Stellung in Padua und das große Ansehen, das Galilei schon genoß, schufen eine günstige Ausgangsbasis für Verhandlungen mit dem großherzoglichen Hof. Indem er die von ihm entdeckten Jupitermonde mit dem Namen „Sidera Medicea" belegte, tat er ein übriges, um sich der Gunst der großherzoglichen Familie zu versichern. Dem gleichen Ziele diente die höchst pathetische Widmung des „Sternenboten" an den gerade neunzehnjährigen Cosimo II., der 1609 seinem Vater in der Regierung gefolgt war. Zu ihm stand Galilei zudem in guten, ja freundschaftlichen Beziehungen, war Galilei doch seit 1605 sein Lehrer gewesen, wenn er sich des Sommers zu Florenz aufgehalten hatte.

Nun also ergriff Galilei die Gelegenheit, die die Gunst der Stunde bot, und ließ den Haushofmeister des Hofes zu Florenz, Vincenzo Vespucci, im Februar 1609 seinen Wunsch wissen, nach Florenz berufen zu werden. Sein Hauptmotiv: in einer Republik wie Venedig sei es unmöglich, ein staatliches Gehalt zu beziehen, ohne dem Staat und den Bürgern zur Verfügung stehen zu müssen. Eben dies raube ihm aber die notwendige Freiheit und die besten Stunden für seine Forschungen. Eine Stellung, die ihm diese im wünschenswerten Umfang ermögliche, könne ihm nur ein „principe assoluto", ein absoluter Fürst, gewähren. Diesem freilich könne er mit all jenen Erfindungen zu Diensten sein, die er tagtäglich mache und - die notwendige Muße vorausgesetzt - noch mehren könne.

Eine Reise nach Florenz, wo der Hof mit höchster Neugierde darauf wartete, Galileis Entdeckungen mit dem Fernrohr nun selbst nachvollziehen zu können, bot Galilei die Möglichkeit zu weiteren Sondierungen und Verhandlungen. Doch obgleich eine im April von Cosimo II. zum Geschenk gemachte schwere goldene Kette samt Medaille - sie kostete 400 Scudi - das Beste verhieß, befielen den jungen Fürsten angesichts der Gegnerschaft, die der Astronom in Fachkreisen fand, mancherlei Bedenken. Erst am 10. Juni 1610 ernannte er ihn schließlich zum „Primario Matematico dello Studio di Pisa e primario Matematico e Filosofo del Granduca di Toscana". Sein Gehalt von 1000 Scudi jährlich mußte die Universität Pisa aufbringen, ohne daß Galilei dort zu Vorlesungen verpflichtet worden wäre. Schon am 15. Juni verzichtete er gegenüber der Signorie von Venedig auf seinen Paduaner Lehrstuhl, auf dem ihn auch erhebliche Gehaltsangebote der Signorie nicht zu halten vermochten. Er verließ Padua und die Mutter seiner Kinder mit diesen am 7. September und kam fünf Tage später in Florenz an. In Venedig hinterließ Galilei kein gutes Andenken, man war über seinen Weggang verärgert, und er selbst kehrte niemals mehr dorthin zurück.

Wie aber tönte das Echo auf die „Botschaft von den Sternen" aus der wissenschaftlichen Welt zurück?

Durch den Florentinischen Gesandten Giuliano Medici hatte der kaiserliche Mathematicus Johannes Kepler den „Sidereus Nuncius" alsbald nach seinem Erscheinen erhalten. Bereits am 2. Mai 1610 hatte er, von der Lektüre begeistert, eine Antwortschrift fertiggestellt, in welcher er dem Paduaner Astronomen überschwengliches Lob zollte. Indem Kepler bei der Erörterung von Galileis Ergebnissen von seinem eben vollendeten Werk „Astronomia nova" ausging, führte er das wissenschaftliche Gespräch voran. Daß Kepler indes dabei auf eigene, schon literarisch geäußerte Gedanken bezugnehmen konnte, mochte Galilei so sehr verstimmt haben, daß er seinerseits von der Keplerschen „Astronomia nova" nicht einmal Notiz nahm. Und dies, obwohl Kepler aus seiner Bewunderung für Galilei kein Hehl gemacht hatte. Insbesondere hatte er hervorgehoben, daß durch die Entdeckung der Jupitermonde das kopernikanische System eine starke Stütze erhalten habe[18].

In ähnlicher Weise äußerte sich der berühmte Schöpfer des Gregorianischen Kalenders, der aus Bamberg stammende und am Collegio Romano Mathematik und Astronomie lehrende Jesuit Christoph Clavius. Mit ihm, dem wesentlich älteren, stand Galilei seit seinen jungen Jahren in Verbindung. Nun hatte auch er die „Botschaft von den Sternen" empfangen und beeilte sich, ein Fernrohr zu beschaffen, um die Beobachtungen Galileis nachzuprüfen. Zu einem wissen-

---

18 Vgl. A. MÜLLER, Johann Kepler, der Gesetzgeber der neueren Astronomie. Ein Lebensbild, Freiburg i. B. 1903, 97; M. LIST, in: NDB 11 (1977) 500 f.

schaftlichen Austausch scheint es indes erst um die Jahreswende 1610/11 gekommen zu sein, nachdem Clavius von Galileis Beobachtungen des Saturn gehört hatte. Demnach bestand der Saturn aus drei Sternen. Dies, schrieb nun Clavius am 17. Dezember 1610, habe man hier in Rom nicht beobachten können, ihm sei der Planet - und nun fügt er eine Zeichnung hinzu - länglich erschienen. Clavius schloß sein Schreiben mit freundlichen, ja herzlichen Worten und forderte Galilei auf, mit seinen Beobachtungen fortzufahren und auch andere Planeten einzubeziehen - ein fruchtbarer Austausch von Beobachtungen und Gedanken war eingeleitet.

Damit hatte Galilei die Anerkennung zweier führender Astronomen gefunden. Doch blieben auch die Gegner nicht aus. So erreichte ihn aus Paris die Anforderung eines Exemplars des „Sternenboten" durch einen Arzt, der Galilei zugleich mitteilte, daß die dortigen Mathematiker seine entschiedenen Gegner seien. Auch am Kaiserhof zu Prag war man vorerst skeptisch, bis Kepler seine Antwortschrift auf den „Sidereus Nuncius" verfaßt hatte. Immerhin nahm auch Kepler zur Kenntnis, daß Galilei sich weder mit Kopernikus noch mit Tycho Brahe noch mit Giordano Bruno noch mit ihm selber auseinandergesetzt hatte.

Einen wirklichen, wegen seines Einflusses gefährlichen Gegner fand Galilei in der Person des bekannten Bologneser Professors Magini, der bei aller Höflichkeit in der Form sich an die Spitze der Widersacher Galileis setzte. Sein Motiv war vielleicht Gelehrtenneid. Jedenfalls aber fühlte er die Grundlagen seiner bisher festgehaltenen Überzeugungen angegriffen. Er erklärte Galileis Buch als einen Betrug, doch besorgte er sich selbst aus Venedig ein Fernrohr, um der Sache auf den Grund zu gehen. Ein umfangreicher Briefwechsel mit den führenden Mathematikern Deutschlands, Frankreichs, Flanderns, Polens und Englands diente seiner Anti-Galilei-Propaganda. Im gleichen Sinn, jedoch ohne die Gelehrsamkeit Maginis antwortete ein Bologneser Student namens Martin Horky, ein Tscheche, Sohn eines mit Kepler einst befreundeten lutherischen Pfarrers. Auch er erklärte Galileis Entdeckungen als frei erfunden, habe er, Horky, doch mit seinem eigenen Fernrohr nichts dergleichen beobachten können - so der Tenor seiner Schmähschrift, die im Sommer 1610 erschien.

Selbst ein Florentiner, Francesco Sizzi, spitzte die Feder gegen seinen Landsmann. Zwar gab er zu, die sogenannten Monde selbst gesehen zu haben, führte dieses „Sehen" jedoch auf optische Täuschungen zurück. Alsdann wandte er sich dem „Beweise" zu, daß es nur sieben Planeten gebe, weitere sich bewegende Sterne also nicht existieren könnten. Astronomen wie Clavius und andere Jesuitenprofessoren lachten über dieses Machwerk.

Nun ist es natürlich einfach, vor dem Hintergrund unseres heutigen Wissens in dieses Gelächter einzustimmen. Indes muß auch den Gegnern Galileis Gerechtigkeit widerfahren. Zum ersten ist darauf zu verweisen, daß dessen Thesen so überraschend neu waren und in Widerspruch zu allgemein angenommenen Überzeugungen standen, so daß Skepsis nicht verwundern darf. Im Hintergrunde stand überdies das Problem der gegenseitigen Zuordnung von Erfahrung und Theorie, an dem sich die Geister Galileis und der Aristoteliker schieden[19].

Zum anderen muß festgehalten werden, daß die damals verfügbaren Fernrohre alles andere als exakte Instrumente waren. Selbst Kepler war es monatelang nicht möglich zu sehen, was Galilei beschrieben hatte. Vor allem dürfte dies, und das gilt auch für die Mißerfolge anderer Astronomen mit dem Fernrohr, daran gelegen haben, daß die Entfernung zwischen Okular und Objektiv nicht veränderlich, mithin das Fernrohr nicht auf individuelle Sehschärfe einstellbar war. Galilei selbst scheint dies erst 1634 berücksichtigt zu haben.

So braucht doch nicht gerade Neid oder „... Bosheit ... die Augen dabei verblendet zu haben ..."[20], als Galilei etwa zwanzig Gelehrten im Hause Maginis vergeblich die Jupitertrabanten vorführen wollte.

---

19 Vgl. FEYERABEND 252-280.
20 MÜLLER, Weltsystem 56 f.

Die Reise nach Rom

Im März 1611 reiste Galilei nach Rom. Vierundzwanzig Jahre waren vergangen, seitdem er als Dreiundzwanzigjähriger zum ersten Male die Ewige Stadt besucht hatte. Was ihn jetzt dort erwartete, war wohl überwältigend. Unter dem Pontifikat des Borghese-Papstes Paul V. hatte eine wahre Explosion von Architektur und Kunst begonnen. Maderna und Fontana prägten dem barocken Rom ihren Stempel auf. Da ging St. Peter seiner Vollendung entgegen, der Quirinalspalast entstand, S. Maria Maggiore erhielt die Cappella Paolina, und man arbeitete an der Acqua Paola. Papst und Kardinäle gaben große Summen für die Restaurierung alter und den Bau neuer Kirchen aus; der Papstneffe Scipione Borghese ragte als Kunstsammler und Mäzen unter ihnen hervor.

Auch in religiöser Hinsicht erlebte Rom in diesen Jahren eine Blüte: Die Namen von Camillo de'Lelli und Giuseppe da Calasanza etwa stehen für die Sorge um die Kranken und die Jugend, der sich das geistliche Rom widmete.

Was jedoch Galilei diesmal anzog, war das gelehrte Rom, das in dem Collegio Romano der Jesuiten und in der Accademia dei Lincei seine Brennpunkte hatte. Namentlich die Jesuiten des Collegio Romano befaßten sich in diesen Jahren mit der Astronomie - es genügt, die Namen von Clavius, Grienberger, van Maelcote und Lembo zu nennen. Am Kontakt mit ihnen mußte Galilei gelegen sein. Auch in Kreisen des Kardinalskollegiums interessierte man sich - durchaus nicht nur dilettantisch - für Astronomie. Galilei selbst hatte den Kardinälen Del Monte, Montalto, Acquaviva und Borghese Fernrohre gesandt, Odoardo Farnese wollte gar deren zwei[21].

Sie alle waren begierig, den berühmten Erforscher des Sternenhimmels zu sehen und von seinen Forschungen zu hören, als er, wohlversehen mit Empfehlungsbriefen Cosimos II., am 29. März 1611 in Rom eintraf.

---

21 Vgl. PASCHINI 142.

Eine nicht endenwollende Reihe von Einladungen, Empfängen, Gesprächen hub an, in deren Verlauf Galilei mit den Spitzen der römischen Gesellschaft zusammenkam. Und immer wieder versammelte man sich um das Fernrohr, suchte, fand, bewunderte Jupitermonde und Sonnenflecken und Milchstraße, so etwa in den Gärten des Quirinalspalastes, wohin Kardinal Bandini eine illustre Schar weltlicher und geistlicher Gäste eingeladen hatte. Den Höhepunkt bildete indes eine Audienz bei Paul V., der, obzwar er wegen seiner von der Entwicklung des Gnadenstreits verursachten theologischen Sorgen derzeit wenig Interesse für das gestirnte Firmament zeigte, dennoch aber den Gelehrten aus Florenz mit Zeichen außerordentlicher Hochschätzung ehrte. Entgegen allem Protokoll ließ er es nicht zu, daß Galilei gebeugten Knies mit ihm sprach.

Mit dem Blick auf die künftigen Ereignisse ist es jedoch wichtiger, festzustellen, daß Galilei gerade im Kardinalskollegium große Anerkennung fand, obgleich nicht alle seine Bewunderer auch seine kopernikanischen Ansichten teilten.

Wie aber nahm die gelehrte Welt den Astronomen aus Florenz auf? Davon abgesehen, daß Galileis erste Schritte auf römischem Boden ihn zu Clavius ins Collegio Romano geführt hatten - von ihren weiteren Begegnungen soll noch die Rede sein - wurde er am 25. April 1611 von der Accademia dei Lincei in feierlicher Sitzung empfangen und als deren sechstes Mitglied aufgenommen[22].

Diese „Akademie der Luchse", deren Nachfolgerin noch heute zu den angesehensten wissenschaftlichen Gesellschaften zählt, war von dem Fürsten Federigo Cesi[23] gegründet worden, der selbst weniger der Astronomie als botanischen Forschungen nachging; im übrigen huldigte man dem Ideal des Polyhistor und befaßte sich mit allen Zweigen des Wissens und der Erkenntnis. Zeit seines Lebens nannte Galilei sich mit Stolz einen „Linceo".

---

22 Vgl. Documenti Lincei e Cimeli Galileiani esposti nella mostra organizzata nella Biblioteca Accademica a cura di A. Alessandrini, in: Accademia dei Lincei 145-225; R. MORGHEN, Galileo e l'Accademia dei Lincei, in: ebd. 131-144. Nun auch R. S. WESTFALL, Galileo and the Accademia dei Lincei, in: Novità celesti 189-200.
23 Zu Federigo Cesi (1585-1630). vgl. A. DE FERRARI, in: DBI 24 (1980) 256-258.

Von noch größerer Bedeutung war indes, daß das Collegio Romano am 13. Mai zu Ehren Galileis eine wissenschaftliche Akademie abhielt, in deren Verlauf P. van Maelcote vor vielen und hohen Gästen eine Laudatio auf Galilei hielt, den er als „hochberühmten und meistbeglückten Sternenforscher" feierte. Er bestätigte seine Entdeckungen, um dann der neuesten Ergebnisse - Sichelgestalt der Venus und Saturn - zu gedenken. Er las den Brief Galileis an Clavius über die ovale Form des Saturn wörtlich vor und damit auch Galileis Behauptung, daß die Entdeckung der Venusphasen das heliozentrische System als das einzig richtige beweise. Dabei bemerkte der Redner, er begnüge sich damit, die Tatsachen vorzutragen, daraus die Folgerungen zu ziehen, sei Sache seiner Zuhörer.

Der Triumph Galileis war vollständig, so vollständig, daß Kardinal Del Monte am 31. Mai 1611 dem Großherzog von Toscana schrieb: „... lebten wir noch in den Zeiten der alten römischen Republik, ich glaube sicher, man hätte ihm zur Anerkennung seiner Leistung eine Statue auf dem Kapitol errichtet"[24].

Entscheidend war es freilich, daß die Jesuitenastronomen der römischen Universität mit Galilei erkannten, daß - und das lehrten die Phasen der Venus - wenigstens ein Planet sich um die Sonne bewegte, mithin das ptolemäische System nicht mehr zu halten war. Die Folgerung, die sie daraus zogen, war allerdings weit vorsichtiger als jene Galileis: man wandte sich erst einmal Tycho Brahe zu und nahm hinsichtlich des Kopernikus eine vermittelnde Stellung ein. Galilei selbst machte hingegen aus seiner kopernikanischen Überzeugung kein Hehl. Wenngleich er auch in keiner seiner Schriften dieser Jahre sich ausdrücklich dazu bekannte, so ließ er doch keine Gelegenheit verstreichen, im Gespräch für Kopernikus zu werben. Dabei gab er sich wohl kaum Rechenschaft darüber, daß er sich zu der allgemein herrschenden Überzeugung vom Feststehen der Erde in Widerspruch begab und jeden, der diese auch wissenschaftlich verteidigte, provozierte. An Hinweisen darauf und an Mahnungen zur Vorsicht seitens

---

24 Übersetzung nach MÜLLER Weltsystem 72.

guter Freunde fehlte es nicht[25]. Insbesondere war es der Mathematiker und Astronom Mons. Giovanni Battista Agucchi, der im Juli 1613 Galilei mit Nachdruck darauf hinwies, daß man Ptolemäus nur auf Grund von soliden mathematischen Beweisen den Abschied geben könne[26].

Diese wären um so nötiger gewesen, als nun ein Mann auf den Plan trat, dessen hierarchischer, wissenschaftlicher und menschlich-religiöser Rang seiner Stellungnahme von vornherein größtes Gewicht verleihen mußte: Kardinal Roberto Bellarmino. Auch er war unter denen gewesen, die als Gäste des Fürsten Cesi - dessen väterlicher Freund seit Jugendjahren Bellarmino war - und des Kardinals Farnese mit Galilei zusammen durch das Fernrohr geblickt hatten. Nun legte er am 19. April 1611 seinen Ordensbrüdern Clavius, Grienberger, van Maelcote und Lembo fünf Fragen vor. Er wollte wissen, ob diese im einzelnen aufgeführten Beobachtungen Galileis den Tatsachen entsprächen. Nur dies, aber dies genau. Die Antwort erfolgte binnen fünf Tagen, sie enthielt mit geringfügigen Unterschieden die Bestätigung der Observationen Galileis. Nun kam es darauf an, welche Folgerungen aus diesen Entdeckungen gezogen würden. Die Auseinandersetzung um Kopernikus begann, und Bellarmino übernahm darin die führende theologische Rolle.

Die Bilanz des römischen Aufenthalts Galileis, den er am 4. Juni 1611 beendete, war sehr erfreulich für ihn, nicht ohne weiteres jedoch für Kopernikus, denn Galileis Beobachtungen vermochten wohl Zweifel am System des Ptolemäus zu wecken, nicht aber Kopernikus zu beweisen.

Dazu eine moderne Stimme: „Es scheint so, daß Galilei, erfüllt von der Wahrheit des Kopernikanismus, naiv geglaubt hat, auch den Kardinal [Bellarmino] und mit ihm das ganze Collegium Romanum überzeugen zu können, nachdem sie seinen Sternenbeobachtungen zugestimmt haben. Vielleicht hat er in den vorsichtigen und auswei-

---

25 Vgl. die bei PASCHINI 277-299, gesammelten Äußerungen.
26 Vgl. D'ADDIO 16 f. Zu Giovanni Battista Agucchi (1570-1632) vgl. R. ZAPPERI - I. TOESCA, in: DBI 1 (1960) 504-506.

chenden Antworten Bellarminos gar nicht den eisernen Widerstand bemerkt, der sich auf alles erstreckte, was Galilei an Schlußfolgerungen aus seinen Beobachtungen zog. Auf keinen Fall gelang es Galilei, den Kardinal, als den entscheidenden Mann in der Kurie für diese Weltanschauungsfragen, in Bezug auf den Kopernikanismus umzustimmen. Wohl aber hat der Kardinal bemerkt, mit welcher Intensität Galilei jener in den Augen der Inquisition gefährlichen und in keinem Fall anzuerkennenden Lehre des Frauenburger Domherrn anhing"[27]. Kurz vor Galileis Abreise aus Rom habe sich am 17. Mai die Inquisition für Galileis Vorleben interessiert: „Sein Name war damit in den Akten der Inquisition vermerkt"[28]. Davon abgesehen, daß die gemeinte römische Anfrage in Padua, ob Galileis Name in einem damals im Gang befindlichen Prozeß gegen den Philosophen Cremonini genannt worden sei, nicht am 17. Mai, sondern bereits am 17. Februar erfolgte, also noch bevor Galilei überhaupt nach Rom kam[29], beruhen die zitierten Zeilen auf der Einbildungskraft des Autors, nicht auf Quellen[30].

Dostojewskis Großinquisitor mag Modell gestanden haben für das Bild, das hier von Bellarmino gezeichnet wird, wenn es da heißt, daß durch die Begegnung mit ihm, der wesentlich am Prozeß gegen Giordano Bruno beteiligt war, auf Galileis Leben „... zum erstenmal jener Schatten, der fortab seinen Weg zunehmend bis zu seinem Tod verdunkeln sollte ..."[31] gefallen sei.

Wer war dieser Kardinal[32]? Roberto Bellarmino stammte aus dem toskanischen Montepulciano, seine Mutter war eine Schwester von Papst Marcellus II. Mit achtzehn Jahren wurde er 1560 Jesuit und wirkte von

---

27 HEMLEBEN 70. Dabei übersieht Hemleben, daß die Inquisition sich damals noch überhaupt nicht mit Kopernikus befaßt hat.
28 Ebd.
29 Vgl. PASCHINI 88.
30 In Wirklichkeit hatte Bellarmino nachgefragt, ob Galilei an dem Vorgehen der Inquisition gegen Cremonini beteiligt war. Dieser aber war ein Gegner Galileis, was HEMLEBEN u.a. nicht zu wissen scheinen! Vgl. DRAKE, Galileo, 487 Anm. 20; Ed. Naz. 19, 275.
31 HEMLEBEN 69.
32 Vgl. J. BRODRICK, Robert Bellarmine - Saint and Scholar, London ²1961. Vgl. auch die kurze, aber sympathische Würdigung Bellarmins durch VASOLI 92.

1570 an als Professor der Theologie und Prediger in Löwen und Rom. Er leitete die Jesuitenprovinz von Neapel, wurde 1602 Erzbischof von Capua und verbrachte - seit 1599 Kardinal - den Rest seines Lebens in Rom, wo er 1621 starb. Unter seinen zahlreichen theologischen Werken seien nur seine berühmten drei Bände umfassenden „Kontroversen" genannt, in denen er sich mit der Lehre der Reformatoren mit solcher Gründlichkeit und solchem Scharfsinn auseinandersetzte, daß im protestantischen Bereich Europas die Lektüre dieses Werkes verboten und eine Anzahl von „Anti-Bellarmin-Lehrstühlen" an Universitäten errichtet wurde. Nicht unerwähnt darf auch bleiben, daß Bellarmino selbst mit der Inquisition in Konflikt geraten war. Er hatte im 1. Band seiner „Kontroversen" den Anspruch des Papstes, auch außerhalb des Kirchenstaates weltliche Souveränität zu besitzen, zurückgewiesen, weshalb Sixtus V. das Werk auf den Index der verbotenen Bücher setzen ließ. Nur der Umstand, daß Sixtus V. kurz vor Drucklegung des Index starb, machte es seinem Nachfolger Urban VII. möglich, diese Fehlentscheidung rückgängig zu machen. Bellarmino wußte also aus Erfahrung um das Berufsrisiko eines Theologen und konnte sich deshalb auch gut in die Situation Galileis einfühlen. Übrigens war Bellarmino ein dem Weltlichen abgewandter, tief frommer und demütiger Ordensmann, der auch als Kardinal bescheiden und zurückgezogen lebte. Seine große persönliche Güte wurde schon von den Zeitgenossen gerühmt, 1930 wurde er heiliggesprochen. Was nun die Astronomie betrifft, konnte Roberto Bellarmino durchaus als kompetenter Gesprächspartner gelten. Er hatte nicht nur Astronomie studiert und gelehrt, sondern stand auch später in wissenschaftlichem Austausch mit Clavius und hatte als Rektor des Collegio Romano die astronomischen Studien gefördert. Besonderer Erwähnung wert ist es, daß er seinen eigenen Vorlesungen aus der Astronomie das Werk des A. Piccolomini, „Della sfera del mondo", Venezia 1540, zugrundegelegt hatte, das u.a. die Hypothese von der Erdbewegung darstellte[33].

---

33 Vgl. U. BALDINI, L'astronomia del Cardinale Bellarmino, in: Novità celesti 293-305; G. V. COYNE - U. BALDINI, The young Bellarmine's Thoughts on World Systems, in: The Galileo Affair: A Meeting of Faith and Science. Proceedings of the Cracow Conference 24 to 27 May 1984, ed. G. V. COYNE - M. HELLER - J. ZYCINSKI, Città del Vaticano 1985, 103-110.

Dies also war - groben Strichs gezeichnet - der Kardinal Bellarmino, der überdies hinsichtlich des Weltsystem überhaupt nicht festgelegt, ja viel flexibler war als alle die philosophischen und naturwissenschaftlichen Gegner Galileis, wie noch zu zeigen sein wird.

Kopernikus und die Kirche

Um die nun einsetzenden theologischen Diskussionen in ihrer historischen Bedeutung zu erfassen, ist eine Rückblende auf das Jahr 1543 notwendig, in welchem das bahnbrechende Werk des Frauenburger Domherrn Nikolaus Kopernikus, „De revolutionibus orbium coelestium", erstmals im Druck erschienen war. Nach nahezu zehnjährigem Zögern hatte der Autor sich das Manuskript entreißen lassen; als es im Druck erschien, war er schon wenige Monate tot.

Des Kopernikus Lehre von der feststehenden Sonne und der sich um diese bewegenden Erde war indes nicht so revolutionär, wie oft angenommen wird[34].

Hatte schon der Pariser Professor und spätere Bischof Nicolas d'Oresme um die Mitte des 14. Jahrhunderts die Achsendrehung der Erde gelehrt, so folgte ihm ein Jahrhundert später darin der große Nikolaus von Kues, und ein Zeitgenosse des Kopernikus, der Ferrareser Prälat Celio Calcagnini, veröffentlichte schon 1520 ein Werk mit dem Titel „Che il cielo sta fermo e la terra si muove" - Der Himmel steht fest und die Erde bewegt sich[35].

Der 1473 geborene Ermländer Kopernikus hatte an den Universitäten Bologna und Ferrara studiert und in Rom im Jahre 1500 mit Vorträgen vor gelehrten Zirkeln viel Anerkennung gefunden. Das Rom der Renaissance war offen für alles, was Wissenschaft hieß. So

---

34 Vgl. die zahlreichen Untersuchungen von A. MAIER im Anschluß an ihr Werk „Die Vorläufer Galileis im 14. Jahrhundert", Rom 1949. In welchem - sehr eingeschränkten - Sinne von „Vorläufern" gesprochen werden kann, zeigt E. A. MOODY, Galileo and his Precursors, in: Galileo Reappraised, ed. C. L. GOLINO, Berkeley 1966, 23-43. Zu Kopernikus (Copernicus) vgl. H. SCHMAUCH, in: NDB 3 (1957) 348-355.
35 Zu Celio Calcagnini (1479-1541) vgl. V. MARCHETTI - A. DE FERRARI - C. MUTINI, in: DBI 16 (1973) 493-498. Zu Nikolaus von Kues vgl. S. 279

ließ sich Klemens VII. von seinem Sekretär, dem aus Ulm stammenden Albert Widmanstetter, 1533 die Lehren des Kopernikus erläutern. Es waren Bischof Tiedemann Giese von Kulm und der 1537 verstorbene Dominikanerkardinal Nikolaus Schönberg, die Kopernikus zur Veröffentlichung seiner Ergebnisse drängten. Als dies geschah, nahm Papst Paul III. die Widmung des Werkes an, und dieses fand ungehinderten Eingang und unbefangene Aufnahme in der katholischen Welt. An der Universität Salamanca etwa las man 1561 die Astronomie entweder nach Ptolemäus oder Kopernikus, seit 1594 beherrschte dieser allein die dortige astronomische Lehrkanzel. Der durch sein Wirken für die katholische Reform Ungarns bekannte spätere Kardinal Pazmány trug als Professor in Graz das kopernikanische System vor und vertrat unangefochten die Auffassung, daß sich aus den bekannten Bibelstellen nichts gegen Kopernikus folgern lasse. Im übrigen wurden dessen Berechnungen der Kalenderreform Gregors XIII. zu Grunde gelegt. Etwa zur gleichen Zeit - im Jahre 1581 - errichtete der Bischof Martin Kromer von Ermland im Dom zu Frauenburg eine marmorne Gedenktafel für Kopernikus, den „großen Astronomen und Erneuerer der astronomischen Wissenschaft"[36].

Doch hatte schon Kopernikus selbst mit Widerspruch gerechnet, schrieb er doch in der Vorrede zu seinem Werk: „Sollten etwa leere Schwätzer, die allen mathematischen Wissens bar sind, sich dennoch ein Urteil anmaßen und durch absichtliche Verdrehung irgendeiner Stelle der hl. Schrift dieses mein Werk zu tadeln und anzugreifen wagen, so werde ich mich nicht um sie kümmern, sondern ihr Urteil als unbesonnen mißachten"[37].

---

36 Vgl. GRISAR, 279-281; PASTOR, [1-7]XII (1927) 212. Vgl. auch die Zusammenfassung bei D'ADDIO 6-11.
37 „Si fortasse erunt mataiologoi, qui cum omnium mathematum ignari sint, tamen de illis iudicium sibi sumunt, propter aliquem locum scripturae, male ad suum propositum detortum, ausi fuerint meum hoc institutum reprehendere ac insectari: illos nihil moror, adeo ut etiam illorum iudicium tamquam temerarium contemnam" (N. COPERNICI TORINENSIS De revolutionibus orbium coelestium libri VI, Norimbergae 1543, praefatio fol. 4 v).

Der erwartete Widerspruch kam, jedoch nicht aus Rom, sondern aus Wittenberg[38].

Noch bevor sein Werk im Druck erschienen war, äußerte Martin Luther am 4. Juni 1539 im Gespräch bei Tisch über Kopernikus: „Es ward gedacht eines neuen Astrologi, der wollte beweisen, daß die Erde bewegt würde und umginge, nicht der Himmel oder das Firmament, Sonne und Monde; gleich als wenn einer auf einem Wagen oder in einem Schiffe sitzt und bewegt wird, meinete, er säße still und ruhete, das Erdreich aber und die Bäume gingen um und bewegten sich. Aber es gehet itzt also: wer da will klug seyn, der soll ihm nichts lassen gefallen, was Andere machen, er muß ihm etwas Eigens machen, das muß das Allerbeste seyn, wie ers machet. Der Narr will die ganze Kunst Astronomiae umkehren. Aber wie die heilige Schrift anzeigt, so hieß Josua die Sonne still stehen, und nicht das Erdreich"[39]. Wohl in Voraussicht eines solchen Widerspruchs aus Wittenberg fügte Andreas Osiander, der Reformator der Reichsstadt Nürnberg, der 1543 die Drucklegung von „De revolutionibus orbium coelestium" besorgte, ein Vorwort an (ohne sich jedoch als dessen Autor zu erkennen zu geben), in welchem er das System des Kopernikus als eine mathematische Arbeitshypothese darstellte, die astronomische Berechnungen, welche den am Himmel zu beobachtenden Phänomenen gerecht werden, gestatte. Dem fügte er die ausdrückliche Bemerkung hinzu, daß solche Hypothesen keineswegs wahr, ja nicht einmal wahrscheinlich zu sein brauchten, wenn sie nur ihrem Zwecke dienten. Im übrigen, meinte er, liege es klar zu Tage, daß die Astronomie die Ursachen der Himmelsbewegungen gar nicht kenne und auch gar nicht darauf bedacht sei, zu zeigen, daß die Dinge am Himmel sich so und nicht anders verhielten - es komme vielmehr auf in sich stimmende Berechnungen an.

Mit dieser Vorrede hat Osiander, wie sich zeigen wird, Geschichte gemacht.

---

38 Vgl. BLUMENBERG 100-121.
39 M. Luthers Werke. Kritische Gesamtausgabe. Tischreden I, Weimar 1912, 419 bzw. Tischreden IV, Weimar 1916, 412 f.

Sechs Jahre nach Erscheinen des Werkes meinte Melanchthon in seinen „Initia doctrinae physicae", man dürfe die Hypothesen des Ptolemäus, welche durch das Zeugnis so vieler Jahrhunderte bestätigt seien, nicht in verwegener Weise beseitigen. Er wendet sich direkt gegen Kopernikus und sagt, es gebe Leute, die allem Anschein zum Trotz allerlei Possen über die Bewegung der Himmelskörper erdichteten, wo doch physikalische und biblische Gründe solchen Neuerungen in der Astronomie entgegenstünden. Angesichts der großen Finsternisse des menschlichen Geistes solle man sich an das Wort Gottes halten, das im Wortsinn zu verstehen sei[40].

Den gleichen Standpunkt wie die Wittenberger nahmen auch die Tübinger ein, deren Opposition gegen Kopernikus auch Johannes Kepler zu spüren bekam. Er mußte wegen seiner Anhängerschaft an Kopernikus Tübingen verlassen, ohne je dorthin zurückkehren zu können. 1597 hatte ihm sein Lehrer Hafenreffer geraten: „Gott verhüte, daß Du je Deine Hypothese mit der heiligen Schrift öffentlich in Einklang zu bringen suchst; handle, ich bitte Dich, als reiner Mathematiker und störe nicht die Ruhe der Kirche"[41]. Sein Wirkungsfeld fand Kepler fortan im katholischen Bereich.

Auch Tycho de Brahe, gleichfalls „kaiserlicher Mathematiker" und Protestant, wurde durch den Wortlaut der Bibel, mit der er Kopernikus im Konflikte sah, zur Entwicklung eines eigenen Weltsystems bewogen, das unter Wahrung des geozentrischen Prinzips eine Verbesserung des Ptolemäus bringen sollte. Fortan ging die Entwicklung bei den protestantischen Naturwissenschaftlern auf den Spuren des Kopernikus weiter. Im Bereich der protestantischen Theologie dauerte dieses Nein zu Kopernikus jedoch noch lange an. Das 17. und 18. Jahrhundert hindurch wurden immer wieder literarische Stimmen in diesem Sinne laut. Ja selbst noch im naturwissenschaftlich-technischen 19. Jahrhundert stritten protestantische Federn in Namen der Bibel gegen das heliozentrische System. Hier sei nur der Prediger an

---

40 Vgl. H. BLUMENBERG, Die Genesis der kopernikanischen Welt, Frankfurt 1975, 371-395 (bes. über Melanchthons Bedeutung in diesem Zusammenhang).
41 GRISAR 125.

der Berliner Bethlehems-Kirche, Pastor Gustav Knak, erwähnt, der noch im Jahre 1868 seine Attacken gegen Kopernikus ritt[42].

Die Skepsis, auf die Galileis kopernikanische Propaganda im katholischen Milieu traf, hatte nicht in erster Linie theologische, sondern philosophische Wurzeln - davon abgesehen, daß das System des Ptolemäus der Alltagserfahrung entsprach und in vielen Einzelheiten mit den Lebensgewohnheiten der Menschen verknüpft war. Auch die Medizin berücksichtigte für Aderlässe und vieles andere mehr bestimmte Mond- und Planetenstellungen. Vor allem aber waren Astronomie und Astrologie noch eng ineinander verzahnt. Selbst Politik und Kriegführung waren von Horoskopen abhängig, die natürlich auf der Grundlage des Ptolemäus gestellt wurden. Sogar Kepler hatte Mühe, sich solcher Anforderungen zu erwehren.

So gab der Generalvikar von Padua, Paolo Gualdo, der Bewußtseinslage der damaligen Welt adäquaten Ausdruck, als er am 6. Mai 1611 an Galilei schrieb: „Daß die Erde sich drehe - bislang habe ich weder einen Philosophen noch einen Astrologen angetroffen, der diese Ihre Meinung unterschreiben wollte, und viel weniger werden es die Theologen tun. Überlegen Sie es sich darum gut, bevor sie diese Ihre Meinung als wahr behaupten und veröffentlichen. Vieles kann man zur Diskussion stellen, was man nicht gut als sicher für wahr halten kann; besonders dann, wenn man die Meinung der Allgemeinheit gegen sich hat, die sozusagen 'ab orbe condito' existiert"[43].

Da Galilei dergleichen Ratschläge zu verachten pflegte, ließ es sich nicht vermeiden, daß die Opposition sich formierte - erste Nachrichten darüber empfing Galilei im Dezember 1611 durch seinen Freund, den bedeutenden Maler Cigoli[44], aus Rom.

---

42 Vgl. GRISAR 286-289; H. Th. WANGEMANN, Gustav Knak, ein Prediger der Gerechtigkeit, die vor Gott gilt, Berlin 1879; DERS., Zeugnisse aus dem Leben des theuren Gottesmannes Gustav Knak, Berlin 1879; O. v. RANKE, in: ADB 16 (1882) 261-263.
43 PASCHINI 280; Ed. Naz. 11, 100.
44 Zu Lodovico Cardi gen. il Cigoli (1559-1613) vgl. M. CHAPELL, in: DBI 19 (1976) 771-776.

Der Konflikt bahnt sich an

Inzwischen hatte Galilei schon selbst eine Antwort erhalten. Er befand sich, kaum aus Rom heimgekehrt, in heftigen Auseinandersetzungen mit den Philosophen der peripatetischen Schule. Seine Gegner waren die Pisaner Gelehrten, der Streitpunkt war jedoch nicht astronomischer Natur, sondern das Verhältnis von festen und flüssigen Körpern zueinander. Behaupteten diese, Eis sei schwerer als Wasser, denn Eis sei durch Kälte verdichtetes Wasser und Verdichtetes sei schwerer als Flüssiges, so widersprach Galilei. Seine Beobachtungen hatten ihn gelehrt, daß Eis auf dem Wasser schwimme. Daraus entstand im Herbst seine Schrift „Erörterung über die im Wasser schwimmenden oder sich bewegenden Körper" (1612). Worum es dabei aber in Wahrheit ging, waren nicht Probleme des spezifischen Gewichtes, sondern solche der wissenschaftlichen Methode. Galileis Gegner, meist Aristoteliker oder Peripatetiker genannt, waren keine Naturwissenschaftler im heutigen Sinne. Ausgehend von den Werken des als höchste Autorität verehrten Aristoteles bestand ihre Erkenntnismethode vorzüglich in der nach den Gesetzen der Logik vorzunehmenden Interpretation der Lehren des großen Griechen. Galilei hingegen folgte seinen Beobachtungen und Messungen, die er dann mathematischer Berechnung unterwarf. Damit hatte er - und das begründet seinen wissenschaftsgeschichtlichen Ruhm - die ganze Naturwissenschaft auf eine neue, fürs erste tragfähige Grundlage gestellt und so eine neue Epoche in der Entwicklung der Naturwissenschaft eingeleitet.

Der Streit um diese prinzipiellen Fragen war erbittert. Schrift und Gegenschriften folgten einander auf dem Fuß, und der Umstand, daß Galilei eine flotte Feder schrieb, ein glänzender Stilist war, dazu begabt mit der Kunst der Satire, des Spottes und der Ironie, sicherte ihm literarischen, publizistischen Erfolg. So propagierte er ein neues Wissenschaftsverständnis, das sich mit dem bloßen Autoritätsbeweis nicht begnügt, sondern mit den Sinnen, mit Messungen und Wiegen und Rechnen den Dingen selbst nachgeht.

In diesem Streit kreuzte mit Galilei ein Gegner die Klingen, der auch die Auseinandersetzung um das Weltsystem zuspitzen sollte, der Florentiner Lodovico Delle Colombe. An seine Seite stellten sich andere. In ihrer Haltung lebte jener Impuls der Renaissance fort, der in Literatur, Philosophie und Kultur der klassischen Antike ein nicht wieder erreichbares Vorbild verehrte. Deshalb auch die philologischen und interpretatorischen Methoden, die die Weisheit des Altertums erforschen und einsichtig machen sollten. Für manchen dieser Gelehrten war etwas schon deshalb wahr, weil ein klassischer Autor es gesagt hatte – und das galt insbesondere für Aristoteles, der zudem durch Thomas von Aquin – wenngleich keineswegs unkritisch – für den christlichen Glauben in Dienst genommen worden war. Auch die Bibel las man weithin mit jenem auf den puren Wortlaut fixierten philologischen Auge. Ganz in diesem Geiste war die Abhandlung gehalten, die Lodovico Delle Colombe gegen Ende 1610 gegen die Auffassung von der Erdbewegung, „Contro il moto della terra", geschrieben und handschriftlich verbreitet hatte[45]. Auch Galilei war sie zu Gesicht gekommen, wie die von seiner Hand stammenden Randglossen auf einem Exemplar beweisen.

Doch nicht die astronomischen, philosophischen und mathematischen Argumente dieser Schrift haben Geschichte gemacht – sieht man einmal davon ab, daß Galilei eine Reihe von ihnen dem dummen Simplicio seines „Dialogo" von 1632 in den Mund legen sollte. Den Fortgang der Ereignisse bestimmten vielmehr die letzten zwei Seiten dieser Schrift, auf denen Delle Colombe gegen die Erdbewegung mit der Bibel argumentiert: „Gegen die Kopernikaner erheben sich gewichtige Gründe aus der Heiligen Schrift; denn im 103. Psalm heißt es: Du hast die Erde gegründet auf ihrer Grundfeste, und wenn es in Paralipomenon 16 heißt: Gott begründet den Erdkreis [orbem] unbeweglich, so ist unter orbis, wie der Abulensis bemerkt, die Erde zu verstehen. Daß die Erde ihre Schwere habe, ersieht man aus dem Buche der Sprichwörter: Noch waren die Berge mit ihren schweren

---

45 Vgl. Ed. Naz. 3/I, 252-290. Lodovico Delle Colombe, *1550, †1635. M. MUCCILLO, in: DBI 38 (1990) 29-31.

Massen nicht aufgestellt, sowie aus Isaias: Wer wog die Erde mit ihrem Gewichte? Wer hielt mit drei Fingern die Erdmasse? Und anderswo heißt es wiederum in den Sprichwörtern: Schwer ist das Gestein und drückend der Sand. Ebendaselbst finden wir der Erde die Mitte des Weltalls angewiesen: Der Himmel ist oben, die Erde hier unten ... Gehörte nun, wie Kopernikus will, die Erde zu einem Himmelskreise, dann wäre sie nicht mehr unten, denn der Himmel ist oben. Aber auch die Sonne ist nicht unbeweglich, denn im Buche des Ekklesiasten lesen wir: Es geht die Sonne auf und sie geht unter und kehrt wiederum zur früheren Stelle zurück; indem sie da abermals aufgeht, durchreist sie die Mittagslinie und neigt sich gen Westen. Noch mehr! Hielt sie nicht inne, um Josue seinen Sieg zu ermöglichen? Ging sie nicht rückwärts zur Zeit des Königs Ezechias? Daß ferner der Mond keine zweite Erde sein kann, ersehen wir aus dem Buche der Genesis: Gott machte zwei [Himmels-]Lichter, d.h. ein größeres und ein kleineres, und dazu die Sterne, damit sie über die Erde leuchteten. Der Mond kann also keine zweite Erde sein; denn würde die Erde, wie unsere Gegner wollen, ebenso dem Monde als Licht dienen, wie dieser uns, so hätte die Heilige Schrift sich ungenau ausgedrückt, indem sie von nur zweien und nicht von drei Lichtern redet. Nie findet man in ihr den Namen 'Mond' oder 'Licht' auf die Erde angewandt, wie auch der Name 'Erde' nie dem Monde gegeben wird. Übrigens ist der Mond ja oben, gehört also zum Himmelsgewölbe, und nicht unten, ist also keine Erde ...

Vielleicht werden die armen Leute", so fährt Delle Colombe fort, „ihre Zuflucht zu andern, weniger wörtlichen Auslegungen der Heiligen Schrift nehmen. Das geht aber nicht; denn alle Theologen ohne jegliche Ausnahme lehren, die Heilige Schrift müsse so weit immer möglich wörtlich und nicht in anderem Sinne verstanden werden; man denke nur daran, wie manchmal mystische Auslegungen die ganze Philosophie und alle Wissenschaft in Unordnung bringen! Melchior Canus, und mit ihm alle neueren Ausleger der Summa des hl. Thomas, stellte daher in seinem Werke 'De locis theologicis' den Satz auf: Wer bei Auslegung der Heiligen Schrift eine der allgemeinen Auffassung der heiligen Väter entgegengesetzte Lehrmeinung aufstellt, handelt verwegen. Überdies gilt bei den Theologen als allgemeine Regel, daß ein großer philosophischer Irrtum auch in der Theologie verdächtig erscheint, zumal wenn es sich wie hier um eine in der Heiligen Schrift erwähnte Sache handelt. Von unserer Frage sagt Pineda in seinem Kommentar zum Buche Job 9, 6, daß dieselbe auf Pythagoras zurückzuführen sei, was immer für schöne Namen man ihr gegenwärtig geben möge. Um allem Verdachte einer Übertreibung zu entgehen, führe ich dessen eigene Worte an: Die einen nennen diese Ansicht eine unsinnige, verwegene und dem Glauben gefährliche Spielerei, die, von jenen alten Philosophen herstammend, von Kopernikus und Celio Calcagnini wieder hervorgeholt wurde, mehr ihrer Geistreichigkeit wegen als um eines wirklichen Nutzens für Philosophie oder Astronomie ... Unsere Schlußfolgerungen sind also diese: Die Erde befindet sich in der Mitte des Weltalls, und zwar unbeweglich wegen ihrer Schwere. Die Sonne kreist in ihrem [vierten] Himmelsraum um die Erde; der Mond besteht aus dichteren und weniger dichten Teilen, ist aber weder gebirgig noch uneben, sondern wie man bisher für wahr hielt, von einer glatten Kugelfläche begrenzt ..."[46].

Damit hatte Delle Colombe die physikalisch-astronomische Frage mit der Bibel beantwortet. Vermutlich kam es ihm dabei darauf an, auch die Theologen als Mitstreiter gegen Kopernikus und Galilei zu gewinnen. Und in einer Gesellschaft wie der damaligen mußte der Bibel und damit den ihr entnommenen Argumenten höchste Autorität eignen, ja die so verteidigte Position unangreifbar machen. Bezeichnend ist allerdings, daß Delle Colombe sich der hermeneutischen Probleme, die sein Vorhaben aufwarf, wohl bewußt war, wies er doch zugleich auf die Notwendigkeit eines möglichst wörtlichen Verständnisses der Hl. Schrift hin.

Mit den letzten beiden Seiten seiner Schrift hat der Florentiner Widersacher Galileis es erreicht, daß dieser sich nun mit Fragen der Bibelerklärung zu beschäftigen begann. Diese lagen Galilei allerdings keineswegs so ferne wie einem heutigen Naturwissenschaftler,

---

46 Übersetzung nach MÜLLER, Weltsystem 81-83.

da die damalige Bildung reich an religiös-theologischen Inhalten war, die eine in den großen Zentren wie Pisa, Padua und Florenz - Galileis Lebensraum - hochstehende und eifrige Predigttätigkeit noch vermehren und vertiefen konnte. Hinzu kommt Galileis freundschaftlicher Umgang mit zahlreichen Priestern, Ordensleuten, ja Kirchenfürsten.

Einen von ihnen, Kardinal Conti[47], bat nun Galilei, der zweifellos die Gefährlichkeit der Argumentation Delle Colombes erkannt hatte, um Auskunft. Er scheint - die Anfrage ist verloren, nur die Antwort blieb erhalten - seine Frage so formuliert zu haben: „Ist die Heilige Schrift den aristotelischen Lehren über das Weltall günstig?" Darauf antwortete der Kardinal am 7. Juli 1612, dies sei hinsichtlich der Unvergänglichkeit des Himmels, die Aristoteles lehre, gewiß nicht der Fall. Was nun eine fortschreitende Bewegung der Erde, also nicht die Achsendrehung, betrifft, meinte der Kardinal, so sei diese der Heiligen Schrift kaum zuwider. Er verweist dabei auf den Jesuiten Lorin, der in seinem 1606 erschienenen Bibelkommentar[48] lehre, daß etwa aus Prediger 1, 4 nichts gegen die von einigen alten Philosophen behauptete Erdbewegung gefolgert werden könne, wie auch andere Bibelstellen keinen stringenten Beweis gegen die Erdbewegung lieferten. In diesem Zusammenhang hatte Lorin ausdrücklich von Kopernikus und Calcagnini gesprochen. Der Kardinal selbst meinte, man müsse auch bedenken, daß an den Stellen, an denen die Bibel vom Himmelsgewölbe etc. spreche, sie sich der alltäglichen Umgangssprache bediene. Indes müsse man hierbei selber vorsichtig zu Werke gehen. Auch auf den spanischen Theologen Diego Zuñiga[49] verwies Conti, der behauptet habe, eine Bewegung der Erde entspre-

---

47 Carlo Conti (†3. XII. 1615) „... ebbe indubbiamente una discreta cultura e una spiccata curiosità intellettuale che lo resero sensibile alle nuove scoperte galileiane" (S. ANDRETTA, in: DBI 28 (1983) 376-378).
48 Jean de Lorin (1559-1634) hatte u.a. 1606 zu Lyon seinen „Commentarius in Ecclesiasten" herausgebracht. Vgl. B. SCHNEIDER, in: LThK2 VI (1961) 1145.
49 Zu Diego López de Zuñíga (Jacobus López Stunica, gest. 1531 zu Neapel) vgl. J. SCHMID, in: LThK2 IX (1964) 1125 f.

che eher der Hl. Schrift als das Gegenteil. Doch könne man diese Meinung nicht annehmen.

Wahrscheinlich ist Galilei den Problemen der Bibelinterpretation noch weiter nachgegangen, vor allem wohl in Gesprächen mit theologischen Freunden.

Da erreichte ihn ein Brief seines Freundes, des Benediktinermönchs Graf Benedetto Castelli[50], der zu Pisa Professor der Mathematik war. Der Brief war vom 14. Dezember 1613 datiert und berichtete von einer um Cosimo II., seine Gattin und seine Mutter versammelten Gesellschaft, an der auch Castelli teilgenommen hatte. Dabei hatte man ausführlich und auch hitzig über Galileis Entdeckungen und Kopernikus diskutiert, und die Großherzogin-Mutter Cristina hatte begonnen, mit der Bibel zu argumentieren. Und man wünschte, daß Galilei davon Kenntnis erhalte.

Das war ein Echo der mittlerweile offenbar in weiten Kreisen diskutierten Frage „Kopernikus und die Bibel".

Nun aber mußte er wohl von sich hören lassen, wollte er seiner Stellung bei Hofe gerecht werden. Hatte Galilei diese verhüllte Aufforderung durch Castelli erhalten, so war dieser der rechte Adressat für Galileis bekannten Brief vom 21. Dezember 1613, der eigentlich eine Abhandlung über die Art und Weise rechter Bibelerklärung war. Er umfaßt acht Seiten in der Ausgabe von Galileis Werken[51].

Die Position, die er in diesem Briefe an Castelli einnimmt, ist im wesentlichen die folgende: Die Heilige Schrift kann selbstverständlich nicht irren, wohl aber könnten dies ihre Ausleger, und zwar in verschiedener Weise. So etwa wäre es ein grober Irrtum, dem Wortsinn zu folgen, wenn die Schrift von Händen, von Füßen, vom Antlitz Gottes, von seinem Zorn, seiner Reue etc. spreche. Solche Anthropomorphismen bedürften der Interpretation. Dies gelte auch für naturwissenschaftliche Fragen, für die man sich auf die Bibel erst zu allerletzt berufen solle, verwirklichen sich doch die Naturgesetze mit

---

50 Benedetto Castelli (*1577/78, †9. IV. 1643) entstammte einer Brescianer Familie. Vgl. A. DE FERRARI, in: DBI 21 (1978) 686-690.
51 Vgl. Ed. Naz. 5, 281-288; 71-77.

Notwendigkeit, während die Schriftworte verschiedene Deutungen zuließen. Da nun zwei Wahrheiten einander nicht widersprechen könnten, müßten im Falle eines scheinbaren Widerspruchs zwischen Bibel und sicheren Erkenntnissen der Naturwissenschaften die Theologen zusehen, daß ihre Bibelerklärung in Einklang mit der Naturwissenschaft gebracht werde. Deshalb wäre es am besten, man würde es verbieten, die Erklärung von mehrdeutigen Bibelstellen auf einen bestimmten Sinn zu fixieren, dessen Gegenteil möglicherweise irgendwann von den Naturwissenschaften bewiesen werde.

Im übrigen sollten sich die Theologen mit der Darlegung der zum Heile der Seelen notwendigen Glaubenswahrheiten begnügen. Die Natur wollte Gott offensichtlich den Naturwissenschaften überlassen. Insbesondere sollte man z.B. in astronomischen Fragen nicht mit der Bibel argumentieren, die doch mancherlei Mißverständnissen ausgesetzt sei. Die oft zitierte Stelle bei Josue stimme zudem weniger mit Ptolemäus überein als mit Kopernikus etc. Diesen Brief ließ Galilei nun in zahlreichen Abschriften verbreiten, von einem Druck sah er ab.

Ein Echo darauf war die oft erwähnte Kanzelattacke des Dominikaners Tommaso Caccini[52] von S. Marco in Florenz. Im Laufe der üblichen fortlaufenden Bibelerklärung kam er am 4. Advent 1614 auf Josue 10, 12-14 und das „Sonnenwunder" vom Tale Ajalon zu sprechen. An dieser Stelle heißt es: „Damals ... redete Josua mit dem Herrn; dann sagte er in Gegenwart der Israeliten: Sonne, bleib stehen über Gibeon, und du, Mond, über dem Tal von Ajalon! - Und die Sonne blieb stehen, und der Mond stand still, bis das Volk an seinen Feinden Rache genommen hatte ... Die Sonne blieb also mitten am Himmel stehen, und ihr Untergang verzögerte sich, ungefähr einen Tag lang".

Auch wenn die Legenden, die sich bald um diese Predigt reihten, beiseite geschoben werden, bleibt, daß Caccini auf dem Widerspruch

---

52 Tommaso Caccini OP (1574-1648), gesuchter und begabter Prediger, doch auch von ehrgeizigem und aggressivem Charakter. Vgl. P. CRISTOFOLINI, in: DBI 16 (1973) 35-37.

der Ansichten Galileis - ohne diesen Namen zu nennen - mit der Bibel insistierte.

Damit erntete er aber keine Lorbeeren. Sein eigener in Rom lebender Bruder schrieb ihm daraufhin - man hatte offenbar dort davon gesprochen - einen ironischen, scharfen Brief, in dem er das Vorgehen des Predigers verurteilte, und der im Orden an einflußreicher Stelle stehende Dominikaner Maraffi entschuldigte sich bei Galilei für seinen Ordensbruder, indem er dessen Vorgehen eine „bestialità" nannte und sich davon distanzierte. Galilei selbst erwog, bei einem kirchlichen Gericht Klage gegen Caccini zu erheben. Als Fürst Cesi dem energisch widerriet, indem er auf den beherrschenden Einfluß der Peripatetiker verwies, wandte Galilei sich an seinen früheren Schüler Monsignor Piero Dini, der mittlerweile in den Dienst der Kurie getreten war. Ihm übersandte er eine Abschrift seines Briefes an Castelli, von dem er wußte, daß er in Kreisen der Dominikaner lebhaft diskutiert wurde. Er bat Dini, diesen auch dem Jesuiten P. Grienberger[53] zu zeigen, den er seinen „grandissimo amico e padrone" nennt. Auch Kardinal Bellarmino sollte von dem Brief erfahren. In dem Gespräch, das Dini daraufhin mit Bellarmin führte, bezog dieser schon seine Position. Er empfahl, die Angelegenheit nicht zu forcieren und meinte, es werde wohl nicht zu einer Verurteilung des Kopernikus kommen. Man könne höchstens einige Anmerkungen dazu formulieren, die verdeutlichen, daß es sich bei dessen Weltsystem um eine bloße Hypothese handle. Auch der einflußreiche Grienberger teilte diese Meinung, und Dini berichtet weiter, der Jesuit habe ihm gesagt, er hätte es für besser gehalten, wenn Galilei erst einmal seine astronomischen Beweise für Kopernikus dargelegt und sich erst dann mit der Heiligen Schrift befaßt hätte.

Aber Galilei ließ sich nun nicht mehr von der Theologie abbringen, obwohl Cesi wie Dini ihm mit Nachdruck davon abrieten. Cesi übersandte ihm allerdings nun auch die kurz vorher in Neapel gedruckte Schrift des Karmelitertheologen Paolo Antonio Foscarini, die das

---

53 Zu Christoph Grienberger SJ (1561-1636) vgl. F. HAMMER, in: NDB 7 (1966) 57.

kopernikanische System als vereinbar mit der Bibel darstellte[54]. Der Kommentar des Fürsten war fast enthusiastisch: Die Schrift, die Kopernikus verteidige, ohne der Hl. Schrift nahezutreten, komme gerade im rechten Augenblick. Er glaube nicht, daß Galileis Gegner dadurch provoziert würden. Skeptischer reagierte der umfassend gebildete und gelehrte Mons. Ciampoli[55], der, obgleich von Foscarinis Argumenten überzeugt, Schwierigkeiten von Seiten des Hl. Offiziums befürchtete - womit er Recht behielt.

Ein Blick auf den Inhalt der Darlegungen Foscarinis mag hier folgen[56]:

Nach einer Attacke auf die geistige Unbeweglichkeit, mit der die Peripatetiker - er spricht nur von „gewissen Leuten" - an althergebrachten Schulmeinungen festhielten, führte er unter den anderen Entdeckungen Galileis die der Venusphasen als Beweis dafür an, daß dieser Planet sich um die Sonne bewege. Er zitierte den berühmten Simon Marius, der von der Notwendigkeit eines Ersatzes für das komplizierte System des Ptolemäus gesprochen habe, und empfahl hierfür das kopernikanische System. Diesem billigte Foscarini zum wenigsten Wahrscheinlichkeit zu und sprach darüberhinaus von der Möglichkeit eines allgemein anerkannten Beweises dafür, daß Kopernikus die tatsächlichen kosmischen Verhältnisse zutreffend wiedergegeben habe. In diesem Zusammenhang kam Foscarini nun auch auf die biblische Argumentation gegen Kopernikus zu sprechen:

Er ist davon überzeugt, daß es zwischen Kopernikus und der Hl. Schrift nur scheinbare Widersprüche geben könne; sie aufzulösen sei leicht, wenn man die Redeweise der Hl. Schrift berücksichtige. Im einen Fall müsse man den übertragenen Sinn einer Stelle annehmen,

---

54 Vgl. dazu B. BASILE, Galileo e il teologo 'Copernicano' Paolo Antonio Foscarini, in: Rivista di Letteratura Italiana 1 (1983) 63-96. BASILE zeigt u.a., daß es keine persönlichen Kontakte Galileis zu Foscarini (um 1565-1616) gab, obgleich Galilei dessen Schrift kannte und benutzte.
55 Zu Giovanni Battista Ciampoli (1590-1643) siehe A. de FERRARI, in: DBI 25 (1981) 147-152.
56 Inhaltsangabe nach PASCHINI 303-310.

im anderen Falle drücke sich die Bibel in der gewöhnlichen Redeweise des Alltags aus. Hierfür seien alle jene Bibelstellen bezeichnend, an denen von Gott Menschliches ausgesagt werde, wenn es etwa heißt, Gott sei im Paradiese zur Abendzeit gewandelt, habe den Menschen gezürnt, und dergleichen mehr. Sei vom Feststehen der Erde die Rede, so meine die Schrift ihre Fortdauer inmitten des steten Wandels der Dinge, und wenn etwa vom Apostel Paulus gesagt werde, er sei in den dritten Himmel entrückt worden, so sei damit keineswegs eine astronomisch-kosmische Größe gemeint, sondern der Sitz der Heiligen. Erwägungen dieser Art vermöchten zu zeigen, daß das kopernikanische System am Ende weit wahrscheinlicher sei als jenes des Ptolemäus. Wichtig war auch der Hinweis Foscarinis, daß die Kirche nur in Sachen des Glaubens und des Seelenheiles unfehlbar sei, in rein wissenschaftlichen Fragen aber irren könne.

Foscarini hatte nicht umsonst geschrieben. Galilei hat seine Abhandlung genau gelesen, und als er sich nun anschickte, die schon in den Briefen an Castelli und Dini geäußerten Gedanken über das Problem Kopernikus und Bibel in seiner großen Abhandlung, dem Brief an die Großherzogin-Mutter Cristina, ausführlicher darzustellen, bediente er sich ausgiebig der von Foscarini formulierten Argumentation.

Darüber hinaus bezog Galilei sich für seine Ansichten hinsichtlich der Schrifterklärung auf Augustinus und Hieronymus, aber auch auf Thomas von Aquin. Dies war nicht nur sachlich, sondern auch taktisch geboten, hatte doch das Konzil von Trient nachdrücklich gefordert, daß die Hl. Schrift in Einklang mit dem Bibelverständnis der Kirchenväter erklärt werden müsse. Dabei konnte er sich gewiß auf Zuarbeit seiner theologischen Freunde stützen.

Dieser Brief an Madama Cristina Granduchessa di Toscana bietet in etwa eine Summe des Wissenschaftsverständnisses Galileis. Deshalb seien die wesentlichen Züge seines Inhalts hier skizziert[57]:

---

57 Vgl. Ed. Naz. 5, 309-348. Kritisches und kommentierendes Resumé bei LORETZ 72-113.

Zu Beginn klagt Galilei darüber, daß seine neuen Entdeckungen die Vertreter der alten Lehrmeinung gegen ihn aufgebracht hätten, so daß sie nun sogar mit biblischen Argumenten gegen ihn zu Felde zögen, obgleich sie die Bibel selbst nicht verstünden.

Sie bekämpften damit aber ein System, das ein Geistlicher entwickelt habe, ein Domherr gar, dessen Dienste ein Konzil in- Anspruch genommen habe, dessen Werk einem Papst gewidmet worden sei und in der ganzen Welt ohne Bedenken gegen seine Rechtgläubigkeit gelesen werde. Dies aber tue man, um ihn, Galilei, zu treffen.

Im nächsten Abschnitt attackiert er den Mißbrauch, den seine Gegner mit der Bibel trieben, indem sie diese als Autorität auch in rein weltlichen Fragen in Anspruch nähmen. Kopernikus aber habe rein naturwissenschaftlich argumentiert und in seiner Vorrede an Paul III. betont, daß die Heilige Schrift nur dann gegen ihn gewendet werden könne, wenn man ihren Sinn verkehrt. Er habe aber als Mathematiker für Mathematiker geschrieben.

In eindrucksvollen, seine persönliche Frömmigkeit bezeugenden Formulierungen betont Galilei sodann seine gläubige und verehrungsvolle Anerkennung der Autorität von Bibel und kirchlichem Lehramt.

Nun aber greift er die ihn eigentlich bewegende Problematik an. Seine Gegner, meint er, lehnten Kopernikus mit der Begründung ab, daß in der Hl. Schrift gesagt werde, daß die Erde feststehe, während die Sonne sich bewege. Da nun, so schließen sie, die Heilige Schrift niemals irren könne, sei jede Lehre, die nicht mit ihr vereinbar sei, als falsch abzulehnen.

Demgegenüber hält Galilei zwar ausdrücklich an der Irrtumslosigkeit der Bibel fest, weist aber darauf hin, daß ihr wahrer, eigentlicher Sinn oftmals von dem bloßen buchstäblichen Sinn verschieden und darum zunächst verborgen sei. Andernfalls müsse man Gott Hände, Füße und Antlitz zuschreiben, was offenbar Häresie und Blasphemie bedeute. Wenn die Schrift dennoch so spreche, dann in Anpassung an Umgangssprache und Fassungsvermögen der Menge. Dies aber sei unter Theologen selbstverständlich. Deshalb müsse in Fragen der Naturwissenschaft erst einmal naturwissenschaftlich argumentiert werden, ehe man auf die Schriftautorität rekurriere. Im übrigen - und das ist ein zentraler Gedankengang - müsse man bedenken, daß Natur und Bibel in gleicher Weise ihren Ursprung in Gottes Wort haben. Die Bibel sei vom Heiligen Geiste diktiert, die Natur die gehorsamste Vollstreckerin des Willens Gottes. Da sich aber die Bibel in ihrer Redeweise dem allgemeinen Verständnis des Volkes anpassen müsse, während die Natur ihren Gesetzen unabänderlich folge, so seien auch Erkenntnisse der Naturwissenschaft unabänderlich, während die Bibel der Interpretation bedürfe.

Gott aber offenbare sich - so der Kirchenvater Tertullian - in der Natur nicht weniger als in der Heiligen Schrift. Zudem habe Gott dem Menschen den Verstand gegeben und wolle demnach, daß dieser auch gebraucht werde, zumal dann, wenn es sich um die Erforschung der Natur handle. Im übrigen enthalte die Heilige Schrift keine astronomischen Theorien, berührten doch die Sterne nicht das Seelenheil des Menschen. Eine Ansicht, die die Gestirne, also einen Gegenstand der Naturwissenschaften betrifft, könne darum gar nicht Häresie - d.i. religiöse Irrlehre - sein. Er beruft sich nun auf den als Begründer der Kirchengeschichtswissenschaft berühmten, erst 1607 verstorbenen Kardinal Baronius, der gesagt habe, der Heilige Geist wolle uns durch die Heilige Schrift nicht sagen, wie es am Himmel zugeht, sondern wie wir auf den Himmel zugehen sollen.

Dies belegt Galilei durch den Hinweis auf Augustinus und den spanischen Exegeten Pereira, dessen Werk über die Genesis 1589-1598 zu Rom erschienen war.

Pereira charakterisiert sehr gut den Standpunkt der damaligen Theologie zur Frage Galileis. Obgleich persönlich von Aristoteles und seinem Weltbild überzeugt, formuliert er doch das wichtige Auslegungsprinzip: Wenn die Philosophen und Mathematiker mit Evidenz schließen würden, daß es nicht sieben, wie bisher gelehrt, sondern acht oder neun oder mehr Himmel gebe, so bedeutete es für einen Theologen und Schrifterklärer Unwissenheit wenn nicht

Torheit, ihre Lehre als der Hl. Schrift entgegen oder fremd zurückzuweisen und zu verurteilen[58].

Galilei ist darum von der Vereinbarkeit beider Erkenntnisquellen - Schrifterklärung und Naturwissenschaft - fest überzeugt, wobei er indes die Mühe des Umdenkens den Theologen zumutet, da zwar nicht die Bibel, wohl aber ihre Erklärer irren könnten.

Da nun jeden Tag neue naturwissenschaftliche Entdeckungen gemacht werden könnten, wäre es sehr unklug, sich in diesen Dingen mit Berufung auf die Bibel auf eine bestimmte Meinung festzulegen. Das würde das Ende aller naturwissenschaftlichen Forschung bedeuten. Diese müsse aber gerade im Hinblick auf jahrtausendealte Kontroversen wie etwa über Stabilität oder Bewegung von Erde und Sonne, offenbleiben.

Einen weiteren Schritt tut Galilei nun, indem er jene angreift, die die Theologie zum Maßstab aller anderen Wissenschaften machen wollten und meinten, daß die naturwissenschaftlichen Ergebnisse mit dem von den Theologen auf Grund des Schriftverständnisses der Kirchenväter ermittelten Sinn der Bibel übereinstimmen müßten. Das hieße doch, meint er zu Recht, von den Naturforschern zu verlangen, nicht zu sehen, was sie sehen, und nicht zu verstehen, was sie verstehen. Zwischen einem Mathematiker und einem Philosophen bestehe doch ein Unterschied! Damit meint er nach heutigem Sprachgebrauch den Unterschied zwischen experimentell und empirisch arbeitender Naturwissenschaft und logisch folgernder, spekulativ vorgehender Geisteswissenschaft.

Wiederum zitiert er Augustinus mit seiner Forderung an die Theologen, zu zeigen, daß sicher bewiesene Erkenntnisse der Naturwissenschaften nicht im Widerspruch zur Hl. Schrift stünden. Was also nicht sicher bewiesen sei und im Widerspruch zur Schrift stehe, fährt Galilei fort, müsse als falsch erwiesen und abgelehnt werden. Damit hatte er allerdings die Beweislast für naturwissenschaftliche Dinge den Theologen zugeschoben.

Aus dem bisher Gesagten zieht er nun die Folgerung für die theologische Behandlung des Kopernikus. Wollte man seine Lehre sei-

---

58 Vgl. GRISAR 258 f.

tens der Kirche verurteilen, müßte man auch die ganze Astronomie und die Himmelsbeobachtungen untersagen, und das zu einem Zeitpunkt, da die Wahrheit sich immer deutlicher zeige. Auch ein teilweises Verbot des Werkes von Kopernikus brächte großen Schaden für das Heil der Seelen, da es dann Sünde wäre, sich zu einer klar erkannten Wahrheit zu bekennen.

Alsdann setzt Galilei sich mit jener Auffassung auseinander, die besagt, man müsse alle jene Aussagen der Bibel, die Dinge der Natur betreffen, ohne weitere Interpretation im Wortsinn verstehen, wenn die einhellige Auslegung der Kirchenväter sie so verstehe. Dies aber gelte von der Bewegung der Sonne um die Erde und von deren Feststehen. Deshalb handle es sich hier um eine Glaubenswahrheit - das Gegenteil davon zu behaupten sei Häresie. Hiergegen führt Galilei nun die sichere Erfahrungserkenntnis der Naturwissenschaft ins Feld - womit er freilich den Kern des Arguments, nämlich die Verbindlichkeit des sog. Consensus Patrum, der übereinstimmenden Erklärung der Schrift durch die Väter, verfehlte.

Mag man auch überall da, wo keine empirisch gewonnene Erkenntnis vorliegt, am Wortsinn der Bibel festhalten, so müsse man, wo eine solche vorhanden sei, sich von den Tatsachen bewegen lassen, nach dem wahren Schriftsinn zu forschen, der dann zweifellos mit der naturwissenschaftlichen Erkenntnis konform sei. So habe etwa Augustinus den Psalm 103, 2: „... du spannst den Himmel aus wie ein Zelt ..." im Hinblick auf die Kugelgestalt der Erde nicht wörtlich interpretiert und dieses Vorgehen theologisch begründet. Und wieder erhebt Galilei die Forderung, naturwissenschaftliche Gegenstände betreffende Bibelworte nach den Erkenntnissen der Naturwissenschaft zu erklären, nicht aber umgekehrt, da auch die wissenschaftliche Erkenntnis der Natur ein Geschenk Gottes sei. Außer Augustinus konnte er hierfür die Autorität des hl. Hieronymus und auch Thomas von Aquin anführen.

Was im übrigen den Konsens der Väter anbetreffe, so sei der in dieser Frage gar nicht gegeben, denn die Erdbewegung etc. gehörte keineswegs zu den von den Vätern erörterten Fragen; ebensowenig hätten sich die Konzilien damit befaßt.

Wenn also diese die Frage des Weltsystems offen gelassen hätten, könne die heutige Theologie entscheiden, doch solle sie dies mit Vorsicht tun, wie wiederum Augustinus nahelege. Kurzum: Was den Gegnern des Kopernikus, die die Bibel in diesen Streit hineinzogen, vorzuwerfen sei, ist nichts weniger als Mißbrauch der Heiligen Schrift. Außerdem könne selbst der Papst nicht ohne Rücksicht auf die Natur der Sache einen Satz für wahr oder falsch erklären, vor allem dann nicht, wenn es sich um eine zweifelhafte Sache handle, wie etwa die Erdbewegung.

Zum Schluß wiederholt er die schon Castelli gegenüber vertretene Interpretation der Stelle aus dem Buch Josue, die viel leichter nach Kopernikus als nach Ptolemäus zu verstehen sei.

Im wesentlichen war dieser Brief an Madama Cristina das Plädoyer eines gläubigen Naturwissenschaftlers für die Eigenständigkeit seines Forschens[59].

---

59 Warum diese Abhandlung Galileis zu seiner Zeit nicht zu überzeugen vermochte, wird an Hand einer Textanalyse neuerdings so erklärt: „The ethos the author [= Galilei] wished to project is undercut by his decision not to offer proof on the terms that were expected. The pathos he introduced because of his temperament led him to use appeals that must have rankled precisely those he needed to convince. Finally the ultimate test of the argument for his primary audience was in the logos, the scientific demonstrations he implied but did not present. Instead he carried his argument into the court of his opponents the theologians, who, unfortunately, made the rules of the game" (J. D. MOSS, Galileo's Letter to Christina: Some Rhetorical Considerations, in: Renaissance Quarterly 36 (1983) 547-576, hier: 576). Vgl. auch O. PEDERSEN, Galileo and the Council of Trent: The Galileo affair revisited, in: Journal for the History of Astronomy 14 (1983) 1-29, der einerseits die theologiegeschichtlichen Lücken (es fehlen z.B. Nicolas d'Oresme und Nikolaus von Kues als Gewährsleute für Kopernikus) aufweist und zugleich aber schreibt: „However, such unconscious shortcomings or conscious omissions are in the end of no great importance. The general outcome of the treatise is clear enough. In fact, Galileo succeeded admirably in stating a number of essential principles in such a way that they could be discussed apart from the technical deficiencies of his argumentation. Thus he made it clear that the Book of Nature and the Book of Scripture are complementary, but not contradictory, since they proceed from the same Author. Truth is one, and science is a legitimate way to truth independent of Revelation, although in a different sphere. Holy Scripture cannot be used against scientific statements once these are proved true beyond doubt by scientific methods. The language of the Bible is anthropomorphic and the literal sense does not always convey the true meaning. When difficulties arise one should not consult or abide with the Fathers on questions which they did not themselves discuss. And if the theologians wish to condemn a scientific statement it is their own task first to prove it false for scientific reasons" (Ebd. 23). Zu widersprechen ist ihm, wenn er der römischen Behörde oberflächliche und bürokratische Arbeitsweise vorwirft und von einem Tiefstand der römischen Theologie zu Beginn des 17. Jahrhunderts spricht. Allein der Name Bellarmins zeugt für das Gegenteil!

In der Zwischenzeit hatte Foscarini seine Schrift Kardinal Bellarmino zugesandt. Dessen Antwort, die am 12. April 1615 erging, war inhaltlich auch eine Antwort auf Galileis Brief an Madama Cristina. Bellarmino lobte Foscarinis Arbeit als geistvoll und gelehrt, gab aber sowohl ihm als auch Galilei den Rat, die kopernikanische Lehre als Hypothese, nicht aber als übereinstimmend mit der kosmischen Realität zu vertreten. Damit sei doch den Bedürfnissen der Astronomie Genüge getan[60]. Die Behauptung von der ruhenden Sonne und der sie umkreisenden Erde sei hingegen nicht nur dazu angetan, die Philosophen und die Theologen herauszufordern, sondern dem Glauben selbst zu schaden, da es den Anschein habe, als würden der Hl. Schrift hier irrige Aussagen unterstellt. Überdies sei die von Foscarini vorgeschlagene Erklärung nicht durch den vom Konzil von Trient geforderten Konsens der Väter gedeckt. Gewiß könne man sagen, daß das in Frage stehende Problem keine Glaubenssache sei. Das treffe zwar hinsichtlich des Gegenstandes zu, wohl aber handle es sich um den Inhalt der Heiligen Schrift. Läge indes ein wirklicher Beweis für das heliozentrische System vor, so müßte man bei der Auslegung der Heiligen Schrift sehr behutsam vorgehen und eher sagen, wir hätten ihre Ausdrucksweise nicht verstanden. Er, Bellarmino, sei vom Vorhandensein eines solchen Beweises allerdings nicht überzeugt, solange man ihn nicht vorlege. Es sei doch ein großer Unterschied, zu sagen, das kopernikanische System entspreche allen Beobachtungen, oder es als das einzig richtige zu behaupten. Letzteres erscheine ihm mehr als zweifelhaft, und beim Fortbestehen solcher Zweifel dürfe

---

60 Dazu bemerkt P. K. FEYERABEND: „In modern terms astronomers may assert that one model has predictive advantages over another model, but they are mistaken when they assert that the model is, therefore, a faithful image of reality. This sensible principle is part and parcel of modern science" (Galileo and the Tyranny of Truth, in: The Galileo Affair, 155-166, hier: 158). Es ist beachtlich, daß der Scholastiker des 17. Jahrhunderts bereits ein modernes wissenschaftstheoretisches Prinzip formuliert hat!
„Also many theories are developed as steps towards a more satisfactory, but as yet unknown view. They may be successful, but the very purpose for which they are introduced forbid us to draw realistic consequences from them" (Ebd. 158). Damit bestätigt der führende Naturwissenschaftstheoretiker unserer Tage erneut die Sicht des führenden Theologen des 17. Jahrhunderts.

man die bisherige Auslegung der Heiligen Schrift durch die Väter nicht verlassen[61].

Diese keineswegs offizielle, sondern sehr persönliche, liebenswürdige Antwort des wohl bedeutendsten Theologen seiner Zeit umschreibt das wissenschaftstheoretische Problem exakt, indem sie das kopernikanische System als Hypothese gelten läßt, solange kein naturwissenschaftlich stringenter Beweis für seine tatsächliche Gültigkeit vorliege. Diesen zu erbringen, hat aber keine kirchliche Autorität jemals untersagt oder gehindert. Was die Bedenken des Kardinals erweckte, war das Problem der Bibelinterpretation. Aber selbst hier ließ Bellarmino Türen offen, ja er schloß sich geradezu Galileis Auffassung an, daß die Bibelerklärer sich in vergleichbaren Fragen an sicheren - aber nur an solchen - Resultaten der Forschung orientieren müßten. Beweise im eigentlichen Sinne hatten aber weder Kopernikus noch Galilei liefern können. „Warum" - so fragt in diesem Zusammenhang ein Astronom - „bringt also Galilei nie einen dieser neuen Gründe vor? - Warum studiert er nicht Keplers 'Astronomia nova' in ihrem eigentlich astronomisch-wissenschaftlichen Teile? - Warum erwähnt er nie Keplers Riesenfortschritte in der Förderung des kopernikanischen Systems ...?"[62]. Warum - so ist hinzuzufügen - macht er nicht Front gegen den Versuch seiner Gegner, Astronomie mit der Bibel statt mit dem Fernrohr zu betreiben? Warum läßt er sich vielmehr zu einem außerordentlich delikaten theologischen Disput verleiten, für den ihm die Kompetenz fehlte?

Dies war im Hinblick auf die Gesamtsituation in hohem Maße unklug, und dies um so mehr als Galilei deutlich gesagt worden war, was Kardinal Del Monte nach einer langen Unterredung mit Kardinal Bellarmino und den beiden Freunden Galileis, Dini und Ciampoli, geäußert hatte: Solange Galilei das kopernikanische System und seine Beweise behandle, ohne sich auf theologische Fragen einzulas-

---

61 Vgl. LANGFORD 60-69; FEYERABEND, Realismus 88 f. Vgl. D'ADDIO 35 f., der hierzu wichtige Passagen aus einem ungedruckten Thomas-Kommentar Bellarmins von 1571 im Wortlaut bzw. in Paraphrase bietet.
62 MÜLLER Weltsystem 106.

sen - senza entrare nelle Scritture -, werde er nicht die geringsten Schwierigkeiten erfahren. Die Theologen würden indes nicht zusehen, wenn er sich anschicken sollte, Bibelerklärungen zu geben, die, mochten sie auch noch so geistvoll sein, von der allgemeinen Ansicht der Kirchenväter abwichen. Am 18. Februar 1615 teilte Dini mit, Kardinal Barberini - der spätere Urban VIII. - habe ihm gesagt, man spreche von der Sache Galileis nicht mehr, und wenn dieser das Gebiet der Mathematik nicht verlasse - seguiterà di farlo come matematico - hoffe er, daß man ihm keinen Ärger bereiten werde. Diese Hinweise gewinnen vor dem Hintergrund der inzwischen eingetretenen Ereignisse ihr volles Gewicht[63].

Die Florentiner Dominikaner, die wohl in enger Verbindung mit den Philosophen der aristotelischen Schule zu Pisa und gleichgesinnten Kreisen in Florenz standen, fühlten sich durch Galilei herausgefordert. Caccini reiste nach Rom und nahm dort Verbindung mit den maßgeblichen Persönlichkeiten seines Ordens und der Kurie auf. Die Angelegenheit zog Kreise, und am 19. März 1615 ordnete Paul V. an, den P. Caccini über Galileis Ansichten zu vernehmen[64]. Dies geschah am folgenden Tag durch den Kommissar des Hl. Offiziums, P. Michelangelo Seghizzi OP, der darüber auch ein Protokoll angefertigt hat. Caccini bestätigte, daß Galilei die Erdbewegung lehre, großen Anhang habe und auch mit Paolo Sarpi in Korrespondenz stehe. Er selbst habe in seiner Predigt auf die Widersprüche zwischen der Heiligen Schrift und Galileis Lehren hingewiesen, und betont, man müsse die Heilige Schrift nach der Lehre der Väter auslegen, nicht aber sie den eigenen Auffassungen anpassen[65]. Darüberhinaus wurden mehrere Inquisitoren mit Untersuchungen über die Verbreitung

---

63 Indes bemerkt D'ADDIO 19, mit Recht, daß ja nicht Galilei mit der theologischen Argumentation begonnen hatte, sondern seine Gegner, deren Argumente er nun entkräften mußte.
64 Vgl. Documenti 79.
65 Vgl. ebd. 80-85. Paolo Sarpi (1552-1623) war hoher Ordensoberer der Serviten und wegen seiner antikurialen Haltung bekannt. In dem heftigen Jurisdiktionsstreit zwischen Venedig und Paul V. lieferte er seiner Heimatstadt die Argumente gegen den Papst, weshalb er exkommuniziert wurde. Korrespondenz mit ihm zu unterhalten, war keine Empfehlung für Galilei (H. JEDIN, in: LthK IX 333f).

von Galileis Lehren beauftragt[66]. Das Ergebnis war die Anzeige beim Hl. Offizium, der obersten Glaubensbehörde, daß Galilei die Thesen von der Erdbewegung und dem Feststehen der Sonne vertrete, was - nach seinem, Caccinis, Verständnis - im Widerspruch zur Heiligen Schrift stehe, wie sie die Väter erklärten. Andere Zeugen wurden gehört, Galileis Schrift über die Sonnenflecken geprüft, und auch der Brief an Castelli, den man sowohl P. Grienberger als auch Kardinal Bellarmino zuleitete. Auch Kardinal Barberini erhielt eine Abschrift. Ergebnis dieser Untersuchungen war, was ein Gutachter des Hl. Offiziums äußerte: Galilei bediene sich da und dort zwar einer unpassenden Ausdruckweise, sei aber nicht von den Pfaden der katholischen Lehre abgewichen. Über die kopernikanische Frage sagte er nichts, es kam ihm nur auf das theologische Problem der Bibelerklärung an[67].

Die Quintessenz, die Mons. Dini daraus zog, war der Rat an Galilei, es sei jetzt Zeit zu schweigen und an einer soliden Begründung für das kopernikanische System zu arbeiten - sowohl was die mathematische als auch die biblische Seite der Frage betreffe.

So war der Stand der Angelegenheit, und Galilei hätte gut daran getan, dem Rat seiner Freunde zu folgen.

Der erste Zusammenstoß mit der Inquisition

Was aber hat Galilei dennoch zum Stich in das Wespennest bewogen?

War es, weil er sich nicht mit einer „Philosophie des als ob" begnügen, sondern den Dingen selbst auf den Grund gehen wollte[68]? Das mag sein. Gewiß aber gab sich Galilei sowohl bezüglich der Stringenz seiner Gründe als auch hinsichtlich der Bereitschaft seiner Gesprächspartner, diese Gründe anzuerkennen, einem ungerechtfertigten Optimismus hin. Ein gewisses Übermaß an Selbstbewußtsein und die Neigung, andere für weniger intelligent zu halten als sich selbst,

---

66 Vgl. ebd. 87-98.
67 Vgl. ebd. 68 f. - Leider sind weder Verfasser noch Datum bekannt.
68 Vgl. HEMLEBEN 89.

mochten ihn gleichfalls bewegt haben. Auf jeden Fall aber war es sein durch das Fernrohr und die damit gemachten Entdeckungen mächtig genährter Enthusiasmus, der ihn sowohl die tatsächliche wissenschaftliche als auch die theologisch-kirchliche Situation falsch einschätzen ließ.

Anfang Dezember 1615 traf er also mit Sekretär und Diener in Rom ein und nahm Wohnung bei S. Trinità dei Monti auf dem Pincio, im Haus des florentinischen Gesandten. Dieser - er kannte Galilei gut - war von dem Besuch wenig erbaut, da er mit Recht Komplikationen befürchtete. Sogleich stürzte Galilei sich geradezu in die vielfältigsten gesellschaftlichen Kontakte, die ihn den Eindruck eines vollen Erfolges gewinnen ließen. „Ich bin sehr zufrieden, sehe ich doch, wie sich mir die Wege zur Behauptung und Mehrung meines Ansehens ebnen, so fühle ich auch, daß es gesundheitlich mit mir aufwärts geht ..."[69], schreibt er schon am 12. Dezember 1615 an den Staatskanzler Curzio Picchena nach Florenz.

Bald aber schlug die Stimmung um, und er beklagte sich bitter über das Intrigenspiel seiner Gegner, der Dominikaner und Jesuiten. Neid, Unwissenheit und Gottlosigkeit seien hier gegen ihn am Werke. Ein wenig Selbstkritik hätte Galilei indes davor bewahrt, die Schuld hieran nur bei den anderen zu suchen. Aber seine Neigung, Neid, Mißgunst und Feindschaft bei anderen anzunehmen, sich selbst aber als deren bitter verfolgtes Opfer zu fühlen, spricht aus zu vielen Briefen Galileis, als daß man dies übersehen könnte. In der Tat hat er selbst viel, alles dazu getan, Widerstand herauszufordern. Sein Auftreten in den römischen Salons, deren Türen dem berühmten Florentiner weit offen standen, war wenig dazu angetan, ihm Freunde zu gewinnen. Darüber berichtete der Monsignore Querenghi aus Rom an den Kardinal d'Este zu Modena. An Galilei, schrieb er, würde der Kardinal großen Gefallen finden, wenn er ihn bei den zahlreichen Disputen erleben könnte, die dieser oftmals mit fünfzehn oder zwanzig Leuten aufnehme, die ihm zumeist zwar hart zusetzten, aber dann doch den kürzeren ziehen müßten. Er sei so sicher in der Diskussion,

---

69 PASCHINI 329.

daß er sie alle auslache. Wenn er auch kaum jemanden zu seiner neuen Meinung bekehren könne, so zeige er doch die mangelnde Beweiskraft der ihm entgegengehaltenen Argumente. Was Querenghi am witzigsten erschien, war Galileis Art, seine Gegner in offene Messer laufen zu lassen, indem er erst ihre Argumente bekräftigte, um sie dann durch schlagende Gegengründe lächerlich zu machen[70].
 Und dies, obwohl Galilei um die Bemühungen seiner Gegner, das Hl. Offizium zum Eingreifen zu bewegen, wissen mußte. Sie taten für ihre Sache nichts anderes als er für die seine: es ging darum, die Anerkennung der höchsten kirchlichen Kreise zu erringen.
 In dieser Situation geriet Galilei in immer größere Beweisnot. Was er bisher zu bieten hatte, waren begründete Zweifel an Ptolemäus und Andeutungen, die in Richtung des Kopernikus wiesen. Einer Auseinandersetzung mit Kepler und Tycho Brahe hat er sich nie gestellt. Mag er auch intuitiv von der Richtigkeit des heliozentrischen Systems überzeugt gewesen sein - er hat nicht einen einzigen überzeugenden Beweis dafür geliefert. Nichtsdestoweniger erklärte er jetzt plötzlich alle, die noch immer dem kopernikanischen System widersprächen, für Dummköpfe, für geistige Pygmäen, die es kaum verdienten, menschliche Wesen genannt zu werden.
 In dieser ziemlich ausweglosen Lage, in die ihn Intuition und Begeisterung ebenso wie Eitelkeit und Rechthaberei hineinmanövriert hatten, unternahm er den erfolglosen Versuch, die Gezeiten des Meeres als Beweis für die doppelte Erdbewegung anzuführen. Damit vermochte er allerdings niemanden zu überzeugen. Daß aber nun der eben ernannte, mit den Medici verwandte Kardinal Orsini diese von Galilei zu Papier gebrachte Theorie im Kreis der um Paul V. versammelten Kardinäle als Beweis für Kopernikus zur Sprache brachte, um Galilei zu stützen, muß als der entscheidende Mißgriff angesehen werden, der das Eingreifen des Hl. Offiziums herausforderte.

---

70 Vgl. ebd. 330.

Ehe dies geschah, ließ sich am 5. Februar 1616 bei Galilei ein Besucher melden, mit dem dieser kaum gerechnet hatte: sein Florentiner Widersacher, der Dominikaner Tommaso Caccini. Über diese vierstündige Begegnung existieren zwei einander widersprechende Berichte, der eine aus der Feder Galileis, der andere aus jener von Caccinis Bruder. Fra Tommaso habe sich für sein bisheriges Verhalten Galilei gegenüber entschuldigt und ihm jede gewünschte Genugtuung angeboten. Da andere Besucher dazugekommen seien, habe man über die Frage des Tages geredet. Während Galilei mitteilt, Caccini habe sich dabei als recht unwissend gezeigt, was aber nicht gehindert habe, daß die übrigen ihm zugestimmt hätten, meinte Caccinis Bruder, Galilei habe auf die Einwände Fra Tommasos nicht zu antworten vermocht und sei deshalb ganz außer sich geraten. Wie dem auch sei - an beiden Berichten wird man Abstriche vornehmen müssen -, die Unterredung verlief unbefriedigend, ihr eigentlicher Zweck bleibt im Ungewissen. Galilei selbst erblickte in dem Besuch des Dominikaners bloße „... Heuchelei, Bosheit, Betrug und giftige Verfolgungssucht"[71]. Aber so pflegte Galilei seine Gegner zumeist zu beurteilen. Daß auch sie von ehrenwerten Motiven bewegt sein konnten, die er für sich selbstverständlich in Anspruch nahm, kam ihm kaum in den Sinn.

Inzwischen mochte es auch Galilei klar geworden sein, daß es in all den Diskussionen nicht so sehr um seine Person ging als um die Frage, wie sich die Kirche zum kopernikanischen Weltsystem stellen solle. Die Rolle, die er dabei spielte, war eher die eines Katalysators, der den Prozeß der Meinungsbildung beschleunigte und dazu beitrug, das anfängliche Zögern des Hl. Offiziums, sich mit der Sache überhaupt zu befassen, zu überwinden[72].

Nun also wurden am 23. Februar 1616 den Gutachtern des Heiligen Offiziums zwei Thesen zur Begutachtung vorgelegt, die

---

71 Ed. Naz. 12, 238. Übersetzung nach MÜLLER, Weltsystem 153 f.
72 Vgl. PASCHINI 337 f.

den wesentlichen Inhalt der Lehren des Kopernikus wiedergaben[73].

Sie lauteten:
„1) Sol est centrum mundi et omnino immobilis motu locali.

2) Terra non est centrum mundi, nec immobilis, sed secundum se totam movetur, etiam motu diurno"[74].
in Übersetzung:
1) Die Sonne ist der Mittelpunkt der Welt und ohne jede Bewegung von einem Ort zum andern.
2) Die Erde ist nicht der Mittelpunkt der Welt und auch nicht unbeweglich. Sie bewegt sich vielmehr als Ganzes, und dies Tag für Tag.

Tags darauf fand eine Sitzung der Gutachter des Hl. Offiziums statt, auf der die genannten Thesen diskutiert wurden. Teilnehmer waren zehn Theologen, sechs von ihnen Dominikaner, darunter der Magister Sacri Palatii und der Kommissar des Hl. Offiziums. Sie tagten unter dem Vorsitz des Erzbischofs von Armagh, Petrus Lombardus von Waterford. Als Ergebnis wurden zwei Sätze formuliert, aus denen dann das Gutachten bestand.

Die erste These von der Bewegungslosigkeit der Sonne sei töricht, philosophisch ungereimt und formell häretisch, insofern sie sowohl dem Wortlaut als auch der allgemein üblichen Erklärung vieler Stellen der Heiligen Schrift ausdrücklich widerspricht. Hinsichtlich der These von der Erdbewegung kam man zu dem Schlusse, sie verdiene

---

73 Eben dies bestreitet FÖLSING 335-338, der nachzuweisen versucht, weder Kopernikus noch Galilei hätten diese Thesen - namentlich was den Mittelpunkt des Universums betrifft - gelehrt. Die Thesen seien vielmehr das Ergebnis oberflächlicher Erfassung des Gegenstands und schlampiger Formulierung durch die Gutachter des Hl. Offiziums. Merkwürdig wäre dann nur, daß Galilei nie auf ein solches Mißverständnis hingewiesen hat. Er hätte in diesem Falle sich auch von der Verurteilung keineswegs betroffen fühlen müssen - und: Seine Äußerungen im Prozeß von 1633, er habe dergleichen nie für wahr gehalten, wie auch seine Abschwörung würden sich in völlig neuem Licht darstellen. Aber: aus dieser Annahme würde sich eine Fülle kaum auflösbarer Ungereimtheiten ergeben. Sie erscheint deshalb kaum nachvollziehbar.
74 Documenti 99.

die gleiche Zurückweisung vom philosophischen Standpunkte aus, theologisch gesehen sei sie mindestens als „in fide erronea", irrig im Glauben, zu bezeichnen[75].

Der Umstand, daß die Gutachter des Hl. Offiziums ein rein philosophisch-theologisches Urteil fällten[76], zeigt, daß die naturwissenschaftliche Seite des Problems, und deshalb auch naturwissenschaftliche Gründe für und wider Kopernikus, gar nicht erörtert wurden. Es war also keineswegs, wie oft behauptet, Angst vor dem Umsturz des bisherigen Weltbildes, die die maßgebenden Männer der Kirche bewegte. Ihnen ging es vielmehr um die Irrtumslosigkeit der Heiligen Schrift, die man durch die Behauptung des kopernikanischen Systems - wenn auch zu Unrecht - in Frage gestellt sah. Daß man sich damit über die positiven Äußerungen Clemens VII., Pauls III. und Gregors XIV. zu Kopernikus hinwegsetzte - Paul III. hatte ja sogar die Widmung des Werkes von Kopernikus entgegengenommen - war den Beteiligten in diesem Augenblick wohl nicht bewußt[77].

Obwohl es dafür keine dokumentarische Quelle gibt, kann doch aus dem Fortgang der Angelegenheit geschlossen werden, daß diese Ansicht am folgenden Tag von den unter dem Vorsitz des Papstes tagenden Kardinälen des Hl. Offiziums gebilligt wurde.

Dennoch wurde aus dem Urteil, die Lehre von der Bewegungslosigkeit der Sonne sei Häresie, überraschenderweise die einzig logische Konsequenz, nämlich die Einleitung eines Häresieprozesses gegen Galilei, nicht gezogen.

Es wurde nicht einmal sein Name genannt, und erstaunlich genug, auch seine Schrift über die Sonnenflecken nicht in die Zensur einbezogen, obwohl er darin unzweifelhaft für Kopernikus Stellung bezogen hatte.

---

75 Vgl. ebd. 99 f.
76 Vom Standpunkt der aristotelischen Metaphysik aus gesehen, war das gewiß wahr. Selbst die Erschaffung der Erde konnte von da aus als töricht und absurd bezeichnet werden! Vgl. S. DRAKE, Galileo and the Church, in: Rivista di Studi Italiani 1 (1983) 82-97, hier: 91 f.
77 Vgl. D'ADDIO 41.

Was nun geschah, ist wohl nicht mehr eindeutig zu rekonstruieren - Versuche dazu sind gleichwohl mehrfach unternommen worden. Als Ausgangspunkte sind die beiden „Registraturen" in den Prozeßakten vom 25. und vom 26. Februar 1616 zu wählen. Der ersten zufolge hat Kardinal Mellini den Mitgliedern des Hl. Offiziums mitgeteilt, daß der Papst auf Grund des bekannten Theologengutachtens dem Kardinal Bellarmino den Auftrag erteilt habe, Galilei von seinen Behauptungen abzubringen. Sollte dies mißlingen, so habe der Kommissar des Hl. Offiziums ihm vor Zeugen und in Gegenwart eines Notars den Befehl zu erteilen, in Zukunft im Sinne des Kopernikus weder zu lehren noch dessen Lehre zu verteidigen oder über sie zu handeln. Sollte sich Galilei nicht dazu verstehen, sei er in Haft zu nehmen[78].

Die folgende Registratur enthält den Bericht über den Vollzug der päpstlichen Anordnung und zwar in der für den Fall, daß Bellarmino bei Galilei keinen Erfolg habe, vorgesehenen Form. Darin wird auch mitgeteilt, daß Galilei am 26. Februar zu Bellarmin gerufen worden sei, der ihm in Anwesenheit von P. Seghizzi seinen Auftrag ausgerichtet habe. Sodann habe der P. Commissarius Galilei im Namen des Papstes und des Hl. Offiziums Befehl erteilt, seine Lehre von der Erdbewegung etc. aufzugeben und sie fortan weder in Wort noch in Schrift zu lehren und zu verteidigen, widrigenfalls das Hl. Offizium gegen ihn vorgehen werde. Dem habe Galilei zu gehorchen versprochen[79].

Ein drittes im Zusammenhang zu berücksichtigendes Schriftstück ist eine Ehrenerklärung Bellarminos für Galilei vom 26. Mai 1616, in welcher der Kardinal Gerüchten entgegentrat, Galilei sei verurteilt worden, oder habe Abschwörung leisten und Buße auf sich nehmen

---

78 „Sanctissimus ordinavit ... cardinali Bellarmino, ut vocet coram se dictum Galileum eumque moneat ad deserendas [!] dictam opinionem; et si recusaverit parere, Pater Commissarius, coram notario et testibus, faciat illi praeceptum ut omnino abstineat huiusmodi doctrinam et opinionem docere aut defendere, seu de ea tractare; si vero non acquieverit, carceretur" (Documenti 100 f.).
79 Vgl. ebd. 101 f. Zeugen waren zwei Familiaren Bellarmins,

müssen[80]. Zwischen diesen Dokumenten, wurde nun immer wieder behauptet, bestünden innere Widersprüche, die auf spätere Fälschung der Registratur vom 26. Februar schließen ließen. Ein Blick in das Original, das im Vatikanischen Archiv aufbewahrt wird und jedem Forscher zugänglich ist, zeigt, daß beide Einträge von der gleichen Hand mit der gleichen Tinte geschrieben, mithin als gleichzeitig zu bezeichnen sind[81].

Eine Schwierigkeit erhebt sich indes, da Galilei in dem Prozeß von 1633 sich nicht mehr erinnern konnte, ein solches Verbot, wie es in der Registratur vom 26. Februar festgehalten wird, gekannt und dessen Beobachtung versprochen zu haben. Der Vorschlag, anzunehmen, Galilei habe sich durch die „weltmännische Art", mit der Kardinal Bellarmino die für ihn als Gelehrten peinliche Angelegenheit behandelte, über den Ernst des Verbots täuschen lassen[82], findet ein Hindernis in der Tatsache, daß nicht Bellarmino, sondern der Dominikaner Seghizzi als Kommissar des Hl. Offiziums diesen Befehl zu erteilen hatte.

Nun wird auch die Vermutung geäußert[83], ein Gegner Galileis im Bereich des Hl. Offiziums habe die Registratur heimlich in den Akt eingetragen, um ihm später damit eine Falle stellen zu können. Allein, wenn dies so wäre, hätte sich der Eintragende selbst verraten, da beide Einträge, der „echte" vom 25. und der „unechte" vom 26. Februar ja zweifellos von der gleichen Hand stammen, ja sogar mit der gleichen Tinte geschrieben sind. Es wäre also der Notar selbst bzw. dessen Schreiber als Fälscher entlarvt. Allerdings wäre gerade von einem Insider-Fälscher ein perfektes Produkt zu erwarten gewesen, das nicht die erkennbaren Merkmale einer Fälschung an sich getragen hätte, auf die sich die späteren Kritiker stützen zu können glaubten. Wer dennoch einen so ungeheuerlichen Vorgang wie eine „amtliche

---

80 Vgl. ebd. 138.
81 Vgl. LANGFORD 94-96. An dieser Sicht ist - auch gegen AUBERT 153 - festzuhalten.
82 Vgl. H.-C. FREIESLEBEN, Der Prozeß gegen Galilei (= Veröffentlichungen der Gesellschaft Hamburger Juristen 6) Hamburg o.J. [nach 1965], 14.
83 Vgl. BRODRICK 376 f.

Aktenfälschung" anzunehmen geneigt ist, läßt erkennen, daß er das Hl. Offizium in der Tat für eine Brutstätte moralischer Korruption hält, von der dergleichen erwartet werden kann, ohne daß ein Beweis dafür geliefert werden müßte. Damit wäre allerdings der Anspruch auf wissenschaftliche Seriosität nicht mehr vereinbar.

Auch die gelegentlich zu lesende Behauptung, die Ehrenerklärung Bellarminos für Galilei vom 26. Mai stehe in Widerspruch zu der Registratur vom 26. Februar, beruht auf einem Mißverständnis. Dem Kardinal konnte es doch nur darum gehen, den Galileis Ruf nachteiligen Gerüchten entgegenzutreten, weshalb nur gesagt werden mußte, was nicht geschehen war, nämlich Verurteilung - Abschwörung und Buße. Keinesfalls aber war in einem solchen Schreiben eine adäquate Darstellung der Vorgänge von Ende Februar zu erwarten.

Ein anderer durchaus plausibler Versuch zur Harmonisierung der Quellen geht von einem Gegensatz zwischen dem großzügigen, Galilei gewogenen Jesuiten Bellarmino und den Galilei feindlich gesinnten Dominikanern der Inquisition aus. In der Tat berichtet Galilei selbst im Jahre 1633, Bellarmino habe ihm damals etwas gesagt, was er nur dem Papst persönlich mitteilen wolle[84]. Die Annahme, es habe sich um die Erklärung gehandelt, Galilei solle das Spezialverbot des P. Seghizzi als nicht erteilt betrachten, hat nicht geringe Wahrscheinlichkeit für sich[85]. Gewiß ist dies nicht stringent zu beweisen. Aber nicht alles, was in einer solchen Situation geschieht, nicht jeder Gestus und nicht jeder Tonfall finden Niederschlag in den schriftlichen Quellen, auf die der Historiker gleichwohl zunächst verwiesen ist. So bleibt zweifellos ein unaufgelöster Rest. Warum aber bleibt Galilei selbst außer Betracht? Daß er sich 1633 nicht daran erinnern konnte, im Jahre 1616 das in der Registratur vom 26. Februar dieses Jahres wiedergegebene Verbot erhalten und sich zu dessen Einhaltung verpflichtet zu haben, konnte doch wohl in der Tat auf einer unbewußten Umformung des tatsächlichen Vorgangs in seiner Erin-

---

84 Vgl. das Verhör vom 12. April 1633 (Documenti 124-130).
85 Vgl. DRAKE, Galileo 253 ff.

nerung beruhen. Überdies hat er nie bestritten, dieses Verbot erhalten zu haben, sondern nur gesagt, er könne sich nicht daran erinnern. Dies anzunehmen heißt keineswegs, Galileis Wahrheitsliebe in Frage zu stellen. Je tiefer er von diesen Ereignissen betroffen war, desto eher ist ein solcher mehr oder weniger bewußter psychischer Prozeß anzunehmen, als dessen Ergebnis nach Ablauf von sechzehn Jahren eine Verdrängung zu Tage trat. In der Lutherforschung etwa ist es ein Gemeinplatz, von einer Umdichtung des jungen durch den alternden Luther zu sprechen. Neuestens legte jedoch Mario D'Addio einen weiteren erwägenswerten Erklärungsversuch vor. Er schließt aus der Tatsache, daß sich im Akt kein Original, sondern nur der weder vom Notar noch von Zeugen unterschriebene Text des Verbotes befindet, das Schriftstück also keinerlei juristische Bedeutung besitzt, daß das Verbot niemals erteilt wurde. Es habe sich vielmehr nur um einen für den Eventualfall vorbereiteten Entwurf gehandelt[86]. Die Möglichkeit, daß man fast zwanzig Jahre danach den Eintrag falsch verstanden habe, ist nicht von der Hand zu weisen. Die seit dem Einsetzen der Galilei-Forschung in den sechziger Jahren des vergangenen Jahrhunderts immer wieder behauptete Aktenfälschung ist dennoch geradezu zu einem Bestandteil der Legende, auch der „Leyenda negra" der Inquisition, geworden. In der seriösen Geschichtswissenschaft sollte sie ausgespielt haben[87].

In der Sitzung des Hl. Offiziums vom 3. März teilte nun Kardinal Bellarmino mit, daß Galilei sich der Mahnung, inskünftig von der Meinung des Kopernikus zu lassen, gebeugt habe.

Das einzige offizielle Dekret aus dieser Phase des Prozesses wurde nun freilich gerade nicht vom Hl. Offizium erlassen, sondern von der Indexkongregation[88], jener Behörde also, die für die Erteilung der kirchlichen Druckerlaubnis bzw. für die Zensur von Büchern zuständig war. Hierin wurde, ganz im Gegensatz zu den Gutachtern des

---

86 Vgl. D'ADDIO 49-52. Im gleichen Zusammenhang wird die gleichfalls nicht unbegründete Vermutung geäußert, die Unterredung habe „... appunto un carattere forse volutamente ambiguo ..." gehabt (VASOLI, Tradizione 94).
87 Vgl. schon die Ausführungen von GRISAR 40-55.
88 Vgl. Documenti 102 f.

Hl. Offiziums, das System des Kopernikus keineswegs als „häretisch", sondern als „ganz und gar der Heiligen Schrift widersprechend" bezeichnet. Dies verdient hervorgehoben zu werden, war man doch bei aller theologischen Ablehnung bemüht, Kopernikus und mit ihm seinen Anhängern, Galilei und den Theologen Foscarini und Zuñíga, den Häresievorwurf zu ersparen. Die Formulierung, die man zu diesem Zwecke fand - sacrae scripturae omnino adversantem [sc. doctrinam Copernicanam] - war bislang in der Spruchpraxis des Heiligen Offiziums und der Indexkongregation nicht üblich gewesen.

Wir gehen kaum fehl, wenn wir diese offensichtliche Diskrepanz zwischen dem Gutachten der Konsultoren und dem Dekret der Indexkongregation auf Gegensätze innerhalb der kurialen Behörden zwischen den Anhängern eines intransigenten Aristotelismus und jenen zurückführen, die bereit waren, neuen Erkenntnissen Raum zu geben. Offenbar wollte man auch Türen für die weitere Entwicklung offenhalten.

Das Verbot, von dem Kopernikus und der Exeget Diego Zuñíga betroffen waren, sollte indes nicht unbedingt, sondern nur so lange gelten, bis diese ausdrücklich als wertvoll und nutzbringend bezeichneten Werke im Sinne des Dekrets berichtigt würden. Ein uneingeschränktes Verbot traf nur Foscarinis Büchlein, dessen Verleger daraufhin von Kardinal Carafa, dem übereifrigen Erzbischof von Neapel, in Haft genommen wurde[89].

Ein dem Autor erstmals zugänglich gemachter Akt aus dem Archiv des Hl. Offiziums wirft neues Licht auf die der Verurteilung vom Februar 1616 folgenden Vorgänge[90]. Nunmehr war die Indexkongregation mit der Angelegenheit befaßt. Es war wiederum Bellarmin, der im Auftrag des Papstes die Frage eines Verbotes jener Werke Foscarinis, Kopernikus' und Zuñígas, die behaupteten, die Erde bewege sich und die Sonne stehe still, den Index-Kardinälen zur Beratung vorlegte. Die Sitzung fand im Hause Bellarmins statt, und anwesend waren die Kardinäle Bellarmino, Maffeo Barberini, der spätere

---

89 Vgl. Kardinal Carafa an Hl. Offizium, Neapel, 2. Juni 1616 (ebd. 104).
90 Nunmehr gedruckt: BRANDMÜLLER - GREIPL 145-151.

Urban VIII., Bonifazio Caetani, Agostino Galamini, Orazio Lancellotti, Felice Centini, und der Maestro del S. Palazzo. Nach ausführlicher Diskussion entschieden sie, daß Foscarinis Werk verboten werden sollte, während man bezüglich Kopernikus und Zuñíga befand „suspendendos esse donec corrigantur". Das aber hieß, daß sie nach Durchführung dieser Korrekturen, erlaubt würden. Zugleich wurde angeordnet, auch alle anderen Bücher „idem docentes [!]" entweder zu verbieten oder, wie Kopernikus und Zuñíga, zu „suspendieren".

Der Papst bestätigte die Entscheidung und ordnete ihre Publikation an. Interessanterweise jedoch mit der Maßgabe, daß die genannten Werke nicht allein für sich, sondern zusammen mit anderen Büchern als verboten bzw. suspendiert zu veröffentlichen seien. Der Grund für diese Maßgabe wird nicht genannt. Vermutlich wollte man den Eindruck eines exklusiv gegen den Heliozentrismus gerichteten Schlages vermeiden.

Das einschlägige Dekret wurde nach einer Auseinandersetzung zwischen dem Sekretär der Indexkongregation und dem Magister Sacri Palatii, wer von beiden es publizieren solle, von dem ersteren unterschrieben und veröffentlicht, was unter dem 5. März geschah.

Damit war die Angelegenheit jedoch keineswegs abgeschlossen, ging es doch nun darum, wie man das Werk des Kopernikus dennoch dem gelehrten Publikum zugänglich machen bzw. es ihm unbeschadet der Verurteilungen vom Februar 1616 erhalten konnte.

Mit dem Studium dieser Frage und mit der Ausarbeitung eines Lösungsvorschlags wurde der fähige Mons. Francesco Ingoli beauftragt, der schon 1616 mit einer Abhandlung gegen Galilei aufgetreten war. Ingoli war es, der nun das Werk des Kopernikus als überaus nützlich für die Astronomie und von allen sehr begehrt rühmte, und nun in einer Sitzung der Indexkongregation vom 2. April im Hause Bellarmins den dort Versammelten seinen Verfahrensvorschlag unterbreitete. Um sicher zu gehen, beschlossen die Kardinäle, Ingolis Exposé den Mathematikern des Collegio Romano, also Jesuiten, zur Prüfung zuzuleiten. Dies besorgte Bellarmin, der damit die Patres Grienberger und Grassi beauftragte, die ihr uneingeschränkt positives

Votum nach fast drei Monaten fertig hatten, so daß es in der Sitzung der Indexkongregation vom 3. Juli vorgelegt werden konnte. Die Kongregation schloß sich gleichfalls Ingoli an, nach dessen Vorschlägen die Korrekturen am Werk des Kopernikus erfolgen sollten[91].

Nach weiteren Sitzungen am 28. Februar 1619 und am 31. Januar 1620, in denen die Art und Weise der Publikation der Korrekturen etc. behandelt worden war, beschloß die Kongregation am 16. März 1620, das bekannte Dekret, das dann unter dem 15. Mai 1620 erscheinen sollte, herauszugeben[92].

Als dessen Autor steht, wie gezeigt, nunmehr Francesco Ingoli fest. In diesem Dekret wurden also jene Änderungen aufgezählt, deren Durchführung das Verbot des Werkes von Kopernikus aufheben würde. Sie zielten sämtlich daraufhin, den Charakter des kopernikanischen Systems als astronomische Arbeitshypothese zu wahren. Bezeichnend ist es, daß das Dekret den wissenschaftlichen Rang des Kopernikus ausdrücklich hervorhebt und auf die große praktische Bedeutung seines Werkes - dabei dachte man wohl an die Kalenderreform - hinwies. Die Liste der insgesamt elf Stellen, die im Sinne des Dekrets zu korrigieren waren, ist dem Dekret beigefügt[93].

Von einem „... Todesurteil über den Kopernikanismus"[94] kann also nicht gesprochen werden. Wie jeder andere Gelehrte konnte auch Galilei an der „Hypothese" weiterarbeiten und alles, was dazu diente, die astronomisch-mathematische Zweckmäßigkeit und die innere Stimmigkeit des kopernikanischen Systems darzutun, konnte die Erkenntnis fördern, daß dieses der adäquate Ausdruck der kosmischen Wirklichkeit sei. Dergleichen zu publizieren war er jedoch durch das Spezialverbot vom 26. Februar 1616 gehindert.

Am 11. März hatte der Papst selbst Galilei zu einer dreiviertelstündigen Unterredung empfangen und, wie Galilei - vielleicht übertrei-

---

91 BRANDMÜLLER - GREIPL 151-166, hier in einer Zusammenstellung von 1823.
92 BRANDMÜLLER - GREIPL 149. Zum Autor vgl. J. METZLER, Francesco Ingoli, der erste Sekretär der Kongregation (1578-1649), in: Sacrae Congregationis de Propaganda Fide Memoria Rerum 1622-1972 I/1, Rom - Freiburg - Wien 1971, 197-232.
93 BRANDMÜLLER - GREIPL 149-151.
94 HEMLEBEN 97.

bend - berichtet, ihn seines unerschütterlichen Wohlwollens versichert und versprochen, ihn so lange er lebe vor seinen Widersachern zu schützen. Er habe beim Hl. Offizium einen so guten Eindruck hinterlassen, daß man nicht leicht neuen Anklagen gegen ihn Beachtung schenken werde[95].

Nichtsdestoweniger breiteten sich in ganz Italien rasch übertreibende Gerüchte von einer Maßregelung Galileis durch die Inquisition aus. Um diesen entgegentreten zu können, bat er Kardinal Bellarmino um seine Hilfe, der ihm dann am 26. Mai 1616 die schon mehrfach erwähnte Ehrenerklärung folgenden Wortlauts ausstellte:

„Da Wir, Roberto Kardinal Bellarmino, in Erfahrung gebracht haben, daß man dem Herrn Galileo Galilei verleumderisch nachredet, er habe in unsere Hände abschwören müssen und sei dabei mit heilsamen Bußwerken belastet worden, so erklären wir hiermit auf Verlangen und zur Steuer der Wahrheit, daß genannter Galileo weder in unsere noch in irgend eines andern Hände, weder hier in Rom noch unseres Wissens an einem andern Orte irgend eine Meinung oder Lehre habe abschwören müssen; auch sind ihm keinerlei Bußwerke auferlegt worden. Es wurde ihm nur die päpstliche, von der Indexkongregation veröffentlichte Entscheidung mitgeteilt über die Schriftwidrigkeit der Kopernikus zugeschriebenen Lehre von der Bewegung der Erde um die Sonne und die Zentralstellung der unbeweglichen Sonne im Weltall, einer Lehre, die man mithin weder verteidigen noch halten dürfe. Zur Bezeugung hierfür haben wir gegenwärtiges Zeugnis eigenhändig am heutigen Tage, dem 26. Mai 1616, ausgestellt"[96].

Dennoch aber mußte Galilei klar geworden sein, daß sein großer wissenschaftlicher Plan, Kopernikus zur allgemeinen Anerkennung

---

95 Ed. Naz. 12, 248.
96 Übersetzung nach MÜLLER, Weltsystem 160. Text: Documenti 134 f. bzw. 138 (nach dem Original). Dazu ferner The Louvain Lectures (Lectiones Lovanienses) of Bellarmine and the Autograph Copy of his 1616 Declaration to Galileo. Text in the Original Latin (Italian) with English Translation, Introduction, Commentary and Notes by U. BALDINI - G. V. COYNE (= Vatican Observatory Publications. Studi Galileiani 1/2), Città del Vaticano 1984.

zu verhelfen, auf ein schwer zu überwindendes Hindernis gestoßen war. Zweifellos mußte er auch eine Minderung seines Ansehens als Gelehrter und eine Schwächung seiner Position am Hofe von Florenz befürchten. Dieser Ausgang der Angelegenheit war für ihn um so schlimmer, als er es offenkundig an der notwendigen wissenschaftlichen Selbstkritik fehlen ließ und deshalb von der Richtigkeit seines Standpunkts unerschütterlich überzeugt war.

Im Streit mit Grassi und Scheiner

In Florenz sah man die Lage wohl weniger optimistisch als Bellarmino, denn nun erging an Galilei die Aufforderung, möglichst umgehend nach Florenz zurückzukehren, um weiteren Komplikationen vorzubeugen. Nicht umsonst hatte der Gesandte der Medici in Rom, Piero Guicciardini, am 4. März seinem Herrn berichtet, Galilei habe seinem Zureden zum Trotz immer wieder versucht, seine Meinung anderen zu oktroyieren. Er sei heftig, leidenschaftlich und auf diesen Punkt geradezu fixiert. So werde er, wenn er in Gegensatz zum Hl. Offizium und zum Papst gerate, sich in größte Schwierigkeiten stürzen[97]. Zwei Monate später wurde Guicciardini noch deutlicher: Galilei lege hier in Rom ein ungewohntes ärgerniserregendes Gebaren an den Tag. Jedermann wisse um das tolle Leben, das er und sein Begleiter Annibale Primi führten. Der Gesandte kritisierte auch den aufwendigen Lebensstil seiner beiden Gäste und bat, Galilei nach Florenz zurückzubeordern, damit größeres Unheil vermieden werde. Indes sprach er auch von gewissen Mönchen - wohl Dominikanern - und anderen, die Galilei zu Gegnern hatte.

Wenn der Florentiner Diplomat dann auch erwähnte, daß in der römischen Hofgesellschaft ohnehin jeder so zu denken bestrebt sei wie der Fürst, also der Papst, und gegebenenfalls sich wenigstens den Anschein gebe so zu denken, so hatte er damit einen weiteren Grund für den Ausgang dieses ersten Zusammenstoßes Galileis mit der Kurie angeführt.

---

97 Vgl. Ed. Naz. 12, 241-243.

Begleitet von zwei in warmen Worten gehaltenen Empfehlungsschreiben der Kardinäle Orsini und Del Monte an den Großherzog machte Galilei sich Anfang Juni auf den Heimweg nach Florenz[98].

Dorthin zurückgekehrt nahm Galilei sofort seine Arbeiten wieder auf. Bald darauf trat seine Tochter Virginia als Suor Maria Celeste ins Kloster von Arcetri ein. Daß man ihr diesen Namen gab, mag ein verhülltes Kompliment an den bewunderten Vater gewesen sein, dessen „himmlische" Entdeckungen auch dort bekannt waren. Ein Jahr später folgte ihre Schwester Livia dem Beispiel Virginias, ihr legte man den Namen Arcangela bei. Bleibt der Bruder Vincenzio, den Galilei recht spät, nämlich 1619, legitimierte und ihm somit die Führung seines Namens ermöglichte.

Von Krankheiten und körperlicher Schwäche unterbrochen setzte Galilei die Beobachtungen des Jupiter fort, wobei er die Bewegungen der Jupitermonde zur Bestimmung des Unterschieds der geographischen Längen verschiedener Orte heranzog, eine zukunftsträchtige Idee, deren nutzbringende Anwendung in der Seefahrt vorerst freilich an den mangelnden technischen Voraussetzungen - an Bord ruhig stehendes Fernrohr, genaue Uhren und exakte Tafeln der Mondbewegungen - scheiterte. Nichtsdestoweniger trat Galilei alsbald über den Kardinal Borja in Verbindung mit dem spanischen Hof, dem er diese Erkenntnisse gegen eine Jahresrente von 6000 Dukaten und einen hohen Orden verkaufen wollte. In Madrid ging man jedoch auf den Handel nicht ein, obwohl Galilei seine Forderungen mäßigte - die Angelegenheit verlief im Sande[99].

Eine andere Erfindung verehrte der Florentiner dem Erzherzog Leopold von Österreich, seinem großen Bewunderer: Ein kleines Fernrohr, das an einer Art Helm befestigt, ohne Zuhilfenahme der Hände benutzt werden konnte. Der Sendung legte Galilei seine Schriften über die Sonnenflecken und über die Gezeiten bei. Von besonderem Interesse ist jedoch sein Begleitschreiben vom 23. Mai

---

98 Vgl. MÜLLER, Weltsystem 162 f.
99 Vgl. Galilei an den Florentiner Gesandten in Madrid, Arcetri, Juni und 25. Dezember 1617 (Ed. Naz. 12, 358-361).

1618[100]. Dieser Brief läßt erkennen, mit welcher Ironie sein Schreiber die Inquisition und ihre Maßnahme vom Februar 1616 betrachtete. Er empfahl nämlich seine beiden Schriften, die das kopernikanische System verteidigten, dem Erzherzog „als ein Gedicht, oder Träumerei", an dem er, wie eben ein Dichter es tut, hänge und daher noch immer eine gewisse Schwäche für diesen Traum empfinde. Zugleich suggerierte er Leopold die anonyme Drucklegung der Manuskripte, nicht ohne eine ausdrückliche Bemerkung, daß er wünsche, sich die Prioritätsrechte an den „Entdeckungen" zu sichern.

Das Jahr 1618 ist eines der großen Schicksalsjahre. Wir finden Galilei - und das charakterisiert die Spannweite seines Wesens - sowohl auf Wallfahrt nach dem Marienheiligtum Loreto als auch - wieder einmal - in einer bissigen Kontroverse. Es war das Erscheinen dreier Kometen, das den Anlaß dazu gab. Deren erster wurde Ende August im Sternbild des Großen Bären gesichtet; Mitte November tauchte der zweite, ein langgeschweifter, wenn auch nicht besonders heller, im Bild der Hydra auf, und der dritte entfaltete einen prächtigen Schweif Ende des Monats vom Großen Bären bis zur Waage. Während aber allüberall die Astronomen sich Nacht um Nacht um die Fernrohre drängten, lag Galilei zu Bett, körperliche Schwäche hielt ihn dort fest. So konnte er sich an der allgemeinen Diskussion über die von Kepler so formulierten Fragen „was eigentlich die Cometen seyen, woher sie kommen, durch wen ihre Bewegung regiert werde und welcher Gestalt sie dem menschlichen Geschlecht etwas anzudeuten haben" nicht auf Grund eigener Beobachtung beteiligen. Dazu, daß er doch in diesem Disput das Wort ergriff, provozierte ihn der Jesuit Orazio Grassi, der am Collegio Romano Mathematik lehrte. In der Aula des Kollegs hatte er einen vielbeachteten öffentlichen Vortrag gehalten, in welchem er die herkömmliche, auf Aristoteles beruhende Auffassung widerlegte, nach der Kometen ihren Ursprung und ihren Sitz nicht innerhalb der Mondbahn haben könnten. Damit hatte Grassi, der sich ausdrücklich auf Tycho Brahe berief, eine durchaus fort-

---

100 Vgl. Ed. Naz. 12, 389-392.

schrittliche Position eingenommen. Der Vortrag erschien bald darauf im Druck[101].

Hatte Galilei erwartet, von Grassi zitiert zu werden? Nahm er dem Jesuiten die Beschäftigung mit der Astronomie übel? Sei dem wie auch immer, er beauftragte seinen Schüler Mario Guiducci mit einer Antwort. Guiducci war Student des Collegio Romano gewesen, hatte dann in Pisa die Rechte und schließlich unter dem Einfluß Castellis Naturwissenschaften bei ihm und dann auch bei Galilei studiert. Er war damals etwa 34 Jahre alt, seit 1607 war er Mitglied der Accademia della Crusca zu Florenz. Nun setzte er sich an den Schreibtisch, um den Inhalt der mit Galilei über die Kometen geführten Gespräche in literarische Form zu bringen. Die entscheidenden Passagen des erhaltenen Originals stammen jedoch von Galileis Hand.

Ergebnis war eine längere Vorlesung Guiduccis in der Akademie, bald darauf erschien sie im Druck. Nach einem volltönenden Lob des großen Galilei geht Guiducci zum Angriff über. Zuerst ein Seitenhieb auf den „Plagiator" Christoph Scheiner[102], dann nimmt er Grassi aufs Korn, dem er vorwirft, nichts anderes zu tun, als jedes Wort Tycho Brahes zu unterschreiben. Alsbald aber werden die Professoren des Collegio Romano überhaupt angegriffen, deren Blendwerk nun entlarvt werden solle. Die Argumente, die nun - und zwar von Galilei - formuliert wurden, halten indes selbst den damaligen Erkenntniskriterien nicht stand. Grassi war mit seiner Erklärung der wahren Sachlage näher gekommen als Galilei, denn Tycho, dem er folgte, hatte hinsichtlich der Kometenforschung den eigentlichen Durchbruch gebracht. Das Urteil: „Selbst im Irrtum denkt Galilei wissenschaftlicher als seine Gegner"[103], ist rhetorisch zwar sehr wirkungsvoll, sachlich aber recht fragwürdig.

---

101 Grassi hatte dabei weder genau beobachtet noch einschlägige Ergebnisse seines Ordensbruders J. B. Cysat (Ingolstadt 1619) zitiert . Vgl. J. CASANOVAS, Il P. Orazio Grassi e le comete dell'anno 1618, in: Novità celesti, 307-313. Zu Oratio Grassi (1583-1654) vgl. SOMMERVOGEL 1684-1686.
102 Zu Christoph Scheiner (1575-1650) vgl. SOMMERVOGEL 734-740.
103 Nach HEMLEBEN 103.

Von dem wissenschaftlichen Gehalt abgesehen bedeutete die Schrift Guiduccis, über deren eigentlichen Autor ein Zweifel nicht möglich war, einen kränkenden Angriff auf jene Jesuiten-Kollegen, deren Hochachtung für Galilei nicht einmal dessen Angriffe auf Scheiner entscheidend hatten trüben können, und auf jenes Collegio Romano, das Galilei - nicht einmal zehn Jahre waren seitdem vergangen - wahre Triumphe bei seinem Besuch in Rom bereitet hatte. Guiducci empfand die Peinlichkeit der Situation als ehemaliger Schüler des Collegio Romano besonders und versuchte, sich bei Grassi zu entschuldigen, der sich ihm gegenüber auch späterhin so großzügig und liebenswürdig zeigte, daß Guiducci sich beschämt fühlte.

Nichtsdestoweniger war Grassi dem wissenschaftlichen Ansehen des Collegio Romano und seines Ordens eine Entgegnung auf Galilei schuldig. Er lieferte sie unter dem leicht zu entschlüsselnden Pseudonym Lotario Sarsi Sigensano, der als Schüler Grassis auftrat. Neuerdings wird die begründete Vermutung geäußert, Scheiner habe Grassi seine Argumente gegen Galileis bzw. Guiduccis Kometentheorien zur Verfügung gestellt und auf deren Aufnahme in sein Werk gedrungen. Grassi, ein umgänglicher, liebenswürdiger Charakter, habe sich daraufhin veranlaßt gesehen, Galilei durch Freunde seiner unverminderten Hochschätzung zu versichern[104]. Einen Hinweis darauf mag man in dem Umstand erblicken, daß Scheiner unter seinem eigenen Namen nichts dergleichen veröffentlicht hat.

In seiner „Libra astronomica et philosophica" (1624) setzt Grassi sich in vornehmer und sachlicher Weise mit Galileis Hauptargumenten auseinander, hat aber auch da und dort höfliches Lob für den Gegner übrig. „Das häufige Urteil, daß die Libra heftige Angriffe oder Spott gegen Galilei enthalte, rührt unmöglich von eigener Lektüre derselben her; es ist nur ein Nachklang dessen, was dienstbeflissene und schmeichlerische Schüler und Freunde Galileis über den Gegner an den letzteren schreiben"[105].

---

104 Vgl. DRAKE, Galilei 276.
105 GRISAR 325. Neuerdings im gleichen Sinne DRAKE, Galilei 277.

Als Galilei diese Schrift zu Gesicht bekam, verursachte sie bei ihm Ausbrüche seines cholerischen Temperaments, von denen die noch erhaltenen Randglossen zeugen, mit denen er sie versah. Ignorant, Pedant, böswilliger Tor, Riesendummkopf sind die Epitheta, die er Grassi beilegt, den er auch den größten Ochsen, den er je gesehen, Lügner und Betrüger nennt[106].

Anscheinend aber hatten Grassis Argumente Galilei doch in Verlegenheit versetzt, denn es dauerte drei Jahre, bis seine Gegenschrift erschien. Von deren Veröffentlichung hatten ihn die eindringlichen Warnungen der besten Freunde nicht abbringen können. Schließlich rieten die Lincei, Galilei solle in Form eines Briefes an einen der Ihren, Virginio Cesarini[107], auf Grassi antworten. Nachdem Cesi und Ciampoli das Manuskript gelesen und verbessert hatten, legte man es dem Dominikaner Riccardi als offiziellem Zensor vor, der die Druckerlaubnis in höchst schmeichelhaften Worten erteilte, die natürlich dem Buch vorangestellt wurden.

Der Titel lautet: „Il Saggiatore" - Goldwaage -, „... auf welcher ... der Inhalt der 'Libra astronomica' ... des Lotario Sarsi Sigensano ... abgewogen werden ...".

In der Galilei-Forschung der Jahrhundertwende wurde der wissenschaftliche Wert dieser Schrift sehr hoch bewertet. Da ist etwa von einem unnachahmlichen Vorbild wissenschaftlicher Polemik[108] die Rede. Überdies erblickte man darin eine Perle der italienischen Literatur. In der naturwissenschaftsgeschichtlichen Literatur um 1900 wird es hingegen kaum einer Erwähnung für wert erachtet.

Neuerdings ist der „Saggiatore" jedoch wieder ins Rampenlicht gerückt worden. An das Buch knüpft eine überraschende, allen bisherigen Ergebnissen widersprechende These an: Galilei sei nur zum Schein wegen seiner kopernikanischen Lehren verurteilt worden. Was man ihm eigentlich zur Last gelegt habe, sei seine atomistisch-nominalistische Naturphilosophie, von der das Hl. Offizium eine

---

106 Vgl. MÜLLER, Galilei-Prozeß 18 f.
107 Zu Virginio Cesarini (1595-1624) vgl. C. MUTINI, in: DBI 24 (1980) 198-201.
108 Vgl. MÜLLER, Galilei-Prozeß 25.

Gefährdung des Dogmas von der eucharistischen Transsubstantiation befürchtet habe. Grundlage für diese Behauptung war ein im Archiv des Hl. Offiziums gefundenes Schriftstück, dessen Inhalt sich mit dem „Saggiatore" auseinandersetzt. Der Umstand, daß dieses Papier weder Absender noch Adressaten noch Datum noch Zusammenhang erkennen läßt und auch keinen vollständigen Text enthält, mahnt indes zur Vorsicht, reicht jedoch für sich alleine nicht aus, um diese These zu erschüttern. Entscheidend hierfür ist jedoch die Tatsache, daß, ganz anders als Galileos - bald zu behandelnder - „Dialogo", sein „Saggiatore", der eben diese Irrlehren enthalten haben soll, gerade nicht auf den Index kam, sondern völlig unbeanstandet blieb. Dies entzieht der einigermaßen abenteuerlichen Annahme vollends den Boden[109].

In der Tat ist schon der Aufbau der Schrift wenig angetan, Interesse zu wecken, geht Galilei doch so vor, daß er die einzelnen Sätze Grassis der Reihe nach zitiert und dann zerpflückt - dreiundfünfzig an der Zahl. Der Ton ist so polemisch wie nur möglich, bezichtigt Galilei seinen Gegner doch boshafter Gesinnung, neidischer Intrige, frevelhaften Urteils. Ihn selber nennt er einen giftigen Skorpion, den er zertreten und in seinem eigenen Gift zugrunderichten wird. Sein ganzer Unmut entlud sich noch einmal, als Grassi eine umfangreiche Antwortschrift verfaßte, auf die Galilei aber nicht mehr replizierte. Er begnügte sich mit Randglossen in Grassis Buch wie etwa Du Stück Esel, Büffel, gemeiner Faulenzer, Dummkopf, elender Fälscher, gemeiner Kerl, Lügner, dummes Vieh, vernagelter Kopf - eine eindrucksvolle Blütenlese[110]!

Eine insgesamt unerfreuliche und letzten Endes unergiebige, beiderseits mehr persönliche als wissenschaftliche Kontroverse.

---

109 Vgl. P. REDONDI, Galileo Eretico, Torino 1983. Das Buch enthält neben sehr interessanten Ausführungen geistes- bzw. wissenschaftsgeschichtlicher Art viele Vermutungen und entbehrt nicht der romanhaften Züge. Vgl. dazu u.a. die eindringliche Kritik von V. FERRONE - M. FIRPO, Galilei tra Inquisitori e Microstorici, in: Rivista Storica Italiana 97 (1985) 177-238. Dazu die Antwort Redondis und die Replik von Ferrone und Firpo ebd. 934-956 bzw. 957-968.
110 Vgl. MÜLLER, Galilei-Prozeß 39.

Damit war wohl der Punkt erreicht, von dem an das Verhältnis zwischen Galilei und den Jesuiten des Collegio Romano ernsthaft getrübt war. Wenn man auch von einer Feindschaft von Seiten Grienbergers und Grassis gegen Galilei gewiß nicht sprechen kann, so hat dieser doch durch seine Attacken zu einer Solidarisierung der Ordensmitglieder mit den angegriffenen Patres Scheiner und Grassi beigetragen. So wandelte sich die frühere Bewunderung in Abneigung, was bei dem Einfluß der Jesuiten nicht ohne Folgen bleiben konnte.

Dennoch weiß der Galilei-Schüler Guiducci, der in Rom zurückgeblieben und dort erkrankt war, von freundschaftlichen Besuchen Grassis zu berichten. Dieser habe sich sogar durchaus offen für die Annahme der Erdbewegung gezeigt und ganz im Sinne der Stellungnahme Bellarmins erklärt, man müsse bei Vorliegen unwiderleglicher Beweise hierfür die Heilige Schrift eben anders interpretieren als bisher[111].

Eine weitere Verschärfung der Situation brachten Galileis Angriffe auf den Astronomen Scheiner, dem Galilei durch die Feder Guiduccis vorwarf, er habe Galileis Entdeckungen für sich in Anspruch genommen. Galilei selbst hat dann den Vorwurf, ohne indes Scheiners Namen zu nennen, in seinem „Saggiatore" wiederholt. Das Buch war eben erschienen, als Scheiner für einen mehrjährigen Aufenthalt in Rom eingetroffen war. In der Tat waren die Sonnenflecken um das Jahr 1611 von Scheiner, Galilei, Harriot und Fabricius etwa gleichzeitig und unabhängig voneinander entdeckt worden. Aber während Galilei sie zutreffend als an der Sonne selbst befindlich bezeichnete, erklärte Scheiner sie, um der aristotelischen Schulmeinung von der Reinheit und Ungetrübtheit der Sonne nicht zu widersprechen, als kleine, die Sonne in geringem Abstand umkreisende Körper. Hingegen hatte Galilei bei dem Streit um die Priorität der Entdeckung des Phänomens zweifellos unrecht. Auch sind Scheiners Entdeckungen in mehreren Punkten weiter vorgedrungen als jene Galileis. So hat er als erster die Lage des Sonnenäquators und die Rotationselemente der Sonne sehr genau bestimmt, wie er auch erkannt hat, daß die Son-

---

111 Vgl. DRAKE, Galilei 289-293.

nenflecken eine Eigenbewegung haben, die mit der Achsenumdrehung der Sonne nichts zu tun haben und dergleichen mehr[112]. Wie schon bei dem Prioritätsstreit um den Proportionszirkel ließ Galilei auch in dieser Auseinandersetzung seinem galligen Temperament die Zügel schießen und zeigte sich dabei als ungerecht und überheblich, während Scheiner in seinem großen Werk über die Sonne, „Rosa Ursina", das 1630 erscheinen sollte, Galilei zwar in der Sache und auch im Ton hart anpackte, ohne indes in persönliche Polemik zu verfallen. Wie gut wäre es aber für Galilei gewesen, auch einen Scheiner zum Freunde zu haben, wie vordem dessen Ordensmitbrüder Clavius und Grienberger!

Zwischen Abfassung und Erscheinen des „Saggiatore" hatte sich nun ein Pontifikatswechsel ereignet, der für Galilei von großer Bedeutung war. Am 6. August 1623 bestieg nach einem seit dem 19. Juli dauernden schwierigen Konklave Maffeo Barberini als Urban VIII. den Stuhl Petri. Schon als Kardinal war er ein Bewunderer Galileis gewesen und hatte dessen Entdeckung der Sonnenflecken in einer lateinischen Ode gefeiert. Zwei Persönlichkeiten aus Galileis engstem Freundeskreis berief der Papst in seine nächste Umgebung: Maestro di Camera wurde der Linceo Virginio Cesarini, Ciampoli blieb Sekretär der Briefe an die Fürsten und wurde zum diensttuenden Geheimkämmerer ernannt, und Fürst Cesi erfreute sich des besonderen päpstlichen Wohlwollens.

Von der Gunst der Stunde beflügelt beschlossen sie, Galileis „Saggiatore" dem Papst zu widmen. Dieser nahm die Widmung entgegen, und las das Buch wenigstens in den wichtigeren Passagen. So günstig standen nun die Dinge, daß Galilei beschloß, sobald seine Gesundheit es zuließ, nach Rom aufzubrechen. Nach zwei Wochen des Aufenthalts bei Cesi auf dessen Schloß Acquasparta traf er am 23. April 1624 in Rom ein. Die Aufnahme, die er dort fand, ließ die acht Jahre zurückliegenden Erfahrungen verblassen. Wiederum öffenten sich ihm die Türen. Er war bei Kardinälen zu Tisch und hatte dort Gelegenheit zu zahlreichen Begegnungen mit Gelehrten und Beamten der Kurie.

---

112 Vgl. H.-C. FREIESLEBEN, Galilei als Forscher, Darmstadt 1968, 68 f.

Insbesondere trat der Kardinal Eitel Friedrich von Hohenzollern auch beim Papst für ihn ein. Dieser selbst empfing ihn sechsmal zu langen Audienzen. Urban beschenkte Galilei mit einem Bild, einer Gold- und einer Silbermedaille. Wichtiger als dies war ein von Ciampoli konzipiertes Breve an den Großherzog Ferdinand von Toscana voll des Lobes und des Wohlwollens für Galilei.

Diese päpstlichen Gunsterweise hätten ihn aber nicht über die wahre Situation hinsichtlich der ihn zutiefst bewegenden Frage nach dem Weltsystem hinwegtäuschen dürfen. Gewiß, der Papst bewunderte den Florentiner Gelehrten. Er hatte sogar in einer Audienz dem Kardinal von Hohenzollern gegenüber eine bedeutsame Aussage gemacht, als dieser ihn wegen der Weltsysteme - auf Bitten Galileis hin - angesprochen hatte. Darauf hatte der Papst geantwortet, die Lehre des Kopernikus sei nie als häretisch verurteilt worden, was auch nicht geschehen könne, sondern nur als sententia temeraria - eine verwegene Behauptung - qualifiziert worden, es sei aber nicht zu fürchten, daß jemand sie als richtig erweisen werde. Galileis andere theologische Gesprächspartner, der Dominikaner Riccardi und der deutsche Konvertit Schoppe, waren der Meinung, es handle sich hierbei nicht um eine Frage des Glaubens, zu deren Beantwortung die Hl. Schrift heranzuziehen sei[113].

All diese Mitteilungen lassen erkennen, wie sehr Galilei nach wie vor von dem Gedanken beherrscht war, Kopernikus zur Anerkennung zu verhelfen, so sehr, daß er die Möglichkeiten, die sich ihm hierfür seit der Wahl Urbans boten, weit überschätzte. Sie fanden an der Unterscheidung zwischen zur Gewißheit erhobener Erkenntnis und Arbeitshypothese ihre Grenze. Sie zu überschreiten, konnte auch Urban VIII. sich nicht entschließen.

Galilei jedoch ließ die Frage nach dem Weltsystem nicht mehr los. Er machte sich nun sogar daran, die noch vor dem Indexdekret von 1616 abgefaßte Schrift des Monsignor Francesco Ingoli gegen Kopernikus zu beantworten. Warum er sich dazu acht Jahre Zeit gelassen hatte, ist nicht ganz klar. Hielt er Ingolis Argumente für

---

113 Vgl. Galilei an Cesi, Rom, 8. Juni 1624 (Ed. Naz. 13, 182 f.).

indiskutabel, oder bereiteten sie ihm Schwierigkeiten, oder wollte er das ihm von der Inquisition auferlegte Verbot respektieren? Es mag jedes dieser Motive ihn bestimmt haben. Ingoli, der Theologe und seit der Gründung der Kongregation für die Glaubensverbreitung durch Gregor XV. im Jahre 1622 deren erster und außerordentlich erfolgreicher Sekretär war, hatte in seiner Schrift[114] die damals gängigen Argumente gegen Kopernikus systematisch zusammengestellt und in mathematische, philosophische und theologische Gründe gegliedert. Am Schluß seiner Schrift hatte er Galilei aufgefordert, diese Schwierigkeiten mit Ausnahme der theologischen zu lösen. Da Ingoli kein Fachmann für Astronomie war, mußte dies für Galilei sehr leicht sein. In der Tat zeigen seine Antworten die Überlegenheit ihres Autors klar. Indes lassen Galileis Ausführungen deutlich erkennen, daß sie sich bis in Einzelheiten auf Keplers „Epitome Astronomiae Copernicanae" vom Jahre 1618 stützen, ohne daß Galilei Kepler zitiert[115]. Wiederum wurde das Manuskript den Freunden in Rom zugeleitet, die dem Büchlein die Wege ebnen sollten. Diese jedoch, Cesi an der Spitze, lehnten dessen Veröffentlichung ab, da Galilei damit offenkundig gegen das Indexdekret von 1616 verstoßen hätte. Man riet ihm, die Angelegenheit ruhen zu lassen - kommt Zeit, kommt Rat.

Der „Dialogo sopra i due massimi sistemi del mondo"

Inzwischen beschäftigte Galilei sich jedoch schon mit seinem großen Werk über die Weltsysteme, sprach er doch immer wieder von seinem „Dialogo", mit dessen Abfassung er sich trage.

Schon im „Sidereus Nuncius" hatte er mehrfach von diesem Plan gesprochen, der zweifellos durch das Erlebnis seiner Fernrohrentdeckungen in ihm geweckt worden war.

Das Ziel, das ihm dabei allem Anschein nach vorschwebte, war, den entscheidenden Beweis für die Gültigkeit des kopernikanischen

---

114 Ingolis Schrift: Ed. Naz. 5, 403-412.
115 Vgl. MÜLLER, Galilei-Prozeß 48-57.

Systems zu liefern. Auf dem Weg dorthin war ihm zweifellos insofern Wesentliches gelungen, als er eine Reihe von bislang gegen Kopernikus angeführten Argumenten hatte entkräften können. Das bedeutete letztendlich aber nicht mehr als das Wegräumen von Hindernissen. Dem Ziel selbst kam er nur sehr zögernd näher. Insbesondere waren das öffentlich bekannte Indexdekret und das ihm persönlich erteilte Verbot von 1616 zu beachten, wenn er nicht erneut mit der Kurie in Konflikt geraten wollte.

Wenn auch die Thronbesteigung Urbans VIII. die Situation zu Galileis Gunsten verändert hatte, so zeigte doch der Umstand, daß es selbst den Freunden Galileis nicht ratsam schien, dessen Antwort auf Ingoli zu publizieren, wie sehr noch immer Vorsicht und Zurückhaltung geboten waren.

Dennoch blieb Galilei, von den Freunden mehrfach dazu gedrängt, am Werk. Daß es ihm dabei auf größtmögliche Breitenwirkung ankam, geht daraus hervor, daß er für sein Werk weder die wissenschaftlich-strenge Form einer Abhandlung noch auch die hierfür übliche lateinische Sprache wählte, die ihm auch eine außeritalienische gelehrte Leserschaft garantiert hätte. Er schrieb in italienischer Sprache und wählte die literarische Form eines Dialogs - eigentlich eines Trialogs -, die ihm eine lockere Gedankenführung ebenso gestattete, wie persönliche Attacken oder andere Abschweifungen. Dergleichen liest man leichter und lieber als astronomische Traktate in Latein.

Diese Form des Dialogs hatte auch noch einen anderen Vorteil: Der Verfasser konnte sich hinter jeder der redenden Personen verstecken, war also mit seiner eigenen Meinung in gewissem Maße nicht zu fassen.

Von den fiktiven Partnern des in vier Tages-Gesprächsrunden gegliederten Dialogs tragen zwei die Namen verstorbener Freunde Galileis aus Paduaner Tagen, Salviati und Sagredo. Der erstgenannte, in jungen Jahren gestorben, war ein besonders begabter Schüler Galileis gewesen. Ihn läßt er denn auch in der Regel die eigene Meinung aussprechen, ihn den Lauf des Gesprächs bestimmen. Sagredo hingegen, der nicht vom Fache war, weist er die Rolle dessen zu, der durch seine klugen und verständnisvollen Fragen den Dialog vorantreibt. Eigentlicher Widerpart ist der beschränkte Simplicio, aus dessen Mund die antiquierten Argumente der peripatetischen Schule zu vernehmen sind. Sein Name hat einen raffinierten Doppelsinn: einmal gab es einen berühmten Aristoteleskommentator dieses Namens, dann aber sollte der Aristoteliker solchermaßen als einfältig ironisiert werden. Wenn nun gerade ihm unter anderem Gedanken in den Mund gelegt wurden, die von Jesuiten des Collegio Romano geäußert worden waren oder gar vom Papst selbst, so konnte der so versteckt ausgedrückte Spott kaum unbemerkt bleiben. Insbesondere aber machte sich Galilei über ein von Urban VIII. gebrauchtes, aus Thomas von Aquinos Aristoteleskommentar entnommenes Argument lustig, das besagte: Die Erklärungen der Astronomen für die Bewegungen der Himmelskörper müßten nicht notwendigerweise auch wahr sein, denn es wäre durchaus möglich, daß diese auf eine ganz andere Weise, die den Menschen bislang unbekannt geblieben ist, erklärt werden müßten[116]. Es zeugt zum mindesten von ungerechtfertigtem Erkenntnisoptimismus, wenn Galilei solche Überlegungen leichter Hand abtat.

Zum Verständnis der auf die Veröffentlichung des „Dialogo" folgenden Ereignisse ist es hilfreich, die Vorrede Galileis hier auszugsweise im Wortlaut darzubieten:

„Vor einigen Jahren [1616] ward in Rom ein heilsames Dekret erlassen, welches zur Verhinderung der gefährlichen Ärgernisse unserer Zeit zeitgemäßes Stillschweigen über die pythagoreische Lehre von der Bewegung der Erde auferlegte. Es fehlte nicht an solchen, die behaupteten, jenes Dekret sei weniger das Ergebnis einer gewissenhaften Untersuchung als vielmehr die Ausgeburt schlecht unterrichteter Leidenschaftlichkeit gewesen: es wurden Klagen darüber laut, daß der Astronomie vollständig unkundige Konsultoren mit ihrem plötzlichen Verbote der Forschung die Flügel des Geistes beschnitten.

---

116 Vgl. Commentaria in libros Aristotelis de caelo et mundo Lib. II Lect. XVII (S. THOMAE AQUINATIS Opera omnia, ed. iussu impensaque LEONIS XIII. P. M., III, Romae 1886, 1-257, hier: 186-189).

Das Unwürdige solcher Anklagen konnte mein Eifer nicht ertragen, weshalb ich den Entschluß faßte, als Zeuge der reinen Wahrheit im vollen Bewußtsein der Klugheit jener Verordnung auf dem Welttheater zu erscheinen. Ich war damals in Rom, hatte nicht nur mehrere Audienzen, sondern erntete selbst Beifall von den hochgestelltesten Prälaten des päpstlichen Hofes; nicht ohne mein Vorwissen wurde dann jenes Dekret erlassen. Ich habe nun die Absicht, durch gegenwärtige Arbeit den auswärtigen Nationen den Beweis zu liefern, daß man in Italien, und besonders in Rom, von diesen Lehren ebensoviel weiß, als man je jenseits der Berge mit allem Fleiß davon ausgedacht hat. Indem ich also alle meine eigenen Gedanken über das kopernikanische System zusammenstellte, wollte ich bekunden, wie deren Kenntnis jener Zensur vorausging, und wie mithin aus diesem Lande nicht bloß Dogmen zum Heile der Seelen erlassen werden, sondern auch erfrischende Geistesprodukte hervorsprossen ...

Zu diesem Zwecke habe ich in der Konferenz die Partei des Kopernikus übernommen, indem ich, bei strenger Einhaltung des hypothetisch-mathematischen Charakters seiner Lehre, deren Überlegenheit zeige, nicht über die ptolemäische Lehre an sich, wohl aber über die Gründe, welche gewisse Peripatetiker für sich geltend machen: Leute, die vom Philosophen nur den Namen tragen, die, anstatt ihren eigenen Verstand zu gebrauchen, sich in gemächlicher Ruhe mit vier dem Gedächtnis eingeprägten, schlecht verstandenen Grundsätzen begnügen ...

Drei Punkte sollen besonders erörtert werden: Zunächst will ich zeigen, wie sämtliche auf Erden mögliche Beobachtungen nicht ausreichen, die Bewegung der Erde darzutun; sie finden ebensogut ihre Erklärung, mag die Erde stillstehen oder sich bewegen. Ich hoffe jedoch dabei manche im Altertum unbekannte neue Beobachtungen vorzubringen. - An zweiter Stelle sollen die Himmelserscheinungen untersucht werden, wobei die kopernikanische Hypothese durch neue Forschungen eine solche Verstärkung erhalten soll, als wäre sie die einzig richtige; in Wirklichkeit handelt es sich aber um eine Vereinfachung der Astronomie, nicht um etwas Naturnotwendiges. - Drittens will ich einen geistreichen Gedanken vorlegen: Ich erinnere mich, vor vielen Jahren [1616] gesagt zu haben, das bisher nicht erklärte Gezeitenphänomen lasse sich mittels der Erdbewegungen in etwa aufklären. Das Wort fand Anklang; es fehlte selbst nicht an solchen, welche sich gleich liebevollen Pflegevätern des Schützlings annahmen und ihn sogar als ihres Geistes Kind ausgaben. Damit also nicht etwa irgend ein Fremder auftrete und sich mit dieser Waffe stark mache, um unsere Unkenntnis in dieser wichtigen Frage uns vorzuhalten, so habe ich für gut befunden, die Wahrscheinlichkeit der Idee zu Gunsten der Erdbewegungen bekanntzumachen. Ich hoffe dabei zugleich vor aller Welt darzutun, daß wenn andere mehr Meeresfahrten gemacht, wir hingegen nicht weniger Verstandesarbeit geleistet haben. Wenn wir also das Stillstehen der Erde behaupten und das Gegenteil als eine mathematische Kuriosität ansehen, so rührt das nicht etwa von der Unkenntnis der von andern geltend gemachten Gründe her, sondern einzig und allein von der Überzeugung, welche Frömmigkeit und Religiosität, welche die Kenntnis göttlicher Allmacht und menschlicher Schwäche uns einflößen ...

Es schien mir hierzu die Wahl der Form eines (wissenschaftlichen) Gespräches den Vorzug zu verdienen, da eine solche, weniger gebunden an streng mathematische Behandlung, Abschweifungen auf nicht minder interesssante Nebengebiete leichter gestattet"[117].

Indes verfing Galilei sich damit im eigenen fein gesponnenen Netz. Wofür hielt er seine Leser? Glaubte er wirklich, diese würden sich von ihm täuschen lassen?

Schon die Einleitung enthält eine offenkundige Unwahrheit, wenn er vorgibt, sein Buch nur deshalb geschrieben zu haben, weil er den Nichtkatholiken zeigen wollte, daß das römische Verbot des

---

117 Ed. Naz. 7, 27; Übersetzung nach MÜLLER, Galilei-Prozeß 120 f. Dazu die nicht ohne Einschränkungen befriedigende, nichtsdestoweniger für die aktuelle Sicht des Problems bezeichnende Interpretation von A. PROCISSI, Commento alla prefazione „Al discreto lettore" premessa da Galileo al „Dialogo sopra i due massimi sistemi del mondo", in: Atti e memorie dell'Accademia Toscana di Scienze e Lettere „La Colombaria" 42 (1977) 95-120. Vgl. auch S. DRAKE, Galileo's „Dialogue": Al discreto lettore, in: Scientia 117 (1982) 249-261 bzw. 263-274 (ital.), dessen Auffassung, die allgemeine Meinung, Galilei habe durch seine Vorrede zum „Dialogo" die Inquisition hinters Licht führen wollen, sei zu dumm, um einer Widerlegung zu bedürfen, kaum zutreffen dürfte! Die hier vorgetragenen Thesen bedürften überhaupt ausführlicher Diskussion, die hier aber nicht möglich ist.

Kopernikus keineswegs aus Unkenntnis der Problemlage zu erklären sei, sondern daß man in Rom über das Pro und Contra sehr wohl unterrichtet sei. Wenn er darüber hinaus noch schreibt, man habe in den letzten Jahren zu Rom ein heilsames Dekret erlassen, das der Lehre des Pythagoras von der Bewegung der Erde zur rechten Zeit Schweigen geboten habe, so war dies blanker Hohn. Daran, daß Galilei vom Gegenteil überzeugt war, ließ nämlich der Text des Buches nicht den geringsten Zweifel aufkommen: Salviati hatte immer die stärkeren Argumente und die Gründe des Simplicio kommen dagegen nicht auf, wenn sie nicht gar Gelächter erregen. Dennoch gibt sich Galilei den Anschein, als entspreche das Indexdekret von 1616 seiner Überzeugung. Wer aber zu lesen verstand, mußte sich da doch die Frage stellen, ob angesichts der als stringent dargestellten Beweise des Salviati nicht doch, statt des Kopernikus, das Dekret auf Irrtum beruhte.

Nun aber gab es auch in Rom Leute, die etwas von Astronomie, Mathematik und Physik verstanden. Und eben diesen mußte, wenn sie ihren Ärger unterdrückten und Galileis Buch nüchtern prüften, auffallen, daß er auch diesmal keine anderen Argumente für Kopernikus beizubringen vermochte als schon im Jahre 1616. Noch war also die damals ausgesprochene Forderung Bellarminos, man müsse stringente Beweise für Kopernikus haben, ehe man sich entschließen könne, die als einschlägig betrachteten Bibelstellen anders als wörtlich zu interpretieren und damit den Widerspruch zwischen Kopernikus und der Bibel aufzulösen, nicht erfüllt. In der Tat hat Galilei keinen Beweis vorgelegt. Kein einziges seiner Argumente kann als solcher betrachtet werden, am wenigsten seine Gezeitentheorie. Jedoch war - sieht man von der letzteren einmal ab - ihre Zusammenschau nicht ohne Überzeugungskraft für den, der von der rein deduktiven peripatetischen Denkweise Abschied genommen hatte und bereit war, aus Beobachtungen und der neuen Mechanik, wie Galilei sie lehrte, Erkenntnisse zu gewinnen[118].

---

118 Vgl. SOCCORSI 900-912.

Dies ist mittlerweile in der naturwissenschaftshistorischen Forschung unbestritten, wird aber immer wieder in Darstellungen verschwiegen. Es ist aber doch ein beträchtlicher Unterschied, ob sich die Kirche einer zweifelsfrei bewiesenen Erkenntnis widersetzt hat, oder einer letztlich nicht bewiesenen Annahme. Und eben darum handelte es sich sowohl 1616 als auch gegenüber dem „Dialogo" Galileis, der, nun im Frühjahr 1630 endlich fertiggestellt, zum Druck befördert werden sollte. Häufige Krankheit hatte den alternden Galilei an kontinuierlicher Arbeit gehindert.

Die Veröffentlichung sollte in Rom geschehen, wo ja einflußreiche Freunde am Werke waren, die die Hindernisse beseitigen konnten. Zu ihnen waren mittlerweile auch Castelli, der zum Professor für Mathematik an der päpstlichen Universität, der Sapienza, und der Dominikaner Riccardi, der 1629 zum Magister Sacri Palatii, also zum Hoftheologen des Papstes, ernannt worden war, gestoßen[119]. In dieser Eigenschaft war Riccardi auch für die Erteilung der Druckerlaubnis für alle in Rom erscheinenden Bücher zuständig. Nicht uninteressant, daß Riccardi ein Vetter der Frau des toskanischen Gesandten in Rom war. Als nun Ciampoli durch Castelli mitteilen ließ, daß Galileis persönliche Anwesenheit in Rom dazu beitragen würde, alle etwa bestehenden Hindernisse zu überwinden, brach Galilei erneut nach Rom auf, wo er nach zweitägiger Reise am 3. Mai 1630 eintraf. Auch diesmal nahm er Quartier in der florentinischen Gesandtschaft auf dem Pincio.

Sofort begannen nun die Verhandlungen über die Druckerlaubnis für den „Dialogo"[120]. Die Voraussetzungen waren so günstig wie nie, hatte doch der Papst selbst Tommaso Campanella[121] gegenüber geäußert, das Dekret von 1616 wäre nie erlassen worden, wenn es auf ihn angekommen wäre. Urban VIII. empfing Galilei am 18. Mai zu einer langen Audienz, in der zweifellos vom „Dialogo" und seinem

---

[119] Vgl. A. K. ESZER, Niccolò Riccardi, O.P., il „Padre Mostro" (1585-1639), in: Angelicum 60 (1983) 428-461, der Riccardi mit guten Gründen gegen mancherlei Kritik in Schutz nimmt.
[120] Hierüber berichtet en detail P. Riccardi Ende Mai 1631. Vgl. Documenti 105-108.
[121] Zu Tommaso Campanella OP (1568-1639) vgl. L. FIRPO, in: DBI 17 (1974) 372-401.

Inhalt die Rede war. Das Wohlwollen, das der Papst auch diesmal gegenüber Galilei an den Tag legte, fand Ausdruck in der Zusicherung einer kirchlichen Pension an den Gelehrten.

Aber auch dieser neuerliche Gunsterweis des Papstes änderte nichts daran, daß auch jetzt nur von einer hypothetischen Annahme des Kopernikus die Rede sein konnte. Dessen war P. Riccardi sich voll bewußt. Da er aber selbst kein Fachmann war, übergab er das Manuskript des „Dialogo" einem Mitbruder aus seinem Orden, dem Mathematiker P. Visconti. Dessen Meinung war, daß die Druckerlaubnis erteilt werden solle, wenn einige Formulierungen im Sinne der hypothetischen Geltung des heliozentrischen System geändert seien. Es war P. Visconti selbst, der mit Galilei zusammen diese Änderungen vornahm. Als er dem P. Riccardi das Ergebnis vorlegte, zeigte dieser sich zufrieden und kündigte an, tags darauf, am 17. Juni, mit dem Papst darüber Rücksprache zu nahmen - nur noch einige belanglose Kleinigkeiten stünden der Druckerlaubnis im Wege. Dennoch zog sich die Angelegenheit in die Länge, und da Galilei der römischen Hitze entkommen wollte, tat Riccardi, was er nicht hätte tun dürfen. Er gab Galilei eine „Blanco-Unterschrift" unter der Bedingung, daß Galilei selbst noch einige Änderungen vornehme und dann das Manuskript nach Rom sende, wo dann etwa Fürst Cesi die Drucklegung überwachen solle. Indes mußten die Druckfahnen noch einmal Riccardi vorgelegt werden, ehe man den Ausdruck begann.

Nun starb nach kurzer Krankheit der Fürst, die Lincei hatten ihren führenden Kopf verloren. Castelli befürchtete oder wußte um Machinationen der Gegner und empfahl, den Druck in Florenz vornehmen zu lassen. Nun wurde Riccardi stutzig und verlangte die nochmalige Vorlage des von Galilei korrigierten Manuskripts. Dieser jedoch meinte, dies sei wegen der Postverhältnisse nicht zumutbar, worauf man übereinkam, daß Galilei nur Einleitung und Schluß in Rom, das übrige aber dem Inquisitor von Florenz vorlegen sollte. Ihm empfahl Riccardi in einem langen Schreiben vom 24. Mai 1631 die Angelegenheit. Da für den Gang des künftigen Prozesses von Bedeutung, sei es im Wortlaut hier angeführt:

„Herr Galilei wünscht dort ein von ihm geschriebenes Werk zu veröffentlichen, das ursprünglich den Titel trug 'Über Ebbe und Flut', in welchem er sich über die Wahrscheinlichkeit der kopernikanischen Lehre von der Bewegung der Erde verbreitet. Er behauptet, durch letztere Annahme die Erklärung jener ebenso großartigen wie verborgenen Naturerscheinung zu erleichtern und der Annahme selbst durch die Erklärung eine neue Stütze zu geben. Er kam nach Rom, um das Werk vorzulegen; ich gab meine Unterschrift, vorausgesetzt, daß die nötigen Verbesserungen angebracht und dann das Werk nochmals zur definitiven Approbation eingereicht werde. Da letzteres wegen der schwierigen Wegeverbindung nicht ohne Gefahr für das Manuskript geschehen kann und der Verfasser die ganze Angelegenheit dort bereinigen möchte, so mögen Ew. hochwürdigste Paternität sich Ihrer Vollmachten bedienen und das Werk ganz unabhängig von meiner Revision erlauben oder nicht erlauben. Nur möchte ich erinnern, daß es nach Ansicht des Heiligen Vaters nicht angeht, Titel und Hauptgegenstand des Werkes von den Gezeiten herzunehmen, vielmehr sei die kopernikanische Lehre rein mathematisch zu behandeln, um dadurch zu Tage treten zu lassen, wie ohne göttliche Offenbarung und kirchliche Lehre man auch in jenem System alle scheinbaren Positionen erklären und alle entgegenstehenden Schwierigkeiten lösen könne, mögen dieselben rein aus der Erfahrung oder aus der peripatetischen Philosophie herrühren. Es darf also nie die absolute Wahrheit jener Lehre, sondern nur ihr hypothetischer Charakter, soweit man absieht von der Heiligen Schrift, zugegeben werden. Es muß auch klar hervortreten, daß das Werk nur den Zweck verfolgt, zu zeigen, wie man in Rom unter genauer Kenntnis der angeführten Gründe, also keineswegs aus Unwissenheit, jene Dekrete erlassen habe, wie sie in Einleitung und Schluß, die ich von hier aus senden werde, betont sind. Mit diesen Vorsichtsmaßregeln wird das Werk bei den römischen Behörden auf keine Schwierigkeit stoßen; Ew. Paternität werden hingegen dem Verfasser einen Gefallen, dem Großherzog selbst, der sich der

Sache so sehr annimmt, einen Dienst erweisen. Ich bitte, mich demselben zu empfehlen"[122].

Damit hatte sich der Magister Sacri Palatii eine Sprachregelung zu eigen gemacht, auf die Galilei selbst schon 1618 in einem Brief an Erzherzog Leopold von Österreich verfallen war. Nur darin bestand der Unterschied, daß Galilei voll Ironie so geschrieben hatte, während Riccardi die Worte ernst nahm!

Am 21. September 1631 erteilten also der Inquisitor und der Generalvikar von Florenz die Druckerlaubnis, Einleitung und Schluß waren am 19. Juli von Rom abgesandt worden[123]. Dazu hatte Riccardi freilich mehrfach gedrängt werden müssen, da er sehr deutlich sah, daß er sich auf eine zweifelhafte Angelegenheit eingelassen hatte, wobei Mons. Ciampoli ihm zu verstehen gab, daß der Papst selbst den Druck des „Dialogo" wünschte[124]. Als nun aber Galilei der Florentiner Druckerlaubnis auch noch jene des Magister Sacri Palatii eigens hinzufügte, mußte Riccardi erkennen, daß sein Name mißbraucht worden war. Es wundert nicht, daß er darum die ersten Exemplare, die im Mai 1632 in Rom eintrafen, auf dem Zollamt beschlagnahmen ließ.

Nichtsdestoweniger war das Buch unter die Leute gekommen und machte Sensation. Von Fra Bonaventura Cavalieri, Fra Fulgenzio Micanzio, Fra Tommaso Campanella und natürlich von Castelli - lauter Mönchen also - erhielt Galilei begeisterte Zuschriften, deren Lob vor allem auch seiner hervorragenden literarischen Leistung galt[125].

Der Prozeß

Noch während Galilei sich in Rom, etwa bei Kardinal Barberini[126], über die Beschlagnahme seines Buches beschwerte, waren seine Geg-

---

122 Ed. Naz. 19, 327; Übersetzung nach MÜLLER, Galilei-Prozeß 84 f.
123 Vgl. Begleitbrief Riccardis an den Inquisitor von Florenz, 19. Juli 1631 (Documenti 113). Der Text der Vorrede, deren sprachliche Form Galilei zu ändern freigestellt wurde, ebd. 110-112.
124 Vgl. D'ADDIO 91; ESZER 437 f.
125 Vgl. MÜLLER, Galilei-Prozeß 122-124.
126 Zu Kardinal Francesco Barberini (1597-1679), dem Neffen Urbans VIII., vgl. A. MEROLA, in: DBI 6 (1964) 172-176.

ner, die er so oft und so beleidigend herausgefordert hatte, am Werk, ein kirchliches Verbot des Buches zu bewirken. Freunde wie Gegner formierten sich also in zwei entschlossenen „pressure groups", die einander gegenüberstanden und den Verlauf der Ereignisse in je ihrem Sinne zu beeinflussen suchten[127]. Persönliche Beziehungen und Motive, Ordensrivalitäten, behördeninterne Spannungen - all dies sollte nun zusammenwirken, um die Angelegenheit Galileis auf jenen Weg zu bringen, an dessen Ende dann die Abschwörung vor der Inquisition stand.

Einstweilen handelte der Papst. Mitte August ordnete er die Einsetzung einer Kommission an, die unter dem Vorsitz des Kardinalnepoten die Angelegenheit Galileis behandeln sollte.

Zweifellos war der Papst bei aller Wertschätzung, die er Galilei auch jetzt bewahrte, über das Zusammenspiel zwischen Riccardi, Ciampoli und Galilei empört und als Niccolini, der toskanische Gesandte in Rom, den Papst bat, Galilei Gelegenheit zur Rechtfertigung oder zur Beseitigung von Mißverständnissen zu geben, erhielt er zur Antwort, Galilei wisse sehr genau von ihm, dem Papst selber, welche Schwierigkeiten seinen Aussagen entgegenstünden. Als Niccolini insistierte, sagte der Papst, daß das Verbot des „Dialogo" das wenigste sei, was Galilei nun zu erwarten habe.

Daß er dennoch nicht den normalen Weg einschlug, indem er die Angelegenheit dem Hl. Offizium übergab, und daß er überdies seinen Neffen zum Vorsitzenden der Kommission bestellte, war allerdings ein Indiz dafür, daß er noch immer Galilei zu schonen versuchte.

Auch Riccardi wollte dies und arbeitete darauf hin, ein ähnlich eingeschränktes Verbot des „Dialogo" zu erreichen, wie es 1616 gegen Kopernikus ausgesprochen worden war, so daß nach Vornahme von Korrekturen das Verbot wegfallen konnte.

Wer nun die Mitglieder jener Kommission waren, ist nicht bekannt. Bekannt ist hingegen das Ergebnis ihrer Untersuchungen, das in acht Punkte gegliedert ist:

---

127 Vgl. D'ADDIO 77, der (78-91) auch die einschlägigen Manöver darstellt.

„1. Galilei hat das römische Imprimatur ohne Berechtigung an die Spitze seines Werkes gesetzt und ohne das Buch an den, der angeblich unterschrieben habe, zu senden.

2. Die mit besonderen Typen gedruckte Vorrede erscheint derart getrennt vom Ganzen, daß sie für den von der Zensurbehörde beabsichtigten Zweck vollkommen wertlos sei. Die endgültigen Widerlegungen sind einem törichten Menschen [= Simplicius] in den Mund gelegt und dabei in einer Weise, daß man sie kaum herausfinde; überdies werden dieselben von den anderen Beteiligten sehr kühl aufgenommen; oft werden deren wirksame Seiten nur dunkel und mit einem gewissen Widerstreben angedeutet.

3. Oft ist in dem Werke von bloßer Hypothese nicht mehr die Rede, indem entweder die Bewegung der Erde und der Stillstand der Sonne einfachhin behauptet werden, oder die Beweisgründe hierfür als gültige und notwendige, das Gegenteilige als unmöglich bezeichnet werden.

4. Galilei behandelt die Frage als eine noch nicht entschiedene, als ob man über sie eine Entscheidung erst erwarte, aber nicht voraussetze.

5. Bemerkenswert ist die Zerzausung der Gegner, oft solcher, deren Schriften die Kirche sich besonders bedient.

6. Auch wird eine gewisse Gleichheit, die zwischen der menschlichen und göttlichen Erkenntnis bezüglich geometrischer Wahrheiten bestehen soll, schlecht erklärt.

7. Es wird als Wahrheit behauptet, daß Anhänger des Ptolemäus wohl Kopernikaner würden, aber nicht umgekehrt.

8. Auch wird die bestehende Ebbe und Flut des Meeres in unzutreffender Weise durch den Stillstand der Sonne und die Bewegung der Erde erklärt"[128].

Der ausschlaggebende Punkt war indes der dritte, in dem Galilei vorgeworfen wurde, das heliozentrische System als zwingend bewiesen dargestellt zu haben.

---

128 MÜLLER, Galilei-Prozeß 131 f.; Documenti 108.

Auch ließ sich nicht leugnen, daß Galilei mit jenen, die anders dachten als er, in arrogant-beleidigender Weise umgegangen war. So sprach er von der Geschwätzigkeit Tycho Brahes, den Kindereien Keplers und den Phantasien Scheiners. Diese Art, mit den Gegnern umzugehen, wurde in Punkt fünf beanstandet.

Vor allem aber fiel ein weiteres Moment schwer ins Gewicht: Die Mißachtung des Galilei 1616 erteilten Verbotes, das Inhalt der bereits erörterten Registratur vom 26. Februar 1616 war. Wenn in der Tat jene Erklärung zutrifft, daß Bellarmino damals Galilei gegenüber geäußert habe, er brauche dieses Verbot des übereifrigen und vorschnellen Kommissars des Hl. Offiziums nicht ernst zu nehmen, so konnte dies nach Bellarminos Tod nicht mehr bewiesen werden[129]. Das Verbot wurde wenigstens jetzt voll wirksam.

Die Kommission übergab nämlich nun mit Zustimmung des Papstes die Angelegenheit dem Hl. Offizium, das im September 1632 in die Untersuchung des „Dialogo" eintrat. Als Gutachter wurden der Theologe des Hl. Offiziums, Agostino Oregio, der Jesuit Melchior Inchhofer und der Theatiner Zaccaria Pasquaglio bestellt.

Diese kamen zu dem gleichen Ergebnis wie schon die Kommission, worauf das Hl. Offizium am 23. September 1632 den Beschluß faßte, Galilei nach Rom vorzuladen[130]. Der Betroffene erhielt davon am 1. Oktober Kenntnis[131].

Nun war Galilei immerhin schon siebzig Jahre alt. Seine Gesundheit war geschwächt, und er schreckte vor der beschwerlichen Reise zurück[132]. Deshalb richtete er durch Michelangelo Buonarotti, den gleichnamigen Neffen des großen Künstlers, an Kardinal Barberini die Bitte, seine Sache in Florenz zu verhandeln[133]. Wiederum war es der toskanische Gesandte, Niccolini, der die Situation richtig einschätzte und Galilei Ende Oktober den Rat gab, sich keinen Illusionen über den Ausgang der Sache hinzugeben. Er solle nicht versu-

---

129 Vgl. DRAKE Galilei 254 f.
130 Vgl. Documenti 113 f.
131 Vgl. ebd. 115 f.
132 Vgl. Inquisitor von Florenz an Kardinal Barberini, 20. November 1632 (ebd. 117).
133 Vgl. Galilei an Kardinal Barberini, Florenz, 12. Oktober 1632 (ebd. 118 f.).

chen sein Buch zu rechtfertigen, sondern sich einfach dem zu erwartenden Spruch des Hl. Offiziums unterwerfen. Um einen Prozeß und um Einschränkungen seiner Freiheit werde er nicht herumkommen.

Als alle Versuche Galileis, die Reise nach Rom zu vermeiden, an der Unbeugsamkeit des Hl. Offiziums und des Papstes selbst scheiterten, trat er am 20. Januar 1633 die Reise an[134]. Da er wegen einer in Florenz grassierenden Seuche sich an der Grenze zum Kirchenstaat bei Acquapendente einer zwanzigtägigen Quarantäne unterziehen mußte, traf er am 13. Februar in Rom ein und nahm Wohnung im Palazzo Medici, dem Sitz des florentinischen Gesandten. Kardinal Barberini gab ihm den Rat, keine Besucher zu empfangen, da dies seine Lage nur komplizieren könne. Einer der Konsultoren des Hl. Offiziums, Mons. Serristori, hingegen besuchte ihn zweimal, um Galileis Argumente zu hören. Auch er empfahl ihm, Bereitschaft zur Unterwerfung zu zeigen. Daß er nicht in Haft genommen wurde, sondern im Palazzo Medici wohnen durfte, wurde von den Zeitgenossen als ganz ungewöhnlich empfunden. Galilei selbst hatte darum auch das Gefühl, der Sturm habe sich mittlerweile gelegt. Die Art wie Mons. Serristori ihm begegnet sei, bezeichnet er als sehr liebenswürdig und entgegenkommend und nahm sie als Anzeichen dafür, daß man Güte und Milde wollte walten lassen.

In Rom - und das wurde mehr und mehr offenbar - waren die Geister geteilt. Insbesondere war Castelli bemüht, die maßgeblichen Kreise für Galilei zu gewinnen[135]. Der bedeutende Lukas Holstenius, der nach seiner Konversion im Jahre 1625 in Rom lebte und von Urban VIII. zum Apostolischen Protonotar ernannt wurde - später war er Präfekt der Vatikanischen Bibliothek -, äußerte sich ganz im Sinne Galileis. Selbst der Kommissar des Hl. Offiziums, P. Maculano, stand auf seiner Seite, was auch von den Kardinälen Capponi und Scaglia gilt. Inzwischen versuchte Niccolini das ihm Mögliche beim Papst, vermochte ihn aber nicht von dem Entschluß abzubringen, Galilei vor das Hl. Offizium zu zitieren. Das, meinte er, sei das wenig-

---

134 Vgl. Bericht des Inquisitors von Florenz vom 22. Januar 1633 (ebd. 123).
135 Vgl. D'ADDIO 92-95.

ste was geschehen müsse. Immerhin versprach der Papst, daß man Galilei die besten und bequemsten Zimmer einräumen werde. Diese mußte Galilei am 12. April beziehen, sie gehörten zur Wohnung eines hohen Beamten des Hl. Offiziums, der sie ihm geräumt hatte. P. Maculano empfing ihn dort in betont freundlicher Weise und sagte ihm auch, daß er sich in Haus und Garten frei bewegen dürfe. Seinen Diener durfte er mit sich nehmen, die Verpflegung wurde ihm aus der Küche des Palazzo Medici gebracht. Auch konnte er frei und ungehindert Korrespondenz pflegen.

An diesem Tag wurde Galilei auch von P. Maculano zum ersten Mal einvernommen[136]. Diese Aufgabe zu erfüllen fiel Maculano gewiß schwer, da er noch im Jahr zuvor Castelli gegenüber seine Überzeugung, das heliozentrische System sei durchaus annehmbar, zum Ausdruck gebracht hatte. Nun aber ging es nicht um seine persönliche Überzeugung, sondern um sein Amt.

Zunächst bewegten sich Fragen und Antworten um die Vorgänge von 1616., Darauf gab Galilei folgende Antwort: „Eines Morgens ließ mich der Herr Kardinal Bellarmino rufen und sagte mir etwas bestimmtes, das ich lieber erst Seiner Heiligkeit persönlich sagen würde, bevor ich es anderen sagte. Schließlich sagte er mir, daß man die Meinung des Kopernikus nicht festhalten noch verteidigen könne, da sie der Hl. Schrift widerspreche"[137]. Weiter befragt gab er zur Antwort: „Es kann sein, daß mir irgend ein Befehl erteilt worden ist, ich dürfe die genannte Meinung weder festhalten noch verteidigen, aber ich weiß es nicht mehr, da dies schon einige Jahre her ist"[138]. Auch daran, ob es ihm verboten worden sei, die Meinung des Kopernikus „auf irgendeine Weise" - so lautete nämlich die Registratur vom 26. Februar 1616 - zu lehren, könne er sich nicht erinnern.

Alsdann drehte sich das weitere Verhör um das Zustandekommen der Druckerlaubnis für den „Dialogo". Dabei ließ Galilei sich zu der Aussage hinreißen, er habe von dem Verbot von 1616 dem P. Riccar-

---

136 Das Verhörsprotokoll mit eigenhändiger Unterschrift: Documenti 124-130.
137 Ebd. 127.
138 Ebd. 127 f.

di gegenüber nichts erwähnt, weil er in diesem Buch das heliozentrische System weder vertreten noch verteidigt habe. Das war eine allen Beteiligten offenkundige Unwahrheit, aber sie entsprach dem mit P. Riccardi abgesprochenen Vorwort zum „Dialogo", dessen Widerspruch zum Inhalt des Buches freilich den Gutachtern nicht entgangen war. Insbesondere P. Inchhofer hatte darauf hingewiesen.

Diese Aussage machte nun alles schwieriger und die Situation Galileis verschlechterte sich, zumal Galilei unter Eid ausgesagt hatte[139].

Wenn es dem Hl. Offizium oder auch dem Papst darum gegangen wäre, Galilei zu vernichten - dies allein hätte dazu die Handhabe geboten.

Statt dessen erbat sich P. Maculano die Erlaubnis, privat mit ihm sprechen zu dürfen, um weitere Möglichkeiten des Vorgehens zu erkunden, insbesondere wollte er ihn zum Eingeständnis seines „Irrtums" bewegen, was ihm auch gelang. Darauf sagte ihm Maculano, der Hauptanklagepunkt werde jetzt sein, daß er entgegen dem Verbot von 1616 im „Dialogo" die Lehre des Kopernikus vertreten habe. Sobald er dies zugegeben habe, werde er nach seiner eigentlichen Gesinnung befragt und ihm Gelegenheit zur Verteidigung gegeben werden, und dann könne man ihn nach Hause, d.h. in den Palazzo Medici entlassen. Dieses private Gespräch vom 27. April[140] war die Vorbereitung für ein weiteres gerichtliches Verhör am 30. April[141].

Nun hatte sich Galilei mittlerweile ein Exemplar seines Werkes kommen lassen und sagte, er habe es nun nach drei Jahren wieder und diesmal ganz genau gelesen, wobei es ihm ganz fremd und wie das Buch eines anderen Verfassers vorgekommen sei. Jetzt sehe er selber ein, daß das Buch an mehreren Stellen den Eindruck erwecken könne, er teile die Meinung des Kopernikus. Daß er die dafür spre-

---

139 Vgl. D'ADDIO 98-102.
140 Darüber Bericht Maculanos an Kardinal Barberini, Rom, 28. April 1633 (Ed. Naz. 15, 106 f.).
141 Protokoll mit eigenhändiger Unterschrift Galileis: Documenti 130-132. Am gleichen Tag entließ man ihn in sein neues Quartier, die Villa Medici. Vgl. ebd. 133.

chenden Gründe eindrucksvoller formuliert habe als die Gegenargumente, möge man seiner Eitelkeit als Gelehrter zugute halten[142]. Überdies erbot er sich, seinem Werk eine Fortsetzung folgen zu lassen, die alle offenen Fragen kläre. Daraufhin kehrte Galilei in sein Quartier zurück.

In der Zwischenzeit bereitete Galilei eine schriftliche Verteidigung vor, die sich hauptsächlich darauf stützte, daß er das mündliche Verbot Bellarminos, in keiner Weise Kopernikus zu lehren, vergessen und sich an den Wortlaut des Indexdekretes gehalten habe, das eine hypothetische Behandlung des Kopernikus ja zuließ. Somit könne man ihm wohl nicht den Vorwurf des Ungehorsams machen[143].

Auf diese Weise kam Galilei zwar dem Bestreben seiner Richter, den unangenehmen Fall einem guten Ausgang zuzuführen, entgegen. Es konnte ihnen aber auch nicht verborgen bleiben, wie behende Galilei verbrannte, was er angebetet hatte. Man hatte seine eidliche Aussage vom 12. April ja bei den Akten.

Die Kardinäle konnten sich also mit diesem Widerspruch nicht einfach abfinden, wollten sie sich nicht zu Komplizen Galileis machen. Es wurden deshalb verschiedene Gutachten über die Frage angefordert, ob Galilei im „Dialogo" die Erdbewegung etc. lehre, oder nicht. Die Verfasser der drei Gutachten - der Konsultor des Hl. Offiziums und spätere Kardinal Agostino Oregio, der Astronom Melchior Inchhofer S.J. und der Theologe Zaccaria Pasqualigo Can. Reg., welch letztere ihre Urteile detailliert begründeten - waren der einhelligen Auffassung, daß Galilei das kopernikanische System im „Dialogo" lehre und verteidige[144].

---

142 Vgl. hierzu die interessante Bemerkung: „In the final analysis the problem the Dialogue created for Galileo was that his rhetoric worked too well. His arguments in the fictional format were effective - his drama succeeded in showing that the arguments in favour of Copernicus were the most compelling and that those of the peripatetics were ridiculous. What failed was the ethos he projected in the framing of his drama, and only Galileo really knows, whether it was ultimately misjudged" (J. D. MOSS, Galileo's rhetorical strategies in defense of Copernicanism, in: Novità celesti 95-103, hier: 103).
143 Vgl. Aussage vom 10. Mai 1633 (Documenti 135-137).
144 Vgl. zu den Texten - der Oregios ist vom 17. April 1633 datiert - ebd. 139-153.

Es wurde darum ein weiteres Verhör auf den 21. Juni anberaumt, wobei Galilei nach seiner wahren Meinung, auch unter Androhung der Folter, befragt werden sollte. Darauf antwortete er, er habe vor 1616 zwischen beiden Weltsystemen geschwankt. „Nach jenem Dekrete von 1616", fuhr er jedoch fort, „schwand in mir jeder Zweifel und ich hielt, wie ich es auch jetzt noch halte, die Lehre des Ptolemäus, d.h. die Ruhe der Erde und die Beweglichkeit der Sonne, für durchaus richtig und unzweifelhaft"[145].

Man machte ihn daraufhin auf den offenkundigen Widerspruch dieser Aussage zum Gesamttenor seines „Dialogo" aufmerksam und ermahnte ihn - und dies war eine vorgesehene prozessuale Formalität - unter Hinweis auf mögliche Folterung, die Wahrheit zu sagen. Galilei blieb aber bei seiner Aussage, worauf man ihn das Protokoll unterschreiben ließ[146]. Damit war die vor allem von Maculano verfolgte Strategie, den Prozeß ad acta zu legen, und damit der perplexen Situation zu entgehen, die entstehen mußte, wenn man ein mit kirchlicher Druckerlaubnis erschienenes Buch im nachhinein verbot, endgültig gescheitert[147].

Die große, düstere und oft beschworene Schlußszene spielte sich am folgenden Tag, dem 22. Juni 1633, in einem Saal des Klosters von S. Maria sopra Minerva ab. Dort wurde Galilei das Urteil verkündet, dessen wichtigste Passagen so lauten:

„Nachdem wir Deine Angelegenheit, Galilei, mitsamt Deinen Geständnissen und Deinen Entschuldigungen und alles, was dabei zu berücksichtigen war, reiflich erwogen haben, sind wir zu folgendem endgültigen Urteilsspruch gelangt: ... Daß Du Dich dieser heiligen Kongregation stark der Häresie verdächtig erwiesen hast, nämlich die falsche und der Heiligen Schrift zuwiderlaufende Lehre für wahr gehalten und geglaubt zu haben - wonach die Sonne das Zentrum der Erdbahn sein soll, ohne Bewegung von Ost nach Westen, die Erde hingegen außerhalb des Weltzentrums sich bewegen soll - man könne

---

145 Ebd. 155.
146 Protokoll mit eigenhändiger Unterschrift: ebd. 154 f.
147 Vgl. D'ADDIO 106 f.

also selbst eine ausdrücklich als schriftwidrig erklärte Meinung nichtsdestoweniger für wahrscheinlich halten und verteidigen ...

Infolgedessen bist Du allen Zensuren und Strafen verfallen, welche die Kanones und sonstigen allgemeinen und besonderen Bestimmungen gegen ähnliche Vergehen verhängen und ankündigen. Wir bewilligen jedoch, daß Du von diesen losgesprochen seiest, unter der Bedingung, daß Du vorher aufrichtigen Herzens und ohne Heuchelei vor uns die genannten Irrtümer und Häresien wie überhaupt jeden andern Irrtum und jegliche gegen die katholische und apostolische Kirche gerichtete Ketzerei abschwörest, verurteilest und verabscheuest in der von uns bestimmten, Dir zu überreichenden Form ...

Damit übrigens Dein schwerer und verderblicher Irrtum und Fehltritt nicht ganz unbestraft bleibe und Du in Zukunft vorsichtiger seiest und andern behufs Enthaltung von ähnlichen Gesetzwidrigkeiten zum Beispiele dienen mögest, so verordnen wir, daß Dein Buch Dialoghi di Galileo Galilei durch öffentliche Bekanntmachung verboten werde ...

Dich verurteilen wir zur Kerkerhaft im Hl. Offizium nach unserem Ermessen, und zur heilsamen Buße legen wir Dir auf, drei Jahre hindurch wöchentlich einmal die sieben Bußpsalmen zu beten. Wir behalten uns übrigens vor, die genannte Strafe und Buße nach Gutdünken zu ermäßigen, zu ändern oder auch ganz oder teilweise aufzuheben"[148].

Daraufhin hatte Galilei die ihm vorgelegte Abschwörungsformel zu verlesen, die in ihren wesentlichen Abschnitten hier wiedergegeben sei:

„Ich Galileo, Sohn des verstorbenen Vinzenz Galilei aus Florenz, 70 Jahre alt, persönlich vor Gericht gestellt und auf den Knien vor Euch, hochwürdigste Eminenzen Kardinäle und Generalinquisitoren gegen die häretische Verderbnis für die ganze Christenheit, vor mir haltend die hochheiligen Evangelien, die ich mit meinen Händen berühre, schwöre, stets geglaubt zu haben, gegenwärtig zu glauben und in Zukunft mit Gottes Hilfe glauben zu wollen alles das, was die heilige katholische und apostolische Kirche für wahr hält, predigt und lehrt. Ich wurde aber vom Hl. Offizium als der Häresie stark verdächtig verurteilt, weil ich ein Buch geschrieben und durch den

---

148 Ed. Naz. 19, 405 f.; Übersetzung nach MÜLLER, Galilei-Prozeß 152 f.

Druck veröffentlicht habe, worin die als falsch verurteilte Lehre behandelt wird, daß die Sonne unbeweglich im Weltmittelpunkt sich befinde, die Erde hingegen außerhalb des Weltzentrums sich bewege, indem ich dieselbe mit Gründen sehr wirksam unterstützte, ohne deren Lösung anzugeben. Das tat ich trotz der mir amtlich mitgeteilten Vorschrift, jene falsche Lehre ganz aufzugeben und dieselbe weder für wahr zu halten noch auf was immer für eine Weise weder mündlich noch schriftlich zu verteidigen oder zu lehren ...

Da ich nun diesen mit Grund gegen mich gehegten starken Verdacht sowohl Euren Eminenzen wie jedem Christgläubigen zu benehmen wünsche, so schwöre ich ab, verwünsche und verabscheue ich genannte Irrtümer und Häresien wie überhaupt jedweden andern Irrtum, jede Häresie und Sekte, die der heiligen Kirche entgegen ist; auch beschwöre ich, in Zukunft nie mehr weder schriftlich noch mündlich ähnliches sagen oder behaupten zu wollen, wodurch ein solcher Verdacht über mich entstehen könnte; wenn ich aber irgend einen Häretiker oder der Häresie Verdächtigen kennenlerne, werde ich ihn dem Hl. Offizium, dem Inquisitor oder dem Bischofe des Ortes, wo ich mich befinde, anzeigen ...

Ich beschwöre auch und verspreche, die mir auferlegten Bußwerke vollkommen verrichten und beobachten zu wollen, und sollte ich, was Gott verhüten möge, irgendeinem meiner beschworenen Versprechen zuwiderhandeln, so unterwerfe ich mich allen Bußen und Strafen, welche durch die heiligen Kanones und andere allgemeine oder besondere Konstitutionen gegen ähnliche Vergehen festgestellt und veröffentlicht sind ...

So wahr mir Gott helfe und diese seine heiligen Evangelien, die ich mit meinen Händen berühre ...

Ich obengenannter Galileo Galilei habe so wie oben gesagt abgeschworen, geschworen, versprochen und mich verpflichtet und zum Zeugnis der Wahrheit gegenwärtiges Aktenstück eigenhändig unterschrieben und Wort für Wort abgelesen.

In Rom, im Kloster der Minerva, heute den 22. Juni 1633. Ich Galileo Galilei habe abgeschworen wie gesagt"[149].

---

[149] Ed. Naz. 19, 406 f.; Übersetzung nach MÜLLER, Galilei-Prozeß 155 f.

Daß das ganze Verfahren auch innerhalb der Inquisition nicht einheitlich beurteilt wurde, zeigt der Umstand, daß drei von den zehn Kardinälen des Hl. Offiziums das Urteil nicht unterschrieben, darunter der Papstneffe Francesco Barberini. Entsprechend einer Anordnung Urbans VIII. vom 30. Juni 1633 sollten die genannten Texte allen Angehörigen des Hl. Offiziums sowie allen Professoren der Philosophie und der Mathematik in einer eigens zu berufenden Versammlung bekanntgemacht werden, ebenso wie - per Post - allen Nuntien, insbesondere jenen von Padua und Bologna, wie auch den Inquisitoren[150].

Nun erhebt sich auch hier die oft gestellte Frage nach dem Verhalten Galileis in dieser für ihn so fatalen Situation.

Bekannt ist das Urteil Bert Brechts, der seinen Andrea dem zurückkehrenden Galilei ins Gesicht schreien läßt: „Weinschlauch! Schneckenfresser! Hast du deine geliebte Haut gerettet"[151]? Ein anderer Autor spricht von einer „... überaus fatalen, ja charakterlosen Erklärung ..."[152] Galileis.

Demgegenüber zeigt ein anderes Urteil viel mehr Verständnis für die religiöse Dimension des Prozesses, die Galilei zweifellos klarer bewußt war als dem heutigen Menschen: „Daß Galilei religiös interessiert war, wurde mehrfach betont. Die verschiedenen formelhaften Wendungen des Urteils wie der Abschwörformel weisen in den kirchlichen Bereich. Urteil und Abschwören fanden im kirchlichen Raum statt. Selbst der kirchentreue Christ von heute muß den Vorgang daher doch mit anderen Augen sehen als ein Freidenker um 1900, wieviel mehr ein Katholik von damals! Galilei betont wiederholt, daß er da sei, um Gehorsam zu leisten. Bedenkt man, daß der Ausgangspunkt des Prozesses für ihn der ist, daß er die katholische Kirche davor bewahren will, eine weittragende falsche Entscheidung zu treffen, so wäre es doch unlogisch, wenn er schließlich an seine Kirche nicht mehr denkt. Galilei will kein Ketzer sein, dieser Vorwurf ist ihm

---

150 Vgl. Documenti 156.
151 Leben des Galilei (Fassung von 1955/56) (B. BRECHT, Werke. Stücke 5, Berlin - Weimar - Frankfurt a. M. 1988, 274).
152 HEMLEBEN 123.

wohl weniger der Folgen wegen, die ihn irdisch treffen können, schrecklich, als deshalb, weil es für ihn um die ewige Seligkeit geht. Es ist wahrscheinlich für viele Menschen um 1900 völlig unmöglich gewesen, sich in die Zeit vor dreihundert Jahren hineinzuversetzen. Stellt man sich aber Galilei von dem Zwiespalt zerrissen vor, zu wählen zwischen ewiger Verdammnis und seinem eigenen vernünftigen Denken, so kann die Entscheidung niemals die sein, wie sie ein Mensch um 1900 trifft. Was später an seinem Verhalten anstößig, ja charakterlos scheint, wird plötzlich verständlich als die innere Tragödie eines Mannes, der zutiefst an dem Auseinanderklaffen zwischen religiösem Glauben und rationalem Denken verzweifelt. So wird selbst die unglaubwürdige Behauptung, er, Galilei, sei nicht von der Wahrheit der kopernikanischen Lehre überzeugt gewesen, als er seinen „Dialogo" schrieb, verständlich als die quälende Frage an sich: Soll ich wirklich so weit der Kirche untreu geworden sein, daß ich eine bewußte Ketzerei getrieben habe? Nein, das ist doch völlig unmöglich! Ich bin doch immer treu katholisch gewesen, also habe ich mich doch auch hier an die mir auferlegten Weisungen gehalten! Ich möchte also Galilei als treuen Kirch- und Beichtgänger in einem hoffnungslosen Dilemma befangen sehen, das ihn ehrt und nicht im Sinne des Abfalls von einer Überzeugung herabwürdigt. Er will nicht sündigen und ahnt dabei doch, daß er sündigt. Damit wird aber eine konsequente Haltung für ihn im Inquisitionsprozeß erst recht unmöglich"[153].

Mit dieser wohl etwas zu sehr dramatisierenden und offenbar vor einem protestantischen Erlebnishorizont des Autors zu verstehenden Interpretation ist jedoch nicht alles geklärt. Daß Galilei unter Eid ausgesagt hat, er habe niemals das heliozentrische System für wahr gehalten, ist zweifellos schwerwiegend. Mag sein, daß ihn die bedrängte Situation, in der er sich befand, an der klaren Beurteilung dieses Handelns hinderte. Daß er aber bei der Abschwörung selbst wider besseres Wissen und Gewissen gehandelt habe, ist sehr fraglich, ja ganz unwahrscheinlich, obwohl er mit Sicherheit seine Meinung von der Erdbewegung und der Sonne als Zentrum des Uni-

---

[153] FREIESLEBEN, Prozeß 23 f.

versums nicht aufgegeben hat. Neueste Analysen von Galileis „Dialogo" haben nämlich im Verein mit seinen frühen lateinischen Manuskripten eindeutig gezeigt, daß Galilei an keiner Stelle seines „Dialogo" den Anspruch erhoben hat, einen stringenten Beweis für die kopernikanische Theorie erbracht zu haben[154]. Auch war ihm die wissenschaftstheoretische Problematik einer solchen Beweisführung durchaus bewußt. Damit war er sich auch im klaren darüber, daß seine Überzeugung der letzten Absicherung entbehrte[155]. Eine Abschwörung wäre dann als Konsequenz aus diesem Sachverhalt zu betrachten. Aber selbst wenn Galilei sich subjektiv seiner Sache ganz sicher gewesen wäre, hätte er guten Gewissens die Abschwörung leisten können. Galilei war nämlich theologisch zu gut unterrichtet und auch von seinen zahlreichen priesterlichen Freunden zu gut beraten, als daß er die Tragweite des Geschehens vom 22. Juni nicht hätte nüchtern und zutreffend beurteilen können. Ihm war der Unterschied zwischen der unfehlbaren Glaubensentscheidung von Papst oder Konzil und einem Urteil des Hl. Offiziums sehr wohl bewußt. Ging es bei einer Glaubensentscheidung von Papst oder Konzil in der Tat um das innerste Ja des Christen zu dem Glauben, der selig macht, so konnte eine römische Behörde wie das Hl. Offizium, selbst wenn der Papst hierbei den Vorsitz führte, diese innerste Glaubenszustimmung nicht fordern, wohl aber jenen Gehorsam, den der Katholik dem sogenannten authentischen (d.h. nicht absolut unfehlbaren) kirchlichen Lehramt schuldet. Von seiner Bereitschaft hierzu hat Galilei selbst oftmals gesprochen und geschrieben, und es ist nicht leicht möglich, derartige Äußerungen als Heuchelei abzutun[156].

Dafür, daß eine solche Interpretation zutreffen dürfte, spricht auch das Verhalten Descartes', der nach Abfassung seines gleichfalls auf kopernikanischer Grundlage ruhenden Werkes „Le monde" sich vor eine ähnli-

---

154 Vgl. W. A. WALLACE, Galileo's Concept of Science: Recent Manuscript Evidence, in: The Galileo Affair 15-40, hier: 34.
155 Vgl. W. A. WALLACE, Galileo and Aristotle in the Dialogo, in: Angelicum 60 (1983) 311-332. Daß es Galileis brillante Rhetorik war, die die Beweislücken „füllen" sollte, zeigt J. D. MOSS, The Rhetoric of Proof in Galileo's Writings on the Copernican System, in: The Galileo Affair 41-65.
156 Vgl. SOCCORSI 888-895.

che Situation gestellt sah wie Galilei. Ein paar Monate nach dessen Verurteilung, im April 1634, schrieb er an seinen Freund Mersenne, der die Publikation von „Le monde" forcieren wollte: „... obwohl ich dachte, sie [d.h. die Auffassung Galileis von der Erdbewegung etc.] beruhten auf ganz sicheren und evidenten Beweisen, so möchte ich doch um nichts in der Welt gegen die Autorität der Kirche daran festhalten. Ich weiß wohl, man könnte sagen, daß eine Sache, die von den römischen Inquisitoren entschieden worden ist, damit noch nicht zu einem verpflichtenden Glaubensartikel wird ... Aber so sehr bin ich nicht in meine eigenen Gedanken verliebt, daß ich mich auf solche Einschränkungen berufen möchte, nur um an ihnen festzuhalten ... aber da ich nie gelesen habe, daß diese Zensur vom Papst oder vom Konzil autorisiert ist, sondern nur von einer einzelnen Kongregation von Kardinal-Inquisitoren, gebe ich nicht alle Hoffnung auf, daß mit dieser Sache etwas Ähnliches passiert wie mit den 'Antipoden', die auch schon einmal mehr oder weniger verboten waren. Dann könnte im Laufe der Zeit auch mein Buch 'Le Monde' das Licht der Welt erblicken. Auf diesen Umstand hin werde ich alle meine geistigen Fähigkeiten einsetzen müssen"[157]. Es ist also anzunehmen, daß Galilei seine Abschwörung als einen Akt kirchlicher Loyalität verstanden hat, den er guten Gewissens, wenn auch schweren Herzens, vollziehen konnte, ohne seine persönliche, für wie begründet auch immer gehaltene wissenschaftliche Überzeugung aufgeben zu müssen. Daran, daß er sie fortan nicht mehr in Wort und Schrift vertreten konnte, hatte er freilich genug zu tragen.

Haben wir versucht, uns in die Lage Galileis zu versetzen, so ist ein gleicher Versuch auch hinsichtlich seiner Richter angebracht. Sie verfallen im allgemeinen einem klaren Verdammungsurteil. Eindeutig etwa der Satz: „Galilei lügt, er muß lügen - alles andere hätte ihn das Leben gekostet. Niemand hat das Recht, ihn ... zu verurteilen, der sich nicht selbst in ähnlicher Situation, zum Beispiel in der Hand einer 'Geheimen Staatspolizei' befunden hat"[158]. Ein wenig später meint der glei-

---

157 Descartes an Mersenne, Amsterdam, April 1634 (Œuvres de Descartes, publ. par Ch. ADAM - P. TANNERY, I, Paris 1897, 284-289, hier: 285, 288). Dazu D'ADDIO 113-115.
158 HEMLEBEN 123; „Ein Schandurteil ..." (ebd. 9).

che Autor, daß Galileis Gegner „... sich der Institution bedienten, um ihre mit Theologie verbrämten Machtziele durchzusetzen"[159]. Ihnen sei es darum gegangen, „... das Denken zu unterdrücken"[160]. Solche Urteile sind weit verbreitet, es genügt, auf unser einleitendes Kapitel zu verweisen.

Kaum jemand hat sich aber bis jetzt die Mühe gemacht, nach dem Selbstverständnis und den Voraussetzungen von Galileis Richtern ernsthaft und unvoreingenommen zu fragen. Sie fielen und fallen dem allgemeinen Verdikt anheim, dem die Inquisition, der sie angehörten, seit langem wie selbstverständlich unterliegt.

Neuere Forschungen ermöglichen, ja fordern eine sachliche und zutreffende Beurteilung der Inquisition, schon jener des Mittelalters[161]. Ihnen zufolge ist es nicht möglich, sich die Inquisition als eine Gruppe von machtlüsternen, sadistischen, blindwütigen und düsteren Fanatikern vorzustellen, denen es um die Knebelung des freien Denkens ging, das sie als eine Gefährdung für die Machtposition der Kirche betrachteten. Demgegenüber wieder eine andere, offenbar nichtkatholische, Stimme: „Es ist keinesfalls so gewesen, daß hier machtgierige Kleriker gegen neue Erkenntnisse grundsätzlich verschlossen waren. Es ist zwar manches Häßliche im Verlauf des Prozesses zu registrieren; dem überwiegenden Teil des mit dem Gegenstand befaßten Klerus aber hohes Verantwortungsbewußtsein abzusprechen, wäre einfach unhistorisch"[162].

Was die Inquisitoren von uns jedoch grundlegend unterscheidet, und was es dem Menschen von heute nahezu unmöglich macht, sie zu verstehen, ist die Rangordnung der Werte, in der ihre Institution wurzelte und an der sie ihre Entscheidung orientierten. An deren ober-

---

159 HEMLEBEN 129.
160 J. CARTER - P. H. MUIR, Bücher, die die Welt verändern, München 1968, 252 (Originalausgabe unter dem Titel „Printing and the Mind of Man", London 1967).
161 Vgl. die zahlreichen Arbeiten zum Thema „Inquisition" von A. PATSCHOVSKY, z.B. Die Anfänge einer ständigen Inquisition in Böhmen. Ein Prager Inquisitoren-Handbuch aus der ersten Hälfte des 14. Jahrhunderts (= Beiträge zur Geschichte und Quellenkunde des Mittelalters 3), Berlin - New York 1975; DERS., Straßburger Beginenverfolgungen im 14. Jh., in: Deutsches Archiv 30 (1974) 56-198; DERS., Zur Ketzerverfolgung Konrads von Marburg, in: Deutsches Archiv 37 (1981) 641-693.
162 FREIESLEBEN Prozeß 3 f.

sten Stelle stand für sie die von Gott geoffenbarte und der Kirche zur Bewahrung und Verkündigung anvertraute Wahrheit des Glaubens. Diese war absoluter Wert und absoluter Maßstab. Eine Eigengesetzlichkeit irdischer, menschlicher Werte hatte dementsprechend enge Grenzen. Wurde nun eine menschliche Erkenntnis als im Widerspruch zur göttlichen Offenbarung stehend erkannt, so stellte sich nur die eine Alternative: entweder der Widerspruch ist nur scheinbar, oder die Erkenntnis des Menschen beruht auf Irrtum, denn Wahrheit kann der Wahrheit nicht widersprechen, stamme sie aus der Natur oder aus der Offenbarung. Was bei diesem rigorosen Wahrheitsethos notwendigerweise auf der Strecke bleiben mußte, war die Freiheit des forschenden Menschen, auch sein Recht auf tastendes Suchen, auf Umwege und Irrtum. Einschränkungen ergaben sich daraus freilich nur hinsichtlich der Veröffentlichung solcher Gedanken. Allein auch das ist uns Heutigen ein unerträglicher Gedanke, da für uns, im geraden Gegensatz zu der mittelalterlichen und barocken Schau dieses Problems, die menschliche, individuelle - und zwar schrankenlose - Freiheit zum höchsten Wertmaßstab geworden ist. Daß auch hierbei notwendigerweise Verluste eintreten müssen, wird allerdings nicht gerne anerkannt.

An dieser Stelle ist auf die Beurteilung der Richter Galileis durch Jacques Maritain einzugehen, der diesen schwerwiegenden Machtmißbrauch durch Anwendung äußersten moralischen Zwangs vorwirft. Die Verwerflichkeit ihres Vorgehens gründe in der Tatsache, daß jedermann, vor allem aber die Richter selbst, darum wußten, daß ihre Lehrentscheidung sowohl hinsichtlich ihres Gegenstandes als auch im Hinblick auf die begrenzte Kompetenz der Beteiligten keinerlei Anspruch auf Unfehlbarkeit habe erheben können. Ihre Schuld habe nun darin bestanden, daß sie Galilei zwangen, dem auf so widerrufliche Weise als schriftwidrig erklärten Heliozentrismus als einer häretischen Lehre abzuschwören. Was sie sinnvollerweise hätten aussprechen dürfen, wäre ein Verbot der kopernikanischen Propaganda gewesen. Auf Grund dieses Tatbestands - wie Maritain ihn sehen zu können glaubt - bezichtigt er die Richter Galileis der Arroganz und das Autoritarismus. Mit dieser Anklage will er indes nicht

135

die einzelnen Beamten des Hl. Offiziums treffen, denen er persönliche Demut nicht absprechen will, sondern die Psychologie der Behörde qualifizieren, der sie angehörten[163].

Indes - ein Blick auf den Wortlaut der authentischen Texte hätte den Philosophen Maritain vor diesem Fehlurteil bewahrt: Niemand hat je von Galilei verlangt, dem heliozentrischen System als einer Häresie abzuschwören!

Gestehen wir also, wenn immer wir historisch sachgerecht zu urteilen bereit sind, Galileis Richtern die Maßstäbe ihrer eigenen Überzeugungen und ihrer eigenen Zeit zu. Dann wird man freilich nicht übersehen können, daß sie, sowohl was das Verfahren als auch das Urteil selbst anbetrifft, sich um Gerechtigkeit bemüht haben. Deutlich zu beobachten ist allerdings ein Antagonismus der Kräfte innerhalb des Hl. Offiziums, wobei die einen - man denke etwa an P. Maculano und einige Kardinäle - Galilei geneigt waren, während natürlich auch die Anhänger der peripatetischen Schule ihre Exponenten hatten. Abneigung gegen Galilei, der gerade sie in kaum noch erträglicher Weise beleidigt und herausgefordert hatte, war allenfalls in ihren Reihen zu finden.

Überdies hat Galilei es selbst seinen ihm wohlgesonnenen Richtern schwer gemacht, ihm zu helfen, wenn er sie mit so offenkundigen Unwahrheiten und Ausflüchten konfrontierte, wie sie jeder sofort entdecken mußte, der den „Dialogo" gelesen hatte. Daß das Gericht es bei dem letzten Verhör vom 21. Juni unterließ, ihm die lange Liste jener Stellen aus dem „Dialogo" vorzuhalten, aus denen sich die Unwahrhaftigkeit seiner Aussage zwingend ergeben hätte, kann man deshalb nur als einen fast wider besseres Wissen unternommenen Versuch, die Sache nicht auf die Spitze zu treiben, verstehen.

In einer schon angeführten Stellungnahme war von „Häßlichkeiten" die Rede, die im Laufe des Verfahrens zu Tage getreten seien. Was ist damit gemeint? Einmal entstand dem Autor der Eindruck,

---

163 Vgl. J. MARITAIN, De l'Église du Christ. La personne de l'Église et son personnel, Paris - Bruges 1970, 357-360. Ein gutes Beispiel für unhistorische Betrachtungsweise eines Philosophen! Auch die von ihm angeführte „Psychologie" des Hl. Offiziums stellt doch ein Element der historischen Umstände des Prozesses dar!

das Urteil habe schon vor dem Verhör festgestanden. Sodann aber ist auch vom direkten Eingreifen des Papstes in das Verfahren und von Willkür die Rede[164].

Dieser letzte Vorwurf geht von der Idee der Gewaltenteilung aus, wie sie in einer demokratischen Gesellschaft verwirklicht ist und ihren Ausdruck in der Unabhängigkeit des Richters und des Gerichtes findet. Solche Vorstellungen, und darum auch ein solcher Maßstab, sind allerdings dem 17. Jahrhundert fremd, dem kirchlichen Recht überhaupt. Jeder kirchliche Richter ist Organ jenes Trägers der Hirtengewalt, der ihn bestellt hat, d.h. der oberste Richter war auch im Falle Galileis der Papst. Sein unmittelbares Eingreifen in das Verfahren kann also nur für den modernen Betrachter etwas Anstößiges an sich haben. Von Willkür indes und von dem vorher feststehenden Urteil konnte man in gewisser Weise sprechen - allerdings geschah dies eher zu Gunsten Galileis. Wenn man nämlich mit ihm nach dem strengen Recht verfahren worden wäre, hätte wenigstens Anklage wegen seiner offenkundig falschen Aussagen erhoben werden müssen. Man war also wohl entschlossen, Galilei persönlich zu schonen soweit es nur möglich war, wobei, wenn man so will, zugleich ein Exempel statuiert werden sollte, das geeignet war, den Respekt vor dem Indexdekret von 1616 einzuschärfen.

Die Art und Weise, wie nun das Urteil gegen Galilei vollstreckt wurde, dürfte die oben unternommene Interpretation stützen. Als Gefängnis wurde ihm nämlich auf Befehl des Papstes schon am 23. Juni der Palazzo Medici angewiesen. Eine Woche später beschloß Urban VIII., daß Galilei sich nach Siena begeben und dort im Hause des Erzbischofs Ascanio Piccolomini wohnen solle[165]. In Florenz herrschte derzeit die Pest. Piccolomini aber war Schüler und ein enger Freund Galileis. Ihm war es eine Pflicht der Pietät, dem von den Ereignissen in Rom innerlich erschütterten alten Mann den Aufenthalt möglichst erfreulich zu gestalten. Galilei selbst berichtet, Pic-

---

164 Vgl. FREIESLEBEN, Prozeß 16 bzw. 22.
165 Vgl. Aktennotiz vom 30. Juni 1633 (Documenti, 156) bzw. vom 2. Juli 1633 (ebd. 156 f.). Der Papst entsprach damit einer Bitte Galileis vom 30. Juni 1633, der auf die Raumnot in der Villa Medici verwies, wo man zahlreichen Besuch erwartete (ebd. 157).

colomini habe ihn wie einen Vater behandelt und beständig habe er vornehme Besucher aus Siena um sich gehabt. Das offensichtlich angenehme Leben, das Galilei deshalb dort zu führen vermochte, erregte indes den Ärger einiger ihm übel gesinnter Bürger von Siena, die sich darüber bei der Inquisition beschwerten. Aber weder diese noch Urban VIII. reagierten hierauf[166].

Dem Gesandten Niccolini gegenüber sagte der Papst, er wolle mit der Rehabilitierung Galileis Schritt für Schritt vorangehen, wie es denn auch geschah. Auf Galileis Ansuchen hin wurde ihm dann am 1. Dezember erlaubt, „... zu seinem Landsitz zurückzukehren; doch soll er daselbst im stillen leben und keine Versammlungen abhalten oder Konferenzen berufen bis auf weiteren Bescheid S. Heiligkeit"[167]. Von Haft - wie oft behauptet - kann demnach keine Rede sein.

In Arcetri wurde er von seiner Tochter Maria Celeste mit stürmischer Freude empfangen. An ihr nahmen auch Priorin und Mitschwestern ihres Klosters herzlichen Anteil. Für das Verhältnis zwischen Vater und Tochter bezeichnend ist es, daß Maria Celeste sogleich die dem Vater auferlegte Buße, wöchentlich einmal die sieben Bußpsalmen zu beten, übernahm[168]. Zum Dank für freundschaftliche Hilfe in den vergangenen elf schweren Monaten übersandte Galilei der Gattin des Gesandten Niccolini ein wertvolles Kreuz, dem Erzbischof von Siena ein Fernrohr[169].

---

166 Vgl. PASCHINI 559; DRAKE, Galilei 354-356.
167 MÜLLER, Galilei-Prozeß 158.
168 Vgl. ebd. 167.
169 Vgl. PASCHINI 561.

Die Ernte eines Forscherlebens

Es ist ein Zeichen großer körperlicher wie geistiger Vitalität, daß erst nach den bitteren Erlebnissen in Rom und an der Schwelle zum siebzigsten Lebensjahr für Galilei jene Schaffensperiode begann, in welcher er seine eigentliche Bedeutung auf dem Gebiete der Physik begründete[170].

Zunächst dauerte es einige Zeit, bis Galilei dank der engen häuslichen Gemeinschaft mit Erzbischof Piccolomini in Siena auch seelisch wieder ins Gleichgewicht kam. Hatte er anfangs des Nachts ruhelos und schreiend den Palazzo vescovile durchirrt, so gelang es seinem Gastgeber doch bald, die Gedanken seines Lehrers wieder auf die Wissenschaft hinzulenken. Entgegen mancher Annahme war es aber nicht die Niederschrift des „Dritten Tages" der „Discorsi", womit Galilei sich nun befaßte: Es waren vielmehr die Struktur der Materie und die Festigkeit von Stoffen, die seine Aufmerksamkeit fesselten und nun Gegenstand seiner wissenschaftlichen Korrespondenz waren, Vorarbeiten für den „Zweiten Tag" der „Discorsi". Zugleich ging er an die Formulierung von Teilen des „Ersten Tages", wobei er sich der von ihm meisterlich beherrschten literarischen Form des Dialogs bediente. Hierin ging es etwa um das Verhalten von Flüssigkeiten und dadurch angeregt um die Struktur der Materie, worüber Galilei mit dem Sieneser Philosophieprofessor Alessandro Marsili disputierte. Dies geht aus den Korrespondenzen dieser Zeit und einer entsprechenden Mitteilung Piccolominis an Galileis späteren Biographen Viviani hervor.

Nachdem der Gesandte Niccolini schon am 13. November 1633 sich beim Papst um die Erlaubnis zur Rückkehr Galileis nach Florenz bemüht hatte, gestattete Urban VIII. diesem am 1. Dezember, sich nach Arcetri bei Florenz zu begeben, wo Galilei eine Villa, „Il Gioiello", besaß. In dem bei Arcetri gelegenen Kloster S. Matteo lebte auch seine Lieblingstochter Virginia als Suor Maria Celeste. Ihr

---

170 Vgl. generell CROMBIE; DRAKE, Galilei; FREIESLEBEN, Galilei.

unerwarteter und früher Tod im April 1634 schlug dem Vater eine schwere Wunde.

Selbst sein körperliches Befinden litt darunter sehr, es wechselten auch in der Folgezeit immer wieder gesundheitliche Beschwerden mit Wohlbefinden. Nachdem Galileis Augenlicht schon in der vorausgehenden Zeit schwächer geworden war, erblindete er 1637 auf beiden Augen.

Drei Monate lang fehlte ihm jeder Impuls zu wissenschaftlicher Arbeit.

Indes war Galilei nicht einsam und verlassen. Selbst Schüler vermochte er um sich zu versammeln, unter ihnen mehrere junge Kleriker aus dem Piaristenorden, der sich der Jugenderziehung widmete. Vor allem aber weilte Vincenzo Viviani, der dann auch der erste Biograph seines Meisters wurde, zwei Jahre lang bei ihm. Bald erhielt dieser auch den häufigen Besuch seines Freundes Castelli, der im Hinblick auf seine besonderen Beziehungen zu diesen Besuchen um die Erlaubnis des Papstes gebeten und sie erhalten hatte.

Von diesen vertrauten Freunden und Schülern abgesehen fanden auch Träger großer Namen den Weg nach Arcetri. Außer den Angehörigen der großherzoglichen Familie war John Milton ebenso dort zu Gast wie Thomas Hobbes und wahrscheinlich auch Descartes. Die letzte Zeit weilte auch Torricelli in Arcetri.

In dieser Umgebung führte Galilei mit großem inneren Engagement seine Arbeiten fort. Bereits bei seiner Rückkehr aus Siena hatte er in Arcetri das Angebot des Straßburger Professors Matthias Bernegger vorgefunden, nach anderen Arbeiten Galileis nun auch den „Dialogo" ins Lateinische zu übersetzen. Noch im gleichen Jahr brachte der Prinz Mattia de'Medici, damals Governatore von Siena, das italienische Original nach Straßburg, wo Bernegger die Übersetzung besorgte[171]. Es erschien im Verlag Elzevier in Leyden, zu dem Galilei über verschiedene Mittelmänner in beständiger Verbindung blieb. So wurde hier auch 1636 sein bisher ungedruckter Brief an Madama Cristina veröffentlicht. Auch über eine Gesamtausgabe sei-

---

171 Vgl. dazu und zur Rolle Wiens in diesem Zusammenhang SOLLE 51-53.

ner Werke verhandelte er, wobei er den „Dialogo" ausgenommen wissen wollte.

Verhandlungen führte Galilei schließlich mit der holländischen Regierung, wobei es, wie schon vor zwei Jahrzehnten, um die Bestimmung der geographischen Längen zur See ging. Ergebnis wurde allerdings auch diesmal keines erzielt.

Erstaunlich und bewundernswert ist es jedoch, daß Galilei unter den geschilderten Umständen sein physikalisches Lebenswerk durch die Vollendung und die Veröffentlichung der „Discorsi" zu krönen vermochte. Das Werk erschien unter dem Titel „Discorsi e dimostrazioni matematiche intorno a due nuove scienze attenenti alla meccanica et i movimenti locali" wiederum bei Elzevier im Jahre 1638. Es ist wie schon der „Dialogo" von 1632 in Form eines gelehrten Disputes abgefaßt, dessen Teilnehmer die gleichen Namen tragen wie jene des „Dialogo". Auch deren Standpunkte blieben die alten. Aufgebaut in vier Abschnitten - jeder umfaßt einen Tag des Gesprächs - erreicht das Werk in seinem dritten und vierten „Tag" den Höhepunkt der wissenschaftlichen Aussage. Hier werden Fall und Wurf, Pendelbewegung, Festigkeit und Stoß erörtert und dargestellt. Das Werk wurde schon von Mathematikern und Physikern der zweiten Hälfte des 17. Jahrhunderts in seiner Bedeutung als Einleitung zu einer neuen Ära in der Lehre von der Mechanik erkannt: Hier waren die Grundlagen geschaffen worden, auf denen aufbauend Newton den Begriff der Gravitation formulieren, dessen Gültigkeit auch für die Himmelskörper demonstrieren und somit den Beweis für Kopernikus zu führen vermochte. Hier liegt wohl Galileis eigentliches und wahres Verdienst für die Fortentwicklung von Astronomie und Weltbild.

Mit diesem Werk hat Galilei nicht zwar seine Bekanntheit, wohl aber seine säkulare Bedeutung für den Fortschritt der Erkenntnis auf dem Gebiete der Physik begründet.

Es ist bezeichnend, daß Inquisition und Papst zu dieser erstaunlichen wissenschaftlichen Aktivität eines „Gefangenen der Inquisition" schwiegen und ihn frei gewähren ließen. Als die ersten fünfzig Exemplare der zu Leyden natürlich ohne eine kirchliche Druckerlaubnis erschienenen „Discorsi" in Rom eintrafen, waren sie sofort vergriffen, ohne daß ihr Verkauf behindert worden wäre. Auch die Besucher aus dem protestantischen England fanden keinerlei Beanstandung seitens der Inquisition. Dies sind Tatsachen, die Galileis Klagen über seine Behinderungen notwendigerweise relativieren.

Über Galileis Befinden in dieser Zeit besitzen wir einen Bericht des Florentiner Inquisitors Muzzarelli an Kardinal Francesco Barberini über einen Besuch in Arcetri vom 13. Februar 1638.

„Um dem Befehl seiner Heiligkeit möglichst vollständig Genüge zu tun, habe ich mich unvermutet in Begleitung eines auswärtigen mir vertrauten Arztes zu Galilei in seine Villa in Arcetri begeben, um mich nach seinem Ergehen zu erkundigen.

Dies tat ich weniger um über die Art seiner gesundheitlichen Beschwerden berichten zu können, als mir vielmehr einen Einblick in die Studien, denen er sich widmet, und den Umgang, den er pflegt zu verschaffen, um so zu sehen, in welchem Umfang er im Falle seiner Rückkehr nach Florenz in der Lage wäre, in Zusammenkünften und Reden seine verurteilte Lehre über die Erdbewegung zu verbreiten.

Ich habe ihn ganz und gar des Augenlichts beraubt und blind vorgefunden. Wenn er auch auf Heilung hofft, da es nicht mehr als sechs Monate sind, daß ihn der Star befallen hat, so hält doch der Arzt im Hinblick auf das 75. Lebensjahr, in das er eben eintritt, das Übel für nahezu unheilbar. Überdies hat er einen schweren Leistenbruch, der ihm beständig Schmerzen verursacht, und leidet unter Schlaflosigkeit, weswegen, wie er selbst und seine Hausgenossen berichten, er von vierundzwanzig Stunden nicht eine schlafen kann. Im übrigen geht es ihm so schlecht, daß er mehr einem Toten gleicht als einem Lebendigen. Das Landhaus liegt weit von der Stadt und unbequem, weswegen er nur selten, mit Schwierigkeiten und großen Ausgaben den Arzt in Anspruch nehmen kann. Seine Studien sind durch die Erblindung unterbrochen worden, wiewohl er sich dann und wann etwas vorlesen läßt, und sein Umgang wird nicht gesucht, weil er im Hinblick auf seinen Gesundheitszustand gewöhnlich nur über sein Unglück klagen und über seine Krankheiten reden kann, wenn ihn zuweilen jemand besucht. In Anbetracht dessen glaube ich, daß er, sollte Seine Heiligkeit ihm in seiner grenzenlosen Güte den Aufenthalt in Florenz gestatten, keine Möglichkeit zu Zusammenkünften haben würde, und wenn er sie hätte, ist er von so reuevoller Gesinnung, daß ich glaube, eine gute Ermahnung genügen würde, um ihn im Zaum zu halten. Das ist es, was ich Eurer Eminenz vorzulegen vermag"[172].

Im Hinblick darauf, daß Galilei noch 1640/41 eine wissenschaftliche Kontroverse mit seinem ehemaligen Schüler Fortunio Liceti über das Licht des Mondes ausfocht und dabei die ganze ihm eigene Kunst literarischer Polemik spielen ließ, daß er außerdem das geistig minderbegabte Kind eines gewissen Cesare Monti bei sich im Hause unterrichtete, erscheinen die Zeilen des Inquisitors zwar übertrieben, zumal Muzzarelli mit diesem Schreiben die Erlaubnis des Papstes zur Übersiedlung nach Florenz erreichen wollte. Die Einzelheiten über den Gesundheitszustand Galileis dürften jedoch zutreffend berichtet sein.

Im Herbst 1641 wurde Galilei ernstlich krank, er fühlte das Ende seines Lebens nahen. Seinem Wunsch entsprechend kamen nun Castellis begabtester Schüler, Evangelista Torricelli, und auf der Durchreise von Norditalien nach Rom kurz vor Galileis Tod auch Castelli selbst nach Arcetri. Anfangs Januar 1642 verschlechterte sich sein Gesundheitszustand fühlbar. Im Kreise seiner Schüler und Freunde, unter denen sich zwei Priester befanden, vollendete er am 8. Januar seinen irdischen Lauf.

Sowohl die fruchtbare Tätigkeit auch seiner von Krankheit und Blindheit belasteten Altersjahre als auch sein frommes Lebensende entziehen dem tragisch klingenden „Gescheitert" Dessauers den Boden. Galilei war weder als Forscher noch als Katholik gescheitert, als man ihn in Sta. Croce zu Florenz bestattete.

---

172 Ed. Naz. 17, 290.

3. Ursachen und Zusammenhänge

Personen und Mächte

Nach dieser gerafften und naturgemäß im Detail unvollständigen Darstellung der Ereignisse drängt sich die Frage nach jenen Faktoren auf, die Galileis kirchliche Maßregelung bewirkt haben. Bei dem Versuch, Ursachen und Hintergründe eines historischen Vorgangs zu ermitteln, ist mit Bedacht die Gefahr einer monokausalen Erklärung zu vermeiden. Es ist immer, wo menschliches Handeln in Frage steht, von einer Mehrzahl ursächlich wirkender Faktoren auszugehen, deren Wirkungen sich oftmals zu einem kaum, wenn überhaupt entwirrbaren Knäuel verflechten. Auch ist schwer zu entscheiden, welcher von ihnen letzten Endes den Ausschlag dafür gegeben hat, daß die Ereignisse so wie sie sich abgespielt haben und nicht anders verlaufen sind. Mit diesen Vorbehalten sei also ans Werk gegangen.

Wenn wir ihm persönlich glauben dürfen, war es vor allen anderen Dingen die Feindschaft der Mönche, also der Dominikaner, und der Jesuiten, die Galilei zu Fall gebracht hat. Einer von ihnen, der Jesuit Grienberger, scheint dies sogar zu bestätigen, wenn er meint, Galilei hätte in Frieden leben und sich seines Ruhmes erfreuen können, wenn es ihm gelungen wäre, die Freundschaft der Jesuiten zu bewahren. Gerade dieser Punkt ist deshalb Gegenstand verschiedener Untersuchungen gewesen. Nun sind es gerade drei Jesuiten, die sich gegen diesen ihrem Orden gemachten Vorwurf wehrten. Indes zählt weder polemische noch apologetische Tendenz, entscheidend sind die Argumente. Es sind die Patres Hartmann Grisar[1] und Adolf Müller[2], die um 1900 schrieben, und Filippo Soccorsi, dessen Arbeit „Il processo di Galileo" im 3. Band der Miscellanea Galileiana von 1964 enthalten ist. Darin macht er auch einen Exkurs über die Gegner Galileis[3]. Sie alle können dartun, daß weder die Patres Grassi und

---

1 Vgl. GRISAR 321-335.
2 Vgl. MÜLLER, Galilei-Prozeß 173-179.
3 Vgl. SOCCORSI 913-918.

Scheiner, mit denen Galilei auf Kriegsfuß stand, an seinem Prozeß ursächlich und zu ungunsten Galileis beteiligt waren, noch sonst ein Jesuit. Das ist zweifellos ernst zu nehmen[4]. Während Galilei nämlich über seine Gegner lamentiert, versäumt er, für deren von ihm beklagten Ränke Beweise zu liefern. Seine Quelle ist das Hörensagen. Daraus ergibt sich ein kritischer Vorbehalt gegenüber solchen mitunter sehr pathetischen und emotionalen Äußerungen Galileis. Dies sollte allmählich auch seinen Niederschlag in der Literatur finden. Nicht auszuschließen ist freilich jene mündliche, private Einflußnahme auf das Geschehen, für die es allerdings naturgemäß auch kaum einen quellenmäßigen Beleg gibt.

Mit Sicherheit haben jedoch die Dominikaner Caccini und Lorini das erste Verfahren von 1616 in Gang gebracht. Ob man sie deswegen tadeln kann, hängt ganz von ihren Motiven ab, die uns jedoch nicht bekannt sind. Vermutlich war es die enge Verbindung, die zwischen den thomistisch orientierten Dominikanern und den Philosophen der aristotelischen Richtung von Hause aus bestand, die zu dem Eingreifen der Dominikaner führte. Im übrigen sollte auch ein kritischer Historiker moralisch minderwertige Motive nur da annehmen, wo es dafür wenigstens ernstzunehmende Indizien gibt. Für eine Ablehnung Galileis gab es aber auch moralisch einwandfreie Motive. Diese sollte man selbst der großen Zahl der durch Galileis Witz unsterblicher Lächerlichkeit preisgegebenen Peripatetiker nicht von vornherein absprechen, die zu Galileis Zeit die Schulen beherrschten. Vielleicht gab es solche Motive sogar für jenen Paduaner Professor Cremonini, der sich geweigert hat, durch Galileis Fernrohr zu blicken, da er sich lieber auf Aristoteles als auf seine eigenen Augen verließ. Am ehesten könnte man bei ihnen persönliche Verstimmung und daraus erwachsene Feindschaft gegen Galilei annehmen.

Ihre in der Sache selbst begründete Gegnerschaft gegenüber Galilei, die uns Heutigen natürlich absurd erscheint, kann dennoch den Anspruch erheben, als ein Element im geistigen Ringen der Menschheit um die Erkenntnis des Wahren ernst genommen zu werden,

---

4 Zum selben Ergebnis kommt WALLACE, Galileo e i professori 76-97.

ebenso, wie ihr Widerpart Galilei. Geschichte darf eben nicht nur als Geschichte der Sieger und Überlebenden geschrieben werden.

Nicht von der Hand zu weisen ist, daß Urban VIII. in dem Prozeß von 1633 eine ausschlaggebende Rolle gespielt hat. Wäre es Kräften wie P. Riccardi, P. Maculano, Kardinal Francesco Barberini und anderen in der Hand gelegen, den Lauf der Dinge zu bestimmen, wären eine Verurteilung des „Dialogo" „donec corrigatur" und eine Buße für seinen Autor das Ergebnis des Prozesses gewesen. Daß dies nicht so gekommen ist, ist mit großer Sicherheit dem Eingreifen des Papstes zuzuschreiben. Die auffallende Wendung, mit der der einstige Bewunderer und Gönner des Florentiner Hofmathematikers diesem nun seine Gunst entzog und mit Härte - allerdings längst nicht mit jener Härte, die möglich gewesen wäre - verfuhr, ist oftmals diskutiert worden. Dabei ist vielfach behauptet worden, Urbans Freundschaft für Galilei sei seit dem Erscheinen des „Dialogo" in Feindschaft umgeschlagen. In der Tat mußte sich der Papst sowohl von seinem Hoftheologen Riccardi als auch von seinem Geheimkämmerer Ciampoli durch deren Zusammenspiel mit Galilei bei der Erteilung der Druckerlaubnis für den „Dialogo" hintergangen fühlen. Entscheidend für die Ablehnung der Argumente Galileis durch Urban VIII. war aber ein tiefgreifender wissenschaftstheoretischer, philosophischer Dissens. Dieser war in einer Unterredung Urbans mit Galilei zutage getreten, deren Gang der dabei anwesende Hoftheologe Kardinal Oregio aufgezeichnet hat. In ihrem Verlauf hatte der Papst Galilei die Frage gestellt, ob Gott den Lauf der Himmelskörper nicht ganz anders geordnet haben könnte, als Galilei entdeckt zu haben glaubte, ohne daß das an den von uns zu beobachtenden astronomischen Phänomenen etwas geändert hätte? Wollte Galilei seine Meinung absolut setzen, so müsse er wohl oder übel beweisen, daß andere Erklärungen als die seinen undenkbar seien. Darauf hatte Galilei schweigen müssen[5]. Der Umstand, daß Galilei dieses Argument des

---

5 Vgl. zu diesem Problem O. TODISCO, I motivi della condanna di Galileo e la riflessione filosofica di Cartesio, in: Sapienza 36 (1983) 5-19. Er zitiert als Quelle A. OREGII S.R.E. Cardinalis Archiepiscopi Beneventani, Philosophicum praeludium. Opus postumum, Romae 1687, 119.

Papstes dennoch im „Dialogo" dem dummen und sturen Simplicio in den Mund gelegt hat, mag Urban herausgefordert haben. Auch dürfte diesen Umschwung die Tatsache herbeigeführt haben, daß der Papst von der Existenz des Spezialverbotes für Galilei, also der oft erwähnten Registratur vom 26. Februar 1616 erfuhr, weshalb er in Galileis Verhalten eine grobe Mißachtung der kirchlichen Autorität erblicken mußte[6]. Überdies gibt es Anzeichen dafür, daß Urban VIII. die Sorge um die Unversehrtheit des Glaubens sehr ernst genommen hat. In der Zeit seines Pontifikats kam es zu einer Reihe von Inquisitionsprozessen, war die Inquisition doch u.a. auch für die Bekämpfung falscher Prophezeiungen, unechter mystischer Phänomene, von Magie und Aberglauben zuständig, wobei man ohne Ansehen der Person vorging.

Die Ängstlichkeit, mit der der Papst über der Glaubenseinheit vor allem Italiens wachte, ließ ihn etwa den Kardinal Spada mit einem scharfen Breve tadeln, nur weil er sich beim Tischsegen eines Häretikers erhoben hatte. Im Jahre 1630 forderte er vom Herzog von Mantua die Ausweisung protestantischer Kaufleute, von denen er die Verbreitung ihres Glaubens in Italien befürchtete[7].

So fürchtete Urban offenbar auch von der kopernikanischen Lehre - ohne daß man wußte, aus welchen Gründen - Gefahren für den Glauben, ja, er mochte sich angesichts so vieler Freunde Galileis in seiner Umgebung als Opfer einer Verschwörung fühlen[8].

Neuerdings wird auch auf eine politische Motivierung für Urbans Vorgehen gegen Galilei verwiesen. Der Autor, der sich auf das Piccolomini-Archiv stützt, spricht zunächst von der schönen, liebenswürdigen Szene im Kloster Arcetri, wo die Mutter Äbtissin und die Schwestern Galileis Tochter Maria Celeste voll Freude über die Heimkehr ihres Vaters umarmten und Tränen der Rührung vergossen. Darauf fährt er fort: „Das Beispiel des Verhaltens der Nonnen, die dem verurteilten 'Häretiker' [!] solche Sympathien zeigten,

---

6 Vgl. DRAKE, Galilei 339 f.
7 Vgl. PASTOR 13/II 610-616.
8 Vgl. M. VIGANÒ, Contribución al estudio de la „cuestion galileana", in: Ateismo e Dialogo 15 (1980) 140-148, hier: 145 f.

demonstriert, daß die Beurteilung des Prozesses als eines politischen Verfahrens gegen den 'Ersten Mathematiker und Philosophen des Großherzogs von Toscana' begründet ist"[9]. Dessen Verhältnis zum Papst habe sich in dieser Zeit rapide verschlechtert, da Toskana auf seiten des Hauses Österreich gegen Frankreich stand, während der Papst nach Frankreich orientiert gewesen sei. Zudem war Galileis Freund und Gönner, Erzbischof Piccolomini von Siena, verwandt mit den bekannten kaiserlichen Generalen gleichen Namens. Und so schließt unser Autor: „Die Raison d'état eines Richelieu, die über dem Menschen, der Moral und der Wissenschaft stand, fand ein starkes Echo im Herzen Urbans VIII. Es waren also nicht die letzten Schatten einer vergehenden dunklen Nacht, sondern die Anfänge der modernen Zeit, welche den Forscher, den in seine Wissenschaft Vertieften, niedergedrückt haben"[10]. Das heißt aber nicht mehr und nicht weniger als daß Urban VIII. den „Sack" Galilei schlagen und den „Esel" Toskana habe treffen wollen.

Eine andere Version erblickt in beiden Fällen, jenem von 1616 und dem von 1633, in der Hauptsache Auswirkungen einer auf römischem Schauplatz inszenierten Florentiner Klüngelfehde, da die Beteiligten in der Hauptsache Florentiner gewesen seien[11]. Hierfür einen quellenmäßigen Beweis zu führen, dürfte freilich kaum möglich sein. Im übrigen genügten die bereits dargestellten Motive durchaus, um Urbans Härte gegenüber Galilei zu erklären.

Dennoch aber kann von einer Feindschaft Urbans gegen Galilei nicht die Rede sein, denn trotz allem war das Maß der Rücksichtnahme der kurialen Behörden gegenüber Galilei im Vergleich zu dem damals Üblichen ganz außergewöhnlich. Hätte Urban Galilei demütigen oder gar vernichten wollen, wäre er anders vorgegangen.

Aber nicht nur Charakter und Interessenlagen möglicher Gegenspieler Galileis sind in diesem Kontext zu berücksichtigen, sondern

---

9   SOLLE 54.
10 SOLLE 65.
11 Vgl. G. SPINI, The Rationale of Galileos Religiousness, in: Galileo Reappraised, 44-66, hier: 65 f. Zu dieser Annahme führt den Vf. seine nahezu ausschließlich soziologische Geschichtsbetrachtung.

auch seine eigene Persönlichkeit. „In dem Drama, um das soviel philosophische Tinte vergossen worden ist, spielt sicherlich die einfache Tatsache der Persönlichkeit eine große Rolle"[12]. Die freilich war von großer Spannweite. Geniale intellektuelle Anlagen verbanden sich in Galilei mit recht epikuräischer Vorliebe für gute Weine und Freuden der Tafel, Begabung zu Freundschaft und Treue, fürsorgende Liebe zu Mutter und Geschwistern kontrastieren zu der Verhaltensweise Galileis gegenüber der Mutter seiner Kinder. Da stellen wir auf der einen Seite religiös-theologisches Interesse und eindrucksvoll formulierte Äußerungen frommer, ja kirchlicher Gesinnung fest, auf der anderen ein sanguinisch-cholerisches Temperament, das es erst gar nicht zu dem Versuch kommen läßt, die eigene Persönlichkeit, die eigene Leistung in Frage zu stellen. Und dies ist zweifellos der dominierende Eindruck, den der Betrachter von Galilei gewinnt. Die Art, mit der er seine wissenschaftlichen Gegner in literarisch vollendeter Form beleidigt und schmäht, ist ebenso maßlos wie seine Selbsteinschätzung. Noch als alter, gesundheitlich gebrochener Mann vermochte er Sätze wie die vom 2. Januar 1638 an seinen Freund Diodati zu schreiben: „... Ihr teurer Freund und Diener Galilei ist seit einem Monat vollständig erblindet, so daß der Himmel, die Welt, das Universum, das ich durch meine wunderbaren Beobachtungen und klaren Beweisführungen hundert, ja tausendfach mehr als je ein Weltweiser aller vergangenen Jahrhunderte erweiterte, nunmehr für mich sich derart eingeschränkt hat, daß es nicht mehr Raum als meine eigene Person einnimmt"[13].

Schon früher hatte er in seinem „Saggiatore" dem P. Grassi gegenüber geschrieben: „Was wollt Ihr machen, Herr Sarsi, wenn es mir allein vergönnt war, alles Neue am Himmel zu entdecken und niemand anders auch nur irgendetwas ..."[14].

Ein Autor, der im übrigen mit Galilei etwas zu scharf ins Gericht geht, meint, im Hinblick auf solche Äußerungen doch zutreffend:

---

12 CROMBIE 444.
13 Ed. Naz. 17, 247; Übersetzung nach MÜLLER, Galilei-Prozeß 157.
14 Ed. Naz. 6, 383; Übersetzung nach MÜLLER, Galilei-Prozeß 40.

„... niemand, der Keplers entwaffnende Art kennenlernte, konnte ihm ernsthaft böse sein. Galilei hingegen besaß ein seltenes Talent, Feindschaften zu erregen; nicht die mit Empörung abwechselnde Bewunderung, die Tycho hervorrief, sondern die kalte erbarmungslose Feindseligkeit, die das Genie plus Überheblichkeit minus Bescheidenheit im Kreis der Mittelmäßigkeiten schafft"[15]. Diese Eigenschaften ließen Galilei jene verachten, die ihn zur Vorsicht mahnten und ihn aufforderten, erst nach tragfähigen Beweisen zu suchen, ehe er das Weltbild des Kopernikus propagiere.

Man wird diese Momente, ohne sie zu überschätzen, dennoch im Blick behalten müssen, wenn nun die im größeren wissenschafts- und geistesgeschichtlichen Rahmen zu suchenden objektiven Ursachen für Galileis Schicksal erörtert werden sollen, deren Wirkung durch die ersteren freilich wie durch einen Katalysator wenn nicht ausgelöst, so doch beschleunigt und verstärkt worden sein mochte. Zunächst sei noch einmal daran erinnert, daß weite Kreise der maßgeblichen Theologen und führenden kirchlichen Persönlichkeiten nicht nur der naturwissenschaftlichen Forschung im allgemeinen, sondern auch der von Galilei propagierten kopernikanischen Lehre im besonderen durchaus wohlwollend und aufgeschlossen gegenüberstanden.

Der Umstand, daß Galilei nach seinem Konflikt mit der Inquisition - das gilt für beide Fälle - persönlich in bestem Verhältnis mit Kardinälen, Bischöfen, Ordensleuten und den Päpsten selbst stand, erweist es als unwahrscheinlich, daß sein Zusammenstoß mit den Römischen Behörden maßgeblich durch persönliche Verstimmung motiviert gewesen sei. Es müssen sachliche Gründe dazu geführt haben.

Der damalige Stand der Wissenschaft

Den ausschlaggebenden Grund wird man - nach der von Bellarmino formulierten wohl offiziellen kirchlichen Haltung[16] - in der wissen-

---

15 KOESTLER 374.
16 Vgl. unten 82-84

schaftsgeschichtlichen Situation erblicken dürfen. Bei dieser Erörterung ist allerdings die Gefahr eines anachronistischen Urteils gegeben. Uns Heutigen ist es zwar völlig klar, daß weder Kopernikus noch Galilei einen wirklichen Beweis dafür geliefert haben, daß die tatsächlichen Verhältnisse des Kosmos dem heliozentrischen System entsprachen. Zweifellos hatte Galilei, und zwar vor allem durch seine Fernrohrbeobachtungen, einige schwerwiegende, wenn nicht durchschlagende Gründe dafür geliefert, daß das geozentrische System nicht wahr sein konnte. Das hat auch Tycho de Brahe schon gewußt, mit dem Galilei sich allerdings nicht auseinandergesetzt hat. Damit aber war zu Gunsten von Kopernikus noch gar nichts bewiesen. Unsere Frage muß also lauten, ob dies auch den Zeitgenossen Galileis einsichtig gewesen sein konnte. Und dies war es in der Tat. Sowohl Bellarmino als auch Clavius und Grienberger haben mehrfach von der Notwendigkeit eines wirklichen Beweises für das heliozentrische System gesprochen, sie hatten also die mangelnde Tragkraft der von Galilei formulierten Argumente durchschaut. Crombie formuliert darum mit Recht so: „Kepler und Galilei versuchten beide, den traditionellen Einwänden gegen die Erdumdrehung zu begegnen, und darüber hinaus Argumente zu finden, die für die Drehung der Erde sprachen; aber weil sie nur Ausschnitte des Gesamtbildes zu sehen vermochten, überzeugten sie die meisten Zeitgenossen nicht ... Der Beweis der Erdumdrehung blieb eines der Hauptziele Galileis in seinen dynamischen Arbeiten; dennoch war am Ende trotz all seiner Bemühungen das einzige, was er zu zeigen vermochte, dieses: daß die Umdrehung der Erde zumindest genauso plausibel ist wie ihr Verharren im Ruhezustand"[17].

Was Galilei also an Beweisen für das heliozentrische System anzuführen hatte, war 1633 nicht weniger, aber auch nicht mehr als schon 1616. Nämlich 1. die Bahnen der Planeten, die sich periodisch der Erde nähern und sich dann wieder von ihr entfernen, 2. die Sonnenflecken, die die Achsendrehung der Sonne um sich selbst zeigen, und

---

17 CROMBIE 425 f. Vgl. J. B. COHEN, Newtons Gravitationsgesetz - aus Formeln wird eine Idee, in: Spektrum der Wissenschaft, Mai 1981, 101-111.

3. die Gezeiten des Meeres[18]. Dazu kommt, daß für die damals aktuelle Entscheidung zwischen dem Entwurf Tycho Brahes und dem des Kopernikus die bloße Anwendung geometrischer und kinematischer Methoden nicht mehr genügte - es wären dynamische Überlegungen notwendig gewesen. Erst Newton aber hat 1684, aufbauend auf den mechanisch-dynamischen Forschungen aus Galileis letzten Lebensjahren, die Gravitationsgesetze entdeckt und mit ihrer Hilfe die Tatsächlichkeit des heliozentrischen Systems bewiesen. Ein weiteres Jahrhundert mußte verstreichen, ehe Guglielmini den ersten experimentellen Nachweis für die Erdbewegung zu liefern vermochte[19].

Allein die Kombination von geometrischen und physikalischen Methoden wäre imstande gewesen, jenen Beweis zu führen, den Galilei zu seiner Zeit noch gar nicht führen konnte. Galilei hat es zudem in wissenschaftlich unzulässiger Weise unterlassen, sich mit dem System Tycho Brahes überhaupt auseinanderzusetzen, geschweige denn dessen Unhaltbarkeit aufzuweisen.

Fest steht also - die beiden anderen Beweise erscheinen ohnehin indiskutabel -, daß Galilei keineswegs das bewiesen, was er von seinen Zeitgenossen anzunehmen gefordert hat[20]. Mag sein, daß er selbst in intuitiver Schau die Richtigkeit des heliozentrischen Weltbilds erkannt hat -, er war aber nicht imstande, es vor seinen wissenschaftlichen Zeitgenossen und vor sich selbst stringent zu beweisen. Im Blick auf die wissenschaftsgeschichtliche Situation der Galilei-Zeit kann man wohl sagen, daß gerade für die empirisch denkenden Wissenschaftler die Forderung, Galilei zuzustimmen, bedeuten mußte, die unausgereiften Früchte einer nicht überprüften Imagination der

---

18 Vgl. M. G. GALLI, L'argomentazione di Galileo dedotta dal fenomeno delle maree, in: Angelicum 60 (1983) 386-427.
19 Vgl. G. TABARRONI, Giovanni Battista Guglielmini e la prima verifica sperimentale della rotazione terrestre (1790), in: Angelicum 60 (1983) 462-486. Vgl. auch oben 190f.
20 Mit Bezugnahme auf S. Drake meint B. VINATY, Galileo e Copernico, in Galileo Galilei. 350 anni di Storia 23-75, hier: 74, es sei falsch zu behaupten, Galilei habe keine Beweise für die Erdbewegung etc. geliefert, was jedoch nicht zutrifft. Interessant überdies die Beobachtung von WALLACE, Collegio Romano 96, daß Galilei an keiner Stelle des Dialogo den Anspruch erhebt, das kopernikanische System bewiesen [!] zu haben!

gesicherten Erfahrung vorzuziehen[21]. Indes lebt der Fortschritt der Wissenschaft von der Intuition des genialen Forschers. Intuitionen sind aber kaum mitteilbar, ihre Verifikation beansprucht lange Zeit, wie etwa das Schicksal der Relativitätstheorie zeigt.

Doch hat die Skepsis gegenüber der Intuition ihr Recht, zwingt sie doch zu weiterer gedanklicher Anstrengung, deren Ergebnis dann der Übergang von Intuition und Hypothese zur gesicherten Erkenntnis sein kann.

Wie die erkenntnistheoretische Situation hinsichtlich der Weltsysteme damals wirklich beschaffen war, zeigt Pascal, wenn er schreibt: „... alle Phänomene der Bewegung und des Zurückweichens der Planeten leiten sich vollständig von jenen Hypothesen her, die man Ptolemäus, Kopernikus, Tycho Brahe und vielen anderen entnehmen kann. Aber wer wird ein so schwerwiegendes Urteil fällen können, und wer wird ohne die Gefahr eines Irrtums die eine auf Kosten der anderen vorziehen können!"[22]. Hinzu kam der Umstand, daß die Lehre von der Erdbewegung der täglich neu bestätigten Erfahrung ihres unerschütterlichen Feststehens widersprach, während man sich das feste Ruhen der Körper auf der Erde trotz deren rasender Bewegung durch das Weltall - ohne das Wissen um die Gravitation - nicht erklären konnte. Wir dürfen uns darum nicht wundern, wenn Physiker und Astronomen sich im Widerspruch zu Galilei befanden. Bezeichnende Beispiele hierfür finden sich auch im nicht-katholischen England dieser Zeit[23]. Besonders aufschlußreich ist die Stellungnahme von Francis Bacon, der immerhin einer der Protagonisten der experimentellen Methoden war. In seinem „Novum Organum" stellt er fest, es sei unzulässig, eine Bewegung der Erde anzunehmen[24].

---

21 So E. A. BURTT, The Metaphysical Foundation of Modern Physical Science, Garden City 1955, 38.
22 Pascal an P. Noël, Paris, 29. Oktober 1647 (Œuvres Complètes de B. PASCAL, ed. J. CHEVALIER, Paris 1954, 370-377, hier: 375).
23 Vgl. BLUMENBERG, Kopernikanische Wende 129-131.
24 Vgl. F. BACON, Novum Organum Scientiarum, Lugd[uni]. Batav[orum]. 1650, 310 (Lib. II Aph. 46).

Darum ist es eigentlich erstaunlich, daß Kardinal Bellarmino in einem Brief an den gleichfalls mit der Frage des Tages beschäftigten und Galilei zustimmenden Karmeliterprovinzial Foscarini vom 12.4.1615 schrieb: „Drittens sage ich, wenn es wirklich einen Beweis dafür gäbe, ... dann müßten wir bei der Auslegung von Stellen der Heiligen Schrift, die das Gegenteil zu lehren scheinen, die größte Umsicht walten lassen und lieber sagen, wir verständen sie nicht, als eine Anschauung für falsch zu erklären, die als wahr bewiesen wurde. Ich bin indessen der Meinung, es gebe keinen solchen Beweis, da mir keiner vorgelegt wurde. Darzutun, daß die Phänomene gut erklärbar seien, wenn man die Sonne im Zentrum der Welt annimmt, ist nicht das gleiche wie darzutun, daß die Sonne sich de facto im Mittelpunkt und die Erde sich in den Himmelsräumen befindet. Ich glaube, daß es im ersten Fall einen Beweis geben mag, habe aber die größten Bedenken, was den zweiten betrifft, und im Zweifelsfall soll man die Schrift, wie sie von den heiligen Vätern ausgelegt wurde, nicht verlassen ..."[25] Diese Stellungnahme des Kardinals entspricht also genau dem Stand der wissenschaftlichen Erkenntnis jener Zeit, in der dieser Brief geschrieben wurde. Wie schon in seiner Äußerung von 1571[26] räumt Bellarmino auch fünfundvierzig Jahre später den zur Evidenz erhobenen Erkenntnissen der Naturwissenschaft eine normierende Funktion bei der Bibelauslegung ein.

Was aber das eigentliche Ärgernis erregt, ist, daß - oberflächlich betrachtet - die naturwissenschaftliche Frage nach dem Bau des Universums überhaupt zu einer theologischen Frage werden, daß man die Bibel überhaupt nach naturwissenschaftlichen Sachverhalten befragen, und daß eine naturwissenschaftliche Aussage Gegenstand eines kirchlichen Verfahrens werden konnte. Dies jedoch wird zum guten Teil vor dem geistesgeschichtlichen Horizont des Barock verständlich.

---

25 Ed. Naz. 12, 171 f.
26 Vgl. SOCCORSI 875 nach einem unedierten Thomas-Kommentar von 1571.

Die geistesgeschichtliche Situation

Im Gegensatz zu unserer in eigenständige und eigengesetzliche Sachgebiete aufgeteilten Welt, in der die Religion als ein Lebensbereich unter anderen mühsam um ihre Existenzberechtigung ringt, erblickte der Mensch des Barock in einer hinreißend großartigen Schau Himmel und Erde, Zeit und Ewigkeit, Göttliches und Menschliches, Kirche und Welt, Wissenschaft, Technik und Glauben als harmonische Bestandteile des einen gewaltigen, alles umfassenden, von Gott ausgegangenen und zu Gott hinstrebenden Kosmos des Seins.

In einem engen Zusammenhang damit stand der höchst bemerkenswerte, das ganze Abendland erfassende Prozeß der Neuentdeckung des Aristoteles. Dessen Ergebnis, die Ausbildung der Barockscholastik, hat in den 1597 erschienenen „Disputationes metaphysicae" des spanischen Jesuiten Francisco Suarez bleibende Gestalt angenommen. Daß im gleichen Jahr die erste Vorlesung über aristotelische Metaphysik an der protestantischen Universität Helmstedt abgehalten wurde und daß man die „Disputationes" des Suarez auch an protestantischen Hohen Schulen dem Philosophieunterricht als Textbuch zugrunde legte, zeigt, welche selbst die konfessionellen Grenzmauern überwindende Kraft von der Metaphysik des Aristoteles an der Wende zum 17. Jahrhundert ausgegangen ist[27]. Aristotelisch-metaphysisches bzw. logisches Denken war es denn auch, das Bellarmino, den Exegeten Pereira und Galilei selbst in den Stand setzte, die Möglichkeit eines echten Widerspruchs zwischen Offenbarungswahrheit und wissenschaftlicher Erkenntnis auszuschließen. Das aber war gar nicht der eigentliche Grund für die Ablehnung Galileis durch die Aristoteliker seiner Zeit. Was ihnen unannehmbar erschien, war eine Philosophie, eine Metaphysik, die am Ergebnis naturwissenschaftlich-experimenteller Methoden gemessen werden

---

27 Vgl. E. LEWALTER, Spanisch-jesuitische und deutsch-lutherische Metaphysik des 17. Jahrhunderts. Ein Beitrag zur Geschichte iberisch-deutscher Kulturbeziehungen und zur Vorgeschichte des deutschen Idealismus (= Ibero-amerikanische Studien 4), Hamburg 1935.

sollte[28]. Vielmehr vertraten sie den Standpunkt, daß auch die aus Beobachtung und Experiment gewonnenen Ergebnisse der Naturwissenschaft sich dem Urteil der Philosophie zu stellen hätten. Es war der Totalitätsanspruch der Philosophen - in diesem Fall der Aristoteliker - und weit weniger Verfolgung durch die Theologen, wogegen Galilei sich wehrte[29].

Nicht eine totalitäre Schau, wohl aber der Gedanke der Harmonie von Natur und Übernatur bestimmte denn auch die geistesgeschichtliche Situation der Galilei-Zeit[30]. Für den barocken Menschen war „... die Welt im Religiösen noch ganz enthalten, und vieles, was auf den ersten Blick als rein irdische Kultur erscheint, ... zeigt sich bei genauem Zusehen bestimmt von geheimen Bindungen an die jenseitigen Dinge. Die letzte Begreifbarkeit des Zeitalters, bis hinein in die profanen Bereiche der Wirtschaftsgeschichte und der Soziologie, liegt im Horizont des Religiösen"[31]. Wenn darum die Dokumente des Hl. Offiziums sich scharf gegen die Lehre wenden, die Sonne, nicht die Erde sei der ruhende Mittelpunkt, so rührt das doch wohl einfach unter anderem auch daher, daß jene Menschen nach ihrem ganzen Denkhabitus gar nicht in der Lage waren, nicht theologisch, religiös zu denken und infolgedessen gar nicht erst auf den Gedanken kamen, zwischen Heilsgeschichte und Astronomie zu unterscheiden. In der universalen theologisch-existenziellen Schau der Zeitgenossen Gali-

---

28 Vgl. J. CAMPBELL, Some Cultural Problems of the Galilean Period, in: Ateismo e Dialogo 15 (1980) 149-156. Vgl. dazu die zutreffenden Beobachtungen von VASOLI Fratture 203-213, hier: 204.
29 Vgl. DRAKE, Galileo and the Church 87. So der Tenor des ganzen Artikels. Der beherrschende Einfluß des Aristotelismus schwand erst gegen Ende des 17. Jh. Vgl. Ch. B. SCHMITT, Galilei and the seventeenth-Century Text-Book-Tradition, in: Novità celesti 217-228. Es ist indes fraglich, ob die Grenzen zwischen Philosophie und Naturwissenschaften so bestanden bzw. verliefen, wie DRAKE es meint. Vgl. L. T. SARASOHN, French Reaction to the Condemnation of Galileo, 1632-1642, in: Catholic Historical Review 74 (1988) 34-54, hier: 37.
30 Vgl. W. BRANDMÜLLER, Sinnenhaftigkeit und Rationalität. Versuch einer geistesgeschichtlichen Bestimmung des Barock, in: Internationale Katholische Zeitschrift »Communio« 2 (1973) 59-72.
31 B. HUBENSTEINER, Vom Geist des Barock. Kultur und Frömmigkeit im alten Bayern, München 1967, 18. Vgl. auch J. AUER, Die Welt - Gottes Schöpfung (= Kleine katholische Dogmatik III), Regensburg 1975, 179-191.

leis war die Erde eben zuvörderst nicht ein nach seinen physikalisch-astronomischen Verhältnissen zu befragender Himmelskörper, sondern der einmalige Schauplatz göttlicher Offenbarung und Erlösung. Es entbehrt nicht des Reizes, sich in diesem Zusammenhang das Erleben der Astronauten unserer Zeit zu vergegenwärtigen. Vermutlich konnten sich die ersten Mondfahrer ihres säkularen Erfolges erst erfreuen, als sie die Verlorenheit im Kosmos wieder mit der Geborgenheit auf der Erde vertauscht hatten. Für sie war existenziell gesehen die Erde gewiß weit mehr Mittelpunkt des Kosmos als für jeden Ptolemäus-Jünger.

Die ganzheitliche Schau des Barock war es also, die die Menschen dieser Zeit außerstandesetzte, die Bereiche von Natur und Offenbarung, von Naturwissenschaft und Theologie da zu scheiden, wo eine solche Scheidung Klärung gebracht hätte.

Darum gingen wir auch fehl, wenn wir glauben würden, es sei der Zusammenbruch des antiken Weltbilds gewesen, vor dem die Kirche sich gefürchtet und darum Galilei abgelehnt hätte. Der christliche Glaube hatte in der Vergangenheit ähnliche Krisen überwunden, ohne daß jene Alarmstimmung entstanden wäre, die die geistige Atmosphäre des Galileiprozesses kennzeichnet. Man hatte die Kugelgestalt der Erde und das Vorhandensein von Antipoden zur Kenntnis genommen, und ebensowenig wie darüber war man über Nikolaus von Kues' erste Andeutung von der Unendlichkeit des Universums oder über die schon erwähnte Lehre des Nicolas d'Oresme über die Erdbewegung erschrocken. Es entspricht ganz dieser Offenheit und Weite des theologischen Denkens der Renaissance, wenn etwa Kardinal Cajetan, der bedeutende Thomas-Forscher und Kommentator und Luthers Gesprächspartner zu Augsburg, in seinem Kommentar zur Genesis die Auffassung vertrat, die Erzählung vom Sündenfall sei nicht als ein historischer Bericht, sondern als dichterisch-dramatische Darstellung rein seelischer Vorgänge zu betrachten[32].

---

32 Vgl. J. M. VOSTÉ, Cardinalis Cajetanus in Vetus Testamentum, praecipue in Hexaemeron, in: Angelicum 12 (1935) 320-322.

Die Meinung, die Geozentrik sei als spezifisch christlicher „... Gehalt verteidigt worden und verlorengegangen ..."[33], beruht tatsächlich auf einer Verkennung der geistigen Situation der Zeit zwischen Kopernikus und Galilei. „In Wirklichkeit war das Christentum um eine kosmische Metapher für die Standortbestimmung des Menschen in der Welt gar nicht verlegen; eine Theologie *weiß* viel zu viel über den Menschen, seine Weltstellung und Bestimmung, als daß sie noch jene leeren Problemstellen hätte, in die eine absolute Metapher einspringen könnte"[34].

Konfessionspolitische Probleme

In diesem historischen Augenblick, da Galilei vor der Inquisition stand, hatte man aber jene oben erwähnte Unbefangenheit gegenüber dem Buchstaben der Bibel, die die Äußerungen maßgeblicher Theologen bisher gekennzeichnet hatte, so sehr verloren, daß der scheinbare Widerspruch Galileis zur Bibel größte Bedenken und Widerstände bei den kirchlichen Instanzen hervorrief. Die Ursache dafür war, daß man in Rom die Angelegenheit Galileis im Zusammenhang mit der religiösen, politischen Lage Nord- und Mitteleuropas sah, wo der Protestantismus seit hundert Jahren nicht nur zur Herrschaft gelangt war, sondern sich mit Hilfe einer entsprechenden Politik immer mehr ausbreitete. Überdies hatte der Dreißigjährige Krieg durch das Eingreifen Gustav Adolfs von Schweden im Juni 1630 eine unerwartete Wendung zuungunsten der katholischen Mächte genommen. Der Siegeszug des Schwedenkönigs, dessen Anfänge schon die Durchführung des kaiserlichen Restitutionsedikts von 1629 unmöglich gemacht hatten, eilte nach der Niederlage Tillys bei Breitenfeld im September 1631 rasch seinem Höhepunkt entgegen, der durch die für Tilly tödliche Schlacht bei Rain am Lech im April 1632 markiert wird. Am Vorabend des Galileiprozesses war mit der bayerischen Hauptstadt München der Fortbestand der katholischen Sache im Reich unmittelbar bedroht. Andere Länder wie Irland,

---

33 BLUMENBERG, Kopernikanische Wende 134.
34 Ebd.

England, Schottland, Ungarn, Österreich, Polen und die Niederlande boten - von Skandinavien ganz abgesehen - kein günstigeres Bild. So genügte allein ein Blick auf die konfessionelle Landkarte jener Tage, um Papst und Kurie in höchste Besorgnis hinsichtlich des Fortbestandes des katholischen Lebens in Europa zu versetzen.

Die Aussicht, zusätzlich zu der religiös-politischen Gefahrensituation auch noch durch theologische Auseinandersetzungen innerhalb der Kirche in Schwierigkeiten zu geraten, mochte bei Urban VIII. jenen Abwehraffekt ausgelöst haben, der es ihm unmöglich machte, die Angelegenheit Galileis mit jener Ruhe und Überlegenheit zu betrachten, die uns heute angemessen erscheint.

Doch ist dies zu verstehen, wenn man sich außerdem daran erinnert, daß es - wenigstens in den Augen der Beteiligten - um die unversehrte Autorität der Bibel als des geoffenbarten Wortes Gottes ging, jener Bibel, die zum Brennpunkt der theologischen Auseinandersetzung mit der Reformation geworden war[35]. An deren wörtlicher Auslegung unerschütterlich festzuhalten, gebot der katholischen Kirche schon ihr theologischer, religiöser Selbsterhaltungstrieb. Denn, so schreibt etwas später der spanische Theologe und Bischof Caramuel, wohin werde man kommen, wenn man die Bibel bildlich zu verstehen anfange! Am Ende, sagt er, würden die Protestanten triumphieren, die ja sogar die Abendmahlsworte Jesu nur bildlich verständen und darum die Wesensverwandlung in der Eucharistielehre leugneten. So sei man den Kardinälen der Inquisition zu Dank dafür verpflichtet, daß sie durch ihre Sentenz gegen Galilei dem falschen Bibelverständnis einen Riegel vorgeschoben hätten[36].

Ein weiterer Gedanke kommt hinzu: Gerade der Protestantismus hatte ja beständig und mit Nachdruck die Autorität der Bibel als der einzigen Quelle des Glaubens gegenüber der katholischen Lehre von den beiden Offenbarungsquellen, Bibel und Apostolische Überliefe-

---

35 „Because of the Protestant revolts, interpretation of Scripture in Galileo's days had become the most sensitive issue there was, and not just any Catholic was free to air his own opinion as obviously true" (DRAKE, Galileo and the Church, 85). Was DRAKE hier Galileis Gegner Boscaglia entgegenhält, gilt natürlich allgemein.
36 Vgl. GRISAR 270 f.

rung, betont. Dieser Biblizismus hatte seine extreme Ausformung in der Lehre von der Verbalinspiration erfahren, einer Lehre also, die behauptete, der Wortlaut der Bibel, ja sogar die hebräischen Vokalzeichen im Bibeltext, gingen auf göttliches Diktat zurück[37]. Da nun von dieser Seite immer wieder der Vorwurf erhoben wurde, die katholische Kirche sei vom Wort Gottes abgefallen, konnte es nicht ausbleiben, daß man auf katholischer Seite versuchte, diesen Vorwurf zu entkräften, indem man so bibelwortgetreu war wie nur möglich. Ein Beispiel mehr dafür, daß aufgezwungene Abwehrhaltung fast zwangsläufig zu Einengungen der Erkenntnis führt, die eben der Sache schaden, die man damit hatte verteidigen wollen. Es ging also primär gar nicht um die Frage, ob die Sonne oder die Erde stillstehe oder sich bewege. In Wahrheit ging es um das Verständnis und die Autorität der Bibel und um die Auseinandersetzung mit dem Protestantismus. Damit haben wir wohl die eigentliche Ursache dafür ermittelt, daß eine kirchliche Instanz auf einmal dazu kam, sich zu einer, wie wir heute sehen, rein naturwissenschaftlichen Frage zu äußern, nachdem man siebzig Jahre lang dazu geschwiegen hatte[38].

Form und Inhalt des Galilei-Urteils

In nicht wenigen Äußerungen zum Fall Galilei wird das in dieser Sache ergangene Urteil als einer der vielen Irrtümer des kirchlichen Lehramts bezeichnet, durch das die Kirche ihren Anspruch auf unfehlbare Lehrautorität in Sachen des Glaubens ein für allemal desavouiert habe[39]. Dies trifft jedoch so nicht zu.

Zuerst ist hier nämlich festzustellen, daß sogenannte unfehlbare Lehrentscheidungen nur von einem Allgemeinen Konzil oder vom Papst allein gefällt werden können und außerdem als solche ganz bestimmten Kriterien unterliegen. Nur wenn diese erfüllt sind, liegt

---

37 Entsprechende Texte bei E. HIRSCH, Hilfsbuch zum Studium der Dogmatik. Die Dogmatik der Reformatoren und altevangelischen Lehrer quellenmäßig belegt und verdeutscht, Berlin ⁴1964, 314 ff., 396.
38 Vgl. unten 63-66.
39 Vgl. H. KÜNG, Unfehlbar?, Zürich - Einsiedeln - Köln 1970. Dazu: J. F. COSTANZO, The Historical Credibility of Hans Küng, North Quincy (Mass.) 1979, 81-83.

eine Entscheidung des obersten kirchlichen Lehramts vor, von der die Kirche glaubt, daß dabei die Organe dieses obersten Lehramts - also Papst und Konzil - durch den Beistand des Heiligen Geistes vor Irrtum in der Auslegung der göttlichen Offenbarung bewahrt werden, weshalb ihnen gegenüber die Glieder der Kirche zum Glaubensgehorsam im Gewissen verpflichtet sind.

Eine solche Entscheidung ist in Sachen Galilei in keinem Stadium des Prozesses gefallen. Schon deswegen nicht, weil sowohl 1616 als auch 1633 nur Instanzen tätig geworden sind, die zur Ausübung des unfehlbaren Lehramts nicht qualifiziert waren, nämlich Indexkongregation und Inquisition. Daran ändert auch die Tatsache nichts, daß der Papst persönlich mit der Angelegenheit befaßt war. Dem theologisch Informierten war dies damals so klar wie es heute ist[40].

Daraus ergeben sich natürlich schwerwiegende Folgen für die Tragweite der Dekrete von 1616 und 1633. Sie sind allein schon auf Grund ihrer Herkunft von nachgeordneten kurialen Behörden prinzipiell überprüfbar, widerruflich gewesen. Zahlreiche Äußerungen von Zeitgenossen zeigen, daß man sich dessen auch zu Zeiten Galileis bewußt war[41].

Werfen wir aber nun einen Blick auf den Inhalt der Dekrete.

Das Indexdekret vom 5.3.1616 nennt die Lehre von der Mobilität der Erde usw. „"... falsam illam doctrinam Pithagoricam, divinaeque Scripturae omnino adversantem"[42] - jene falsche pythagoräische Lehre, die der Heiligen Schrift ganz und gar widerspricht. Dies ist sehr bedeutsam. Wir erinnern uns, daß die Ansicht des Kopernikus von den Gutachtern des Hl. Offiziums als häretisch, also als dem verbindlich formulierten Glaubensgut zuwider, bezeichnet worden war. Die Behörde selbst hingegen übernahm die Auffassung der Gutachter keineswegs, sondern erklärte nur die Widersprüchlichkeit der fraglichen Lehre zur Heiligen Schrift. Damit ist offenkundig, daß innerhalb der kurialen Behörden erhebliche Gegensätze in der Beur-

---

40 Vgl. den Anhang III „L'assenso ai decreti delle SS. Congregazioni" bei SOCCORSI 919-926.
41 Vgl. GRISAR 164-170.
42 Texte: Documenti 102 f.

teilung des Kopernikus geherrscht haben müssen. Die dadurch bedingte Behutsamkeit dieser Formulierung „divinaeque Scripturae omnino adversantem" hatte nämlich ihre Konsequenzen! Wenn, das ist damit gesagt, jemals nachgewiesen würde, daß dieser Widerspruch zur Heiligen Schrift nur scheinbar bestand, würde man dem Kongregationsurteil mit diesem Nachweis jederzeit den Boden entziehen können! Die Formulierung des Dekrets, die sich offensichtlich stark an die von Kardinal Bellarmino vertretene Auffassung anlehnt, betont also auch inhaltlich den widerruflichen Charakter der Entscheidung.

Von der Sentenz des Jahres 1633 gilt im übrigen ganz das gleiche. Auch diesmal wird das heliozentrische Weltsystem als falsche und schriftwidrige Meinung, nicht jedoch als häretisch bezeichnet. Daß Galilei als dringend der Häresie verdächtig bezeichnet wurde, hat seinen Grund nicht in seiner Verteidigung des Heliozentrismus, sondern in der Tatsache, daß er eine Meinung vertreten hatte, die vom Hl. Offizium als der Heiligen Schrift widersprechend bereits 1616 verurteilt worden war. Davon, daß der Heliozentrismus als formelle Häresie verurteilt worden wäre, kann keine Rede sein[43]. Hinzu tritt der Umstand, daß nur die Behauptung, das heliozentrische System entspreche der kosmischen Wirklichkeit, zurückgewiesen worden war. In der Form einer astronomisch-mathematischen Arbeitshypothese durfte es jedoch weiterhin vertreten, diskutiert und ausgebaut werden. So verstand auch der Zeitgenosse Descartes die Stellungnahme der Inquisition, von der er keineswegs eine Behinderung der Forschung befürchtete, wenn er schrieb: „... wenn man beweist, daß alles,

---

43 So ist gegenüber D'ADDIO 109 bzw. 112, festzuhalten, der diesen formalen kanonistischen Aspekt nicht berücksichtigt. Vgl. dazu schon FERRARIS ⁴1763, 139. Es kann also keine Rede davon sein, daß durch das Urteil von 1633 die kopernikanische Lehre als Häresie verurteilt worden wäre! Vgl. den Text der Sentenz: „... ti sei reso ... veementemente sospetto d'eresia, cioè d'aver tenuto e creduto dottrina falsa e contraria alle Sacre e divine Scritture, ch'il Sole ..." (Ed. Naz. 19, 402-406, hier: 405). Auch in der Abschwörungsformel ist von der „falsa opinione" des Heliozentrismus die Rede, und davon, daß „... detta dottrina è contraria alla Sacra Scrittura ..." (ebd. 406). Auch der Kommissar des Hl. Offiziums P. Maurizio Benedetto Olivieri OP vertrat in einem Votum vom Oktober/November 1820 den gleichen Standpunkt. Vgl. BRANDMÜLLER - GREIPL 375.

was aus der Hypothese abgeleitet wird, mit den Experimenten übereinstimmt, so erschließt die Hypothese ebensoviel Nutzen für das Leben wie die Erkenntnis der Wahrheit selbst"[44]. In Summa: es war nach Lage der Dinge der Weg zum Beweis des Gegenteils durch weitere Forschung bewußt offengehalten worden.

Damit ist aber schon eine weitere Frage aufgeworfen: die Frage nach den geistes- und wissenschaftsgeschichtlichen Folgen des Urteils gegen Galilei.

---

44 Principia Philosophiae Pars III Nr. 44 (Œuvres de Descartes VIII/1, publ. par CH. ADAM - P. TANNERY, Paris 1905, 99).

4. Folgen für die Wissenschaft

Die Befragung der gängigen Gailei-Literatur unter diesem Gesichtspunkt vorgenommen, ergibt das beinahe einhellige Urteil: der kirchliche Spruch gegen Galilei hat die naturwissenschaftliche Forschung im katholischen Europa für die Folgezeit lahmgelegt und überdies jenen Konflikt zwischen Naturwissenschaft und Kirche heraufbeschworen, in dessen Überwindung unsere Zeit eine dringliche Aufgabe erkennt. So, wie gesagt, der Tenor der seit der Mitte des vergangenen Jahrhunderts anschwellenden Literatur über Galilei. Noch in jüngster Zeit sind Stimmen zu vernehmen, die in dem Urteil von 1633 „ein totales Nein" erblicken, „das die vollständige Entfremdung des nachtridentinischen Katholizismus vom Fortschritt der Naturwissenschaften und der Philosophie mit sich brachte, mit tiefgreifenden und negativen Folgen vor allem in Italien..."[1]. Ein anderer zeitgenössischer Autor spricht von einer auf lange Zeit irreparablen Trennung - „divorzio" - zwischen offizieller katholischer Kultur und neuem „Denken"[2].

Indessen erspart es uns auch ein festgefügtes Geschichtsbild nicht, es auf seine Begründung hin zu überprüfen.

Dabei tritt deutlich zu Tage, daß Urteile wie die oben zitierten, nur aussprechen kann, wer in unüberwindlichen Vorurteilen befangen, Augen und Ohren vor einer Fülle von Tatsachen verschließt, die das Gegenteil beweisen. Galilei selbst hat - unter der wie auch immer gehandhabten Aufsicht der Inquisition - als Frucht fortgesetzter astronomischer Beobachtungen 1637 die Schwankungen des Mondes entdeckt und im Jahr darauf jene „Discorsi" veröffentlicht, die seine eigentliche wissenschaftliche Bedeutung begründet haben[3].

---

1   E. GARIN, Il caso Galileo nella storia della cultura moderna, in: Novità celesti 5-14, hier 7 f.
2   C. VASOLI, „Tradizione" e „Nuova scienza". Note alle lettere a Cristina di Lorrena ed al P. Castelli, in: Novità celesti 73-99, hier 73.
3   S. oben 141f.

Ein unbefangener Blick auf die wissenschaftliche Landschaft Italiens im 17./18. Jahrhundert zeigt uns überdies Akademien, die sich der experimentellen Erforschung der Natur in allen Bereichen, besonders auf dem Gebiet der Astronomie, widmeten[4]. In Florenz wurde bald nach Galileis Tod die berühmte Accademia del Cimento gegründet. Ihr herausragender Förderer und Spiritus rector war der spätere Kardinal Leopoldo Medici. In Siena existierten und - existieren bis heute - die Fisiocritici, in Padua die Academia Constantium, in Neapel die berühmten Investiganti. Auch Brescia hatte seine naturwissenschaftliche Akademie. Unter all diesen ragte das Bologneser Istituto delle scienze hervor, das sich in besonderem Maße päpstlicher Förderung erfreute. In Rom selbst, unter den Augen der Inquisition, arbeitete die Accademia fisico-matematica, trieb Magalotti seine Kometenstudien, stellte Cassini[5], der Entdecker der Satelliten des Saturn, seine Beobachtungen an. In ganz Europa waren die Teleskope begehrt, die Ciampini[6] in diesen Jahren in Rom konstruierte, und in den gelehrten Zirkeln, die Christina von Schweden in den Räumen des heutigen Palazzo Corsini in Trastevere versammelte, brillierte Alfonso Borelli. Er war nicht nur durch seine Kometenforschungen bekannt, sondern hatte auch schon vor Newton die entschiedene Vermutung geäußert, daß ein

---

4 Vgl. die reichen bibliographischen Angaben bei L. HAMMERMAYER, Europäische Akademiebewegung und italienische Aufklärung, in: Historisches Jahrbuch der Görresgesellschaft 89 (1962) 247-262, bes. 252; L. THORNDYKE, A History of magic and experimental science, VII, VIII, New York 1958; M. ORNSTEIN, The role of scientific societies in the 17th century, London 1963; N. BADOLONI, Introduzione a Gian Battista Vico, Milano 1961.
5 Giovanni Domenico Cassini, *1625, †1712, Stammvater einer ganzen Familie von Astronomen, u.a. eng befreundet mit Papst Alexander VII, der selbst Astronomie betrieb. Cassini beschrieb und untersuchte die Kometen von 1664 und 1665 zusammen mit Christina von Schweden, erkannte einen Jupiter-Schatten als dessen 8. Satelliten - dann auch weitere etc. A. DE FERRARI, in: DBI 21 (1978) 484-487.
6 Giovanni Giustino Ciampini, *1633, †1698, Prälat in der Kurie seit Clemens IX; Mitglied der Accademia del Cimento, Gründer der nach ihm benannten Accademia fisico-matematica, korrespondierendes Mitglied der Académie de France, internationale und interkonfessionelle wissenschaftliche Kontakte, auch mit der Royal Society zu London etc. (S. GRASSI FIORENTINI, in: DBI 25 (1981) 136-143).

die drei Keplerschen Gesetze umfassendes Prinzip bestehen müsse[7].

Der Umstand, daß sogar Jesuiten in regem wissenschaftlichen Austausch mit der berühmten Royal Society von London standen, ist ein Gradmesser dafür, welches Ansehen katholische Naturwissenschaftler selbst im England des „no popery" genossen[8].

Diese schlichten Tatsachen waren, wenigstens seit dem Erscheinen von Hartmann Grisars „Galileistudien" im Jahre 1882[9], und von Adolf Müllers „Der Galilei-Prozeß" im Jahre 1909 bekannt. Es wirft ein bezeichnendes Licht auf die Galilei-Literatur der darauffolgenden Jahre, daß dort kaum ein Wort darauf verschwendet wird: auch Vorurteile wollen gepflegt und tradiert werden!

Von einer Stagnation des Forschens auf diesem Gebiet im katholischen Raum wird man also nicht mehr sprechen dürfen.

Ein Weiteres mag aus dem Gesagten hervorgehen, daß es nämlich im Jahrhundert nach Galileis Tod keinen Konflikt zwischen Naturwissenschaften und Kirche gegeben hat. Es ist vielmehr das Auseinanderbrechen der barocken Synthese von Glauben und Wissenschaft, Welt und Kirche, im Zuge der europäischen Aufklärung, das auch den Konflikt zwischen Naturwissenschaft und Kirche heraufbeschworen hat. In der großen Enzyklopädie Diderots und D'Alemberts findet sich denn auch eine entsprechende Darstellung der Folgen des Galilei-Urteils: „.....von da an haben es die aufgeklärtesten unter den Philosophen und Astronomen Italiens nicht mehr gewagt, das System des Kopernikus zu vertreten, oder wenn sie verwe-

---

7 Giovanni Alfonso Borelli, *1608, †1679, nachhaltig von Kardinal Leopoldo Medici gefördert, in den letzten Lebensjahren verarmt, war er Gast im Haus des Ordensgenerals des Schulordens der „Scolopi", von denen mehrere seiner Schüler waren, die auch seine nachgelassenen Werke zum Druck beförderten. Sein einschlägiges Werk: „Theoriae Mediceorum planetarum ex causis phisicis deductae", Florentiae 1666. Vgl. U. BALDINI, in: DBI 12 (1970) 543-551.
8 C. REILLY, Jesuitica in the Philosophical Transactions, in: Archivum Historicum Societatis Jesu 26 (1957) 339-362; DERS., Jesuits and the Royal Society, in: The Month 1957, 108-113. Über das erfolgreiche naturwissenschaftliche Forschen an der Jesuitenuniversität Ingolstadt im 17./18. Jahrhundert vgl. A. KRAUS, in: Handbuch der bayerischen Geschichte, hg. von MAX SPINDLER, II München 1966, 800-804.
9 GRISAR 337-341.

generweise erkennen ließen, daß sie es sich zu eigen machten, waren sie sehr darauf bedacht, zu bemerken, daß sie es nur als Hypothese betrachteten und daß sie im übrigen sich den diese Sache betreffenden päpstlichen Dekreten gehorsamst unterwürfen. Es wäre sehr zu wünschen, daß ein Land so reich an Geist und Wissen wie Italien schließlich doch zum Eingeständnis eines Irrtums sich bereit finde, der dem Fortschritt der Wissenschaft so hinderlich ist, und daß man dort über diesen Gegenstand so denke, wie bei uns in Frankreich. Ein solcher Wandel wäre jenes aufgeklärten Papstes würdig, der heute die Kirche regiert, selbst ein Freund der Wissenschaften und Gelehrter. An ihm liegt es, der Inquisition entsprechende Anweisung zu erteilen wie er es schon in anderen weniger wichtigen Angelegenheiten getan hat..."[10]. Noch 1774 vermochte indes der Direktor der Churbaierischen Akademie in einer Rede über die Bedeutung der Astronomie diese als „natürliche Theologie" zu feiern, „die von der unendlichen Majestät Gottes" Zeugnis ablege und den Verstand an die „Veste des Himmels zu den Gestirnen" führe, „welche die Ehre und Majestät des Herrn verkündigen"[11]. Die Kluft verbreitete sich in der Folgezeit in dem Maße, in dem Rationalismus und schließlich Materialismus im Bereich der Naturwissenschaften zur nahezu unumschränkten Herrschaft gelangten. Da nun wurde vollends Galilei zur Gallionsfigur einer bewußt atheistischen Wissenschaft.

Im übrigen werden unsere Ergebnisse durch die nun darzustellende Geschichte der keineswegs widerstandslosen oder gar selbstverständlichen Rezeption des heliozentrischen Weltbilds durch die Astronomie des 17./18. Jahrhunderts des weiteren erhärtet.

---

10 Encyclopédie ou Dictionaire raisonné des Sciences des Arts et des Métiers, IV Paris 1757, 174.
11 A. KRAUS, Die naturwissenschaftliche Forschung an der Bayerischen Akademie der Wissenschaften im Zeitalter der Aufklärung, München 1978, 17; 251 f.

5. Zwei Jahrhunderte der Diskussion

Daß an dieser Stelle keine erschöpfende Geschichte der Rezeption des heliozentrischen Weltbildes geschrieben werden kann, bedarf nicht der Begründung. Was jedoch sinnvollerweise hier geleistet werden kann, ist die Darstellung eines repräsentativen Spektrums von Werken und Autoren, die den Gang der Auseinandersetzung um den Heliozentrismus markieren. Dabei sind die Verteidiger Galileis ebenso zu berücksichtigen wie dessen Gegner - und natürlich die einschlägigen kirchlichen Verhaltensweisen[1].

Der erste Widerspruch gegen Galileis „Dialogo" kam, kaum daß dieser erschienen war, von dem in Pisa wirkenden Franzosen Claude Guillermet Beaurégard. Dieser verfaßte Anfang Juni 1632 seine „Dubitationes", in welchen er - ohne sich zum Verteidiger von Aristoteles und Ptolemäus aufzuwerfen - sich mit der Argumentationsweise Galileis auseinandersetzte. Sein Vorwurf gegen den Verfasser des „Dialogo" war, daß dessen die ptolemäische Tradition verteidigender Dialogpartner Simplicius sich allzu leicht überwindbar gezeigt habe. D.h., Galilei habe sich nicht ernsthaft mit den aristotelisch-ptolemäischen Argumenten befaßt. Mag sein, was vermutet werden kann, daß Beaurégard durch diese Stellungnahme seine Aussichten auf die Lehrstuhlnachfolge Chiaramontis in Pisa verbessern wollte - seine Zweifel waren nicht unbegründet, und Beaurégard erhielt 1634 den ersehnten Lehrstuhl[2].

---

[1] Einen sehr instruktiven - wenn auch nicht vollständigen - Überblick ermöglicht D. CINTI, Biblioteca Galileiana raccolta dal principe Giampaolo Rocco di Torrepadula (= Biblioteca Bibliografica Italiana. Contributi 15), Firenze 1957. Vgl. auch den Appendice II „Gli avversari di Galileo" bei F. SOCCORSI, Il Processo di Galileo, in: Miscellanea Galileiana III (= Pontificiae Academiae Scientiarum Scripta Varia 27), Civitate Vaticana 1964, 849-929, hier: 913-918. Jüngst erschienen ist der nicht nur hervorragend illustrierte, sondern auch sehr instruktive Ausstellungskatalog von L. PEPE, Copernico e la questione Copernicana. Opere della Pubblica Biblioteca di Ferrara, Ferrara 1993.
[2] Claude Guillermet Beaurégard (Bérigard, Berigardo), * ca. 1590 zu Moulins, † 1663. Schrieb „Dubitationes in Dialogum Galilaei Galilaei lyncey", Florentiae 1632. Der Untertitel: „Simplicii vel praevaricatio vel simplicitas, quod nullum efficax superesse Peripateticis argumentum ad terrae immobilitatem probandam tam facile concesserit". Vgl. CINTI 186 f.; DBI 7 (1965) 386-389 (ungezeichneter Artikel); G. STABILE, Il primo oppositore del Dialogo: Claude Bérigard, in: Novità celesti 277-282.

Sein Vorgänger Scipione Chiaramonti war in der Tat wohl der entschiedenste Gegner Galileis, der ihm überdies vor Ausbruch der Kontroverse bescheinigt hatte „molto intendente delle matematiche" zu sein. Schon 1621 hatte er in polemischer Auseinandersetzung mit dem Jesuitenastronomen und Kontrahenten Galileis, Orazio Grassi, sich gegen das System Brahes ausgesprochen, und war darob von Galilei im „Dialogo" mit Ironie übergossen worden. Nun schrieb Chiaramonti 1633 eine Abhandlung, in der er seinen „Antitycho" verteidigte. Er widmete sie Kardinal Francesco Barberini, dem Neffen Urbans VIII. In hohem Alter folgte der Vater von zwölf Kindern vieren seiner Söhne und empfing 1644 die Priesterweihe[3]. Man mag es als eine Ironie der Geschichte bezeichnen, daß es sein Nachkomme Barnaba Chiaramonti sein sollte, der als Pius VII. jenem Galilei Recht gab, dessen erbitterter Widersacher sein Vorfahr gewesen war.

Es kann nicht verwundern, daß der Zensurierung des „Dialogo" mehrere Werke folgten, die sich dessen Widerlegung zur Aufgabe machten, wobei man mit aristotelischem Rüstzeug zu Werke ging. Unter diesen Autoren ist sowohl der Philosophieprofessor an der „Sapienza" und Qualifikator des Hl. Offiziums, Giacomo Accarisi[4], zu nennen, wie auch der Pisaner Giovanni Barenghi[5]. Zu ihnen gesellten sich der bedeutende und einflußreiche Fortunio Liceti[6] und der aus Venedig

---

3 Scipione Chiaramonti, * 1565 zu Cesena, † 1652. Sein erstes Werk gegen Galilei: „Difesa al suo Antiticone e libro delle nuove stelle dalle Oppositioni dell'Autore de'Due massimi Sistemi Tolemaico e Copernicano ...", Firenze 1633. Vgl. CINTI 191-193; G. BENZONI, in: DBI 24 (1980) 541-549.
4 Giacomo Accarisi, * 1599 zu Bologna, † 1653, hatte sich 1636 in Vorlesungen über Aristoteles' „De caelo" mit der Materie befaßt. Sie erschienen unter dem Titel „Terrae quies solisque motus, demonstratus primum theologicis, tum plurimis philosophicis rationibus ...", Romae 1637. Vgl. CINTI 204-206; A. PETRUCCI, in: DBI 1 (1960) 69 f.
5 Der Titel seines Werkes: „Consideraziони sopra il Dialogo dei dua [!] massimi sistemi ... nelle quali si difende il metodo di Aristotele ...", Pisa 1638. Das Werk war Giovanni Medici gewidmet. Vgl. CINTI 209 f.
6 Vgl. G. ABETTI, Amici e nemici di Galileo, Milano 1945, 239-251. LICETIS einschlägiges Werk: „De lunae suboscura luce prope coniunctiones et in eclipsibus observata ...", Udine 1642. Vgl. CINTI 216-219.

stammende Giorgio Polacco[7], wie auch der Jesuit Jacques Grandami[8]. Sehr kritisch setzte sich zur gleichen Zeit der Niederländer Antonius Maria Schyrleus, ein Kapuziner, mit Kopernikus, Severino, Landsberg und Tycho auseinander, wobei er zwar an der Immobilität der Erde festhielt, wohl aber hinsichtlich der Planeten neue Hypothesen entwickelte. Bezeichnend für die Ganzheitsschau des barocken Menschen ist der zweite Band seines Werkes, in welchem er mystische Erörterungen über die Himmelskörper und ihre astronomischen Verhältnisse bot[9]. Andrea Argoli hingegen, der fast gleichzeitig schrieb, lehrte, obgleich am ptolemäischen System festhaltend, die Erdrotation[10].

Zeigt die Nennung dieser Namen, wie stark die Phalanx der Galilei-Gegner im Jahrzehnt nach Erscheinen des „Dialogo" noch war, so signalisiert der Name Bonaventura Cavalieris einen sich anbahnenden Umschwung[11]. Cavalieri stammte aus Mailand und war mit siebzehn Jahren dem Orden der Jesuaten beigetreten. Beeindruckt von seiner überragenden geistigen Begabung hatte ihn Kardinal Federigo Borromeo schon bald darauf dem berühmten Galilei empfohlen - und zwar gerade ein Jahr nach dessen erstem Zusammenstoß mit der Inquisition. Ein sehr beachtliches Zeichen dafür, wie der Mailänder Kardinal darüber dachte! Cavalieri ging nach Pisa, wo er als Schüler des Galilei-Freundes Castelli studierte und sich der Förderung Galileis erfreute. Mit einunddreißig Jahren, 1629, Professor in Parma und dann in Bologna, lehrte er - und zwar von kirchlicher Seite unangefochten - die Astronomie nach Kopernikus und Galilei.

---

7   Sein Werk „Anticopernicus catholicus, seu de Terrae statione et de Solis motu contra systema Copernicanum, catholicae assertiones", Venetiis 1644, war durchaus von Gewicht. Er lobt darin Galileis Widerruf, mit dem dieser sich würdig an die Seite Augustins und Pius' II. gestellt habe. Vgl. CINTI 223-226; PASCHINI 572.
8   Jacques Grandami SJ, * 1588 zu Nantes, † 1672. Sein Werk: „Nova demonstratio immobilitatis terrae petita e virtute magnetica", Flexiae 1645. Vgl. CINTI 227-230; SOMMERVOGEL III (1892) 1668-1670.
9   Zu seinem Werk „Oculus Enoch et Eliae sive Radius Sidereomysticus ... I-II", Antverpiae 1645, vgl. CINTI 230-233.
10 Andrea Argoli, * 1570 zu Tagliacozzo, † 1657. Sein Werk: „Pandosion sphaericum", Patavii 1644. Vgl. M. GLIOZZI, in: DBI 4 (1962) 132-134.
11 Bonaventura Cavalieri, * ca. 1598 zu Mailand, 1615 Jesuat, † 1647. Vgl. CINTI 310 f.; A. DE FERRARI, in: DBI 21 (1978) 484 (Artikel über Cassini) und 22 (1979) 654-659.

So standen sich beide Auffassungen gegenüber, und die Zeitgenossen hatten die Wahl. Daß diese keineswegs leicht war, zeigt das Beispiel Frankreichs. Konnte man voraussetzen, daß italienische Wissenschaftler, weil im Einflußbereich des Hl. Offiziums lebend, eher geneigt sein mochten, dessen Dekreten von 1616 und 1633 Rechnung zu tragen, so traf dies für Untertanen des gallikanischen Frankreich überhaupt nicht zu. Umso interessanter ist also die Stellungnahme französischer Astronomen und Physiker in der Frage des astronomischen Weltbildes.

Da nun ergibt sich ein sehr aufschlußreicher Befund. Obgleich Gelehrte wie der Belgier Froidmont, wie Descartes, Mersenne, Pascal und Gassendi durchaus erkannten, daß die römischen Dekrete keineswegs letztverbindliche Glaubensaussagen gemacht hatten, konnten sie sich dennoch nicht einfach für Galilei oder Ptolemäus entscheiden. Man vermißte bei Galilei überzeugende Beweise[12]. Pierre Gassendi stellte darum in einem Kardinal Richelieu gewidmeten Werk die drei großen Weltsysteme dar, ohne sich für eines von ihnen zu entscheiden[13]. Pascal äußerte sich im gleichen Sinne.

---

12 Vgl. A. BEAULIEU, Les réactions des Savants Français au début du XVIIe siècle devant l'héliocentrisme de Galilée, in: Novità celesti, 373-381. Die Situation wird anderwärts mit dem vorigen übereinstimmend so charakterisiert: „La difficoltà, ... a cogliere il significato del nuovo emergono in queste pagine con una forza straordinaria. In essa domina quasi sempre la ricerca di una qualche forma di compromesso tra le teorie nuove e le confortanti certezze legate ad un antica e ben salda tradizione. Ma è da ricordare che astronomia e cosmologia sono negli anni trenta, terreni richissimi di teorie alternative. Bacone aveva manifestato le sue incertezze sul copernicanesimo fra il 1620 e il 1623. Fra il 1625 e il 1650 Mersenne, Gassendi, Roberval, Pascal manifestano, come tutti sanno, la stessa insicurezza" (L. BORSELLI - Ch. POLI - P. ROSSI, Una libera Comunità di Dilettanti a Parigi del '600, in: Cultura Popolare e Cultura Dotta nel Seicento (= Atti del Convegno di Studio di Genova 23-25. Nov. 1982), Milano 1983, 11-65; hier: 27). Vgl. auch Descartes an Mersenne, Amsterdam, April 1634 (Œuvres de DESCARTES I, publ. par Ch. ADAM - P. TANNERY, Paris 1897, 284-289, hier: 285, 288).

13 Pierre Gassendi, * 1592, † 1655. Vgl. H. POHL, in : LThK2 IV (1960) 525. GASSENDIS Werk: „Institutio astronomica iuxta hypotheses tam Veterum quam Copernici et Tychonis ...", Parisiis 1647. Das Buch war Richelieu gewidmet. Gassendi wie auch Roberval (1634) stellten alle drei Systeme auf eine Stufe und hielten es für möglich, daß alle drei falsch seien, das wahre aber unbekannt. Vgl. BORSELLI - POLI - ROSSI 27. Damit hatte man aber wiederum den Standpunkt von Thomas von Aquino bezogen! Vgl. dessen „Commentaria in libros Aristotelis de caelo et mundo" Lib. II Lect. XVII (S. THOMAE AQUINATIS Opera omnia III, ed. iussu impensaque LEONIS XIII. P.M., Romae 1886, 1-257, hier: 186-189).

Er schreibt: „... tous les phénomènes des mouvements et rétrogradations des planètes, s'ensuivent parfaitement des hypothèses de *Ptolemée*, de *Tycho*, de *Copernic* et de beaucoup d'autres qu'on peut faire, de toutes lesquelles une seule peut être véritable. Mais qui osera faire un si grand discernement, et qui pourra, sans danger d'erreur, soutenir l'une au préjudice des autres ..."[14]!

Ähnliche Skepsis, wenn nicht Ablehnung, hegte man übrigens auch im nichtkatholischen Norden Europas. Francis Bacon, immerhin einer der Protagonisten der experimentellen Wissenschaften, stellte in seinem „Novum Organum" fest, es sei unzulässig, eine Bewegung der Erde anzunehmen[15]. In Dänemark stand man, wie das Beispiel Nils Stensens zeigt, der kopernikanischen Theorie ebenfalls kritisch gegenüber[16].

Ganz anders entwickelten sich die Dinge in Italien, unter den Augen der Inquisition. Wer sich hier mit Physik und Astronomie befaßte, hatte, zumal wenn er Kleriker war, eine gründliche philosophische Ausbildung genossen, was für ein geschärftes wissenschaftstheoretisches Bewußtsein bürgte. Nur vor solchem Hintergrund ist etwa die 1638 in Rom verteidigte These erklärlich, das kopernikanische System sei aus theologischen und physikalischen Gründen abzulehnen, nicht könne es jedoch mit astronomischen Argumenten widerlegt werden[17]. In diesem Zusammenhang kommt dem bedeutenden Jesuiten Giovanni Battista Riccioli[18] besonderes

---

14 Pascal an P. Noël, Paris, 29. Oktober 1647 (Œuvres Complètes de B. PASCAL, ed. J. CHEVALIER, Paris 1954, 370-377, hier: 375).
15 Vgl. F. BACON, Novum Organum Scientiarum, Lugd[uni]. Batav[orum]. 1650, 310 (Lib. II Aph. 46).
16 Vgl. G. SCHERZ, Nils Stensen und Galileo Galilei, in: Saggi su Galileo Galilei, ed. Comitato Nazionale per le manifestazioni celebrative del IV. Centenario della nascita di Galileo Galilei, Firenze 1967, 3-65, hier: 19-31.
17 Die These lautete: „Systema Copernici, quod de facto [!] terra cum caeteris elementis et stellae moveantur circa solem, reiiciendus ut contrarium fidei principiis et physicis rationibus, licet non demonstretur impossibile per astronomicas rationes" (Ed. Naz. 17, 363).
18 Giovanni Battista Riccioli SJ, * 1598, † 1671. Biographie und Bibliographie bei SOMMERVOGEL VI (1895) 1796-1805. Sein Werk: „Almagestum novum ... I-II", Bononiae 1651. Vgl. CINTI 244-248.

Gewicht zu. Sein 1651 erschienenes „Almagestum novum" stellt nichts geringeres dar als die Summe des astronomischen Wissens seiner Zeit. Noch heute beeindrucken die beiden voluminösen Foliobände den Betrachter nicht zuletzt wegen der zahlreichen Zeichnungen, die sie enthalten.

Hinsichtlich des Weltbildes folgte er im wesentlichen Tycho Brahe, modifizierte dessen System jedoch in einem nicht unwesentlichen Punkt. Hatte Tycho gelehrt, Sonne und Mond kreisten um die Erde, alle übrigen Planeten hingegen um die Sonne, so vertrat Riccioli die Auffassung, daß nur Merkur, Venus und Mars um die Sonne, die übrigen Planeten hingegen um die Erde kreisten. Was nun seine Stellung zu Kopernikus betrifft, ist zunächst zu bemerken, daß er in seiner Einleitung ausführlich über die entsprechenden Dekrete von Index und Hl. Offizium handelt. Zutreffend betont er deren Verbindlichkeit, jedoch nicht ohne deutlich darauf hinzuweisen, daß sie keinesfalls definitive Glaubensaussagen enthielten, da Kardinalskongregationen hierzu nicht befugt seien. Darum sei es auch mitnichten Häresie, wenn jemand das Gegenteil von ihnen behaupte. Umgekehrt sei es deshalb auch kein Glaubenssatz, daß die Sonne um die Erde kreise, die ihrerseits unbeweglich sei. Dennoch sei der Katholik diesen Dekreten gegenüber zum Gehorsam verpflichtet, zumindest aber dürfe er nicht das Gegenteil in absoluter Weise vertreten. Daran hält er sich denn auch, wenn er nun selbst in die Diskussion über Kopernikus eintritt. Da stellt er zunächst fest, daß es den Gegnern des Kopernikus bislang nicht gelungen sei, dessen Theorie denen gegenüber zu erschüttern, die tiefer in sie eingedrungen sind. Kopernikus gewinne vielmehr einen wachsenden Anhang. So treffe auf sein System der Horaz-Vers zu: „So saugt's [= das kopernikanische System] im Unglück unter Schlägen [= die Dekrete von 1616 etc.] selbst aus dem Eisen sich noch Mut und Stärke"[19]. Mit dieser Stellungnahme hatte Riccioli sich seinen Lesern gegenüber offen für Kopernikus und Galilei erklärt, ohne

---

19 Carmina Lib. 4 Ode 4 „Drusus" Vers 59 f.: „Per damna, per caedes ab ipso ducit opes animumque ferro" (Q. HORATII FLACCI Opera, ed. S. BORZSÁK, Leipzig 1984, 109).

daß er indes vom hypothetischen Charakter ihrer Theorie abgegangen wäre. Dies war keine Doppelzüngigkeit und keineswegs Ausdruck von scheinheiligem Konformismus, sondern durch philosophisch-theologische Ausbildung geschärften wissenschaftstheoretischen Problembewußtseins.

Daß Galilei sich nunmehr auf dem Vormarsch befand, wurde im Jahre 1656 augenfällig. Nicht nur, daß ein anonymer Traktat zu Rom erscheinen konnte, in dem die bisher gegen den Heliozentrismus angeführten Argumente entkräftet wurden[20], es gab auch zwei Ausgaben von Werken Galileis. Da war zunächst die von Bernardo Savi besorgte und dem Kardinal Giancarlo Medici gewidmete Ausgabe von Galileis „Trattato della sfera", die zu Rom erschien[21]. Sodann aber kam im kirchenstaatlichen Bologna, also mit Zustimmung der kirchlichen Zensur[22], eine zwei Bände umfassende Ausgabe heraus, die auch bisher nicht gedruckte Abhandlungen enthielt[23]. Es fehlte darin der zensurierte „Dialogo", nicht aber der „Saggiatore". Die Edition war Ferdinand II. von Toscana gewidmet, zu ihrem Zustandekommen hatte der spätere Kardinal Leopoldo Medici, damals Spiritus rector der berühmten naturforschenden Accademia del Cimento zu Florenz, maßgeblich beigetragen. Der Herausgeber Carlo Manolessi unterließ dabei nichts, um Galileis Ruhm zu mehren. Nicht nur, daß er dem Werk ein sehr schönes Porträt Galileis von dem bekannten Kupferstecher Francesco Villamena voranstellte, er druckte auch einen bewundernden Brief ab,

---

20 Die Schrift trug den Titel „Demonstration mathematique des inepties de Jacques Dubois dans ses attaques contre l'hypothèse de Copernic et de Descartes sur le mouvement de la terre". Vgl. H. MARTIN, Galilée. Les droits de la Science et la méthode des sciences physiques, Paris 1868, 261 f. Es ist dem Verfasser leider nicht gelungen, den Traktat zu finden.
21 Vgl. CINTI 264 f.
22 Das „Imprimatur" war sowohl vom Erzbischof von Bologna, Girolamo Boncompagni, als auch vom dortigen Inquisitor erteilt worden.
23 Der Titel: „Opere di G. GALILEI Linceo Nobile Fiorentino, già Lettore delle Matematiche nelle Università di Pisa e di Padova, dipoi Sopraordinario nello Studio di Pisa, Primario Filosofo e Mathematico del Serenissimo Gran Duca di Toscana in questa nuova editione insieme raccolta e di varii Trattati dell'istesso Autore non piu stampati accresciute. Al Serenissimo Ferdinando II. Gran Duca di Toscana", Bologna 1656. Der zweite Band trägt (versehentlich?) das Erscheinungsjahr 1655. Band I zählte 806, Band II 792 Seiten. Vgl. CINTI 259-264.

den der damalige Kardinal Maffeo Barberini, bald darauf Urban VIII., an Galilei gerichtet, und ein Gedicht, das dieser zu Galileis Ehren verfaßt hatte. In ganz besonderer Weise würdigten jedoch sowohl die Widmung als auch die Vorrede Galileis wissenschaftliche Größe in hohem panegyrischem Ton, um in der Feststellung zu enden: „... e l'opere del nostro gran Galileo, ad onta de'malvagi persecutori sono per accrescersi fama sempre mai più gloriosa, e per servire di fida scorta, e di chiarissima fama ..."[24].

Mochte da nun auch der „Dialogo" fehlen, so bedeutete es doch sehr viel, daß die gesammelten Werke eines schon einmal gemaßregelten Autors unter den genannten Umständen erscheinen konnten. Galileis Stern war im Steigen. Das bedeutet natürlich keineswegs, daß Skepsis, ja Widerspruch geschwunden wären. Zeugnis dafür ist eine Äußerung des Jesuiten Honoré Fabri, der nach vierzehn Jahren der Tätigkeit als Professor der Philosophie zu Lyon, wo er sich auch den Naturwissenschaften und der Mathematik gewidmet hatte, 1660 Poenitentiar bei St. Peter geworden war. Von ihm wird eine Äußerung des Inhalts berichtet, die gegen Kopernikus angeführten Bibelstellen seien so lange wörtlich zu verstehen, bis das Gegenteil bewiesen sei. Bislang habe aber keiner der führenden Kopernikaner zu behaupten gewagt, daß dies der Fall sei[25]. Indes neigte sich die Waagschale mehr zu Gunsten des Kopernikus und Galileis. Hierbei spielte die Florentiner Accademia del Cimento eine nicht geringe Rolle. Es war ihr hoher Protektor Leopoldo Medici, der auch den

---

24 Vgl. auch den Anfang der Vorrede: „La fama del Sgr. Galilei si e fatta ormai cosi grande come il suo ingegno, essendo amendua, dopo aver passati i confini del nostro mondo abitabile trapassati a rendere immortali le loro memorie nella eternità delle stelle ...".
25 Honoré Fabri SJ, * 1607, † 1688. Vgl. B. SCHNEIDER, in: LThK2 III (1959) 1333; SOMMERVOGEL III (1892) 511-521. Von ihm wird berichtet, er habe an einen Kopernikaner wie folgt geschrieben: „Ex vestris, iisque Coryphaeis, non semel quaesitum est, utrum aliquam haberent demonstrationem pro terrae motu adstruendo; numquam ausi sunt id asserere: nihil igitur obstat, quin loca illa [sc. Scripturae Sacrae] in sensu litterali Ecclesia intelligat & intelligenda esse declaret quamdiu nulla demonstratione contrarium evincitur; quae si forte aliquando à vobis excogitetur (quod vix crediderim) in hoc casu, nullo modo dubitabit Ecclesia declarare, loca illa in sensu figurato & improprio intelligenda esse, ut illud Poëtae: Terraeque urbesque recedunt". Zitiert nach A. AUZOUT, Lettre à Monsieur l'Abbé Charles ..., Paris 1665, 49.

bedeutenden Giovanni Alfonso Borelli nachdrücklich förderte, vor allem indem er ihm zu San Miniato ein astronomisches Oberservatorium einrichtete. Frucht seiner Studien war u.a. die sehr interessante und die astronomische Diskussion weiterführende Hypothese einer Anziehungskraft zwischen Satelliten und Planet einerseits und Planet und Sonne andererseits, die durch entsprechende zentrifugale Kräfte ausgeglichen werde. Dabei verarbeitete er in durchaus kritischer Rezeption all das, was bei Kepler, Brahe, Galilei und anderen angelegt war. Selbstverständlich vertrat er die Bewegung der Erde um die Sonne. Daß er sich in diesem Zusammenhang auch mit Riccioli auseinandersetzen mußte und dessen Argumente für die Immobilität der Erde zu entkräften versuchte, war selbstverständlich.

Bei diesem Beginnen fand er einen gewichtigen Bundesgenossen in dem Jesuaten Stefano degli Angeli, Galileis Nachfolger auf dem Paduaner Lehrstuhl für Mathematik. Bei seiner Argumentation bediente sich degli Angeli ähnlich wie Galilei in seinem „Dialogo" eines Kunstgriffs, indem er sagte, er wolle untersuchen, was wäre, wenn - was er aber auch nicht glaube - die Erde sich bewegte. Mit seinen „Considerazioni" hat degli Angeli einen bedeutenden Markstein in der Geschichte des Kopernikanismus gesetzt[26]. Der Jesuit und Mathematiker Antonio Baldigiani zog wohl die Summe aus der bisherigen wissenschaftlichen Entwicklung, wenn er im Jahre 1678 an den Galilei-Schüler und -Biographen Vincenzo Viviani schrieb: „... non si condanna più Galileo per le sue dottrine, né si dice pure che sia eresia contro la Scrittura, di dubbia fede, ma solo si disputa sul modo con cui scrisse, che è questione molto diversa dalla prima ..."[27]. In etwa die gleiche Richtung weist es, was sein Ordensbruder Adam

---

26 Stefano degli Angeli, * 1623 zu Venedig, † 1697 als Lehrstuhlnachfolger Galileis zu Padua. Erst Jesuat, wurde er nach Aufhebung des Ordens 1668 Weltpriester. Sein Hauptwerk: „Considerazioni sopra la forza di alcune ragioni fisico-matematiche addotte dal M. R. P. Giovanni Battista Riccioli ... contro il Sistema Copernicano espresse in due dialoghi", Venezia 1667. Vgl. M. GLIOZZI, in: DBI 3 (1961) 204-206.
27 Nach D'ADDIO 115. Zu Antonio Baldigiani SJ, * 1647, † 1711 zu Rom, vgl. SOMMERVOGEL I (1890) 828; VIII (1898) 1732 f.

Kochánsky, der während seiner Lehrtätigkeit am Jesuitenkolleg zu Florenz auch Viviani kennengelernt und mit ihm wissenschaftlichen Austausch gepflegt hatte, im Jahre 1685 interessanterweise in den Leipziger „Acta Eruditorum" schrieb[28]. Zwar betrachtete auch er das System des Kopernikus als eine vorerst noch unbewiesene These, doch lieferte er nicht nur einige Beobachtungen, die zu dessen Gunsten sprechen mochten, sondern bezeichnete die Bemühungen um entsprechende Beweise als statthaft. Die oft im Zusammenhang angeführten Schriftstellen würden im Falle eines Beweises für Kopernikus so erklärt werden können, daß ein Widerspruch ausgeschlossen wäre - die alte Bellarminsche Auffassung. Damit war erneut jede theologisch-biblische Behinderung der Forschung beseitigt.

Der Sieg Galileis bahnt sich an

Als das 17. Jahrhundert ausklang, war also die Kopernikus-Galilei-Frage astronomisch-physikalisch durchaus offen, theologisch war sie entschärft. Es war abzuwarten, was Newtons inzwischen erbrachte Ergebnisse bewirken würden.

Nun brachte das Jahr 1710 eine kirchliche Sensation: die erste Edition des Galileischen „Dialogo" mit kirchlicher Druckerlaubnis nach seiner Zensurierung im Jahre 1634. Sensationell daran war auch, daß zusammen mit dem „Dialogo" auch das ebenfalls indizierte Büchlein Foscarinis sowie Exzerpte aus den nicht minder verbotenen Werken Zuñígas und Keplers abgedruckt waren. Vermutlich entsprach es einer Auflage der Zensurbehörde, daß auch die Sentenz gegen Galilei und der Wortlaut seiner Abschwörung in die Edition aufgenommen wurden[29].

---

28 Vgl. A. A. KOCHÁNSKI, Considerationes Physico-Mathematicae circa diurnam Telluris vertiginem ..., in: Acta Eruditorum 1685, 317-327. Adam Adamand Kochánski SJ, * 1631 zu Dobrzyn, † 1700. Vgl. D'ADDIO 115; SOMMERVOGEL IV (1893) 1139-1141. Zu Bellarminos Auffassung vgl. D'ADDIO 35 f.
29 Vgl. CINTI 319 f. Leider war keinerlei Spur eines einschlägigen Vorgangs im Archiv des Hl. Offiziums zu finden. Von dieser Edition wissen weder ZEDLER 10 (1735) 133-136 noch ERSCH - GRUBER I/52 (1851) 380-395.

Daß gleiches mit Galileis Brief an die Großherzoginmutter Christina geschah, hatte wohl den Zweck, die ehemals erhobenen biblischen Einwände zu entkräften, was Galilei mittels dieses auch von der Inquisition seinerzeit als rechtgläubig bezeichneten Textes durchaus gelungen war[30]. Mit dieser Edition hatte man sich über alle in dieser Frage je ergangenen Index-Dekrete hinweggesetzt, und zwar keineswegs „per nefas", sondern mit offizieller Erlaubnis. Im Grunde genommen war damit die Galilei-Frage „via facti" gelöst.

Acht Jahre später erschien eine diesmal drei Bände umfassende Gesamtausgabe der Werke Galileis, ohne den „Dialogo", den man ja in separater Ausgabe zur Verfügung hatte. Auch diese Edition erschien zu Florenz, wobei nur ein allgemeiner Vermerk „Con licenza de'Superiori" eingedruckt war. Ob damit auch eine kirchliche Druckerlaubnis gemeint war, ist daraus nicht ersichtlich[31], wohl aber ist es sehr wahrscheinlich.

Zehn Jahre später machte James Bradley seine aufsehenerregende Entdeckung der Aberration des Fixsternlichtes und ermöglichte dadurch erstmals einen annähernden Beweis für die Erdbewegung. Wenig später wurde sein Werk ins Italienische übersetzt (1734) und fand ungehinderte Verbreitung in Italien. Damit war ein weiterer Markstein auf der Siegesbahn des Kopernikanismus gesetzt[32]. In diesen Jahren erwies sich auch der überragende Jesuit

---

30 Die Vorrede motiviert dies so: „... in cui [sc. Lettera a Madama Cristina] teologicamente, e con ragioni saldissime, cavate da'Padri più sentiti, si risponde alle calunnie [di] coloro, i quali a tutto potere si sforzano non solo di sbandirne la sua opinione intorno alla costituzione dell'Universo, ma altresi di addurne una perpetua infamia alla sua persona". Vgl. CINTI 319 f.
31 Wiederum ist die Vorrede bezeichnend, in der es heißt, Galilei „... giunse a cosi alto sublime segno, dove altri non erano giunti giammai, e facendo bello il cielo di nuova luce e di nuove stelle ammirabili novelle discoprire adornandolo, e volando con felice e robusto volo sopra gli altrui voli, e facendo del vero giudice il guardo glorioso ritrovatore di nuove scienze discopri ne'cieli, e nella natura novità stupende ... all'antichità tutta state nascoste, ed occulte ...". Die drei Bände hatten einen Umfang von 718, 722 und 542 Seiten. Vgl. auch CINTI 322-328.
32 Vgl. D'ADDIO 116.

Boscovich[33] als Anhänger des Kopernikus, wenngleich er der noch bestehenden Rechtslage entsprach, indem er in einem seiner Werke schrieb, es sei hier zu Rom nicht erlaubt, die Erdbewegung zu lehren[34]. Daß er ausdrücklich nur von Rom sprach, mag seinen Grund darin gehabt haben, daß drei Jahre zuvor eine neue Galilei-Ausgabe zu Padua erschienen war. Seine Formulierung will also wohl insinuieren, daß es sich nicht um ein generelles Verbot handle. In der Tat kennzeichnete die erwähnte Paduaner Ausgabe der gesammelten Werke Galileis eine neue Etappe des immer noch andauernden und keineswegs spannungsfrei verlaufenden Prozesses der Galilei-Rezeption.

Es ist bis heute nicht erforscht, welche Motive und Absichten dazu geführt haben, daß die sehr aktive und weitbekannte Offizin des Paduaner Priesterseminars um das Jahr 1740 an eine neue und gegenüber den früheren vermehrte Ausgabe der Werke Galileis gedacht hat[35]. Möglicherweise hat dazu auch der Umstand beigetragen, daß die Bibliothek des Seminars sich im Besitze eines Exemplars des „Dialogo" befand, in das Galilei selbst handschriftliche Glossen eingetragen hatte. Jedenfalls wurden diese in die Neuausgabe aufgenommen[36]. Von besonderer Bedeu-

---

33 Ruggero Giuseppe Boscovich (Rudjer Josip Boskovic) SJ, * 1711 zu Dubrovnik, † 1787. Sein Vater war Serbe, die Mutter stammte aus Bergamo. Schon vor seiner Priesterweihe (1744) international anerkannter Gelehrter, Mitglied der Arcadia, Dichter, überaus fruchtbarer wissenschaftlicher Autor. 1761 wird er, der Jesuit, zum Fellow der Royal Society in London gewählt. Sein kopernikanischer-galileischer Standpunkt in der Frage der Weltsysteme dürfte aus seinen Werken hervorgehen, z.B. Ch. MAIRE - R. G. BOSCOVICH, De litteraria expeditione per pontificiam ditionem ad dimetiendos duos meridiani gradus et corrigendam mappam geographicam ... suscepta, Romae 1755, 385-393. Schon vorher: R. G. BOSCOVICH, De observationibus astronomicis et quo pertingat earum certitudo ..., Romae 1742, bes. 22-24. Vgl. auch P. CASINI, in: DBI 13 (1971) 221-230; SOMMERVOGEL I (1890) 1828-1849. Neuerdings ist Boscovichs Werk Gegenstand eindringender Forschung an der Universität Augsburg unter Leitung von Prof. Dr. Klaus Mainzer. Vgl. auch The Philosophy of Science of R. Boscovich. Proceedings of the Symposium of the Institute of Philosphy and Theology S.J., Zagreb 1987.
34 Vgl. R. G. BOSCOVICH, De Aestu Maris Dissertatio, Romae s.a. [1747], 4.
35 Vgl. CINTI 335-339. Die Bände haben einen Umfang von 601, 564, 490 und 352 Seiten. Bd. 4 enthält den „Dialogo".
36 Vgl. C. BELLINATI, Il „Dialogo" con postille autografe di Galileo. Precisazioni sul Cod. 352 del Seminario di Padova, in: Novità celesti, 127 f.; REUSCH, Index II/1, 399 f.

tung ist diese Ausgabe auch, weil sie mit ausdrücklicher Erlaubnis des Hl. Offiziums erschien. Der Herausgeber, es war der damals gerade fünfundzwanzig Jahre alte Paduaner Priester Giuseppe Toaldo[37], hatte sich offenbar bereits 1741 deshalb an den für Padua zuständigen Inquisitor gewandt.

Dieser rekurrierte daraufhin an das Hl. Offizium, und zwar unter dem Datum des 29. September 1741[38]. Offenbar wollte Benedikt XIV. die Angelegenheit rasch und positiv entschieden wissen, denn er übertrug der Konsultorenversammlung - Consulta - für deren „Feria Secunda" vom 9. Oktober 1741 an Stelle der aus Rom abwesenden Kardinal-Inquisitoren die Spezialvollmacht zur Behandlung der Anfrage. Sie erteilten daraufhin dem Inquisitor von Padua den Bescheid, den Druck des „Dialogo" zu gestatten, wobei die von ihm selbst vorgeschlagenen Bedingungen einzuhalten seien[39]. Was daraufhin geschah, ist allerdings nicht mehr rekonstruierbar. Sicher ist nur, daß allem Anschein nach die Kardinäle sich ungeachtet der schon getroffenen Entscheidung auch ihrerseits mit dem Paduaner Antrag befaßten und ihm offensichtlich größere Aufmerksamkeit widmeten, denn erst in ihrer „Feria Quarta" vom 13. Juni 1742 entschieden sie, daß der Druck des „Dialogo" erfolgen, und diesem sowohl das Inquisitionsurteil vom 22. Juni 1633 als auch die Abschwörung Galileis beigefügt werden sollten[40].

Der Druck wurde nun in Angriff genommen und Band IV, der den „Dialogo" enthielt, umfaßte nun auch die Sentenz von 1633 gegen Galilei und dessen Abschwörung. Damit war man offenbar dem Vorbild der „Dialogo"-Ausgabe von 1710 gefolgt, wobei die

---

37 Vgl. M. RESTIGLIA, Nota su Giuseppe Toaldo e l'edizione toaldiana del Dialogo di Galileo, in: Studia Patavina 29 (1982) 723 f.
38 Vgl. ASO, S. C. Indicis Acta et Decreta 1734-1746 fol. 341; BRANDMÜLLER - GREIPL 151. Vgl. dazu OLIVIERI, Galileo, 96.
39 Vgl. ebd.
40 Vgl. ASO, Collectanea, Index sub voce „Galilei": Censura librorum 1742-1743 Nr. 6.

außerdem in dieser Ausgabe enthaltenen Texte nicht abgedruckt wurden[41].

So konnte also die erste Gesamtausgabe der Werke Galileis, die nun auch den „Dialogo" nicht ausschloß, mit kirchlicher Druckerlaubnis das Licht der Öffentlichkeit erblicken. Es ist indes von nicht geringer Aussagekraft, daß der „Dialogo" zusammen mit den erwähnten Texten abgedruckt wurde. Indem Behauptung und Widerspruch gleichsam gleichberechtigt nebeneinandergestellt wurden, konnte der tatsächliche Stand der Diskussion dokumentiert werden. Noch gab es nämlich durchaus skeptische Stimmen, wenn nicht Ablehnung des heliozentrischen Systems.

Als eine solche Stimme sei jene des Pollinger Chorherren Eusebius Amort[42], eines weit über Bayerns Grenzen hinaus und auch in Italien bekannten Gelehrten angeführt. In seiner 1730 zu Augsburg erschienenen „Philosophia Pollingana" führt er einen weitgespannten und detaillierten Beweis gegen das System des Kopernikus, um alsdann ein eigenes Weltsystem zu entwickeln. Der Umstand, daß man zu Polling auch eine Sternwarte betrieb und den Naturwissenschaften großen Wert beimaß, verbietet es, Amorts Ausführungen von vornherein als Produkte eines engstirnigen Denkens abzulehnen. Daß

---

41 Bemerkenswert war indes die Vorrede Toaldos, in der er unter anderem schreibt: „Quanto alla Quistione principale del moto della Terra, anche noi ci conformiamo alla ritrattazione e protesta dell'Autore, dichiarando nella più solenne forma, che non può, nè dee ammettersi se non come pura Ipotesi Matematica, che serve a spiegare più agevolmente certi fenomeni. Per questo abbiamo levate, o ridotte a forma Ipotetica le postille marginali, che non erano, o non pareano affatto indeterminate: e per la stessa ragione abbiamo aggiunta la Disertazione del P. Calmet, nella quale si spiega il senso dei luoghi della S. Scrittura attenenti a questa materia secondo la comune Cattolica credenza. Per altro il Dialogo comparisce nella sua integrità; se non che in alcuni luoghi per maggior illustrazione si è fatta qualche giunta lasciata scritta dall'Autore stesso sopra un suo esemplare stampato, che si conserva in questa Biblioteca del Seminario. Queste giunte si sono stampate in carattere diverso per argomento della buona fede, con cui procediamo. Sopra queste torniamo a ripetere la protesta soprascritta, non volendoci noi in minima cosa dipartire dalle venerate prescrizioni della S. Romana Chiesa". (Opere di G. GALILEI IV, Padova 1744, „A chi legge" ohne Paginierung).
42 Eusebius Amort Can.Reg. S.A., * 1692, † 1775. Einer der bedeutendsten Theologen des 18. Jahrhunderts. Vgl O. SCHAFFNER, in: LThK2 I (1957) 446 f.; C. TOUSSAINT, in: DThC I (1903) 1115-1117. Sein Werk: „Philosophia Pollingana ad normam Burgundicae ...", Augustae Vindelicorum 1730.

auch im protestantischen Umfeld die Entscheidung für Galilei längst nicht gefallen war, zeigt der Umstand, daß der in Altdorf, Halle und Leyden ausgebildete Nürnberger Astronom Johann Gabriel Doppelmayr in seinen beiden weitbekannten astronomischen Himmelsatlanten „Atlas Coelestis" und „Atlas Novus Coelestis", die beide 1742 zu Nürnberg erschienen, die drei großen Weltsysteme des Ptolemäus, Kopernikus und Brahe nebeneinander darstellt[43].

Auch später noch wurde Widerspruch gegen den Heliozentrismus Galileis laut. Er kam von dem Philologen, Philosophen und Pädagogen Gregorio Bressani, der als Priester und Theologe auf dem Wege der Mathematik und der Philosophie seiner Zeit zu einer positiven Neubewertung von Platon und Aristoteles gefunden hatte[44]. Die Offenheit seines Denkens und seines Wesens läßt der Umstand erkennen, daß er eine enge Freundschaft mit dem zehn Jahre jüngeren radikalen Aufklärer Francesco Algarotti[45] pflegte, der ihn so hoch schätzte, daß er ihn am Berliner Hof Friedrichs II. einführte. Vermutlich führte Bressani der Dialog mit Algarotti, der Galilei-Anhänger war, zu Reflexionen epistemologischer Art, die ihn zu erheblichen Zweifeln an der Tragweite von Ergebnissen der bloßen Empirie veranlaßten. Daher rührte schließlich auch sein Widerspruch gegen Galilei.

Der neue Index

Nun allerdings neigte sich die Waagschale mehr und mehr zu Gunsten Galileis und des heliozentrischen Systems. Als darum unter dem Pontifikat Benedikts XIV. eine neue Ausgabe des Index Librorum prohibitorum erfolgen sollte, sah man sich auch vor die Frage gestellt, ob das in den bisherigen Index-Ausgaben enthaltene generelle Verbot

---

43 Johann Gabriel Doppelmayr, * 1677, † 1750. Vgl. E. POHL, 500 Jahre Astronomie in Franken, in: Jahrbuch des Historischen Vereins für Mittelfranken 95 (1990/1991) 83-101, hier: 99 f.
44 Gregorio Bressani, * 1703 zu Treviso, † 1771. Vgl. U. BALDINI, in: DBI 14 (1972) 196 f. Die hier einschlägigen Werke: „Il modo di filosofare indrodotto da Galilei ragguagliato al Saggio di Platone e di Aristotele", Padova 1753; „Discorsi sopra le obiezioni fatte dal Galileo alla dottrina di Aristotele", Padova 1760. Vgl. CINTI 340 f.
45 Francesco Algarotti, * 1712, † 1764. Vgl. E. BONORA, in: DBI 2 (s.a.) 356-360.

heliozentrisch lehrender Bücher aufrechtzuerhalten war. Als Ergebnis von Beratungen, deren Gang mangels Quellen nicht mehr zu rekonstruieren ist, beschloß die Index-Kongregation am 16. April 1757 nach Rücksprache mit dem Papst, dieses Verbot in die neue Indexausgabe nicht zu übernehmen. Fragt man nach der konkreten Veranlassung dieser erneuten innerkurialen Diskussion über den Heliozentrismus, so stößt man auf eine interessante zeitliche Koinzidenz. Zur gleichen Zeit, da der Index neu zu fassen war, lag der Index-Kongregation auch der 1754 erschienene Band IV der großen „Encyclopédie" zur Prüfung vor[46]. In diesem Band aber hatte der Verfasser des Artikels „Copernicus" ausführlich zum kirchlichen Verbot von dessen Werk Stellung genommen und dabei die Aufhebung der Vorschrift gefordert, das heliozentrische Weltbild nur in hypothetischer Form vorzutragen[47].

Da der Verfasser in seinem Artikel einen direkten Appell an Benedikt XIV. gerichtet hatte, ist es wohl kaum verfehlt anzunehmen, daß der wegen seiner Gelehrsamkeit hochgeachtete und als Förderer der Naturwissenschaften bekannte Papst diesem Appell Gehör schenken wollte. So kam es - auf welchem Weg auch immer - zu dem Beschluß der Index-Kongregation vom 16. April 1757: „Quod habito verbo cum Sanctissimo Domino Nostro omittatur decretum quo prohibentur libri omnes docentes immobilitatem solis et mobilitatem terrae"[48].

---

46 Vgl. Encyclopédie ou Dictionnaire raisonné des Sciences, des Arts et des Métiers IV, Paris 1754. In der Kongregation vom 10. Mai 1757, in welcher die Kardinäle über den neuen Index berieten, trug der Abt Orsini, Bibliothekar der Familie Conti, über Band IV der „Encyclopédie" vor. Die Kardinäle beschlossen, ein Urteil erst nach Vorliegen aller Bände zu fällen. Damit war die Angelegenheit für einige Jahre aufgeschoben! Vgl. ASO, S. C. Indicis Acta et Decreta 1749-1763, p. 129.
47 Encyclopédie IV, 173 f., hier: 174.
48 Ed. Naz. 19, 419, nach ASO, S. C. Indicis Acta et Decreta 1749-1763, p. 129. Die Behauptung von B. JACQUELINE, La Chiesa e Galileo nel secolo dell'Illuminismo, in: Galileo Galilei. 350 anni di Storia (1633-1983). Studi e ricerche. A cura di P. POUPARD, Roma 1984, 181-195, hier: 192, im Jahre 1664 sei das allgemeine Verbot kopernikanisch lehrender Bücher durch ein Verbot heliozentrisch lehrender Bücher ersetzt und so der Name des Kopernikus aus dem allgemeinen Teil des Index getilgt worden, erscheint dem Verfasser nach Durchsicht aller Indexausgaben seit 1616 als unbegründet. Der Name „Kopernikus" kommt im allgemeinen Teil des Index niemals vor. Zum Index von 1758 vgl. REUSCH, Index II/1, 38-41, wo von unserer Frage aber nicht die Rede ist.

Damit war das Verbot, das heliozentrische System zu lehren, in Wegfall gekommen, nachdem der neue Index durch Bulle vom 23. Dezember 1757 in Kraft gesetzt und kurz darauf veröffentlicht worden war.

Ein knappes Jahrzehnt nach dieser Entscheidung unternahm der französische Astronom Joseph Jeróme Lalande eine Reise durch Italien, über die er auch einen Reisebericht veröffentlichte[49]. In den Ausführungen über seinen Aufenthalt in Rom erwähnt er auch die dortigen Kongregationen der Kurie, darunter die Index-Kongregation und natürlich auch den Index Librorum prohibitorum. In diesem Zusammenhang gibt er seiner Verwunderung darüber Ausdruck, daß in dieser Liste auch Werke zu finden seien, wie jene von Kopernikus und Boerhave, die ihm von jedem Verdacht auf Häresie weit entfernt schienen. Doch übt er daran keinerlei Kritik. Vielmehr räumt er ein, daß es in physikalischen und astronomischen Hypothesen - also stuft er den Heliozentrismus als solche ein - Elemente geben könne, die in ihren entfernten Konsequenzen gefährlich erschienen, was genüge, sie auf den Index zu setzen. Er erwähnt dabei auch die Entscheidung von 1758, das generelle Verbot heliozentrischer Bücher aufzuheben, um zu bemerken, es seien nicht wenige Bemühungen seitens der Gelehrten nötig gewesen, bis das so gut bewiesene System vor der Index-Kongregation Gnade gefunden habe[50].

Damit war Lalande jedoch nicht zufrieden. Er benützte die Gelegenheit seines Aufenthalts in Rom, um dem Präfekten der Index-Kongregation[51] den Wunsch vorzutragen, es möge auch die namentliche Indizierung von Galileis „Dialogo" aufgehoben werden.

Kardinal Galli antwortete ihm darauf, daß seinem Verlangen noch immer ein Dekret des Hl. Offiziums entgegenstehe, das der

---

49   Vgl. J. J. LALANDE, Voyage d'un françois en Italie fait dans les années 1765/66 V, Venice - Paris 1769. Joseph Jérôme de Lalande, * 1732, † 1807. Zur Person: MICHAUD 22 (s.a.) 603-613.
50   Vgl. LALANDE, Voyage V, 48 f.
51   Antonio Andrea Galli, * 1697, † 1767, 1753 Kardinal, Großpönitentiar und Präfekt der Index-Kongregation. Vgl. R. RITZLER - P. SEFRIN VI, 17.

Änderung bedürfe, ehe man weitersehe. Lalande hatte auch den Eindruck, Clemens XIII. sei seinem Anliegen gewogen. Doch habe ihm, Lalande, die Zeit gefehlt, um die vielen Persönlichkeiten zu besuchen, die er für sein Vorhaben hätte gewinnen müssen[52].

Allem Anschein nach beschäftigte den Astronomen nach wie vor die Frage der kirchlichen Stellungnahme zum kopernikanischen System. So erörterte er auch in seinem 1775 erschienenen „Abrégé d'Astronomie" die biblischen Einwände gegen Kopernikus, wobei er mit Nachdruck die offenbar immer noch als unbewältigt empfundenen biblischen Einwände aufgreift[53]. Es sei eine Frage der biblischen Ausdrucksweise, die gar nicht anders sein konnte, wenn immer sie verstanden werden sollte, und es sei an all den so oft angeführten Stellen doch nichts gesagt, was das Dogma oder auch die Physik berühre.

Im übrigen hätten mehrere Theologen[54] die verschiedensten Argumente dafür beigebracht, daß man alle Stellen, an denen von der Bewegung der Sonne die Rede ist, ebenso auch auf die Erdbewegung beziehen könne, ohne ihnen Gewalt anzutun. Es wäre doch Zeichen eines geradezu skurrilen Glaubenseifers, wollte man behaupten, die Heilige Schrift sei ganz und gar frei von umgangssprachlicher Ausdrucksweise. Da nun Rom das Verbot heliozentrischer Bücher vom Index gestrichen habe, könne man hoffen, daß man in dieser Hinsicht den Physikern bald noch ausdrücklicher als bisher alle Freiheit zugestehen werde.

---

52 Vgl. J. J. LALANDE, Astronomie I, Paris 21771, 540 f.
53 „Mais quand on les lit sans prejugé on y voit un langage ordinaire, qui ne pouvoit être différent sans devenir inintelligible, et l'on n'y voit rien qui paroisse tenir au dogme ni à la physique. Du reste plusieurs auteurs écclésiastiques ont accumulé des raisonnements de toute espèce, pour faire sentir que les différents passages de l'Ecriture ou il est parlé du mouvement du soleil, peuvent s'entendre de celui de la terre sans leur faire violence. Il y aurait un bien étrange à prétendre exclure des Livres saints toutes les expressions qui sont reçues dans la société. Au reste la cour de Rome n'a plus des scrupules à cet égard. On a même ôté de la dernière édition de l'Index l'article qui concernoit tous les livres ou l'on soutient le mouvement de la terre, et lorsque j'étais à Rome je vis qu'il y avoit lieu d'espérer que bientôt on rendroit plus expressement aux physiciens toute liberté à cet égard" (J. J. LALANDE, Abrégé d'Astronomie, Paris 1775, 173).
54 LALANDE sagt leider nicht, welche Autoren er hier meint.

Die Frage ist nun, ob und gegebenenfalls in welchem Umfang diese Sicht der Dinge auch von den Theologen rezipiert wurde. Als Paradigma hierfür mag die in zahlreichen Auflagen erschienene „Prompta bibliotheca canonica ..." des Franziskaners Lucius Ferraris dienen, ein „Kirchenlexikon", das, erstmals 1746 zu Bologna aufgelegt, weit verbreitet war und sein Jahrhundert weit überdauert hat[55]. Ferraris befaßt sich mit unserer Frage an zwei Stellen seines Werkes; am ausführlichsten in dem Artikel „Mundus" und dann unter dem Stichwort „Haereticus".

Von den vierundzwanzig Folioseiten des ersten Artikels widmet er den Weltsystemen keine zwei[56]. Er beginnt mit der Darstellung des Ptolemäus, beschreibt denn Kopernikus und schließlich Tycho Brahe. Was nun Kopernikus betrifft, so nennt er nach einer kurzen biographischen Notiz über den Frauenburger Domherrn dessen antike Vorläufer, um dann seine Anhänger aufzuführen. Unter ihnen nennt er Kepler, Galilei, Landsberg, Boulliaud, Descartes und Newton. Seine Bewertung: Das System des Kopernikus sei - „aliis omissis rationibus" - offenkundig im Widerspruch zur Hl. Schrift und müsse „tamquam Thesis" völlig abgelehnt werden. Er führt nun die üblichen Bibelstellen an, um daraus den Schluß zu ziehen, die Auffassung des Kopernikus, Pythagoras und Galilei sei 1633 zu Recht unter Urban VIII., da der Hl. Schrift widersprechend, als verwegen und häretisch verurteilt worden. Wenn darum jemand die Bewegung der Erde und das Stillstehen der Sonne behaupten würde, wäre er Häretiker, da das Hl. Offizium das Gegenteil definiert habe. Alsdann tritt er in die Widerlegung des kopernikanischen Systems

---

55 Lucius Ferraris OFM, * 1687, † 1763. Vgl. Z. DA SAN MAURO, in: EC V (1950) 1195. Der Titel seines Werkes wechselt: „[Prompta] Bibliotheca canonica, juridica, moralis, theologica ... in octo tomos distributa ...".
  Nach zwei in Venedig erschienenen Auflagen, deren zweiter Ferraris einen Anhang mit Ergänzungen beigegeben hatte, erschien 1759-1761 die erste römische Ausgabe, die nicht nur die Ergänzungen der 2. Auflage in den Text einfügte, sondern der auch zahlreiche Ergänzungen von anderer - nicht genannter - Hand sowie ein Sachindex beigefügt wurden, wobei es sich - so in unserem Falle - um einschneidende Korrekturen handelte, auf die Ferraris dann in der Bologneser Ausgabe von 1763 seine Antworten folgen ließ. Wir zitieren hier die erste römische und die Bologneser Ausgabe von 1759 bzw. 1763.
56 Vgl. FERRARIS V, Bononiae 1763, 164-187, hier: 177-179.

ein, um daraus erneut zu folgern, daß es nicht als These behauptet werden dürfe. Wohl aber könne es - wie schon das Hl. Offizium 1620 gestattet habe - als Hypothese vertreten werden. Eine Hypothese aufzustellen, bedeute ja nicht, etwas als tatsächlich sich so verhaltend zu behaupten, sondern es nur als möglich zu bezeichnen[57]. Es folgt dann eine kurze Darstellung des tychonischen Systems und der Hinweis auf die zahllosen anderen Systeme. Diese drei aber habe er angeführt, damit jeder seine Wahl treffen könne - wobei er sicher sei, daß keiner, und sei er noch so sachkundig, in der Lage sei, zu erfassen, in welch wunderbarer Weise das Universum von Gott geordnet worden sei. So sage denn Paulus Rubeus in seinen Anmerkungen zu einer Rota-Entscheidung mit Recht[58]: Astronomen und Astrologen, die so sicher über die Planeten redeten, könnten gut mit Diogenes gefragt werden, wann sie denn vom Himmel herabgekommen seien, sei doch das Sprichwort geläufig „quantum metitur Astronomus, tantum mentitur Astrologus".

An diesen Ausführungen ist verschiedenes auffällig. Einmal die Tatsache, daß Ferraris die wirklichen Vorgänge von 1616 und 1633 nicht richtig wiedergibt[59], wobei er sich offenbar von seinen Gewährsleuten irreführen ließ, ohne daß er der Sache auf den Grund gegangen wäre[60].

---

57 „Illud autem est discrimen inter Thesim et Hypothesim quod Thesis rem ita esse et revera existentem asserit, et concludit, et ut talem defendit: Hypothesis vero nihil omnino certo asserit ut revera actu existens, sed solum ex re certo modo constituta aliquid ut possibile deducit, sed an res ita sit, non decernit" (ebd. 178).
58 Vgl. P. RUBEUS (Rossi), S. Rotae Romanae Decisionum recentiorum 9/2, Romae 1661, 20.
59 Vgl. oben S. 161-164.
60 Er beruft sich auf G. B. RICCIOLI, Almagestum novum ... II, Bononiae 1651, 495-499 (Lib. 9 Sect. 4 Cap. 40); FORTUNATUS A BRIXIA, Philosophia sensuum mechanica ad usus academicos accomodata II, Brixiae 1736, 74 f. (Tract. 1 Diss. 2 Sect. 4 Propos. 3): „Ergo Copernicana hypothesis de telluris motu, & Solis quiete, S. Scripturae oppositum expresse docenti, manifeste adversatur, jureque ac merito anno 1616. sub PAULO V., & anno 1633. sub URBANO VIII. proscripta est, ut temeria, & haeretica"; D. URSAYA A BOSCO, Institutiones criminales ..., Romae 1701, 19 (Lib. I Tit. VI Nr. 2): „Dicitur falsum dogma loco generis; Multae enim sunt falsae assertiones, et dogmata de rebus naturalibus, putà de numero Elementorum, de figura et magnitudine Terrae, de ordine et motu Coelorum et Syderum, quae tamen h a e r e s e s n o n sunt"; N. A. CAFERRI, Synthema Vetustatis sive Flores Historiarum ab orbe condito ex illustrium scriptorum monumentis ... excerpti ..., Romae 1670, 178: „Anno 1633 (22. Junii) Galilei Galilei Praestantissimi Mathematici, et Astrorum contemplatoris acutissimi Florentini opinio olim Copernici, et Pythagorae, quod Sol sit Orbis centrum, et immobilis, terra autem motu quotidiano circumducta, lata à Sacrae Inquisitionis Romanae Cardinalibus sententia damnatur".

Zum anderen aber - und das verrät wohl eine gewisse Doppelbödigkeit - bemerkt er ausdrücklich, daß er nur biblisch argumentiere - „aliis omissis rationibus". Indes stellt er auch die Rechtslage unzutreffend dar: Von Häresie war in keiner Entscheidung eines kurialen Dikasteriums die Rede, und das Hl. Offizium hat niemals das Gegenteil der kopernikanischen Theorie definiert, was es auch gar nicht vermocht hätte[61].

So verwundert es nicht, daß in der ersten römischen Ausgabe der „Bibliotheca", die von 1759-61 erschien, wie an zahlreichen anderen Stellen, so auch an dieser, kritische Anmerkungen aus kundiger Feder, vermutlich der des Maestro del Sacro Palazzo, und zwar noch zu Lebzeiten des Verfassers, angebracht wurden. Was unseren Fall betrifft, so findet sich diese Anmerkung bei dem Artikel „Haereticus"[62]. Sie entbehrt nicht der sarkastischen Töne, nennt sie Ferraris doch einen „hospes omnino in re theologica", um dann zutreffend zu betonen, daß von einer Verurteilung des kopernikanischen Systems als Häresie keinesfalls gesprochen werden könne. Mögen auch seinerzeit unter Paul V. die Qualifikatoren des Hl. Offiziums so geurteilt haben, so habe doch der Hl. Stuhl weder damals noch später dieses Urteil übernommen und ausgesprochen. Auch der Häresieverdacht, den Galilei inkurriert und weswegen er sich 1633 Verurteilung und Abschwörung zugezogen habe, habe sich nicht inhaltlich auf das kopernikanische System bezogen, sondern auf die Tatsache, daß er eine vom Hl. Offizium als schriftwidrig zensurierte Auffassung dessenungeachtet hartnäckig verteidigt habe. Im übrigen sei es klar: Wenn die Philosophen (d.h. die Naturwissenschaftler) mit Evidenz beweisen würden, daß Kopernikus Recht habe, würde sogleich die Annahme seiner Theorie gestattet. In diesem Falle würde man sagen können, daß die Ausdrucksweise der Hl. Schrift sich auf die sichtbaren Himmelsphänomene beziehe, nicht auf deren physikalisch-astronomische Ursachen. Eine noch

---

61 Vgl. oben S. 163.
62 Vgl. FERRARIS III, Romae 1759, 336 f.; FERRARIS III, Romae 1767, 305 (Anmerkung zu „Haereticus").

schärfere Abfuhr wird Ferraris in der Anmerkung zu dem Artikel „Mundus" erteilt[63].

Der solchermaßen Angegriffene nutzte die Gelegenheit zu einer Selbstverteidigung, die ihm die Bologneser Ausgabe seines Werkes bot. Dabei bemühte er die schon einmal zitierten Autoritäten, fügte deren eine weitere hinzu, die dem gleichen Irrtum verfallen war, ohne jedoch wenigstens jetzt der Sache auf den Grund zu gehen[64].

Was jedoch aus der Untersuchung von Ferraris' „Bibliotheca" sichtbar wird, ist der schlechte Informationsstand und die mangelnde Sorgfalt sowohl von Ferraris als auch von seinen Gewährsleuten. Selbst der römische anonyme Korrektor muß sich diesen Vorwurf gefallen lassen, denn nicht einmal er nimmt die Tatsache zur Kenntnis, daß der Index von 1758 das entsprechende Bücherverbot nicht mehr enthielt.

Wertvoll an den Ausführungen von Ferraris bleibt indes seine wissenschaftstheoretische Skepsis, die ihn auf der „Hypothese" beharren ließ: „Quandonam de coelis venistis?" Diese Frage an die selbstsicheren Astronomen behielt ihre Berechtigung auch nach 1758. Die Streichung der kopernikanischen Literatur vom Index bedeutete nicht die kirchliche Anerkennung des kopernikanischen Systems, sie bedeutete nur, daß dessen Annahme keine biblisch-theologischen Bedenken mehr im Wege standen.

Diesem „neuen" Stand der Dinge entsprach es, daß man keinerlei Einwände erhob, als Gian Battista Guglielmini im Jahre 1789 einen ersten experimentellen Beweis für die Erdrotation - und zwar in

---

63 Vgl. FERRARIS IX (Additiones et Supplementa), Bononiae 1763, 140; FERRARIS V, Romae 1760, 212.
64 Vgl. A. M. DE LUGO, Dizionario storico portatile, Napoli 1754, s.v. „Galileo". D'ADDIO 116, glaubt, in der Anmerkung ein Dekret des Hl. Offiziums von 1712 gefunden zu haben, das freilich anderwärts nicht verifizierbar sei. Dem ist wohl nicht so. Einmal geht aus dem Text keinesfalls hervor, daß hier ein Zitat vorliegt - dies anzunehmen, verbietet schon die Grammatik -, zum anderen bezieht sich die Aussage mit großer Wahrscheinlichkeit auf das Index-Dekret von 1620.

Rom und deshalb mit dem kirchlichen „Imprimatur" - veröffentlichte[65].

Rückzugsgefechte

Im gleichen Jahr, da Guglielminis lateinische Version zu Bologna erschien, hielt der schon zu Lebzeiten berühmte Muratori-Nachfolger und Ex-Jesuit Girolamo Tiraboschi[66] einen Vortrag vor der Accademia de'Dissonanti zu Modena, in dem er nicht nur eine erstaunlich zutreffende Geschichte des frühen Kopernikanismus in Italien bot, sondern auch eine Darstellung des Falles Galilei, die der kritischen Töne diesem gegenüber nicht entbehrte[67]. Dennoch stellte er mit aller Deutlichkeit fest, daß die Kirche die Anhänger des kopernikanischen Systems niemals als Häretiker verurteilt habe und daß die zu strenge Maßnahme gegen Galilei eine Maßnahme des Hl. Offiziums gewesen sei, dem selbst die eifrigsten Katholiken niemals die Prärogative der Unfehlbarkeit zugeschrieben hätten. In dieser ganzen Angelegenheit sei vielmehr die göttliche Vorsehung zu bewundern, die, obgleich die Mehrzahl der Theologen von dem Widerspruch des Kopernikus zur Bibel überzeugt war, es nicht zugelassen hat, daß damals ein feierliches Lehrurteil der Kirche in dieser Sache erging.

Dennoch, meint Tiraboschi, sei auch die Behandlung des Falles Galilei nicht in jeder Hinsicht glücklich gewesen, da man sich zu sehr auf die Philosophen der peripatetischen Schule verlassen habe, die - ihrerseits gegenüber den Argumenten Galileis hilflos - sich hinter der Heiligen Schrift verschanzt hätten. Man hätte sich ernsthafter mit dem Problem der Bibel-Hermeneutik befassen müssen.

---

65 Vgl. G. B. GUGLIELMINI, Riflessioni sopra un nuovo sperimento in prova del moto diurno della terra, Roma 1789; DERS., De diurno terrae motu experimentis physico-mathematicis confirmato, Bononiae 1792. Dazu: G. TABARRONI, Giovanni Battista Guglielmini e la prima verifica sperimentale della rotazione terrestre, in: Angelicum 60 (1983) 462-486.
66 Girolamo Tiraboschi SJ, * 1731, † 1794. Vgl. SOMMERVOGEL VIII (1898) 34-48. Wir beziehen uns auf den Abdruck in G. TIRABOSCHI, Storia della Letteratura Italiana X, Roma 1797, 362-387.
67 Hierbei stützte er sich auf A. H. J. F. DE BÉRAULT-BERCASTEL, Histoire de l'Église 1-24, Paris 1778-1790, hier: 21, Paris 1790, 140-146.

Soweit Tiraboschi, der für das Urteil der gelehrten Welt seiner Tage wohl als repräsentativ angesehen werden darf.

An diesen Ausführungen nahm indes der damalige Magister Sacri Palatii, Tommaso Mamachi OP[68], Anstoß, dessen Anmerkungen der römischen Ausgabe des Werkes von Tiraboschi von 1797 beigefügt wurden. Mamachi, der sich als Historiker und Archäologe eines hervorragenden Rufes erfreute, widersprach nun der Behauptung Tiraboschis, das kopernikanische System sei „evidentemente confermato e dimostrato" und bemerkte dazu, daß selbst viele Kopernikaner es nicht als bewiesen ansähen. Dazu nahm nun Tiraboschi in einer „Lettera al rev. mo Padre N. N. ..."[69] Stellung, die er in seiner

---

68   Tommaso Maria Mamachi OP, * 1713 auf Chios, † 1792, 1781 Magister Sacri Palatii. Vgl. V. M. FASOLA, in: LThK2 VI (1961) 1338; MORONI 42 (1847) 95-97. Daß die anonymen Anmerkungen zu TIRABOSCHIS Werk von ihm stammten, teilt Anfossi mit. Vgl. MAFFEI 461.
69   Vgl. TIRABOSCHI X, 388 f. „Se con ragione non si permise in questa Capitale del Cattolico Mondo la ristampa della Storia della Letteratura Italiana del Sig. Cavaliere Abate Girolamo Tiraboschi senza la giunta di alcune annotazioni, che servissero di antidoto ai detti non abbastanza misurati, ed ai passi ingiuriosi a diversi Sommi Pontefici, che in essa sparsi quà, e là si leggevano; con maggior ragione permettere non si doveva, che senz'alcun correttivo si ristampasse cotesta lettera, in cui tutti quei detti, e quei passi epilogati si riuniscono, e con screditare, come inutili, o inconcludenti le annotazioni appostevi, si procura di giustificarli. Quindi per impedire il pregiudizio, che dalla di lei lettura derivar potrebbe a coloro, che o non si prendessero la cura di confrontare, e di ponderare i luoghi della Storia, e le note fattevi, o non fossero in istato di rilevare gli artifizi, co'quali l'Autore della Lettera tenta sopraffare il suo Avversario, a piè di pagina si farà una breve Analisi delle annotazioni, che si chiamano ad esame, e se ne mostrerà l'opportunità, e il valore.
Dicendosi nella Storia, che il sistema Copernicano è stato a'nostri tempi con molte ragioni, ed esperienze evidentemente confermato, e dimostrato, e riportandosi una Lettera del Galileo, nella quale si cerca di spiegare i passi della Sacra Scrittura, che lo combattono, e osservandosi, che lo stesso Galileo non fu condannato nè dalla Chiesa Universale, nè dalla Romana, ma solo dal Tribunale della Inquisizione, alcuni Lettori della medesima Storia potevano essere indotti ad opinare, che il predetto sistema fosse propriamente dimostrato, e che fosse lecito di sostenerlo come tesi; nè avessero ad intenderli letteralmente i passi della Bibbia, che ci rappresentano la terra immobile, ed a spacciare, che di tal sentimento era anche il nostro Istorico. Fu pertanto utile l'avvertirli, che il mentovato sistema non passava per dimostrato neppur presso molti, che lo adottavano, che non essendo dimostrato, non si aveva ad abbandonare il senso letterale delle Sacre Lettere, che ci dinota il moto diurno, ed eziandio annuo del sole, che le ragioni allegate in prova del movimento della terra, secondo le regole lasciateci dai santi Padri, e nominatamente da S. Agostino, si doveano rigettare come insussistenti, e fallaci, e che per la venerazione, ed obbedienza, che l'Autore della Storia professava alla Santa Sede Apostolica, stimavasi, ch'esso nel riferire istoricamente ciò, che in più libri avea letto intorno al sistema Copernicano, non avesse mai pensato di opporsi alle

Ausgabe von 1797 mit abdruckte. In diesem ziemlich ironischen - weil übertrieben höflichen - Brief gibt Tiraboschi zu, daß man in der Tat von „Beweis" nur da sprechen könne, wo es sich um einen stringenten geometrischen Beweis handle. Eine zweite Bemerkung Mamachis veranlaßte ihn gleichfalls zu einer Replik: Er wisse sich dem Pater zutiefst dafür zu Dank verbunden, daß dieser seiner Überzeugung, er, Tiraboschi, habe niemals die Absicht gehabt, den Dekreten Pauls V. und Urbans VIII. in Sachen Kopernikus und Galilei zu widersprechen, Ausdruck gegeben habe. Im übrigen werde er niemals mehr die von Mamachi gerügte unpassende Ausdrucksweise verwenden.

Als nun diese „Lettera al rev. mo Padre N. N." zusammen mit der Ausgabe der „Storia della Letteratura Italiana" zur Erteilung der Druckerlaubnis Mamachi vorgelegt wurde, zögerte er nicht, auch hierzu seine Anmerkungen zu machen. Diese erklären zum guten Teil die im Jahre 1820 erhobenen Einwände des Amtsnachfolgers Mamachis gegen Setteles „Elementi di Ottica e di Astronomia", die mit jenen von 1797 nahezu identisch sind[70].

Diese Kontroverse, die übrigens zugleich erkennen läßt, wie man im damaligen Rom Freiheit wissenschaftlicher Diskussion mit kirch-

---

determinazioni de'Sommi Pontefici Paolo V., e Urbano VIII., il primo de'quali per Decreto della Sacra Congregazione dell'Indice 6. Marzo del 1616. sospese, e proibì i libri, che difendevano la mobilità della terra, e la stábilità del sole, e per mezzo del Ven. Cardinal Bellarmino, e del Commisario del S. Uffizio fece ammonire, e comandare al Galileo di non sostenere, o insegnare a voce, o in scritto la predetta opinone, perchè alle Sacre Scritture ripugnante; il secondo approvò la sentenza contro lo stesso Galileo profertta dal Tribunale della Santa Romana Inquisizione, e la condanna del di Lui Dialogo sopra i due Massimi Sistemi del Mondo, Tolemaico, e Copernicano proibito dalla indicata Sac. Congregazione dell'Indice con Decreto de'23. Agosto 1634. Onde non può affermarsi, che il Galileo sia stato condannato dal solo Tribunale della Inquisizione. Che se l'Autore delle Annotazioni ha troppo favorevolmente interpretato la intenzione dello Storico, egli non è biasimevole, ma lodevole per averne giudicato secondo le massime della carità Cristiana: e altronde, se lo Storico avesse pensato di opporsi alle determinazioni de'mentovati Sommi Pontefici, nessun buon Cattolico, avendole presenti, ardirà imitare il di lui esempio, massime sapendo, che la proibizione di sostenere, come Tesi, il Sistema Copernicano fatta dalle Sacre Congregazioni del S. Ufficio, e dell'Indice è stata riconosciuta ragionevole perfino dal celebre Mattematico Cristiano Wolfio, benchè di professione Luterano in discursu preliminari philosophicae rationalis. Edit. Veronensis 1735, pag. 65. seq."
70   TIRABOSCHI X, 389 f. Vgl. C. WOLFF, Philosophia rationalis sive logica, Francofurti - Lipsiae 1729, dann öfters.

licher Zensur zu verbinden verstand, wurde zur gleichen Zeit ausgetragen, da der Astronom Giuseppe Calandrelli in seinem römischen Observatorium die Bahnen des Merkur beobachtete und beschrieb (1786), bis er schließlich dank der finanziellen Unterstützung durch Pius VII. seine „Opuscoli" - von aller Zensur unangefochten - veröffentlichen konnte, die das kopernikanische System voraussetzten[71].

Dies war in zunehmendem Maße als selbstverständlich angenommen worden, und als der Dominikaner D. Pini im Jahre 1806 zu Mailand sein gerade vierundachtzig Seiten umfassendes Schriftchen „L'incredibilità del moto della Terra brevemente esposta" veröffentlichte, erntete er damit nur Gelächter[72]. Zur gleichen Zeit arbeitete man im gleichen Mailand an der großen dreizehnbändigen Galilei-Ausgabe, deren Bände 11 und 12 den „Dialogo" samt Abschwörung und Sentenz von 1633 enthielten: Der nationale Ruhm Italiens, das in Kunst und Wissenschaft alle anderen Nationen übertrifft, sollte dergestalt ins Licht gestellt werden[73].

Dies also war die wissenschaftliche Situation am Vorabend der nun darzustellenden Affäre Settele: Das kopernikanische System, korrigiert, begründet, verfeinert durch die Ergebnisse von knapp zweihundert Jahren astronomischer Forschung, hatte mehr und mehr Anerkennung gefunden, oder besser gesagt, war immer selbstverständlicher geworden, wiewohl - wie man wenigstens heute urteilt - erst Friedrich Wilhelm Bessels Entdeckungen aus dem Jahre 1838 einen überzeugenden Beweis dafür geliefert haben.

Man wird wohl nicht fehlgehen, wenn man darin auch eine Folge davon erblickt, daß die breiten Schichten der Gebildeten sich mehr und mehr die Denkweise der empirischen Naturwissenschaften zu eigen gemacht hatten, während die philosophische Reflexion über deren Voraussetzungen und Tragweite nur noch in „konservativen"

---

71 Giuseppe Calandrelli, * 1749 zu Zagarolo (Rom), † 1827, war ein international hoch angesehener Mathematiker, Physiker und Astronom. Vgl. U. BALDINI, in: DBI 16 (1973) 440-442. Sein auch von Settele zitiertes Werk: „Opuscoli Astronomici I-VIII", Roma 1803-1824.
72 Vgl. CINTI 349 f.
73 Vgl. CINTI 351-356.

Kreisen beheimatet war. Folge davon war ein Erkenntnisoptimismus, der sich an empirischen Ergebnissen, die sich nun in explosionsartiger Weise vermehrten, geradezu berauschen - und darüber die erkentnistheoretischen, wie die damit verbundenen ethischen Probleme vergessen konnte.

2. DIE LÖSUNG

1. Der Kontext des Verfahrens von 1820

Die Untersuchung jener geistes- und kulturgeschichtlich bedeutsamen Vorgänge um das „Imprimatur" für das astronomische Lehrbuch des Professors Settele, der das heliozentrische Weltsystem lehrte, führt uns in das Rom der Jahre um 1820. Jahre, die man gemeinhin der Epoche der „Restauration" zurechnet. Es waren die letzten Jahre des 1800 gewählten und 1823 verstorbenen Pius VII. - Barnaba Chiaramonti[1].

Der Erlebnis- und Erfahrungshorizont jener Generation war und blieb entscheidend bestimmt von der Wirkung jenes Mannes, nach dem man seine Zeit als die „Epoca Napoleonica" benannt hat. Es war die Französische Revolution, deren Folgen in vielfältiger und tiefgreifender Weise das Staatengefüge Europas und in besonderer Weise Italiens erschüttert und umgebrochen haben. Der Zusammenbruch des Kirchenstaates unter dem brutalen Zugriff Napoleons, begleitet von widerlichen Ausschreitungen gegenüber der Kirche, blieb unauslöschlich in das Gedächtnis der Zeitgenossen eingeprägt. Soweit sie Angehörige der Römischen Kurie waren, vermochten sie jene Jahre nicht zu vergessen, in denen sie in alle Winde zerstreut und ihre Dikasterien de facto aufgelöst und funktionsunfähig waren.

Wer von den Zeitgenossen hätte es schließlich vermocht, die unbeschreibliche Mißhandlung aus dem Gedächtnis zu tilgen, die dem achtzigjährigen Pius VI. durch Napoleon widerfahren war, der den greisen Papst 1798 erst nach verschiedenen Orten Italiens und endlich nach Valence verschleppte, wo Pius VI. am 29. August 1799 verschied.

Erst am 14. März 1800 hatte daraufhin in einem durch die Umstände sehr erschwerten Konklave zu Venedig dank der Umsicht und Energie des späteren Kardinals Ercole Consalvi und mit Unterstützung des Wiener Hofes eine Neuwahl stattfinden können, aus der Barnaba Chiaramonti als Pius VII. hervorgegangen war.

---

1 Vgl. J. SCHMIDLIN, Papstgeschichte der neuesten Zeit I, München 1933, 1-366.

Ihm war dann wohl die Wiederherstellung der päpstlichen Herrschaft in Rom möglich gewesen, doch hatten schon im Jahr darauf die Vorgänge um den Abschluß des Konkordates mit Napoleon für die Zukunft nichts Gutes verheißen. Die Brüskierung des Papstes, der, den Pressionen Napoleons ausgesetzt, nach Paris gereist war, um sich dann bei der Krönung Napoleons zum Kaiser der Franzosen 1804 in der Rolle eines Statisten wiederzufinden, hatte sich in einer Reihe weiterer napoleonischer Willkürakte fortgesetzt, die in der Besetzung Roms durch französische Truppen (Februar 1808) und in der Annexion des Kirchenstaates durch Frankreich (17. Mai 1809) ihren Gipfel erreicht hatte.

Als Pius VII. daraufhin Napoleon öffentlich exkommuniziert hatte, war es ihm nicht anders als seinem Vorgänger ergangen: auch er war mit Gewalt erst nach Grenoble und schließlich nach Savona, der Kardinalstaatssekretär Pacca auf die Festung Fenestrelle verbracht worden. Neue Bedrängnisse waren dem Papst und den gleichfalls deportierten Kardinälen erwachsen, als sie zur Teilnahme an der unkanonischen Eheschließung Napoleons mit Marie Louise von Österreich (2. April 1810) befohlen, sich zum großen Teil dieser Zumutung widersetzt hatten und ferngeblieben waren. Jene insgesamt sechzehn Kardinäle, an ihrer Spitze Consalvi, sind, da Napoleon ihnen deshalb das Tragen des Purpurs verboten hatte, als „Cardinali Neri" in die Geschichte des Widerstands gegen den Korsen eingegangen.

Darauf war 1812 die Deportation Pius' VII. nach Fontainebleau und jener zynische Coup Napoleons gefolgt, mit dem er die Unterschrift des physisch gebrochenen Papstes unter jene die kirchlichen Belange schädigenden Vereinbarungen erreichte, die der Kaiser sofort als ein neues Konkordat hatte verkünden lassen. Unvergessen blieben dem Papst und den Seinen auch die tagelangen schweren Gewissensqualen, die Pius VII. zum Widerruf der Unterschrift bewogen hatten.

Als dann Napoleons Herrschaft zusammengebrochen und der Kirchenstaat durch den Wiener Kongreß 1815 wiederhergestellt war, hatten Pius VII. und Consalvi, nun wieder Staatssekretär, an den Wiederaufbau aus Ruinen denken können.

Nun schrieb man also das Jahr 1820. Das in den letzten beiden Jahrzehnten Erlebte und Erlittene war den maßgeblichen Persönlichkeiten in kaum vermindertem Maße präsent, war Teil ihres Lebens geworden, hatte Persönlichkeit und Denken geprägt. Es wäre unter diesen Umständen nur zu verständlich, hätte sich in den Kreisen um Papst und Kurie ein dezidiert reaktionäres, in Nostalgie dem „Ancien Régime" zugewandtes fortschrittsfeindliches Denken herausgebildet.

Mag dies nun auch mehr oder weniger auf die politisch-administrativ-ökonomische Regierung des Kirchenstaates zutreffen - die Reformen Consalvis waren durchaus beachtlich - so kann dies jedoch kaum ohne weiteres von dem gelten, was man heute Wissenschafts-, Bildungs- und Kulturpolitik nennen würde. Zwar ist dieses Feld bisher noch nicht einmal von der stadtrömischen Geschichtsforschung in zureichendem Maße als Forschungsgegenstand in den Blick genommen worden, doch läßt das Wenige, das dennoch bekannt ist, auf ein lebendiges Forschen, Schreiben und Lehren im Rom der nachnapoleonischen Jahre schließen. Zweifellos war die große finanzielle Not, die infolge der politischen Umbrüche auf dem Kirchenstaat lastete, ein schwer zu überwindendes Hindernis für die staatliche Wissenschaftsförderung.

Die Akademien der Lincei[2], auch die Arcadia[3] und die Archäologische Akademie[4] hielten ihre Sitzungen ab. Vor allem aber erwies sich die Accademia di Religione cattolica als sehr vital[5]. Sie erlebte nach der Unterbrechung von 1809-1814 einen geradezu stürmischen

---

2   Vgl. E. SCHETTINI PIAZZA, Bibliografia storica dell'Accademia Nazionale dei Lincei, Firenze 1980.
3   Vgl. neuestens den Katalog zur Ausstellung „Tre secoli di storia dell'Arcadia", Roma 1991, der auch mehrere Abhandlungen zum Thema enthält und den neuesten Forschungsstand repräsentiert. Dazu auch M. T. ACQUARO GRAZIOSI, L'Arcadia. Trecento anni di storia, Roma 1991.
4   Vgl. C. PIETRANGELI; La Pontificia Accademia Romana di Archeologia, Roma 1983.
5   Vgl. A. PIOLANTI, L'Accademia di Religione Cattolica. Profilo della sua Storia e del suo Tomismo (= Biblioteca per la storia del Tomismo 9), Città del Vaticano 1977.

Aufschwung. Sie erkannte in der Auseinandersetzung mit der von der Aufklärung bestimmten zeitgenössischen Wissenschaft ihre eigentliche Aufgabe, die die Akademie in zahlreichen Vorträgen erfüllte. Am Vorabend der hier darzustellenden Ereignisse war auch die Gründung des „Giornale Arcadico" durch den damals erst dreißigjährigen Fürsten Pietro Odescalchi erfolgt[6]. Mit seinem Programm griff er weit über die ursprünglich rein literarisch-poetische Zielsetzung der berühmten Arcadia hinaus, indem er durch das neugegründete Organ auch die Ergebnisse der naturwissenschaftlichen Forschung der interessierten Öffentlichkeit bekannt machen wollte. Auch die im übrigen durch Pius VII. besonders geförderte Archäologie fand hier ein literarisches Forum. Der Zustrom fremder Reisender - vor allem aus den nördlichen Ländern - nach Rom nahm nun zu, und deutsche wie englische und skandinavische Künstler und Literaten gaben sich ein Stelldichein am Tiber. Sie waren im übrigen in Rom gern gesehene Gäste. Nicht zuletzt waren sie es, die den Austausch von Informationen und Ideen ermöglichten.

Die römischen Hochschulen hatten sowohl unter den politischen Umwälzungen als auch unter der drückenden öffentlichen und privaten Armut sehr zu leiden. Die „Sapienza", von Pius VII. sogleich nach seiner Wahl wiedereröffnet, war durch denselben Papst vor allem durch naturwissenschaftliche und medizinische Lehrstühle bereichert worden. Das heikle Problem, das durch die Leistung des Treueeides gegenüber dem französischen Besatzungsregime durch die Mehrzahl der Professoren entstanden war, löste Pius VII. in generöser Weise. Die am meisten Kompromittierten wurden nur zu dreitägigen geistlichen Übungen verpflichtet[7]. Wenige Jahre nach der Rückkehr des Papstes zählte die Universität fünf Fakultäten mit dreiundvierzig Lehrstühlen. Für die Sensibilität Pius' VII. gegenüber den geistigen Herausforderungen seiner Zeit zeugt es, daß er

---

6 Vgl. oben 288f.
7 Vgl. A. P. BIDOLLI, Contributo alla storia dell'Università degli Studi di Roma - La Sapienza durante la Restaurazione, in: Annali della Scuola Speciale per gli Archivisti e Bibliotecari dell'Università di Roma 19/20 (1979/1980) 71-110, hier: 76. Überblick bei N. SPANO, L'Università di Roma, Roma 1935, 61-69.

in der philosophischen Fakultät der „Sapienza" einen Lehrstuhl für die „Fisica sacra" errichtete. Von dessen Inhaber wurde erwartet, daß er sich mit der religionsfeindlichen Interpretation der naturwissenschaftlichen Forschungsergebnisse auseinandersetzte[8]. Ein Blick auf das Vortragsprogramm der Accademia di Religione Cattolica läßt bei dieser eine gleiche Zielsetzung erkennen[9].

Seit 1816 arbeiteten die Kardinäle Litta, Fontana, di Pietro, Della Somaglia und Pacca mit dem Sekretär ihrer Kommission, Mons. Bertazzoli, an einer Universitätsreform für den gesamten Kirchenstaat. Es sind dies Namen, die uns noch mehrfach begegnen werden[10].

---

8   Vgl. PIOLANTI, passim.
9   Vgl. BIDOLLI 76.
10 Vgl. SCHMIDLIN I, 173-175; M. PAVAN, Le istituzioni culturali nella Roma Napoleonica, in: Rivista Italiana di Studi Napoleonici 24 (1987) 119-135; BIDOLLI, passim. Hier auch die ältere Literatur.

2. Index-Kongregation und Heiliges Offizium

Behörden und Verfahrensweisen

Nachdem das Werk von Nikolaus Kopernikus „De revolutionibus orbium coelestium", erschienen im Jahre 1543 zu Nürnberg, im Jahre 1616 zusammen mit den gleichfalls heliozentrischen Werken von Zuñíga[1] und Foscarini[2] - ebenso wie später auch Kepler[3] - auf den Index der verbotenen Bücher gesetzt worden war[4], konnte auch nur die S. Congregatio Indicis[5] zuständig sein, wenn es galt, diese Maßnahme zu modifizieren oder gar zurückzunehmen. Schon an dem Verfahren von 1616 war übrigens auch das Heilige Offizium - oder korrekt: Sacra Congregazione della romana ed universale Inquisizione - beteiligt gewesen, vor deren Tribunal überdies der Prozeß Galileis im Jahre 1633 stattgefunden und mit Galileis Verurteilung und Abschwörung geendet hatte. Damit ist auch die Zuständigkeit des Heiligen Offiziums für die weiteren Schicksale dieser cause célèbre gegeben[6]. Mit dem Magister Sacri Palatii - Mae-

---

1 Vgl. DIDACI A STUNICA (Diego López de Zuñíga) In Job Commentaria, Toleti 1584. Hier steht in Frage die Seite 205.
2 Vgl. P. A. FOSCARINI, Sopra l'opinione de'Pittagorici e del Copernico nella quale si accordano e si appaciano i luoghi della Sacra Scrittura e le riproposizioni teologiche che possono addursi contro di tale opinione, Napoli 1615.
3 Vgl. J. KEPLER, Epitome Astronomiae Copernicanae ... I; Lentiis ad Danubium 1618.
4 Vgl. oben S. 96
5 Vgl. F. H. REUSCH, Der Index der verbotenen Bücher. Ein Beitrag zur Kirchen- und Literaturgeschichte I, Bonn 1883, 429-434; J. H. BANGEN, Die Römische Curie, ihre gegenwärtige Zusammensetzung und ihr Geschäftsgang. Nach mehrjähriger eigener Anschauung dargestellt, Münster 1854, 124-145; G. PHILLIPS, Kirchenrecht VI, Regensburg 1864, 598-624; N. DEL RE, La Curia Romana. Lineamenti storico-giuridici (= Sussidi Eruditi 23), Roma ³1970, 325-329; MORONI 16 (1842) 211-216; 34 (1845) 166-173. Am ausführlichsten J. M. J. BAILLES, La Congrégation de l'Index mieux connue et vengée, Paris 1866.
6 Vgl. REUSCH, Index I, 169-179; DEL RE, Curia, 89-101; PHILLIPS VI, 583-598; BANGEN 91-124; MORONI 16 (1842) 220-237; 36 (1846) 40-46; C. HENNER, Beiträge zur Organisation und Competenz der päpstlichen Ketzergerichte, Leipzig 1890, 364-374; P. HINSCHIUS, System des katholischen Kirchenrechts mit besonderer Rücksicht auf Deutschland I (= Das Kirchenrecht der Katholiken und Protestanten in Deutschland), Berlin 1869, 448-451.

stro del Sacro Palazzo[7] - kommt eine weitere Größe ins Spiel. Diese drei Instanzen gilt es also vorzustellen, bevor von den Ereignissen um Kopernikus und Galilei in den Jahren 1820 ff. gehandelt werden soll.

Dazu ist jetzt schon zu bemerken, daß deren Zusammenwirken, was die beiden Kongregationen betrifft[8], infolge der unbefriedigenden Aktenüberlieferung etc. nicht mehr im Detail rekonstruierbar ist - wobei überhaupt die Frage gestellt werden muß, ob nicht diese zwischenbehördlichen Kontakte häufig völlig formlos und mündlich erfolgten. Beide Dikasterien waren ja im gleichen Palazzo S. Uffizio untergebracht, und ihr Personal war in nicht wenigen Fällen identisch. Auch der Magister Sacri Palatii war geborenes Mitglied des Heiligen Offiziums und der Indexkongregation.

Als erste der drei genannten Instanzen sei das Heilige Offizium vorgestellt. Sein Präfekt war bis zur Neuordnung der Kurie durch Paul VI. jeweils der Papst selbst, womit die überragende Bedeutung der Reinheit des Glaubens und damit auch der Rang der Kongregation ausgedrückt werden sollte. Deswegen führte die Kongregation auch die Bezeichnung „Suprema Congregatio ...".

Der tatsächlich die Behörde leitende Kardinal trug darum den Namen „Secretarius". Ihm zur Seite stand als erster der Offizialen der „Commissarius Sancti Officii" - so jedenfalls Bangen und Phillips -, dessen Aufgabe die Führung der Prozesse war, wobei er von zwei „Socii" bzw. „Compagni" unterstützt wurde. Commissarius wie Compagni gehörten traditionsgemäß dem Dominikanerorden an, und zwar entsprechend einem Privileg Pius' V. der lombardischen Ordensprovinz.

An der Seite des Commissarius stand der „Assessor Sancti Officii", der dem Weltklerus angehörte und unter den Prälaten der Kurie einen bevorzugten Rang einnahm. Da es seine Aufgabe war, in

---

7   Vgl. MORONI 41 (1846) 199-219; PHILLIPS VI, 541-545; K. SCHRÖDL, in: KL2 VIII (1893) 463-465. Klassisch ist J. CATALANUS, De Magistro Sacri Palatii Apostolici libri duo, Romae 1751.

8   Hierzu ist zu bemerken, daß es im Gegensatz zu der vorzüglichen Darstellung der Geschichte der Propaganda-Kongregation durch J. METZLER und seine Mitarbeiter (Sacrae Congregationis de Propaganda Fide Memoria Rerum 1622-1972 I-III, Rom - Freiburg - Wien 1971-1976) keinerlei behördengeschichtliche Darstellungen von Offizium und Index gibt. Ein dringendes Desiderat!

der Vollversammlung der Kardinäle der Kongregation zu referieren, trat der Assessor meist mehr hervor als der Kommissar. Indes legt die Reihenfolge im „Diario di Roma" eine umgekehrte Rangordnung nahe: Assessor vor Commissarius! Auf ihn folgten im Rang der „Promotor fiscalis" und der „Advocatus reorum", deren Funktionen etwa denen von Staatsanwalt und Verteidiger im weltlichen Gerichtswesen entsprachen. Damit ist das ständige Behördenpersonal der oberen Ränge genannt.

Die eigentliche Kongregation, deren ausführende Organe die erwähnten Beamten waren, bestand jedoch aus einer Zahl von acht bzw. neun, später auch mehr Kardinälen. Ihnen kam die gemeinschaftlich auszuübende Jurisdiktion zu, ihre Beschlüsse wurden jeweils dem Papst vorgelegt, und von ihm meist *vivae vocis oraculo* bestätigt.

Für ihre Entscheidungsfindung bediente sich die Kongregation der Konsultoren. Diese waren meist auch in anderen kurialen Funktionen tätige Bischöfe, zum größeren Teil jedoch hochrangige in Rom residierende Ordensleute, die nicht selten auch als Professoren an römischen Hochschulen lehrten. Der General des Dominikanerordens sowie der später noch eigens zu würdigende Magister Sacri Palatii und ein Franziskanerkonventuale waren „Consultores nati" des Hl. Offiziums. Das waren Reminiszenzen an die Bedeutung dieser beiden Orden für die Anfänge der Inquisition im 13. Jahrhundert. Eine besondere Gruppe stellten die sogenannten Qualifikatoren dar, deren Name sich von ihrer Aufgabe herleitete, ihnen vorgelegte Lehren bzw. Schriften hinsichtlich ihres Wahrheits- bzw. Irrtumsgehaltes näher zu bestimmen. Unter ihnen fanden sich zumeist besonders angesehene Theologen und Kanonisten.

Diese Organisation hatte die von Paul III. 1542 errichtete Kongregation durch Sixtus V. kraft seiner Bulle „Immensa"[9] vom Jahre 1587 erhalten, mit der dieser Papst die Römische Kurie von Grund auf reorganisiert hatte. Sie bestand im großen und ganzen auch noch

---

9   Vgl. BULLARUM ETC. ROMANORUM PONTIFICUM AMPLISSIMA COLLECTIO ..., opera et studio C. COCQUELINES IV-IV, Romae 1747, 392-401, hier: 393.

im Jahre 1820, in welchem die hier darzustellenden Vorgänge sich ereigneten. Auch der im wesentlichen bis heute beobachtete Geschäftsgang ist durch diese Bulle grundgelegt. Ihm zufolge tagten die Konsultoren jeweils montags und legten die Ergebnisse ihrer Beratungen den Kardinälen vor, die in ihrer Mittwochssitzung darüber entschieden. Dementsprechend bezeichnet man bis heute diese Sitzungen einfach als „Feria Quarta". Sitzungen in Anwesenheit des Papstes fanden donnerstags statt.

Zu den Obliegenheiten des Hl. Offiziums gehörte ursprünglich auch die Bücherzensur, bis Pius V. im Jahre 1571 hierfür eine eigene Kongregation, die S. Congregatio Indicis, errichtete. Die in unserem Berichtszeitraum gültige Organisation dieses Dikasteriums geht auf die Bulle Benedikts XIV. „Sollicita ac provida"[10] vom 9. Juli 1753 zurück. In ihr ist auch die Verfahrensordnung der Kongregation, die sich, anders als das Hl.Offizium, in ihrer Struktur von den anderen Kongregationen nicht unterschied, enthalten.

Das Verfahren der Indexkongregation war so geregelt, daß es deren Sekretär oblag, zu entscheiden, ob diese sich mit einem angezeigten Buche befassen solle oder nicht. Um hierüber zu einem Urteil zu gelangen, sollte zunächst der Anzeigende nach seinen Gründen befragt werden, worauf der Sekretär die Stichhaltigkeit dieser Gründe durch die Lektüre des Buches zu prüfen hatte. Alsdann hatte er im positiven Falle zwei Konsultoren zu bestimmen, denen durch den Papst oder auch durch den Präfekten der Auftrag zu Gutachten über das inkriminierte Werk zu erteilen war. Nur wenn diese einmütig ausfielen, setzte der Sekretär die Angelegenheit auf die Tagesordnung der Kongregation. Nun beauftragte der Präfekt einen Konsultor mit der Erstattung eines neuerlichen Gutachtens vor der „Congregatio praeparatoria", also der Versammlung der Konsultoren, die normalerweise einmal im Monat tagte. Sie

---

10 Vgl. SS. D. N. BENEDICTI PAPAE XIV. BULLARIUM IV, Romae 1757, 115-124. Vgl. J. HILGERS, Der Index der verbotenen Bücher. In seiner neuen Fassung dargelegt und rechtlich-historisch gewürdigt, Freiburg i. B. 1904, 59-69.

bestand jedoch nicht aus allen Konsultoren, sondern nur aus jenen, die der Sekretär auf Grund ihrer speziellen Kompetenz dazu einlud.

Erst jetzt war die Reihe an den Kardinälen selbst, denen ja das Urteil zustand. Sie konnten auch Maßnahmen ergreifen, die die Rücksicht auf den Autor nahelegen mochte. So etwa konnten weitere Gutachten von Bischöfen oder Fakultäten eingeholt, insbesondere aber der Autor selbst oder ein Vertreter desselben angehört werden, welch letzterer als eine Art Pflichtverteidiger sogar von der Behörde selbst ernannt werden konnte. Letztere Möglichkeiten sollten insbesondere dann ausgeschöpft werden, wenn es sich um einen verdienten katholischen Autor handelte, in dessen Werk die eine oder andere Stelle als anstößig betrachtet wurde. Dergleichen konnte dann beanstandet und das Buch „donec corrigatur"[11] verurteilt werden, wobei man jedoch dieses Dekret nicht veröffentlichte und der Autor Gelegenheit zur Klarstellung erhielt. Nur im Falle, daß er sich weigerte, dies zu tun, schritt man zur Veröffentlichung. Im übrigen war die Mahnung der Bulle „Sollicita ac provida" zu beachten, derzufolge bei der Auswahl der zu befassenden Personen strikte Unparteilichkeit gewahrt werden mußte.

Es liegt auf der Hand, daß in unserem Falle dieses Verfahren nur analog anzuwenden war, ging es doch um das Gegenteil eines Verbots: Ein „Imprimatur" mußte gegen den Magister Sacri Palatii durchgesetzt, und früher ausgesprochene Verbote mußten aufgehoben werden. Dabei arbeiteten, wie zu zeigen sein wird, beide Behörden eng zusammen, um das beiden gemeinsame Ziel zu erreichen. Ein solches Vorgehen war indes nur möglich, wenn auch die beteiligten Kardinäle, Offizialen und Konsultoren einer Meinung waren und an einem Strang zogen. Darum ist ein Blick auf die wichtigsten der beteiligten Personen[12] zu werfen.

Da nun fällt es sogleich ins Auge, daß die Kardinalsmitglieder der beiden Kongregationen zum größten Teil identisch waren. So waren

---

11 Dies war z.B. mit Kopernikus etc. 1616 bzw. 1620 geschehen. Vgl. oben S. 96
Ein interessantes Beispiel für ein korrigiertes Exemplar von DIDACUS A STUNICA findet sich in der Biblioteca Casanatense unter der Signatur KK VII 32.
12 Das Personal der Kongregationen ist aufgelistet in: Notizie per l'anno 1820 dedicato all'Em.o e Re.mo Principe il Signor Cardinale Pietro Vidoni Diacono di S. Nicola in Carcere, Roma 1820. Hier die Inquisition bzw. das Hl. Offizium: 55 f., die Indexkongregation: 61-63.

della Somaglia, di Pietro, Pacca, Caselli, della Genga, de Gregorio, Opizzoni und Fontana in beiden Kongregationen tätig. Dabei ist zu bemerken, daß in der Person della Somaglias der Sekretär des Offiziums in der Indexkongregation saß, während deren Präfekt di Pietro Mitglied des Hl. Offiziums war. Lediglich im Hl. Offizium saßen Galeffi, Brancadoro, Gabrielli und Consalvi, während die Kardinäle Spina und Ruffo Scilla nur der Indexkongregation angehörten. Von den bischöflichen Konsultoren gehörten überdies Bertazzoli und Caprano beiden Kongregationen an, von den übrigen Toni, Demont und Ostini. Frattini saß nur im Hl. Offizium.

Daß unter diesen Umständen die denkbar engste Kommunikation zwischen beiden Behörden gewährleistet war, erstaunt ebensowenig wie die daraus leicht erklärliche Kargheit aktenmäßigen Niederschlags der Zusammenarbeit von Index und Offizium.

Kardinäle und Konsultoren

Bei dem nun zu unternehmenden Versuch einer prosopographischen Skizzierung der beiden Kongregationen stoßen wir - und das ist von vornherein zu unterstreichen - sehr bald an enge Grenzen. Außer dem vorzüglichen „Dizionario biografico degli Italiani" gibt es für die hier in Frage stehenden Jahre kaum biographische Hilfsmittel. Moronis großes Werk, das zu vielen der hier vorzustellenden Persönlichkeiten Material bietet, beschränkt sich in den allermeisten Fällen auf Daten des äußeren Lebenslaufes, und läßt uns über geistige, kirchenpolitische Orientierungen im ungewissen. „Enciclopedia Cattolica" und „Enciclopedia Italiana" repräsentieren nur den Forschungsstand ihrer Erscheinungsjahre. Reich an Auskünften und Wertungen ist hingegen das „Tableau des Cardinaux", das der österreichische Gesandte in Rom, Graf Apponyi, 1821 im Hinblick auf ein bevorstehendes Konklave entworfen und dem Fürsten Metternich vorgelegt hat[13]. So sei also der Versuch unternommen.

---

13 Vgl. HHStA Wien, Staatskanzlei Rom, Varia 32 (drei Hefte). Graf Anton Apponyi (1782-1852), Freund und Förderer von Kunst und Wissenschaft, Gesandter in London und Rom, seit 1826 in Paris. Vgl. WURZBACH 1 (1856) 57.

Dabei begegnet uns als erster der Sekretär des Hl. Offiziums und Mitglied der Indexkongregation, Kardinal Giulio Maria della Somaglia (1744-1830), der von 1814 bis zu seinem Tode dieses Amt bekleidete[14]. Aus altem norditalienischem Adel stammend, hat er als letzter der von Pius VI. kreierten Kardinäle 1795 den „Roten Hut" erhalten. In zahlreichen auch zivilen Regierungsämtern bewies er Energie und Klugheit. Daß ihm auch Grundsatztreue und Charakterfestigkeit eigneten, zeigte er als einer der „Cardinali neri". Am Wiederaufbau des Kirchenstaates wirkte er maßgeblich mit, Leo XII. machte ihn 1823 zum Nachfolger Consalvis im Amt des Kardinalstaatssekretärs. Im Verlaufe unserer Angelegenheit traf er auch mit Settele zusammen, der ihn in seinem Tagebuch nicht nur liebenswürdig, sondern auch in der Astronomie wohl unterrichtet nennt[15]. Er stand fest und mit Überzeugung auf Setteles Seite. Man lobte ihn als vollendeten Mann von Welt, der Geist und Talent besaß, als Doyen des Hl. Kollegiums ein großes Haus führte, auf die Kardinäle nicht geringen Einfluß ausübte und beim hohen römischen Adel, mit dem er regen Umgang pflegte - auch mit der Familie Napoleons - wohl gelitten war[16]. Auch sagte man ihm nach, er sei in seiner Jugend ein Freigeist gewesen, ja sogar Illuminat. Zu Consalvi stand er in entschiedenem Gegensatz. Im Konklave nach dem Tod Pius' VII. war er der Kandidat Frankreichs und Österreichs, wobei er zwölf Stimmen auf sich vereinigen konnte[17]. Als Staatssekretär zeigte er sich vorsichtig und kritisch gegenüber Anklagen, die aus Deutschland gegen deutsche Bischöfe erhoben wurden[18].

---

14 Vgl. RITZLER - SEFRIN VI, 38 bzw. 87 (hier die Karriere bis zum Kardinalat); MORONI 67 (1854) 175-181.
15 Vgl. TB Settele, 22. August 1820 (MAFFEI, 342).
16 Vgl. HHStA, Tableau I fol. 1 v-2 r.
17 Vgl. SCHMIDLIN I, ad Indicem.
18 Vgl. H. H. SCHWEDT, Das römische Urteil über Georg Hermes (1775-1831). Ein Beitrag zur Geschichte der Inquisition im 19. Jahrhundert (= Römische Quartalschrift. Supplementheft 37), Rom - Freiburg - Wien 1980, 34 f.

In beiden Kongregationen saß auch Kardinal Michele di Pietro (1747-1821)[19]. Nach Tätigkeit als Professor für Theologie, Kanonisches Recht und Kirchengeschichte am Collegio Romano ernannte ihn Pius VI. zum Titularerzbischof von Isauria. Während der Gefangenschaft Pius' VI. war er Legat und Gouverneur der Stadt Rom. 1801 zum Kardinal Pius' VII. in petto kreiert und 1802 publiziert, teilte er zum zweitenmal die Gefangenschaft eines Papstes durch Napoleon. Nachdem Pius VII. die Vereinbarungen von Fontainebleau unterschrieben hatte, war di Pietro einer jener Berater des Papstes, die ihn zum Widerruf seiner Unterschrift bewogen. Seine Mitarbeit an der Verurteilung der Synode von Pistoia durch die Bulle „Auctorem fidei", an der Exkommunikationsbulle gegen Napoleon und an der Konklaveordnung vor dem Tod Pius' VI. zeigen ihn nicht nur als anerkannten Kanonisten, sondern auch als unerschrockenen Vertreter des päpstlichen Standpunkts. Di Pietro war eng mit den Barnabiten-Kardinälen Gerdil und Fontana befreundet und war ob seiner Wohltätigkeit hoch angesehen. Er starb am 2. Juli 1821 zu Rom.

Francesco Luigi Fontana (1750-1822) gehörte, wie zwei seiner Brüder, dem Barnabitenorden an, innerhalb dessen der vor allem literarisch hochbegabte junge Kleriker sehr erfolgreich als Lehrer und Erzieher tätig war[20]. Während der französischen Besetzung bewies Fontana als Provinzial seines Ordens in Norditalien höchstes Geschick unter schwierigsten Verhältnissen, was ihn für das Amt des Ordensgenerals prädestinierte, das er 1807 übernahm. 1809 teilte er die Gefangenschaft Pius' VII., den er schon zur Krönung Napoleons nach Paris begleitet hatte. Infolge seiner Mitarbeit an der Exkommunikationsbulle gegen Napoleon wurde er drei Jahre in Vincennes im Gefängnis gehalten, wo sich auch Opizzoni, di Pietro

---

19 Vgl. RITZLER - SEFRIN VI, 245; VII, Patavii 1968, 8 f.; MORONI 53 (1851) 37-39; La Pontificia Università Lateranense. Profilo della sua storia, dei suoi maestri e dei suoi discepoli, Roma 1963, 132.
20 Vgl. RITZLER - SEFRIN VII, 12; MORONI 25 (1844) 150-155; PIOLANTI, 51 et ad Indicem; G. BOFFITO, Scrittori Barnabiti o della Congregazione dei Chierici Regolari di San Paolo (1533-1933). Biografia, Bibliografia, Iconografia II, Firenze 1935, 35-50.

und der ebenfalls in unserem Zusammenhang vorzustellende de Gregorio befanden. Nach der Rückkehr des Papstes wurde Fontana 1816 zum Kardinal kreiert und Präfekt erst der Indexkongregation, dann der Propaganda. Über den Kreis seiner Ordensbrüder, der Kardinäle Gerdil und Lambruschini, hinaus war Fontana eng mit Capellari und Manzoni befreundet. Seine gelehrten Interessen bewogen ihn auch zur Mitarbeit in der Accademia de Religione Cattolica, deren Sekretär er war. Nunmehr aber war Fontana, der als der gelehrteste unter den Kardinälen und stets als „Papabile" gegolten hatte, so krank und nervlich geschwächt, daß er kaum mehr Anteil an den Geschäften nehmen konnte[21].

Soeben wurde schon Kardinal Emanuele de Gregorio (1758-1839) genannt, der aus dem hohen Adel des Regno stammte, seine Mutter kam aus Barcelona[22]. Während seine zusammen mit ihm in Rom erzogenen Brüder die militärische Laufbahn ergriffen, wurde Emanuele Priester und trat in den Dienst Pius' VI., dessen Schicksal er während der „Epoca Napoleonica" teilte. Während der Gefangenschaft Pius' VII. und seines Stellvertreters di Pietro führte de Gregorio die Geschäfte der obersten Kirchenleitung so gut es unter diesen Umständen möglich war, bis auch er, nach Paris befohlen, mehrfach eingekerkert wurde. 1816 Kardinal, hatte er mehrere kuriale Leitungsämter inne. Er stand im Rufe eines umfassend gebildeten Theologen und Juristen und man rühmte seine geradlinige Rechtschaffenheit[23]. Consalvi hingegen nannte ihn - so Graf Apponyi - einen ungebildeten Ehrgeizling, was indes gewiß Ausdruck einer im übrigen gegenseitigen Abneigung war. Ein Zeichen für sein hohes Ansehen waren die 24 Stimmen, die er im Konklave nach dem Tode Leos XII. auf sich vereinigen konnte.

Einer eigenen Würdigung in unserem Kontext nicht bedürftig erscheint Kardinal Carlo Francesco Caselli (1740-1828), der zwar im Zusammenhang mit dem Konkordat mit Napoleon und den Folge-

---

21 Vgl. HHStA, Tableau II fol. 10 v-11 r.
22 Vgl. RITZLER - SEFRIN VII, 11 et ad Indicem; MORONI 33 (1845) 10-16; M. CAFFIERO, in: DBI 36 (1988) 212-215; R. AUBERT, in: DHGE 22 (1988) 88-91.
23 Vgl. HHStA, Tableau II fol. 9 r-10 v.

ereignissen eine bedeutende, jedoch nicht immer eindeutige Rolle gespielt, an dem Geschehen nach 1814 aber keinen Anteil mehr genommen hat[24]. Unser österreichischer Gewährsmann bescheinigt ihm höchste Qualitäten des Geistes und des Charakters sowie die uneingeschränkte Hochachtung aller, besonders der übrigen Kardinäle[25]. Seiner Meinung nach wäre Caselli ein ausgezeichneter Papst, wenn dem nicht sein hohes Alter und seine enge Bindung an Frankreich im Wege stünden. Weil allgemein bekannt, bedürfen Ercole Consalvi, Bartolomeo Pacca und Annibale della Genga, der spätere Leo XII., nicht der Vorstellung.

Weniger geläufig sind hingegen die folgenden Namen:

Pietro Francesco Galeffi (1770-1837), schon mit 33 Jahren Kardinal, gehörte während der Pariser Gefangenschaft zu den „Cardinali neri", im Jahre 1820 war er Erzpriester von St. Peter und Kardinalbischof von Albano[26]. Er stand im Rufe eines eifrigen Seelsorgers. Ebenso rühmte man seine Nächstenliebe. Dem entspricht es, daß auch Graf Apponyi ihn einen tadellosen Priester von besten Manieren nennt[27]. Indes meinte der österreichische Gesandte, ihm ebenso geringe Bildung und beschränkten Horizont bescheinigen zu müssen. Als extremer Parteigänger der „Zelanti" sei Galeffi auch Gegner Consalvis. Seine Karriere habe er verwandtschaftlichen Beziehungen zu Pius VI. zu verdanken.

Giulio Gabrielli (1748-1822), von Pius VII in seiner ersten Promotion 1800 zum Kardinal kreiert, war im Jahre 1820 Pro-Datar[28]. Unter Napoleon hatte auch er mehrfach Haft zu erdulden, zumal er ebenfalls zu den „Cardinali neri" zählte. Nach der Rückkehr nach Rom war Gabrielli eines der ersten Mitglieder der neuerrichteten Kongregation für die außerordentlichen kirchlichen Angelegenheiten, zusammen mit della Somaglia, di Pietro, Pacca, Brancadoro und

---

24 Vgl. St. DA CAMPAGNOLA, in: DBI 21 (1978) 320-323; P. BENASSI, La formazione culturale del card. C. F. Caselli (1740-1828), in: Studi Storici dell'Ordine dei Servi di Maria 30 (1980) 139-203.
25 Vgl. HHStA, Tableau II fol. 4 rv.
26 Vgl. M. DE CAMILLIS, in: EC V (1950) 1885 ; RITZLER - SEFRIN VII, 10.
27 Vgl. HHStA, Tableau I fol. 6 r-7 v.
28 Vgl. SCHMIDLIN I, ad Indicem; RITZLER - SEFRIN VII, 7.

drei weiteren mit unserer Angelegenheit nicht befaßten Kardinälen. Dem Gesandten des Wiener Hofes erschien Gabrielli als geistvoll und talentiert, doch auch von starkem und rechthaberischem Charakter[29]. Obgleich den politischen Vorstellungen Metternichs verpflichtet, kritisiere er in aller Offenheit das österreichische Staatskirchentum. Apponyi schätzt seinen Einfluß auch in einem künftigen Konklave als bedeutend ein, wobei die „Zelanti" auf ihn zählen würden. Der Umstand, daß einer seiner Neffen eine Tochter von Lucien Bonaparte geheiratet habe, mindere jedoch - ebenso wie sein harter, geiziger Charakter - seine Chancen, gewählt zu werden.

Auch Cesare Brancadoro (1755-1837) gehörte zum Hl. Offizium[30]. 1789 Titularerzbischof von Nisibis, in der Folge in diplomatischer Mission in Belgien und Holland, versuchte er vergeblich, Klerus und Volk von Belgien mit der österreichischen Herrschaft gegen die andringenden Kräfte der Revolution zu verbünden. Gleichermaßen suchte er die jansenistisch-aufklärerischen Strömungen zurückzudrängen. 1801 wurde er Kardinal und Bischof erst von Orvieto, dann Erzbischof von Fermo, seiner Heimatstadt. Mit Pius VII. nach Paris deportiert, gehörte auch er zu den „Cardinali neri", und in der Folge war er Anhänger einer rigorosen Restauration und, im Gegensatz zu Consalvi, einer der führenden „Zelanti". So verwundert es nicht, ihn unter den entschiedenen Gegnern jener zu finden, die einem Verzicht auf die im Laufe der revolutionären Ereignisse entfremdeten Kirchengüter das Wort redeten[31]. Seine Bildung wie seine literarischen und rhetorischen Fähigkeiten wurden allgemein gerühmt, er selbst verfaßte mehrere apologetische und auch schöngeistige Werke.

Der Indexkongregation gehörte auch Kardinal Giuseppe Spina (1756-1828) an[32]. Enger Mitarbeiter Pius' VI. und Begleiter des Papstes ins französische Exil, kam er zu historischer Bedeutung, als er

---

29 Vgl. HHStA, Tableau II fol. 3 r-4 r.
30 Vgl. G. PIGNATELLI, in: DBI 13 (1971) 801-804.
31 Vgl. HHStA, Tableau II fol. 2 rv.
32 Vgl. RITZLER - SEFRIN VII, 8; S. FURLANI, in: EC XI (1953) 1123; MORONI 68 (1854) 280-285; SCHMIDLIN I, ad Indicem.

an der Seite Consalvis 1801 das Konkordat mit Napoleon vorbereitete und mitunterzeichnete. Im gleichen Jahr Kardinal in petto, wurde er 1802 publiziert und zum Erzbischof von Genua ernannt. Mit Pius VII. in Paris, schlug er sich 1810 zu den „Cardinali rossi", nahm sogar an dem von Napoleon befohlenen Nationalkonzil von Paris teil und blieb ein Anhänger Napoleons, was nicht hinderte, daß er, seit 1816 in Rom, hohe Ämter erhielt. Im Jahre 1820 war er Kardinalbischof von Palestrina und Legat von Bologna. Der Grund hierfür lag gewiß in seinen allgemein hochgeschätzten intellektuellen wie charakterlichen Qualitäten, die er als Legat in Forlí und besonders in Bologna zeigte[33]. Mit Consalvi verband ihn eine lange und enge Freundschaft.

Kardinal Luigi Ruffo Scilla (1750-1832) stammte aus einer fürstlichen Familie des Regno[34]. Erst Titularerzbischof von Apamea, wurde er 1801 Kardinal und im Jahr darauf Erzbischof von Neapel. Von dort von den Franzosen vertrieben, mußte er mit Pius VII. ins Exil nach Frankreich, wo er unter unwürdigen Umständen in St.-Quentin interniert war, auch er ein „Cardinale nero". Unser österreichischer Gewährsmann nennt ihn sehr kritisch arm an Geist und Herz und dazu einen fanatischen Ignoranten[35]. Wir erfahren von ihm auch, daß Ruffo Scilla den Eid auf die revolutionäre Verfassung Neapels geleistet hatte. Sein Ansehen sei in- und außerhalb des Hl. Kollegiums so gering, daß er in einem Konklave keinerlei Chancen habe. Nach der Restauration wieder Erzbischof von Neapel, nahm er wohl an den Arbeiten der Indexkongregation keinen aktiven Anteil.

In ähnlicher Lage dürfte sich Kardinal Carlo Opizzoni (1769-1855) befunden haben[36]. In seiner Jugend freisinniger und von Skandalen umwitterter Libertin, wurde er mit 33 Jahren von Napoleon zum Erzbischof von Bologna gemacht[37]. Auch das Kardinalat hatte

---

33   Vgl. HHStA, Tableau I fol. 4 r-5 v.
34   Vgl. RITZLER - SEFRIN VII, 7; MORONI 59 (1852) 220-222.
35   Vgl. HHStA, Tableau II fol. 1 rv.
36   Vgl. RITZLER - SEFRIN VII, 10, 114 f.; M. DE CAMILLIS, in: EC IX (1952) 170.
37   Vgl. HHStA, Tableau II fol. 4 v-5 r.

er dem Korsen zu verdanken. Der Wiener Diplomat zeichnet darüberhinaus von ihm das Bild eines charakterlosen Opportunisten. Doch mahnt der Umstand, daß Opizzoni während des Exils zu den „Cardinali neri" gehört hatte, solchen Urteilen gegenüber zur Vorsicht. Immerhin zählte ihn selbst Graf Apponyi zum gemäßigten Flügel der „Zelanti". Erst nach 1831 wurde der hochangesehene Kardinal politisch tätig. Im Jahre 1849 gelang es dem kranken Erzbischof, eine ehrenvolle Kapitulation Bolognas vor den Österreichern zu erreichen.

Wichtiger als die eben Genannten waren indes die Konsultoren. Zu ihnen gehörten, und zwar in beiden Kongregationen, die Titularbischöfe Bertazzoli und Caprano.

Francesco Bertazzoli (1754-1830) stammte aus Lugo[38]. Er wurde schon mit zwanzig Jahren zum Priester geweiht und lehrte dank seiner hervorragenden Bildung schon bald als Professor am Seminar von Lugo. Auch trat er der Arcadia wie mehreren Bologneser Akademien bei. 1796 half er dem späteren Pius VII., damals Bischof von Lugo, eine antifranzösische Revolte zu beenden. 1799 finanzierte Bertazzoli dem wegen seiner Unterstützung französischer Emigranten-Priester mittellosen Chiaramonti die Teilnahme am Konklave zu Venedig, aus dem dieser als Pius VII. hervorging. Seither Titularerzbischof von Edessa und Elemosiniere, stand Bertazzoli ständig in Diensten des Papstes, den er auch zur Krönung Napoleons nach Paris begleitete. Seine Erhebung zum Kardinal dürften sowohl Pacca als auch Consalvi verhindert haben, die ihn trotz seiner vorzüglichen Bildung für etwas naiv hielten. Charakterliche Schwäche bewies er gegenüber Napoleon, der ihn durch Drohungen und Verhaftung dazu brachte, Pius VII. zur Unterschrift unter das schmachvolle „Konkordat" von Fontainebleau zu bewegen. Nach der Restauration war Bertazzoli Präsident der Accademia di Religione Cattolica. Zusammen mit Kardinal Pacca kommt ihm ein erhebliches Verdienst am Gelingen der Studien- bzw. Universitätsreform der Re-

---

38   Vgl. R. COLAPIETRA, in: DBI 9 (1967) 483 f. Vgl. auch PIOLANTI, ad Indicem, bezüglich seiner Tätigkeit für die Accademia di Religione Cattolica bes. 33 f.; BIDOLLI 82 f.

staurationsjahre zu. 1823 schließlich Kardinal, gehörte er im Konklave des gleichen Jahres zu den Förderern della Gengas, der ihn dann zum Präfekten der Studienkongregation ernannte. In dieser Eigenschaft schloß er enge Freundschaft mit dem künftigen Gregor XVI. Er gehörte zur Gruppe der „Zelanti" und zu den Gegnern der Reformen Consalvis.

Auch der Römer Pietro Caprano (1759-1834) spielte in unserem Zusammenhang eine nicht unwichtige Rolle[39]. Gegen den Willen der Familie wurde er nach Studien bei den Jesuiten 1782 Priester, nachdem er 1780 den theologischen Doktorgrad erworben hatte. Am Collegio Romano lehrte er nacheinander Liturgik, Moraltheologie und Kirchengeschichte. Weil er, anders als Settele, den Eid auf das französische Besatzungsregime verweigerte, wurde er abgesetzt und, als politisch verdächtig, von 1809-1814 nach Norditalien deportiert. Er wurde nach Rückkehr des Papstes dessen Geheimkämmerer und übernahm mehrere kuriale Ämter. 1816 Titularerzbischof von Iconium, wurde er 1822 Sekretär der wichtigen Congregazione per gli affari straordinari ecclesiastici, ein Amt, das er mit Consalvis Entfernung vom Staatssekretariat verlor. 1820 war Caprano mit der heiklen Aufgabe betraut, die Stellungnahme Roms zu de Maistres berühmtem Werk „Du pape", das im Jahr zuvor in Lyon erschienen war, auszuarbeiten. 1823, als Sekretär der Propaganda, wieder Mitarbeiter Consalvis, wurde er 1826 Kardinal in petto, 1828 publiziert. Im Konklave von 1831 war er ein Gegner der Wahl Capellaris.

Die Konsultoren Toni und Demont scheinen im Zusammenhang mit der Affäre Settele nicht auf, über Ostini wird an anderer Stelle berichtet[40].

Überblickt man die zur Verfügung stehenden Nachrichten über Lebensgang, Bildung und berufliche Tätigkeit bzw. pastorale und politische Erfahrung der in die hier interessierenden Entscheidungen des Hl. Stuhls involvierten Persönlichkeiten, so fällt zunächst

---

39 Vgl. F. RACO, in: DBI 19 (1976) 163-165.
40 Siehe oben 249

die Gemeinsamkeit ihres Erlebens und Erleidens der napoleonischen Wirren ins Auge. In diesen Ereignissen, die ihre Lebensumstände radikal veränderten - Freiheitsberaubung, unwürdigste Behandlung und bittere Armut, die selbst die Sicherung des täglichen Lebensunterhalts von milden Gaben abhängig machte - haben, mit den beiden einzigen Ausnahmen von Spina und Caselli, alle dem Papst und der Kirche eine ans Heroische grenzende Treue gehalten. All das stellt ihrem Charakter ein vorzügliches Zeugnis aus.

Hinsichtlich ihrer Bildung erweisen sich die meisten von ihnen als „Generalisten", die eine gründliche, vorwiegend philologisch-literarische, natürlich auch philosophisch-theologische, juristische und historische Allgemeinbildung erfahren hatten, die sie in den Stand setzte, sich von Fall zu Fall vertiefte Kenntnisse zu erwerben. Naturwissenschaftliche Interessen scheinen die wenigsten gepflegt zu haben, das Lob Setteles für die astronomischen Kenntnisse des Kardinals della Somaglia scheint einem Ausnahmefall zu gelten.

Da es sich jedoch bei dem hier anstehenden Problem nicht in erster Linie um ein astronomisches gehandelt hat, waren alle, die damit befaßt waren, zweifellos auf der Höhe ihrer Aufgabe[41].

---

41 Vgl. C. WEBER, Kardinäle und Prälaten in den letzten Jahrzehnten des Kirchenstaates. Elite-Rekrutierung, Karrieremuster und soziale Zusammensetzung der kurialen Führungsschicht zur Zeit Pius' IX. (1846-1878) I (= Päpste und Papsttum 13,I), Stuttgart 1978, 147-151.

3. Dramatis Personae

Giuseppe Settele

Den Anstoß für die endgültige Lösung des Falles Galilei gegeben zu haben, ist das Verdienst des Professors der Optik und Astronomie an der „Sapienza" und Canonicus von SS. Celso e Giuliano in Banchi[1], Giuseppe *Settele*[2].

Settele wurde am 30. Dezember 1770 als Sohn des Bäckers Xaver Settele zu Rom geboren. Der Vater stammte aus dem im Allgäu gelegenen Seeg, wo er 1730 geboren worden war, und folgte mehreren Familienmitgliedern, die - nahezu alle Bäcker - im Laufe des 18. Jahrhunderts nach Rom gezogen waren. Er besaß dort in Trastevere eine Bäckerei, als er 1767 die um achtzehn Jahre jüngere Bäckerstochter Therese Hipp heiratete[3].

Ihr Sohn Giuseppe, der weniger aus religiösen Motiven denn um der höheren Bildung willen den geistlichen Stand wählte, nachdem er zuerst bei seinem Vater dessen Handwerk erlernt hatte, begann sich schon sehr früh als Schüler des berühmten Gioacchino Pessuti[4]

---

1 Vgl. W. BUCHOWIECKI, Handbuch der Kirchen Roms I, Wien 1967, 519-525.
2 Kurzbiographie bei MAFFEI, 25-40. Hauptquelle für seine Biographie ist Setteles Tagebuch (vgl. unten 9f.), das für die Zeit von 1810-1841 im Hinblick auf die Geschichte der „Sapienza" von VERNACCHIA-GALLI ausgeschöpft wurde. Leider vermißt man bei dieser Arbeit einen die Sekundärliteratur zitierenden wissenschaftlichen Apparat. MAFFEI druckt die Passagen des Tagebuchs ab, die sich auf unser Thema „Kopernikus und Galilei" beziehen (MAFFEI 285-421). Sein Abdruck leidet gleichfalls darunter, daß er lediglich einen unkommentierten Text bietet, der überdies zahlreiche Lesefehler enthält. Wir folgen in unserem kurzen biographischen Abriß, wo nichts anderes angegeben, den beiden genannten Werken.
3 Zur Familie Settele/Hipp vgl. Kölnische Zeitung/Abend-Ausgabe (Köln), 15.12.1902, ohne Paginierung; F. NOACK, Das Deutschtum in Rom seit dem Ausgang des Mittelalters II, Stuttgart 1927, ND Aalen 1974, 554 f. Neuestens A. WEILAND, Der Campo Santo Teutonico in Rom und seine Grabdenkmäler (= Der Campo Santo Teutonico in Rom I), Rom - Freiburg - Wien 1988, 538-540. Ausgangspunkt der Familie Settele war der nach ihr benannte Weiler Settele im östlichen Allgäu. Vgl. G. REIPRICH, Die Familiengeschichte, in: H. BUCHNER - L. FEIGL - G. REIPRICH, Settele. Geschichte einer schwäbischen Familie, Augsburg 1989, 11-18, hier: 11 f. (der Band ist für unsere Fragestellung ansonsten unergiebig).
4 Gioacchino Pessuti (1743-1814), Mathematiker. Settele wurde sein Nachfolger an der „Sapienza". Vgl. G. FERRETTO, Note storico-bibliografiche di Archeologia cristiana, Città del Vaticano 1942, 299, 459.

und bald auch von Feliciano Scarpellini[5] mit Astronomie, Physik und Mathematik, aber auch mit der damals entstehenden Archäologie zu befassen. 1801 gehörte er zu den Wiederbegründern der Accademia dei Lincei, bald auch zur Accademia dell'Arcadia.

Die politischen Turbulenzen der napoleonischen Ära erfaßten alsbald auch Settele, der mittlerweile - wann genau ist nicht bekannt - Professor an der „Sapienza" geworden war. Als nun 1812 auch von ihm die Leistung des Treueides auf die Verfassung des französischen Kaiserreiches gefordert wurde, die Pius VII. ausdrücklich verboten hatte, wurde Settele in einen großen Gewissenskonflikt gestürzt. Schließlich verstand er sich auch unter dem Zwang seiner ökonomischen Verhältnisse dazu, der Forderung zu entsprechen, um seine Stellung nicht zu verlieren. Diese Entscheidung hinterließ, wie sein Tagebuch bezeugt, einen lange schmerzenden Stachel. Gleiches gilt auch von seinen durch die Umstände seiner Familie verursachten wirtschaftlichen Bedrängnissen, die ihn zeitweise an den Rand des Existenzminimums brachten. Erst als es ihm gelang, sein Gehalt, das nicht einmal die Hälfte seiner ohnehin auf das unbedingt Notwendige beschränkten Bedürfnisse deckte, durch Privatunterricht aufzubessern, minderten sich seine finanziellen Sorgen. Sein prominentester Schüler war der damals dreizehnjährige Sohn Louis Napoléons. Es ist ein sympathischer Zug im Wesen Setteles, daß er trotz persönlicher bitterer Not sich bedrängter Verwandter annahm, mit denen er sein ohnehin karges Brot teilte. Eben diese Umstände ließen wohl eine ausgedehntere literarische Tätigkeit[6] ebensowenig zu wie intensivere gesellschaftliche Kontakte, die seinen recht engen Lebenskreis zu erweitern vermocht hätten. Immerhin pflegte Settele zu mehreren Kollegen gute Verbindung, was ihm auch in der Kontroverse um Kopernikus und Galilei zugute kom-

---

5 Feliciano Scarpellini (1762-1840), Astronom. Vgl. La Pontificia Università Lateranense, 284; G. ARMELLINI, in: EncIt 31 (1936) 13.
6 Vorläufiges Schriftenverzeichnis bei MAFFEI 41-43; Beobachtungen über unveröffentlichte Manuskripte bei VERNACCHIA-GALLI 17; FERRETTO 299-302. Vgl. schon G. B. DE ROSSI, Roma sotterranea I, Roma 1864, 63 f.

men sollte. Eine gewisse Enge des menschlichen, geistigen Horizonts des Professors Settele läßt sich dennoch nicht übersehen. Auch bewegten ihn kaum stärkere religiöse Impulse, das bescheidene Maß konventioneller Frömmigkeit zu überschreiten.

Was ihn zu wirklicher Bedeutung gelangen ließ, war - erstaunlicherweise - nun auch nicht die Astronomie oder die Physik. Es waren seine Erfolge auf dem Gebiet der Archäologie, auf dem Settele im letzten Drittel seines Lebens in der Tat Bahnbrechendes leistete. In diesem Zusammenhang finden wir dann auch seinen Namen in Kardinal Wisemans „Römischen Erinnerungen"[7], von wo er den Weg in Schmidlins „Papstgeschichte"[8] und schließlich in Jedins „Handbuch der Kirchengeschichte"[9] gefunden hat. Als Archäologe genoß Settele auch die Hochschätzung sowohl Leos XII. als auch vor allem Gregors XVI. Letzterer kannte Settele schon aus der Zeit des hier darzustellenden Konfliktes, in dessen Verlauf er ein Gutachten zugunsten des Professors erstattet hatte.

Berühmt machte Settele vor allem die Erforschung der Vatikanischen Grotten, in deren Verlauf ihm die Auffindung der Epitaphien Bonifaz' II., Gregors d. Gr., Sabinians und Hadrians II. gelang. Doch das waren nur seine spektakulärsten Entdeckungen. Sie bilden den Inhalt seines zusammen mit Emilio Sarti verfaßten Foliobandes „Ad Philippi Laurentii Dionysii Opus de Vaticanis Cryptis Appendix in qua nova Cryptarum Ichnographica Tabula adiectis notis inlustratur auctoribus Aemiliano Sarti et Josepho Settele in Romano Archigymnasio professoribus", Romae 1840.

Dies war zugleich auch Setteles letztes Werk, er starb am 5. März 1841[10] und wurde im Grab seiner Familie auf dem Campo Santo Teutonico bestattet.

---

[7] Vgl. Erinnerungen an die letzten vier Päpste und an Rom zu ihrer Zeit von S. E. Cardinal WISEMAN nebst einer biographischen Skizze des Cardinals, Regensburg ³1859, 130.
[8] Vgl. SCHMIDLIN I, 174 f.
[9] Vgl. R. AUBERT, Licht und Schatten der katholischen Vitalität, in: H. JEDIN (Hg.), Handbuch der Kirchengeschichte VI/1, Freiburg - Basel - Wien 1971, 650-695, hier: 674.
[10] Zum Todesdatum vgl. NOACK II, 554; WEILAND 540 (Abdruck der Grabinschrift mit Angabe des Todestages ebd. 538).

Maurizio Benedetto Olivieri

Weitaus bedeutender als jene des Autors Settele war die Rolle, die der Kommissar des Hl. Offiziums, P. Maurizio Benedetto Olivieri, bei der Lösung des Problems spielte[11]. Nahezu gleichaltrig mit Settele, wurde er am 24. Februar 1769 in Accelle (Savoyen) geboren und trat schon mit fünfzehn Jahren in den Dominikanerorden ein. Nachdem er schon in jungen Jahren an Schulen seines Ordens Philosophie gelehrt hatte, studierte er alsbald hebräische Philologie und befaßte sich auch mit biblischen und alttestamentlich-textkritischen Fragen. Schließlich wurde er Professor für Altes Testament an der „Sapienza" und lehrte auch am Propagandakolleg. Am 8. Mai 1806 wurde er an Stelle des Kardinals Corsi in die Accademia di Religione Cattolica aufgenommen, als deren Mitglied er nicht nur wichtige Ämter bekleidete, sondern auch eine Anzahl von Vorträgen hielt[12]. An den Aktivitäten der Accademia dell'Arcadia und der literarischen Akademien von Florenz und Mailand, denen er gleichfalls angehörte, scheint Olivieri nur geringen Anteil genommen zu haben[13]. In den Jahren 1834/35 war Olivieri kurze Zeit General seines Ordens. Ein Amt, das er - da mit Vorstellungen Gregors XVI. über die Organisation des Generalats nicht einverstanden - nach einem Jahr niederlegte[14].

Eigentlicher Inhalt seines beruflichen Lebens war die akademische Lehre und sein Amt als Kommissar des Hl. Offiziums, das er ein Vierteljahrhundert innehatte. In diesem Rahmen entfaltete Olivieri auch seine literarische Tätigkeit, die biblisch-philologische, theologische und historische Themen zum Gegenstand hatte. Im Alter von vierundzwanzig Jahren scheint er an der Universität Parma den theo-

---

11 Ein Nekrolog auf Olivieri aus der Feder des Franziskaners P. Bernardino da Ferentino findet sich im Archivum Generale Ordinis Praedicatorum, Sta. Sabina, Rom, V 29. Zu Olivieri vgl. auch MORONI 13 (1842) 132; 55 (1852) 96; 60 (1853) 305 f.; I. TAURISANO, Hierarchia Ordinis Praedicatorum I, Romae ²1916, 15, 77.
12 Vgl. PIOLANTI 94 et ad Indicem.
13 In der Accademia dell'Arcadia trug er den Namen Anasimandro Lisio. Ein - recht trockenes - Gedicht von ihm findet sich im Giornale Arcadico 6 (1826) 33.
14 Vgl. D. A. MORTIER, Histoire des Maîtres Généraux de l'ordre des Frères Prêcheurs VII, Paris 1914, 475.

logischen Doktorgrad mit einer Disputation über den hebräischen Bibeltext erworben zu haben[15]. Als nächste Veröffentlichung finden wir eine kurze Abhandlung über die Notwendigkeit der Pflege der klassischen Sprachen[16], und im Jahr darauf legte Olivieri sein mit mehr als vierhundert Seiten umfangreichstes Werk vor - eine Kirchengeschichte des 18. Jahrhunderts[17]. Es war wohl das sehr bewußte Erleben einer Zeit tiefgreifendster Umbrüche, das einen wachen Geist drängte, den Wurzeln dessen nachzuspüren, was er erlebte. Olivieri war damals gerade achtunddreißig Jahre alt, und sein Werk erschien während des Exils des Papstes in Frankreich.

Olivieri gliedert seine faktengesättigte Darstellung chronologisch nach Pontifikaten, wobei er besonderen Wert auf geistige Entwicklungen legt. Interessant, daß er die Französische Revolution durch Montesquieu und Rousseau vorbereitet sieht und auch den Illuminaten kritische Ausführungen widmet. Bemerkenswert sind seine Sympathien für den 1773 aufgehobenen Jesuitenorden. So erweist sich der Verfasser dieser „kirchlichen Zeitgeschichte" in verhältnismäßig jungen Jahren schon als recht eigenständig urteilender Beobachter. Niederschlag seiner exegetisch-philologischen Arbeit war alsdann eine Untersuchung, mit der er die Ausführungen des Präfekten der Vatikanischen Bibliothek, Francesco Antonio Baldi, zurückwies, der im hebräischen Bibeltext bisher unbeachtete prophetische Hinweise auf das Kreuz Christi gefunden haben wollte[18].

---

15 Vgl. seine Schrift „De sacro hebraico textu ... disputationem publice instituit fr. M. B. OLIVIERI", Parmae 1793, die 77 Seiten umfaßt (BAV Ferraioli III 1729).
16 „De linguarum eruditarum cultu graviorum disciplinarum studiis iungendo", Romae 1806, im Umfang von 16 Seiten (BAV Mai X-F-VI 4 int. 48).
17 „Storia ecclesiastica del secolo decimoottavo", Roma 1808, mit einem Umfang von 408 Seiten.
18 Francesco Antonio Baldi (ca. 1750-1826), als Minutant des Staatssekretariats 1802 Mitglied der Accademia di Religione Cattolica, 1814-1818 Präfekt der Vaticana. Schon sein Buch „De apologia catholicae religionis", Venetiis 1799, war auf herbe Kritik gestoßen. Gleiches widerfuhr dem Opusculum „Incognitorum vaticiniorum de Cruce ... interpretatio ex Hebraeo et declaratio", Romae 1817. Dagegen wandte sich OLIVIERI mit seiner 54 Seiten umfassenden Abhandlung „De voce - Chen in truncum et trunco in crucem versis, unde incognita hactenus de cruce vaticinia in sacro hebraico textu clarissimus vir Franciscus Antonius Baldi ... a se detecta exhibuit lucubratiuncula fr. M. B. OLIVIERI", Romae 1817. Schon anläßlich dieser Kontroverse war Olivieri mit Anfossi in Konflikt geraten. Vgl. dazu seine eigenen brieflichen Äußerungen an Anfossi vom 24. Mai 1821, BRANDMÜLLER - GREIPL 397-405.

Um hebräische Spielereien ging es dann in einem Artikel in den „Notizie del Giorno"[19], in dem Olivieri eine Übersetzung von Dante-Versen ins Hebräische bzw. Griechische versucht hatte - woran sich eine kleine Kontroverse knüpfte[20].

Ernsthafter Natur war jedoch eine andere Kontroverse, die das philosophisch-theologische Rom damals lebhaft beschäftigte. Es ging um den Abate und Philosophieprofessor Marco Mastrofini und sein Werk „Metaphysica sublimior de Deo Trino et Uno", das im Jahre 1816 zu Rom erschien und den Anspruch erhob, die göttliche Trinität philosophisch beweisen zu können, womit Mastrofini dem Semirationalismus sehr nahe kam. Mit ihm setzte sich auch Olivieri in sehr kritischer Weise auseinander, wobei er im Endergebnis die Position Mastrofinis ablehnte[21]. Hand in Hand mit dieser literarischen Tätigkeit ging Olivieris Engagement für das Programm der Accademia di Religione Cattolica. Sie hatte sich die Aufgabe gestellt, den Herausforderungen durch den aufklärerischen Rationalismus mit einer auf der Höhe der Zeit stehenden Apologetik zu begegnen. Olivieri als Alttestamentler wandte sich im Rahmen dieses Programms naturgemäß jenen Problemen zu, die sich aus der Konfrontation der biblischen Urgeschichte mit den Ergebnissen der zeitgenössischen Naturwissenschaften ergaben. Seine Methode bei die-

---

19 Vgl. Notizie del Giorno, 11. Juni 1819, 4.
20 Darauf replizierte D. RICCI mit dem 19 Seiten umfassenden Aufsatz „Al molto reverendo Padre M. Olivieri professore di Ebraico nell'archiginnasio Romano sull'articolo letterario pubblicato nelle Notizie del Giorno nr. 21", Roma 1819. Auf dem Exemplar der BAV findet sich die handschriftliche Notiz des Dichters Giuseppe Gioacchino Belli (1791-1863): „Di questa risposta (donatami il 4 maggio 1835 dal Sgr. prof. Lanci insieme colla sua antecedente dissertazione) girarono pocchissimi esemplari, non avendo voluto il Lanci che si disgustasse il P. Olivieri". Zu Belli vgl. G. ORIOLI, in: DBI 7 (1965) 660-668.
21 Der volle Titel: „Metaphysica sublimior de Deo Trino et Uno, auctore M. MASTROFINI presbytero, matheseos olim ac philosophiae Publico Professore I", Romae 1816. OLIVIERIS Abhandlung im Umfang von 122 Seiten hatte den Titel: „Dell'opera intitolata »Metaphysica sublimior de Deo Trino et Uno, auctore Marco Mastrofini presbytero, matheseos olim ac philosophiae Publico Professore« Saggio critico", Roma 1821. Zu Marco Mastrofini (1768-1845) vgl. C. GAZOLA, Alla onorata memoria dell'Abate D. Marco Mastrofini prosa, Roma 1845; H. HURTER, Nomenclator Literarius Theologiae Catholicae. Theologos exhibens aetate, natione, disciplinis distinctos V/1, Oeniponte 1911, 1188; S. CIUFFA, Marco Mastrofini, sue opere edite ed inedite e suoi contradittori. Memorie storico-apologetiche, Roma 1875; F. DELL'ADDOLORATA, in: EC VIII (1952) 328.

sem Unterfangen besteht vor allem darin, die Vereinbarkeit beider darzulegen. Er behandelt jedoch auch im strengen Sinne exegetische Themen[22].

Letztmals befaßte er sich in einem seiner Vorträge 1841 mit dem Verhältnis Kopernikus und Kirche. Das Thema: „Meriti dei Romani Pontefici verso l'astronomia"[23]. Das Manuskript erfuhr offenbar eine starke Erweiterung und wurde lange nach Olivieris Tod am 27. September 1845 von seinem Ordensmitbruder Tommaso Bonora 1872 zu Bologna veröffentlicht[24].

Als Persönlichkeit genoß Olivieri bei seinen Zeitgenossen hohes Ansehen, ja Verehrung. Moroni, intimer Kenner der römischen Szene dieser Jahre, nennt ihn einen der gelehrtesten Männer seiner Zeit, was gewiß übertrieben ist, dennoch aber etwas von dem Ruf erkennen läßt, den er genoß. Auch als Prediger stand Olivieri in hohem Ansehen. Insbesondere wertvoll ist jedoch Moronis Bemerkung, Olivieri habe mit seiner Gelehrsamkeit reiche Gaben eines großen Herzens verbunden[25]. Mit diesem Urteil stimmt, es bestäti-

---

22 Einige Themen der Vorträge OLIVIERIS vor der Accademia di Religione Cattolica: „La palingenesia di Bonnet, ed altre congetture, e sistemi de'moderni naturalisti, che si appoggiano alla similitudine del grano di frumento addotto da S. Paolo 1. Cor. 15, 37, non valgono a spiegare naturalmente la risurrezione dei corpi" (PIOLANTI 157); „Dalla geologia si hanno sussidi per intendere come poté essere quanto viene raccontato nelle Scritture sacre risguardante il Paradiso terrestre ed altre località antidiluviane" (ebd. 163); „Se la Religione ci abbia conservati degli scritti antidiluviani" (ebd. 514); „Le anomalie somministrate dalla misura di vari Meridiani puonno servire ad argomento di qualche catastrofe, per la quale abbia l'asse della terra cambiato situazione; e dare una probabile spiegazione dei depositi appartementi ai climi dei tropici, che s'incontrano nei climi glaciali: la quale grande catastrofe abbia caratteri, che coincidono con quelli indicati da Mosè nell'istoria del Diluvio Universale" (ebd. 172); „Le più esatte novissime teorie fisico-climiche delle arie, e della composizione, e decomposizione dell'acqua ci somministrano il modo di spiegare: a) come degli elementi preesistenti potè al Divino comando crescer l'acqua fino al sorpassare le crime dei più alti monti sopra tutta la superficie terrestre nel Diluvio Universale; b) come diminuirsi senza annichilazione fino al presente livello postdiluviano" (ebd. 173).
23 Vgl. PIOLANTI 185.
24 Vgl. OLIVIERI, Galileo. Der Name des Herausgebers ist im Katalog der Biblioteca Casanatense handschriftlich vermerkt. Die Bemerkung im Katalog der Vaticana, das Werk sei nach seinem Druck nicht verbreitet worden, ist unzutreffend. Immerhin konnte noch im gleichen Jahr eine Antwort darauf erscheinen: G. GOVI, Il S. Offizio, Copernico e Galileo, a proposito di un opusculo postumo del P. Olivieri sullo stesso argomento. Appunti, Torino 1872.
25 Vgl. MORONI 60 (1853) 305 f.

gend, eine Charakteristik überein, die aus einer ganz und gar unerwarteten Richtung kommt. Es war der ehemalige Qualifikator des Hl. Offiziums, der 1847 Protestant gewordene Luigi Desanctis, der in seiner unglaublichen Schmähschrift „Roma papale" freundliche Worte für Olivieri fand. Er schreibt, es hätten sich bald nach Pontifikatsantritt Pius' IX. die Gefängnisse der Inquisition aufs neue gefüllt, nachdem sie unter Gregor XVI. nahezu leer gewesen seien. Dies aber sei Olivieri zu danken gewesen, einem „... uomo dotto e molto liberale, che per quanto era in lui addolciva il rigore di quel terribile tribunale"[26]. Somit werden Olivieris intellektuelle wie auch persönliche Qualitäten von so gegensätzlichen Zeugen gleichermaßen bezeugt. Ihr Urteil wird durch unsere Ergebnisse mehr als bestätigt.

Fabrizio Turiozzi

Eng mit Olivieri arbeitete der Assessor des Hl. Offiziums zusammen, Mons. Fabrizio Turiozzi[27]. Sohn einer in Toscanella (Viterbo) ansässigen adeligen Familie, wurde Fabrizio am 16. November 1755 geboren. Seine Studien absolvierte er im Seminar von Montefiascone und dann zu Rom, wo er Jurisprudenz und Theologie studierte. Es folgten sein Eintritt in die Prälatur und diplomatische Verwendungen. 1797 vertrat er den Hl. Stuhl bei den Friedensverhandlungen zu Rastatt. Pius VII. ernannte ihn 1802 zum Referendar der „Signatura di Grazia e di giustizia" und schließlich zum Governatore von Jesi, von wo ihn der französische Besatzer, General Miollis, in seine Heimat Toscanella verbannte. Nach dem Ende der napoleonischen Herrschaft wieder in sein Amt zurückgekehrt, wurde er - alsbald Apostolischer Protonotar - Delegat von Frosinone und 1816 als Nachfolger des zum Kardinal ernannten Malvasia Assessor des

---

26 L. DESANCTIS, Roma papale, Firenze ²1871, 121. Zu Luigi Desanctis (1808-1869) vgl. SCHWEDT 133; C. CRIVELLI, in: EC IV (1950) 1462 f.

27 Mangels einer moderneren, kritischen Darstellung sind wir auf MORONI 81 (1856) 476-478 verwiesen. Die Daten seiner hierarchischen Karriere bieten RITZLER - SEFRIN VII, 15.

Hl. Offiziums und Canonicus von St. Peter. In dieser Eigenschaft begegnet uns Turiozzi in unserem Zusammenhang. Schon 1823 wurde er auch Kardinal von S. M. in Araceli. Im Konklave nach dem Tod Pius' VII. konnte er einmal neun und dann dreizehn von 57 Stimmen auf sich vereinigen[28]. Eine Ernennung zum Legaten von Bologna konnte er aus gesundheitlichen Gründen nicht mehr annehmen. Er starb im Alter von fast 71 Jahren am 9. November 1826.

In Turiozzi begegnet uns ein typischer Vertreter der kurialen Prälatur jener Jahre. Gebildet, doch nicht Gelehrter, klug, umsichtig, erfahren und wohlwollend griff er in die Entwicklung des Falles Settele ein, der ihn wegen seiner persönlichen Qualitäten in seinem Tagebuch mehrfach mit Anerkennung und Äußerungen der Hochschätzung bedenkt. Er nennt ihn ganz frei von Vorurteilen, sehr gebildet, klug und von besten Manieren. Auch beklage er die Unklugheit und Weltfremdheit der Frati[29]. Wissenschaftlich interessiert, hat Turiozzi dennoch selbst nichts publiziert - soviel uns bekannt geworden ist.

Angelico Alessandro Bardani

Ganz auf seiten Olivieris und Turiozzis stand auch der Sekretär der Index-Kongregation, P. Angelico Alessandro Bardani, wie Olivieri Dominikaner[30].

Zu Castello Azzara (Siena) um 1761 geboren, trat er in den Dominikanerorden ein und übernahm bald hohe Ämter, in denen er sich die Hochschätzung der toskanischen Bischöfe zu erwerben wußte. Schließlich führte ihn sein Weg nach Rom, wo er zwei Jahre lang Socius des Magister S. Palatii war, bis er 1819 Sekretär der Index-Kongregation wurde, was er bis zu seinem Tod am 11. Juni 1832 blieb. Innerhalb des Ordens wurde er 1823 zum Provicarius Generalis ernannt. An literarischen Arbeiten aus seiner Feder sind eine

---

28 Es waren Albani und Consalvi, die seine Kandidatur förderten. Vgl. SCHMIDLIN I, 372.
29 Vgl. TB Settele, 21. Januar 1820 (MAFFEI 292).
30 Vgl. TAURISANO 120; SCHWEDT 23.

Psalmenparaphrase[31], die Konversionsgeschichte eines Kalvinisten namens John Hyacinth Kerfbyl[32] und ein Werk über die Synode von Pistoia[33] bekannt geworden. Am bezeichnendsten ist für ihn jedoch ein höchst ungewöhnliches Faktum. Bardani hat nämlich sein Urteil über den Gang der Affäre Settele und damit über seinen Ordensbruder Anfossi und - das ist das eigentlich Interessante - die Rolle Pius' VII. in dieser Angelegenheit in einen offiziellen Akt seiner Kongregation eingetragen. Es ist ein keineswegs schmeichelhaftes Urteil[34].

Über ihn selbst besitzen wir eine Charakteristik in Form eines Nekrologs, den der Bonner Theologieprofessor Johann Wilhelm Josef Braun verfaßt hat: „Herr Alexander Bardani, Secretär der Congregation des Index, ist am 11. Juni in einem Alter von 71 Jahren mit Tod abgegangen. Zwölf Jahre hindurch hat er diese Stelle mit Gewissenhaftigkeit und nach bester Einsicht verwaltet. Bardani vereinigte mit der Einfalt auch die Klugheit, welche das Evangelium anräth; er war fromm und untadelhaft in seinen Sitten und in seinem Leben. Er verband ausgebreitete theologische Kenntnisse mit der größten Anspruchslosigkeit des Charakters; obwohl in klösterlicher Abgeschiedenheit lebend, war er dem Leben und den Wegen und Künsten der Welt mit forschendem Blicke gefolgt; er war vertraut mit dem Zustande und der Richtung der Theologie in den katholischen Ländern, und selbst die deutsche Theologie war ihm weniger fremd geblieben, als den meisten bereits in höheren Aemtern wirkenden Römern; die treulosen Künste, welche gerade von hier aus so häufig versucht werden, sind oft an seiner besonnenen Überlegung und erfahrenen Klugheit gescheitert; der Sache der Verketzerten hat er sich nicht selten angenommen, falsche Ansichten mit

---

31 „Psalterium davidicum cum syntactica paraphrasi iuxta textum", Romae 1830.
32 „Lettera ad un'amico nella quale si espone la vera conversione alla fede cattolica dal calvinismo e la preziosa morte del Sigr. Giovanni Giacinto Kerfbyl ...", Livorno 1807, mit einem Umfang von 120 Seiten (BAV R. G. Theod. IV 3810).
33 „Osservazioni sopra l'articolo intitolato »Détails historiques sur la condamnation du Synode de Pistoie ...«", Paris 1821, mit einem Umfang von 191 Seiten.
34 BRANDMÜLLER - GREIPL 482 f.

Schonung und Liebe berichtiget und die Angeschuldigten selbst gegen die oft mächtige und hartnäckige Verketzerungssucht verteidigt. Mehrere andere Missionen hat er mit Treue und zur Zufriedenheit seiner Vorgesetzten besorgt; er hat verschiedene schätzbare Schriften über kirchliche Gegenstände hinterlassen. Sein Tod ist ein Verlust für das Institut, für welches er vorzugsweise dienstleistend war und dessen zeitgemäße Umgestaltung ihm am Herzen lag"[35].

Filippo Anfossi

Der Umstand, daß Mario Rosa ihm eine Kurzbiographie gewidmet hat[36], macht es leicht, nun auch noch jenen Mann vorzustellen, der die gesamte Affäre Settele-Kopernikus-Galilei eigentlich verursacht und überaus kompliziert hat: P. Filippo Anfossi OP, Magister Sacri Palatii. Zu Taggia (Imperia) im Jahre 1748 geboren, war Anfossi früh in den Dominikanerorden eingetreten, an dessen Schulen er als Lehrer und darüberhinaus als Prediger wirkte. Seine wissenschaftlich-literarische Tätigkeit entfaltete sich erst in reifem Alter, in den Jahren nach der Französischen Revolution. Ihr Gegenstand ist die Auseinandersetzung mit dem Evolutionismus, Materialismus und Fortschrittsoptimismus des Schweizer Philosophen Charles Bonnet, die Propaganda gegen die Ideen der Revolution, vor allem aber der Jansenismus und die diesem verpflichtete Synode von Pistoia. Das letztgenannte Thema handelte Anfossi in zwei Bänden ab. Auch der Zurückweisung der gallikanischen Ideen widmete er zwei Bände, wie er sich ebenso mit der Zivilkonstitution der Kirche im Frankreich der Revolution auseinandersetzte. Ein weiteres Thema war die göttliche Stiftung und Unzerstörbarkeit

---

35 Zeitschrift für Philosophie und katholische Theologie 3 (1832) 209 f. Zu Johann Wilhelm Josef Braun (1801-1863) vgl. J. R. GEISELMANN, in: LThK2 II (1958) 654 f.
36 Vgl. M. ROSA, in: DBI 3 (1961) 180-182. Die hier behandelte Affäre Settele und Anfossis Rolle in diesem Zusammenhang waren M. ROSA allerdings ebenso entgangen wie auch kleinere Arbeiten, die Anfossi in deren Verlauf schrieb. Sie werden an Ort und Stelle behandelt werden. Ein Hinweis auf die Affäre Settele findet sich in einer älteren Kurzbiographie Anfossis von R. COULON, in: DHGE 3 (1924) 1 f.

der Kirche und der Sedes Petri[37]. Dieses Werk erschien 1815. Im gleichen Jahr ernannte Pius VII. den während der französischen Besatzung in seiner Tätigkeit behinderten Anfossi zum Maestro del Sacro Palazzo, nachdem er ihn zusammen mit Olivieri im Jahr zuvor dem als Kollaborateur in Mißkredit geratenen Ex-General und nun Generalvikar des Ordens, Gaddi, als Assistenten an die Seite gestellt hatte.

Die Intransigenz, die Anfossi nun besonders in der Frage der Restitution von Kirchengütern, die im Verlauf der napoleonischen Wirren enteignet worden waren, an den Tag legte, brachte ihn in Gegensatz zu Pius VII. und Leo XII. sowie ihrer Umgebung. In seinem Denken, das ganz und entschieden dem wiederaufblühenden Thomismus verpflichtet war[38], herrschten restaurative, ja reaktionäre Züge vor, die - verbunden mit einer eher mittelmäßigen intellektuellen Begabung, aufrichtigem, selbstlosem Eifer für die Sache der Kirche und einem unbeugsamen Charakter - ihn jene Haltung in der Affäre Settele einnehmen ließen, die ihn bewog, sich als Einzelner gegen das Hl. Offizium, die Index-Kongregation, ja den Papst selbst, und gegen das ganze gebildete Rom zu stellen. Es mag das Erleben der Revolution und ihrer Folgeerscheinungen gewesen sein, die ihn bis zu seinem Tod am 17. Mai 1825 gegen einen Wandel von Ideen und Verhältnissen überhaupt einnahm und ihm dem Neuen gegenüber von vornherein mit Skepsis erfüllte. Ehe man jedoch Anfossi deswegen Vorwürfe macht, sollte man nicht nur die Selbstlosigkeit dieses Widerstands anerkennen, durch den er um

---

37 Einige der Werke ANFOSSIS: „Risposta del P. F. ANFOSSI Domenicano alle lettere del Plat e alle oppositioni di alcuni altri teologi che hanno preteso d'impugnare la bolla Auctorem fidei in cui dal rom. pont. Pio VI si condanna il sinodo di Pistoia I-II", Roma 1805, vermehrte Neuausgabe unter dem Titel „Difesa della bolla Auctorem fidei in cui si trattano le maggiori questioni che hanno agitata in questi tempi la Chiesa I-III", Roma 1816 (im Anhang zu Band III finden sich ANFOSSIS „Considerazioni sulla constituzione civile del clero e della Chiesa constituzionale di Francia"); „Motivi per cui il P. F. A[NFOSSI]. D[omenicano]. ha creduto di non potere aderire alle quattro proposizioni gallicane I-II", s.l. [Roma] 1813; „La divina istituzione e indefettibilità della cattolica romana Chiesa e della Sede di Pietro che ne è la base ...", Roma 1815.
38 Anfossi gehörte - wie Olivieri - der Accademia di Religione Cattolica an, zu deren Mitglied er am 11. August 1803 gewählt wurde. Vgl. PIOLANTI 88.

seiner Überzeugung willen das Wohlwollen Pius' VII. und damit seine Stellung auf Spiel setzte[39]. Man sollte auch nicht vergessen, daß eben sein obstinater Widerstand es war, der dem Hl. Offizium zu jener überzeugenden intellektuellen Leistung Anlaß gab, nämlich der alsbald darzustellenden Begründung für die Zulassung des Heliozentrismus, die ohne ihn zu erbringen nicht nötig gewesen wäre.

---

[39] Immerhin billigte Settele selbst dem toten Anfossi zu, aus edlen Beweggründen gehandelt zu haben. Vgl. TB Settele, 20. April (richtig: Mai) 1825 (MAFFEI 420).

4. Der Gang der Ereignisse

Als Giuseppe Settele das Manuskript für Band II seiner „Elementi di Ottica e di Astronomia", der die Astronomie enthielt, abgeschlossen hatte, wandte er sich an seinen Kollegen Olivieri mit der Frage, ob er in diesem Buch offen die Erdbewegung behaupten könne, ohne in Schwierigkeiten zu geraten. Eigentlich verwundert diese Anfrage, mußte doch auch er wissen, daß längst vor ihm andere dies getan hatten, ohne damit die geringste Reaktion hervorzurufen. Nicht erstaunlich war darum die Antwort des Compagno des Kommissars des Hl. Offiziums, der Setteles Anfrage ohne Zögern und ohne Einschränkung mit einem „Ja" beantwortete. Um so größer war die Überraschung, als Setteles Verleger Filippo de Romanis[1] das Manuskript dem Maestro del Sacro Palazzo, P. Anfossi, zwecks Erteilung des „Imprimatur" vorlegte und Anfossi den Druck mit Berufung auf das Dekret von 1616 untersagte[2]. Den Einwand von de Romanis, dieses sei doch längst überholt, beantwortete Anfossi mit der Bemerkung, die Bibel sei noch immer die gleiche, und diese lehre, daß die Sonne auf- und untergehe, während die Erde in Ewigkeit feststehe. Settele kommentierte Anfossis negative Entscheidung vom 3. Januar 1820 in seinem Tagebuch mit der Bemerkung, er sei zwar ganz und gar gegen die Pressefreiheit, die eine Pest für die Menschheit sei. Die Zensur solle man jedoch gelehrten Laien übertragen und nicht so störrischen Eseln wie es die Frati seien.

Die Reaktionen auf Anfossis Verhalten waren verschieden. Olivieri hielt es für das beste, die ganze Angelegenheit vor das Hl. Offizium zu bringen und sie einer grundsätzlichen Klärung zuzuführen[3], andere, wie der Mitarbeiter des Astronomen Calandrelli, Andrea Conti, schlugen vor, Settele solle die Argumente für die Erdbewe-

---

1   Vgl. M. I. PALAZZOLO, Arcadi e Stampatori. I De Romanis nella Roma dei Papi, in: Tre secoli di storia dell'Arcadia, 59-74, bes. 74 (hier der interessante Hinweis, daß der Verlag de Romanis sich der besonderen Förderung durch Anfossi erfreut habe!).
2   Vgl. TB Settele, 3. Januar 1820 (MAFFEI 285 f.).
3   Vgl. ebd. 289.

gung, sie anderen Autoren in den Mund legend, nur referieren[4]. Davon hielt indes Olivieri nichts, sondern begann mit der Sammlung von Material für den Augenblick, da die Sache doch vor dem Hl. Offizium anhängig gemacht würde[5]. Daran tat er gut, denn der Papst war damit ganz einverstanden. Er scheute nur davor zurück, Anfossi die Erteilung des „Imprimatur" zu befehlen, da er fürchtete, dieser würde lautstarken Protest dagegen erheben. So berichtete ihm der Rektor der „Sapienza", Cristaldi[6]. Olivieri hingegen hatte schon die Grundzüge seiner Lösung konzipiert[7]: es sei möglich, heute den Heliozentrismus zu lehren, ohne deswegen den Dekreten von 1616 bzw. 1632 Abbruch tun zu müssen. Hätten diese die Lehre von der Erdbewegung als philosophisch absurd und häretisch verurteilt, so könne längst nicht mehr von Absurditäten die Rede sein, da man nun von Zentripetalkraft und Schwere der Luft wisse, die die absurden Folgen einer Erdbewegung ausschlössen. Auch behaupte heute niemand mehr, daß die Sonne unbeweglicher Mittelpunkt des Universums sei. Olivieri sollte sich in der Folge mit überzeugendem Ergebnis der gründlichen Ausarbeitung dieses hier angedeuteten Argumentes widmen. Es zeugt nicht von besonderer Intelligenz Setteles, daß er darin nur einen opportunistischen „Umfall" Olivieris erblickte[8].

---

4 Zu Andrea Conti (1777-1840) vgl. C. MAFFEI, in: DBI 28 (1983) 347 f. Contis Empfehlung kommentierte Settele: „... si vede in somma, che tutti sono cortigiani, e negano la verità conosciuta per non urtare le persone che sono in carica" (TB Settele, 10. Januar 1820; MAFFEI 290).
5 Vgl. TB Settele, 12. Januar 1820 (MAFFEI 291).
6 Vgl. TB Settele, 17. Januar 1820 (MAFFEI 291). Belisario Cristaldi (1764-1831), Jurist, bekannt durch seine Editionen von Rota-Entscheidungen, Konsistorialadvokat. Verweigerte den Eid auf das französische Besatzungsregime. 1817 Rektor der „Sapienza". Hervorragend auf dem Gebiet der Caritas tätig, Freund des hl. Gaspare del Bufalo. Sanierte die Finanzen des Kirchenstaates bei einem Defizit von 300.000 scudi. Enger Mitarbeiter Consalvis, 1826 Kardinal, 1829 Priesterweihe. Vgl. M. CAFFIERO, in: DBI 31 (1985) 1-4.
7 BRANDMÜLLER - GREIPL 75.
8 „... il P. Olivieri è persuasissimo del moto della Terra, ma è frate, è Domenicano, ed è addetto all'Inquisizione, e tanto basta per guastargli la testa" (TB Settele, 24. Januar 1820; MAFFEI 293).

So klar für Olivieri der intellektuelle Zugang zur Lösung des Problems war, so wenig sicher waren er und Mons. Turiozzi sich hinsichtlich des Modus procedendi[9]. So sondierte man erst einmal die Absichten des Papstes, dem Mons. Cristaldi Olivieris Argumente mündlich vortrug[10]. Dieser wollte sich jedoch offensichtlich nicht festlegen und zog sich mit einem Zitat aus Voltaire aus der Affäre: Als dieser gegenüber Friedrich II. von Preußen von den Beweisen für die Erdbewegung gesprochen habe, habe Friedrich geantwortet, die Eingeborenen von Madagaskar hätten auch Beweise, und zwar für die Bewegung der Sonne. So beriefen beide Teile sich auf ihre Erfahrung.

Bei diesem Stand der Dinge beschloß man, Settele solle in einer Supplik den Papst direkt um das „Imprimatur" bitten. Den Text hierfür entwarf Olivieri, und nachdem Turiozzi ihn für gut befunden hatte, schrieb Settele eigenhändig die sechs Seiten umfassende Supplik[11] und ließ sie durch den dem Papst sehr vertrauten Mons. Soglia[12] diesem überreichen. Offenbar war es die Absicht gewesen, den Papst auf diesem Wege dazu zu bringen, daß er die Angelegenheit dem Hl. Offizium übergab, was er denn auch tat[13].

Inzwischen hatte jedoch die Affäre Settele internationale Dimensionen angenommen. War sie schon Mitte Januar vom römischen Stadtklatsch lebhaft kommentiert worden[14], so bemächtigte sich ih-

---

9   Die Frage war, ob eine Behandlung der Angelegenheit durch das Hl. Offizium erstrebt werden sollte oder nicht (TB Settele, 4. Februar 1820; MAFFEI 294).
10 Setteles Kommentar: „Il papa è un gran furbo ..." (TB Settele, 20. Februar 1820; MAFFEI 295).
11 Vgl. TB Settele, 25. Februar bzw. 1. März 1820 (MAFFEI 296-298). Text der Supplik: ebd. 463-470.
12 Giovanni Soglia Ceroni (1779-1856) aus Imola, bedeutender Jurist, mit Pius VII. seit dessen bischöflicher Tätigkeit in Imola eng verbunden, mit ihm im französischen Exil, dort in Festungshaft. Dann Professor an der „Sapienza", 1826 Titularerzbischof von Ephesus, 1839 Kardinal und Bischof von Osimo und Ciugoli, wo er bis zu seinem Tod vorbildlich wirkte. Enger Freund Rosminis und anderer bedeutender Persönlichkeiten „di tendenza moderata". Bei allen Vorzügen wird ihm ein ängstlicher Charakter attestiert. Vgl. PIOLANTI, 48 f.; RITZLER - SEFRIN VII, 30, 188.
13 Vgl. TB Settele, 17. März 1820 (MAFFEI 301). Siehe auch das Begleitschreiben Bertazzolis an Turiozzi vom 19. März 1820: BRANDMÜLLER - GREIPL 177 f.
14 So TB Settele, 22. Januar 1820 (MAFFEI 292).

rer alsbald die Presse des Auslands. Es war die von Johann Friedrich von Cotta herausgegebene, zu Augsburg erscheinende „Allgemeine Zeitung", die als erste davon berichtete. Cottas Korrespondent in Rom war der preußische Generalkonsul Jakob Ludwig Salomo Bartholdy, der seit 1815 diese Funktion innehatte und sich besonderen Vertrauens seitens des Kardinalstaatssekretärs Consalvi erfreute[15]. Bartholdy hatte unter dem Datum vom 6. Februar über die Affäre Settele berichtet, und sein Bericht erschien am 2. März in der „Allgemeinen Zeitung". Am Tag zuvor war eine etwas gekürzte französische Übersetzung, vom 13. Februar datiert, im Pariser „Journal des Débats Politiques et Littéraires" zu lesen gewesen[16]. Dieser Bericht zeichnet sich durch nüchtern-sachlich informierenden Stil aus und war inhaltlich zutreffend, sieht man davon ab, daß er behauptete, Benedikt XIV. habe gestattet, das kopernikanische System als Hypothese vorzutragen, was bekanntlich ja nie verboten war. Von der „Allgemeinen Zeitung" übernahmen den - nun wiederum gekürzten - Artikel die „Baireuther Zeitung", die „Bremer Zeitung", die „Rheinischen Blätter" und das „Oppositions-Blatt/Weimarische Zeitung"[17]. Auf diese Weise hat gewiß auch Goethe davon erfahren. Soweit nur das Echo im deutschen Sprachraum.

Nun aber wurden die Berichte des „Journal des Débats" und der „Allgemeinen Zeitung" um den 17. März in Rom bekannt und so-

---

15 Jakob Ludwig Salomo Bartholdy (1779-1825), ein Onkel des Komponisten Felix Mendelssohn Bartholdy, verfaßte auch eine Biographie Consalvis (J. L. S. BARTHOLDY, Züge aus dem Leben des Cardinals Hercules Consalvi. Mit dessen Portrait, Stuttgart 1825). Vgl. J. KAHL, Johann Friedrich Cotta (1764-1832), in: H.-D. FISCHER (Hg.), Deutsche Presseverleger des 18. bis 20. Jahrhunderts (= Publizistisch-historische Beiträge 4), Pullach 1975, 82-90; E. HEYCK, Die Allgemeine Zeitung 1798-1898. Beiträge zur Geschichte der deutschen Presse, München 1898, 140 f.; H. HAUSSHERR, in: NDB I (1953) 609. In Anbetracht des Vertrauensverhältnisses, das Bartholdy mit Consalvi verband, ist es nicht unwahrscheinlich anzunehmen, daß der Kardinalstaatssekretär von dem Vorhaben Bartholdys, über die Sache Settele zu berichten, informiert war.
16 Vgl. Beilage zur Allgemeinen Zeitung (Augsburg), 2. März 1820, 125 f.; Journal des Débats Politiques et Littéraires (Paris), 1. März 1820, 1.
17 Vgl. Baireuther Zeitung (Bayreuth), 9. März 1820, 200; Beilage zur Bremer Zeitung (Bremen), 11. März 1820, ohne Paginierung; Rheinische Blätter (Wiesbaden), 11. März 1820, 163; Oppositions-Blatt/Weimarische Zeitung (Weimar), 15. März 1820, 511 f.

gleich heftig diskutiert. Es wurde auch der Verdacht geäußert, Settele selbst habe diese Mitteilung lanciert, und Setteles Freunde, wie Turiozzi und Cristaldi, meinten, diese Veröffentlichung sei eher geeignet, die Sache zu komplizieren. Indes war Settele selbst davon überrascht worden, wovon er Cristaldi ohne Mühe überzeugen konnte. Der holländische Botschafter war es, der ihm mitteilte, daß Bartholdy der Verfasser des Artikels sei[18]. Indes scheint dessen Veröffentlichung weniger geschadet als genützt zu haben, denn sie zeigte, wie dringend nun eine Entscheidung zu Gunsten Setteles geworden war.

Unter diesen Umständen wandte Turiozzi sich im Auftrag des Papstes an den Sekretär der Indexkongregation mit der Bitte um Übersendung jener Akten der Indexkongregation, die im Zusammenhang mit der Index-Neuausgabe von 1758 entstanden waren. Aus ihnen mußte schließlich hervorgehen, welche Bedeutung dem Umstand zuzumessen war, daß das generelle Verbot von Schriften, die die Erdbewegung lehrten, nicht mehr in die neue Index-Ausgabe aufgenommen werden sollte.

Pater Bardani lieferte das verlangte Dossier am 28. März 1820[19]. Turiozzi machte sich sogleich an das Studium des Materials, war er doch im Hinblick auf die Presseveröffentlichungen, die man auch in Holland[20] und Österreich[21] lesen konnte, der Überzeugung, daß der Knoten jetzt rasch und elegant gelöst werden müsse[22]. Offenbar hatte nun Turiozzis Intervention bei Pius VII.[23] Erfolg, denn schon

---

18 Vgl. TB Settele, 18., 19., 20. März 1820 (MAFFEI 302-304).
19 Der Text: BRANDMÜLLER - GREIPL 178 f.; MAFFEI 533 f. Zu beachten ist, daß Bardani schreibt: „... di esporre ... ciò, che ho potuto rinvenire ne'libri di questo Archivio, e relativamente a quanto occorse nel tempo del Pontificato della s. m. di Benedetto XIV. sopra gli Autori, e Libri, che trattano del sistema Copernicano" (ebd. 533). Diese Aussage bestätigt den in der Einleitung geäußerten Eindruck, daß der archivalische Niederschlag all dieser Vorgänge sehr gering war. Es handelt sich in unserem Fall nur um knappste Ergebnisprotokolle!
20 Es ist dem Verfasser leider nicht gelungen, den einschlägigen Artikel zu ermitteln.
21 Auch in diesem Falle konnte der einschlägige Artikel nicht ermittelt werden.
22 Vgl. TB Settele, 5. April 1820 (MAFFEI 305).
23 Von seiner Absicht, dies zu tun, berichtet Settele in seinem TB am 3. April 1820 (MAFFEI 305).

am 14. April vermochte Olivieri dem erfreuten Settele mitzuteilen, daß der Papst nunmehr Anfossi die Erteilung des „Imprimatur" befehlen werde[24]. Turiozzi und Bertazzoli wollten ihrerseits auf Anfossi in diesem Sinne einwirken[25].

So geschah es. Um Anfossi die Entscheidung des Papstes in gebührender Form mitzuteilen, vereinbarte Turiozzi mit ihm einen eigenen Termin, über dessen Verlauf Olivieri am 13. Mai berichtete[26]. Bei dieser Begegnung - es wird nicht gesagt, wann sie stattgefunden hat - habe Anfossi gegenüber Turiozzi geäußert, er bringe selbstverständlich den Befehlen des Papstes seine Verehrung entgegen, sehe sich jedoch außerstande, das befohlene „Imprimatur" in seinem, Anfossis, Namen zu erteilen. Er stehe zu den Lehren der Väter. Daraufhin zeigte er Turiozzi eine von ihm verfaßte Schrift, in welcher er die ausländischen Zeitungen wegen ihrer Berichterstattung im Falle Settele kritisierte[27]. Dabei handelte es sich um eine Neuauflage einer Schrift, in der Anfossi sich mit den Auffassungen des Schweizer Naturphilosophen Charles Bonnet auseinandergesetzt hatte[28]. In ihr hatte er die Gelegenheit der wie auch immer motivierten Neuauflage ergriffen, um darin eine Polemik gegen Settele abzudrucken. Bietet er, was die Argumente gegen ein „Imprimatur" für dessen „Astronomie" anlangt, nur eine Wiederholung von längst

---

24 Olivieri teilt Settele mit, was Turiozzi ihm berichtet hatte: „... che il Papa dirà al P. Maestro del S. Palazzo, che lasci passare la mia Astronomia col moto della terra ..." (TB Settele, 14. April 1820; MAFFEI 307).

25 In diesem Sinne wirkte wohl auch Soglia, wie seine Mitteilung an Settele (TB Settele, 19. April 1820; MAFFEI 308) nahelegt.

26 Vgl. TB Settele, 13. Mai 1820 (MAFFEI 313). Bericht Olivieris an die Kongregation: MAFFEI 432 f.

27 Vgl. TB Settele, 13. Mai 1820 (MAFFEI 313).

28 Zu Charles Bonnet (1720-1793) vgl. E. BEHLER, in: LThK2 II (1958) 601. BONNETS Werk „La Palingénésie philosophique I-II", Genève 1769, hatte ANFOSSI zu folgender Replik herausgefordert: „Le fisiche rivoluzioni della natura o la Palingenesi filosofica di Carlo Bonnet convinta di errore. Dissertazione teologico-filosofico", Venezia 1802, Roma 21820. Die gegen Settele gerichtete Polemik findet sich in der zweiten Auflage, 93 f. (abgedruckt auch bei MAFFEI 536 f.; Abriß des Inhalts: Morgenblatt für gebildete Stände (Stuttgart - Tübingen), 20. November 1820, 1116). Anfossis Biograph M. ROSA nennt dessen Schrift „Modesta declamazione contro l'evoluzionismo del naturalista ginevrino, e più genericamente contro il materialismo e l'ottimismo illuministico ..." (DBI 3 (1961) 180).

Gesagtem, so nimmt er doch Stellung gegen die genannten Zeitungsartikel, wobei er sich auf das „Journal des Débats" bezieht, und nicht nur seine Gründe gegen das „Imprimatur" für Settele wiederholt, sondern energisch auf seine Kompetenz für die Erteilung der Druckerlaubnis pocht. Insbesondere richtete sich sein Unmut gegen den, der den kritisierten Artikel lanciert hatte. Anfossi meinte, es sei Settele gewesen[29].

Dabei passierte ihm allerdings das Mißgeschick, daß er seiner eigenen Veröffentlichung das „Imprimatur" selbst erteilte - was ihm später scharfe Kritik einbringen sollte[30].

Anfossi fühlte sich von der Entscheidung des Papstes tief getroffen; er spürte zudem, wie er sich selbst immer mehr isolierte. Selbst sein Socius im Amte, P. Piazza, war nun von der Argumentation Setteles und Olivieris überzeugt und von Anfossi abgerückt[31]. Dieser zögerte nunmehr nicht, seine Gründe für die Ablehnung des „Imprimatur" in einer in neun Punkte gegliederten Schrift zusammenzustellen[32].

Es ist nun sehr bezeichnend für Olivieris Charakter, daß er unter diesen Umständen nicht einfach über Anfossis Widerstand hinweggehen wollte, sondern sich auch seinerseits an die Ausarbeitung einer Schrift machte, mit der er hoffte, Anfossi zu überzeugen[33]. Anfossi hingegen gab sich noch keineswegs geschlagen. Mit welchen Argumenten auch immer - es gelang ihm, den Maggiordomo des Papstes, Mons. Antonio Frosini[34], für sich zu gewinnen, der nun bei Turiozzi und Olivieri im Sinne Anfossis intervenierte und vorschlug, Settele solle seinen Text in einem

---

29 Vgl. TB Settele, 18. Mai 1820 (MAFFEI 313 f.).
30 Vgl. Turiozzi an Anfossi, 27. August 1820 (BRANDMÜLLER - GREIPL 306 f; MAFFEI 546).
31 Vgl. TB Settele, 15. Mai 1820 (MAFFEI 313).
32 Text: MAFFEI 548-554.
33 Vgl. TB Settele, 19. Mai 1820 (MAFFEI 314).
34 Antonio Frosini (1751-1834) stammte aus Modena und durchlief eine rein kuriale Karriere. Als „Palatii Apostolici Praefectus" (= Maggiordomo) 1823 Kardinal. Vgl. RITZLER - SEFRIN VII, 15. Settele notiert das Urteil zweier Kollegen über Frosini: „.... che è un uomo, che non capisce niente; che ha in odio gli uomini dotti; perché li crede tutti miscredenti ..." (TB Settele, 27. Juni 1820; MAFFEI 323).

Punkte ändern und statt „Movendosi la terra intorno al sole" schreiben: „Posto il moto della terra ..."[35]. Damit freilich wäre man wiederum auf dem Stand der Dinge vom Jahre 1620 angelangt.

Welche Kontakte zwischen welchen Gesprächspartnern in dieser Situation stattgefunden und welches Ergebnis sie gehabt haben, verrät uns selbst der mitteilsame Settele gewiß nur in Bruchstücken. Anfossi jedenfalls hielt nicht still: Er versuchte gegenüber dem Astronomen und Physiker Ciccolini[36], der in Paris mit Lalande zusammengearbeitet hatte, die Weitergeltung der Dekrete von 1616 und 1633 zu begründen. Auch den Papst, der eine Zeit lang geschwankt hatte, scheint Anfossi aufs neue beeindruckt zu haben.

Der Maggiordomo hingegen, eben noch auf der Seite des Maestro del Sacro Palazzo, ließ sich von Turiozzi eines besseren belehren und fürchtete nun auch, der Hl. Stuhl könne der Lächerlichkeit verfallen, behielte Anfossi die Oberhand[37]. Diese Überzeugung verbreitete sich nun mehr und mehr und ließ den allgemeinen Unmut über Anfossi anwachsen, da sein Verhalten der Kirche schade[38]. Nunmehr - man schrieb mittlerweile Mitte Juli - waren Turiozzi und Olivieri zu der definitiven Überzeugung gelangt, daß

---

35 TB Settele, 3. Juni 1820 (MAFFEI 318). Die Textstelle: G. SETTELE, Elementi di Ottica e di Astronomia II. Astronomia, Roma 1819 [!], 142.
36 Ludovico Maria Ciccolini (1767-1854) gehörte dem Hieronymiten-Orden an. Astronom und Physiker, 1798-1801 Mitarbeiter Lalandes in Paris, Professor in Bologna. Seit 1809 zahlreiche Publikationen in „Connaissance des temps". Vgl. L. BRIATORE, in: DBI 25 (1981) 357 f.
37 Vgl. TB Settele, 17. Juni 1820 (MAFFEI 321).
38 In diesem Sinne äußerte sich ein ungenannter Kardinal, der darüber mit Consalvi sprechen wollte; auch Kardinal Guerrieri dachte so (TB Settele, 1. und 3. Juli 1820; MAFFEI 326 f.). Anfossis Ordensbruder Bardani meinte, Anfossi mache die Dominikaner noch lächerlicher als sie es ohnehin schon seien; wer im Orden vernünftig denke, sei für Settele (TB Settele, 11. Juli 1820; MAFFEI 328 f.). Wenige Tage später wußte Settele über gleichlautende Äußerungen des Generaloberen der Camillianer, P. Michelangelo Toni, und des Mons. Caprano zu berichten (TB Settele, 14. Juli 1820; MAFFEI 329). Olivieri berichtete, Kardinal de Gregorio habe Anfossi zur Rede gestellt - „... gli fece una gran strillata ..." (TB Settele, 18. Juli 1820; MAFFEI 330). Einzig Kardinal Cacciapiatti sagte zu Settele, er hätte sich auf die Sache nicht einlassen sollen (TB Settele, 27. Juli 1820; MAFFEI 331).

die ganze verfahrene Angelegenheit nur dadurch erledigt werden konnte, daß der Papst sie dem Hl. Offizium überwies. Mit der Einleitung hierzu geeigneter Schritte wollte man indes noch einige Tage warten, bis Olivieris förmliche Ernennung zum Kommissar des Hl. Offiziums erfolgt sei[39].

Das Heilige Offizium greift ein

Kaum war dies geschehen, da verfaßten Olivieri und Settele eine neuerliche Supplik, in welcher Settele um Überweisung seines Antrags auf das „Imprimatur" an das Hl. Offizium bat. Als auch Turiozzi den Entwurf gutgeheißen hatte, übergab Settele seine Bittschrift Mons. Soglia, der sie dem Papst überreichen sollte. Pius VII. entsprach sofort der Bitte, und damit war die Affäre Settele in ein neues - und zwar in ihr entscheidendes - Stadium getreten[40]. Zugleich machte Settele Olivieri nunmehr auch den Vorschlag, ganze Arbeit zu machen und auch Kopernikus und Galilei vom Index zu streichen[41]. Ungeachtet des Umstands, daß Rom dem „Ferragosto" entgegensah und die jährliche Reise „ad aquas" vorbereitete, ging man im Hl. Offizium unverzüglich und energisch an die Arbeit. Am 7. August lag die Frage der „Feria Secunda", also der Versammlung der Konsultoren vor, die beschlossen, an einen aus ihrer Mitte ein Gutachten in Auftrag zu geben, das sich darüber äußern sollte, wie vorgegangen und das Ansehen des Hl. Stuhls gewahrt werden könne[42].

Die Kardinäle billigten zwei Tage später in ihrer „Feria Quarta" diese Empfehlung[43], und man beauftragte mit dessen Ausarbeitung den Generalprokurator des Barnabitenordens, P. Antonio Maria

---

39 Vgl. TB Settele, 18. Juli 1820 (MAFFEI 330).
40 Vgl. TB Settele, 1. August 1820 (MAFFEI 331 f.). Der Papst genehmigte die Supplik am 2. August (ebd. 332). Text der Supplik: ebd. 535-538.
41 Vgl. TB Settele, 4. August 1820 (MAFFEI 332, 335).
42 Nur einer der elf Konsultoren war der Meinung, es sollten alle sich dazu äußern. Vgl. Sitzungsprotokoll vom 7. August 1820 (BRANDMÜLLER - GREIPL 293).
43 Vgl. Sitzungsprotokoll vom 9. August 1820 (BRANDMÜLLER - GREIPL 298).

Grandi[44]. Nach der Rückkehr Pius' VII. war Grandi in zunehmendem Maße von der Kurie in Dienst genommen worden. Er war Konsultor mehrerer Kongregationen und seit 1819 Sekretär der Kongregation für die außerordentlichen kirchlichen Angelegenheiten. In dieser letzteren Eigenschaft war er ein enger Mitarbeiter Consalvis.

Grandi machte sich unverzüglich an die Arbeit und legte Olivieri schon am 12. August einen Entwurf mit der Bitte um eventuelle Änderungsvorschläge vor[45]. Zwei Tage später beschlossen die Konsultoren, das Gutachten zur Vorlage an alle Kardinäle der Kongregation zu vervielfältigen[46]. Erklärte Aufgabe des Gutachtens[47] war es also, darzulegen, wie der Hl. Stuhl ohne Schädigung seines Ansehens die 1616 verurteilte Lehre von der Erdbewegung anerkennen könne. Da nun weist Grandi zunächst auf die Tatsache hin, daß schon 1620 die Indexkongregation ausdrücklich gestattet habe, das kopernikanische System als Hypothese zu vertreten. Daraus gehe hervor, daß es 1616 gar nicht als Glaubensirrtum bzw. Häresie verurteilt worden sein konnte, denn dergleichen könnte auch nicht in Form einer Hypothese zugelassen werden, da ja eine Hypothese möglicherweise als wahr bewiesen werden konnte. In der Tat ist seinerzeit ein entsprechendes Votum der Qualifikatoren von der Kongregation nicht angenommen worden. Vielmehr habe man sich darauf beschränkt, Galileis Lehre als verderblich und der Hl. Schrift widersprechend zu verurteilen. Dies aber bezog sich auf den buch-

---

44 Antonio Maria Grandi (1760-1822) stammte aus Vicenza, erwarb den theologischen Doktorgrad zu Pavia und lehrte zu Mailand, Cremona und Bologna. Nach der Wahl Pius' VII. in hohen Ordensämtern und als Konsultor verschiedener Kongregationen zu Rom tätig, engagierte er sich für die Accademia di Religione Cattolica. Weniger durch Gelehrsamkeit ausgezeichnet, beeindruckte er durch umfassende Bildung besonders literarischer Art. Er trat auch als Dichter hervor. Vgl. A. CESARI, Per la morte del P. Antonio Grandi Vicentino, Vicario Generale de'Barnabiti in Roma, Verona 1822; G. PIANTONI, Elogio storico al R. P. Don Antonmaria Grandi barnabita, Roma 1858; MORONI 16 (1842) 157 f.; PIOLANTI, ad Indicem; BOFFITO II, 266-272; L. PÁSZTOR, in: DHGE 21 (1986) 1113 f.
45 Vgl. Grandi an Olivieri, 12. August 1820 (BRANDMÜLLER - GREIPL 298).
46 Vgl. Aktennotiz Olivieris vom 14. August 1820 (BRANDMÜLLER - GREIPL 299; MAFFEI 542).
47 Text des Gutachtens: BRANDMÜLLER - GREIPL 294-298; MAFFEI 539-542.

stäblichen Sinn der Hl. Schrift. Schon Baronius habe aber zu Lebzeiten Galileis bemerkt: „Spiritui Sancto mentem fuisse nos docere, quomodo ad Coelum eatur, non quomodo Coelum gradiatur"[48].

Wenn nun auch 1664 die beiden Index-Dekrete von 1616 und 1620 in die Reihe der übrigen Dekrete im Index aufgenommen wurden, so erschienen sie doch weder im Wortlaut noch in Form einer allgemeinen Index-Regel in den folgenden Index-Ausgaben. Dies ist freilich eine Behauptung, die der Augenschein leicht widerlegt. Jede Index-Ausgabe von 1619 bis 1758 enthielt die Regel, daß „Libri omnes docentes mobilitatem terrae et immobilitatem solis" verboten seien. Wie sowohl Grandi als auch Olivieri zu der gegenteiligen Meinung kommen konnten, ist nicht ersichtlich.

Nun also habe das kopernikanische System immer mehr Anhänger gewonnen, da seine Schwächen beseitigt und neue Beweise ans Licht gebracht worden seien. Er zitiert seinen gelehrten Ordensbruder, Kardinal Gerdil, der sich in seinem Werk „Storia delle Sette de'Filosofi" bewundernd über Kopernikus geäußert hatte[49]. Er führt auch die neuesten astronomischen Veröffentlichungen von Guglielmini und Calandrelli an, welch letzterer seine „Opuscoli" sogar Pius VII. hatte dedizieren können. All diese Tatsachen entziehen den bisherigen Verboten jede Grundlage, weshalb man einschlägige Veröffentlichungen nicht hindern dürfe.

Wie aber sei nun, fährt er fort, praktisch vorzugehen, wenn man weder den involvierten Kongregationen noch dem Maestro del Sacro Palazzo zunahe treten wolle? Gewiß sei des letzteren Eifer für die Reinheit des Glaubens zu loben, doch überschreite ein Urteil in dieser Sache - angesichts der immer weiteren Ausdehnung aller Wissensgebiete - die Grenzen seiner Kompetenz. Er, Grandi, sei überzeugt, daß Anfossi weder die einschlägigen Akten der Indexkongregation kenne, noch die in den letzten Zeiten erteilten

---

48 BRANDMÜLLER - GREIPL 295.
49 GERDILS „Storia delle Sette de'Filosofi" wurde in die ab 1806 zu Rom erschienene Gesamtausgabe seiner Werke aufgenommen: Opere edite ed inedite del Cardinale G. S. GERDIL 1-20, Roma 1806-1821, hier: 1, Roma 1806, 258 f. Grandi war an der Edition der Werke seines Ordensbruders Gerdil beteiligt. Vgl. HURTER V/1, 861.

Druckerlaubnisse. Seine Empfehlung laute also: „Nihil obstare, quominus defendi possit sententia Copernici de motu telluris, eo modo, quo nunc ab Auctoribus Catholicis defendi solet"[50]. Deshalb solle Anfossi nahegelegt werden - insinuetur -, den Druck von Setteles Werk nicht zu hindern. Settele jedoch solle empfohlen werden, in einem Zusatz zu seinem Manuskript zu zeigen, daß das kopernikanische System in seiner heutigen Form nicht mehr mit jenen Schwierigkeiten behaftet sei, unter denen es vor den späteren Entdeckungen gelitten habe.

Bereits am 16. August machte sich die Kongregation diese Empfehlung ihres Konsultors zu eigen, und zwar einstimmig. Der Papst bestätigte die Entscheidung unverzüglich[51]. Damit konnte an ihren Vollzug gegangen werden. Tags darauf empfahl deshalb Turiozzi, der geforderte Zusatz zu Setteles Werk solle von diesem in Zusammenarbeit mit Olivieri und Grandi formuliert werden[52], wobei man sich auf Cagnolis „Notizie astronomiche" berufen könne, aus denen Turiozzi gleich einen Auszug vorlegte[53].

Als nun zwei Tage später Settele seinen Entwurf brachte, übte Grandi zwar durchaus Kritik an dessen zu scholastischer Ausdrucksweise, meinte, manche Fragen solle man gar nicht erst anrühren und sich im übrigen auf die Zitation jener Sätze aus Cagnoli und Gerdil, in denen diese Kopernikus mit Lob bedachten, beschränken. Settele jedoch war ihm darob gar nicht gram, sondern spendete Grandi in seinem Tagebuch ob seiner mathematischen und literarischen Kenntnisse reiches Lob[54]. Nun wurden Grandis Empfehlungen auch mit Olivieri erörtert, und Settele

---

50 MAFFEI 542.
51 Vgl. Sitzungsprotokoll vom 16. August 1820 (BRANDMÜLLER - GREIPL 299f; Ed. Naz. 19, 419;). Wortlaut der zum Beschluß erhobenen Empfehlung: BRANDMÜLLER - GREIPL 300f.
52 Vgl. TB Settele, 17. August 1820 (MAFFEI 337-339).
53 Text des Auszugs: BRANDMÜLLER - GREIPL 302 f. Antonio Cagnoli (1743-1816), Astronom, Freund Lalandes, ab 1785 wieder in Italien, 1796 Präsident der Società italiana per il progresso della scienza, Professor der Mathematik an der Militärakademie zu Modena. Sein „Almanacco con diverse notizie astronomiche adattate all'uso comune" erschien von 1787 bis 1806 in sechzehn Heften zu Modena. Vgl. U. BALDINI, in: DBI 16 (1973) 325-327.
54 Vgl. TB Settele, 19. August 1820 (MAFFEI 339).

machte sich erneut an die Arbeit, deren Ergebnis nun sowohl Grandi als auch Olivieri gefiel[55]. Zur Sicherheit trug Settele seinen Entwurf am 22. August nun auch noch Kardinal della Somaglia vor. Der Kardinal befand ihn als sehr gut, nannte gar Settele „un altro Galileo" und verblüffte ihn überdies, indem er mit Settele durchaus sachkundig über die Fixsternparallaxe diskutierte[56]. Tags darauf billigten die Kardinäle der Kongregation den Text der „Nota" Setteles, der am 26. August sein Manuskript zum Drucker brachte[57].

Um neuerliche Interventionen Anfossis hintanzuhalten, hatte die Kongregation zugleich mit Setteles „Nota" auch den Entwurf eines Schreibens an den Maestro del Sacro Palazzo verabschiedet[58], das diesem am 27. August zugestellt wurde. In diesem Brief[59] teilte der Assessor Anfossi mit, daß Settele für sein Werk, in welchem die Bewegung der Erde und die Immobilität der Sonne nicht als Hypothese vertreten werde, vom Papst die Prüfung durch das Hl. Offizium erwirkt habe. Die Kongregation habe nach Prüfung aller einschlägigen Vorgänge der Vergangenheit entsprechend dem Votum der Konsultoren beschlossen, „... che nulla osta, che si difenda la Tesi della mobilità della Terra, ed immobilità del Sole nel modo, che comunemente in oggi s'insegna dagli autori Cattolici"[60]. Die Kardinäle hätten deshalb angeordnet, daß ihm, Anfossi, mitgeteilt werde, daß er „con sicurezza" Druck und Veröffentlichung von Setteles Werk gestatten könne, und dies um so mehr, als dafür gesorgt sei, daß aus dem Werk hervorgehe, daß die Gründe für die früheren Verbote nicht mehr bestünden. Die Kardinäle hätten ihn, Turiozzi, auch beauftragt, dies alles dem Papst vorzutragen und ihn zugleich zu bitten, Anfossi daran zu erinnern, daß das Konzil von Trient allen Ordensleuten, also auch dem Maestro del Sacro Palazzo, ver-

---

[55] Vgl. TB Settele, 20. August 1820 (MAFFEI 340 f.).
[56] Vgl. TB Settele, 22. August 1820 (MAFFEI 341-343).
[57] Vgl. TB Settele, 26. August 1820 (MAFFEI 345). Text der „Nota": BRANDMÜLLER - GREIPL 303-305.
[58] Vgl. Sitzungsprotokoll vom 23. August 1820 (BRANDMÜLLER - GREIPL 303).
[59] Vgl. Turiozzi an Anfossi, 27. August 1820 (BRANDMÜLLER - GREIPL 306 f.); TB Settele, 27. August 1820 (MAFFEI 345 f.).
[60] BRANDMÜLLER - GREIPL 306.

biete, eigene Werke ohne Erlaubnis seiner Ordensoberen zu veröffentlichen. Auch dürfe er eigenen Werken nicht selbst das „Imprimatur" erteilen - dies müsse das Vikariat tun. Schließlich solle ihm im Namen des Papstes hinsichtlich der Affäre Settele vollkommenes Stillschweigen auferlegt werden. All dies habe er dem Papst weisungsgemäß vorgetragen, der seine Bestätigung dafür erteilt habe. Man ersuche also Anfossi, sich dementsprechend zu verhalten[61].

Anfossi reagierte umgehend auf diese ihn verständlicherweise tief verletzenden Mitteilungen. Schon am 28. August erteilte er - wie de Romanis Settele sofort schrieb - das „Imprimatur" für Buch samt „Nota"[62]. In einem etwas ausführlicheren Brief[63] wandte er sich auch an Turiozzi und wiederholte dabei zwar seine grundsätzlichen Reserven, beteuerte aber zugleich, daß er sein eigenes Urteil dem des Papstes unterwerfe. Er ersuchte lediglich Turiozzi, ihm noch ein oder zwei entsprechende Gutachten über das Werk Setteles vorzulegen, deren Verfasser Turiozzi selbst bestimmen möge. Weit mehr als das nun unvermeidliche „Imprimatur" für Settele scheint ihn jedoch der Hinweis auf die Kompetenzen für das „Imprimatur" seiner eigenen Veröffentlichungen getroffen zu haben, denn dieser Frage widmete er den weitaus größten Teil seines Briefes, in welchem er sein Verhalten mit guten Gründen verteidigte.

Neue Hindernisse

Nach menschlichem Ermessen hätte mit dem Entscheid des Papstes die Akte Settele-Anfossi geschlossen werden müssen. Dies geschah jedoch nicht. Zunächst entsprach Turiozzi nämlich der Forderung Anfossis und gab tatsächlich zwei Gutachten in Auftrag. Für

---

61 Settele erfuhr durch seinen (weltlichen) Kollegen Domenico Morichini, daß der Papst Anfossi einen scharfen brieflichen Tadel erteilt und dabei auch die Tatsache kritisiert habe, daß Anfossi seiner eigenen Publikation das „Imprimatur" erteilt hatte (TB Settele, 28. August 1820; MAFFEI 347).
62 Vgl. TB Settele, 28. August 1820 (MAFFEI 347).
63 Vgl. Anfossi an Turiozzi, 28. August 1820 (BRANDMÜLLER - GREIPL 307-310). Dazu TB Settele, 29. August 1820 (MAFFEI 347).

deren Abfassung wandte er sich an zwei Persönlichkeiten von unbestreitbar intellektuellem Rang und kurialer Erfahrung. Nun ging es ja längst nicht mehr um Astronomie! Der eine von ihnen war Mons. Pietro Ostini[64]. Er wurde 1775 zu Rom geboren, hatte 1796 dort den theologischen Doktorgrad und zwei Jahre später die Priesterweihe empfangen. Als Professor der Kirchengeschichte am Collegio Romano sammelte er einen illustren Kreis von Künstlern, Literaten und Wissenschaftlern aus den protestantischen Ländern um sich, von denen er nicht wenige auf ihrem Weg in die katholische Kirche begleitete. Unter ihnen ragt Karl Ludwig von Haller (1818/19) hervor. Später war Ostini als Diplomat u.a. in der Schweiz und als Nuntius in Wien tätig; 1831 Kardinal in petto, wurde er 1836 deklariert und starb 1849 zu Neapel.

Zugleich mit ihm wurde der Karmelit P. Giuseppe Maria Mazzetti[65] um ein Gutachten angegangen. Er stammte aus Chieti, wo er 1778 geboren wurde, und war zunächst Arzt, dann Priester und schließlich Karmelit. Neben hohen Ordensämtern bekleidete er auch kuriale Funktionen als Konsultor mehrerer Kongregationen. 1821 wurde er Sekretär der Accademia di Religione Cattolica, 1836 Bischof von Sora, Aquino und Pontecorvo und zwei Jahre später Titularerzbischof von Seleucia, da er, mittlerweile Rektor der Universität Neapel, in königlichen Diensten mit großem Erfolg Reformen des Unterrichts- und Erziehungswesens durchgeführt hatte. Mazzetti starb 1850 zu Neapel.

---

64 Vgl. RITZLER - SEFRIN VII, 28; 360; PIOLANTI 104; SCHMIDLIN I, 268 et ad Indicem; MORONI 50 (1851) 56 f. Ostini war geistlicher Führer von Konvertiten wie etwa Ferdinand von Eckstein (1790-1861, Konversion 1807), Friedrich Ludwig Zacharias Werner (1768-1823, Konversion 1810), Johann Friedrich Overbeck (1789-1869, Konversion 1813) zusammen mit seinen Freunden Rudolf und Wilhelm Schadow, Karl Vogel von Vogelstein, Christian Schlosser, Friedrich von Hurter (1787-1865, Konversion 1844). Vgl. D. A. ROSENTHAL, Convertitenbilder aus dem neunzehnten Jahrhundert I/1, Schaffhausen[2] 1871, 91, 182, 195, 260, 318; I/2, Schaffhausen[2] 1871, 280.
65 MAZZETTI schrieb selbst „Elementi di prospettiva lineare", Roma 1830; „Progetto di riforme del regolamento della pubblica istruzione", Napoli 41841. Vgl. RITZLER - SEFRIN VII, 84, 341; PIOLANTI 52; V. APREDA, Elogio funebre di Mons. G. Mazzetti, Napoli 1850.

Beide Gutachter entledigten sich ihrer Aufgabe binnen weniger Tage. Beide bestätigten, daß Setteles Werk in keinem Punkte dem katholischen Glauben oder den guten Sitten zuwider sei, sondern sich vielmehr durch große wissenschaftliche und didaktische Vorzüge auszeichne[66]. Noch während dies im Gange war, griff Anfossi erneut ein, indem er das Manuskript der von Settele geforderten „Nota" in der Druckerei beschlagnahmen ließ, wobei er die Einwände von de Romanis mit der Bemerkung zurückwies, der Papst sei hinters Licht geführt worden und habe nur deshalb sein Einverständnis mit dem Druck gegeben. Deshalb müsse er erst mit dem Papst darüber sprechen und bis dahin dürfe der Druck nicht in Angriff genommen werden[67]. Von diesen Vorgängen durch Settele sofort unterrichtet, beschloß Turiozzi, diese erneute Intervention des Maestro del Sacro Palazzo vollständig zu ignorieren und vielmehr die von diesem verlangten Revisoren-Gutachten abzuwarten.

Als Turiozzi am 14. September diese beiden Gutachten Anfossi übersandte, waren damit dessen Bedingungen für die Erteilung der Druckerlaubnis erfüllt. Dennoch erreichte ihn drei Tage später Anfossis nicht mehr ganz überraschende lakonische Nachricht, er habe das „Imprimatur" für Setteles Werk, das er in der Annahme, dem Willen des Papstes zu entsprechen, erteilt hatte, nunmehr sogleich zurückgezogen, nachdem er die „Nota" Setteles persönlich geprüft habe. Er wolle mit einer Sache, die dem Ansehen des Hl. Stuhles schade und einen Verstoß gegen seine Pflichten darstelle, nichts zu tun haben. Er habe seine Gründe Persönlichkeiten, die über jeden Zweifel erhaben seien, mitgeteilt und deren Zustimmung erfahren. Damit sei für ihn die Sache endgültig erledigt[68]. Auch de Romanis erhielt eine Mitteilung ähnlichen Inhalts[69]. Nun empfand Anfossi sein Vorgehen wohl doch als zu schroff, denn er wandte sich erneut

---

66 Vgl. Mazzetti an Hl. Offizium, 5. September 1820 und Ostini an Hl. Offizium, 12. September 1820 (BRANDMÜLLER - GREIPL 327 bzw. 329). Vgl. auch Begleitschreiben Turiozzis vom 14. September 1820 (BRANDMÜLLER - GREIPL 330 f.).
67 Vgl. TB Settele, 2. September 1820 (MAFFEI 350).
68 Vgl. Anfossi an Turiozzi, 17. September 1820 (BRANDMÜLLER - GREIPL 331).
69 Vgl. TB Settele, 21. September 1820 (Maffei 357 f.).

an Turiozzi mit einem längeren Schreiben[70], in welchem er sein „Nein" zu begründen versuchte. Settele sei es gewesen, schreibt er, der sich geweigert habe, auf seine Formulierungsvorschläge, die alle Bedenken behoben hätten, einzugehen. Dies verwundere ihn allerdings nicht, denn Settele habe seinerzeit zu jenen gehört, die den Eid auf das französische Besatzungsregime geleistet hätten. Dies war in der Tat so gewesen. Im Zusammenhang mit dem „Imprimatur" für ein astronomisches Lehrbuch, und angesichts der Tatsache, daß diese Eidesleistung nunmehr beinahe zehn Jahre zurücklag, war dieser Vorwurf nicht anders denn unsachlich und unberechtigt zu nennen. Gleichwohl weist er gewiß auf eine tiefe, emotionale Wurzel der Abneigung des treugebliebenen und von den Franzosen verfolgten Anfossi gegen den „Kollaborateur" Settele hin. Im übrigen, schließt Anfossi, überlasse er alles weitere den Dispositionen Turiozzis. Darüberhinaus machte er sich an die Abfassung seiner „Ragioni", die er im Umfang von fünfzehn Seiten drucken ließ und am 7. Oktober dem Papst überreichte[71].

Solche Briefe, ein solches Verhalten, konnten nicht ohne eine gebührende Antwort bleiben, und es verwundert nicht, daß Turiozzi dabei - in den höflichsten Wendungen - seinem Zorn freien Lauf ließ[72]. Besage denn, meint er da zum Schluß, Anfossis Verhalten nicht ganz klar, daß er sein eigenes persönliches theologisches Urteil weit höher einschätze als jenes hoch achtbarer Fachleute, sämtlicher Konsultoren, ja aller Kardinal-Inquisitoren? Wie bescheiden diese Selbsteinschätzung sei, werde der hochwürdige Pater in seiner Weisheit wohl ermessen können.

In diesem gleichen Brief hatte Turiozzi auch geschrieben, daß die Erteilung des „Imprimatur" nun nicht mehr Anfossis, sondern Sa-

---

70 Vgl. Anfossi an Turiozzi, 22. September 1820 (BRANDMÜLLER - GREIPL 332 f.).
71 Vgl. BRANDMÜLLER - GREIPL 336-349. Wann Anfossis 76 Seiten umfassende anonyme Schrift „Se possa difendersi ed insegnare non come semplice ipotesi ma come verissima e come tesi la mobilità della terra, e la stabilità del Sole da chi ha fatta la professione di Fede di Pio IV. Questione teologico-morale", Roma 1822, entstand, ist nicht zu ermitteln. Olivieri sagt, dieses gegen Settele und ihn gerichtete Werk sei im Sommer 1822 gedruckt worden. Vgl. TB Settele, 26. Juli 1822 (MAFFEI 411).
72 Vgl. Turiozzi an Anfossi, 22. September 1820 (BRANDMÜLLER - GREIPL 333-335).

che des Hl. Offiziums sei. Das traf zu. Auch hatte der Papst am 20. September den Druck von Setteles Buch angeordnet. Wer aber gibt nun das „Imprimatur"?, hatte Turiozzi ihn gefragt! Darauf der Papst: Man solle nur drucken, es werde sich schon einer finden, der dann das „Imprimatur" unterschreibe[73].

Das aber sollte gar nicht so leicht sein, und der Komplikationen war noch kein Ende! Auch hatte erneut die Presse sich des Falles angenommen.

Wiederum war es die Augsburger „Allgemeine Zeitung", in der man am 7. September einen vom 26. August datierten Bericht über die mittlerweile erfolgte positive Entscheidung des Hl. Offiziums in Sachen Settele lesen konnte[74]. Die „Rheinischen Blätter", die „Augsburger Politische Abendzeitung" und das „Oppositions-Blatt" nahmen diese Nachricht auf[75]. Inzwischen hatte de Romanis mit dem Druck des Werkes begonnen, während im Hl. Offizium die Frage diskutiert wurde, wer nun das „Imprimatur" unterschreiben solle[76]. Mit diesem für ihn immer ungünstigeren Gang der Ereignisse konnte Anfossi sich nicht abfinden. Er schrieb darum eine Abhandlung „Ragioni per cui il P. Maestro del S. Palazzo Apostolico ha creduto e crede che non si può permettere la Stampa del Manoscritto del Signor Canonico Settele, che incomincia [!]: Movendosi la Terra intorno al Sole"[77]. Anfang Oktober legte er sie gedruckt dem Papst vor, der sie am 11. Oktober durch seinen Maggiordomo Antonio Frosini dem Hl. Offizium überreichen ließ. Frosinis Begleitschreiben zeigt, daß es Anfossi mit seinen „Ragioni" offenbar gelungen war, Terrain zu gewin-

---

73 Vgl. TB Settele, 22. September 1820 (MAFFEI 358 f.).
74 Vgl. Allgemeine Zeitung (Augsburg), 7. September 1820, 1003 (abgedruckt in italienischer Übersetzung bei BRANDMÜLLER - GREIPL 328 f.).
75 Vgl. Rheinische Blätter (Wiesbaden), 12. September 1820, 591 (wörtliche Übernahme aus der Allgemeinen Zeitung); Augsburger politische Abendzeitung (Augsburg), 15. September 1820, 897 (wörtliche Übernahme aus der Allgemeinen Zeitung); Oppositions-Blatt/Weimarische Zeitung (Weimar), 18. September 1820, 1775: „Das Santo Ufficio in Rom hat endlich erlaubt, daß sich die Erde um die Sonne drehe, und die Oeffentlichkeit des Vortrags des Copernicanischen Weltsystems gestattet".
76 Vgl. TB Settele, 5.-10. Oktober 1820 (MAFFEI 361-364).
77 Text: BRANDMÜLLER - GREIPL 336-349. Der Papst habe die Veröffentlichung der „Ragioni" verboten, wie Olivieri Settele mitteilte (TB Settele, 5. Januar 1821; MAFFEI 386).

nen[78]. Er bezichtigt Settele der Impertinenz, da er sich nicht scheue, den Maestro del S. Palazzo und das Hl. Offizium in Gegensatz zueinander zu bringen, wo doch ein einziges Wort - Ipotesi - alle Schwierigkeiten beseitigen könnte. Sich dazu zu verstehen, sei doch wahrlich kein Opfer oder Ausdruck von religiösem Vorurteil oder Bigotterie. Man könne doch nur als sicher behaupten, was wahr ist oder was man unverbrüchlich glaube. Könne Settele die Glaubensgewißheit haben, daß das kopernikanische System unverbrüchlich wahr sei? Dies zu behaupten, wäre doch verwegen! Und nun der klassische Rekurs auf Thomas von Aquin, obgleich er nicht genannt wird: Um das kopernikanische System berechtigtermaßen als unverbrüchlich wahr zu bezeichnen, wäre es doch nötig, „... che sapesse tutte le risorse possibili nel sistema planetario capaci di supplire al supposto movimento della terra, ed al riposo centrale del Sole"[79]. Das aber übersteige menschliche Möglichkeiten. Er, Frosini, sei jedenfalls „... convinto di tutta l'incertezza, e della molta impostura della scienza Astronomica"[80]. War das nun gar die Stimme des unsicher gewordenen Papstes?

Schon tags darauf erhielt Settele eine Einladung des Dominikaners Giuseppe Vincenzo Airenti, der wenige Tage zuvor von Kardinal della Somaglia zum Bischof von Savona konsekriert worden war. Airenti, der der gleichen lombardischen Ordensprovinz angehörte wie Olivieri und Anfossi, stand offensichtlich mit letzterem in engem Kontakt[81]. Nun versuchte er, Settele in dessen Sinn zu beeinflussen. Olivieri und Turiozzi hingegen bestärkten ihn. Indes war wiederum alles „in suspenso", denn man fürchtete, der Papst könnte sich durch gegnerische Einflüsse zu einer Sinnesänderung bewegen lassen, außerdem mehrten sich die Anzeichen, daß Anfossi daran war, weitere Bundesgenossen zu gewinnen[82]. In der Tat fand Settele - man

---

78 Frosinis Begleitschreiben vom 11. Oktober 1820: BRANDMÜLLER - GREIPL 349 f.
79 Ebd.
80 Ebd.
81 Vgl. TB Settele, 13. Oktober 1820 (MAFFEI 364). Giuseppe Antonio (im Orden: Giuseppe Vincenzo) Airenti (1767-1831), nach Lehr- und Verwaltungstätigkeit an verschiedenen Orten Bibliothekar der Casanatense, 1816 „Teologo Casanatense", 1820 Bischof von Savona. Autor von Schriften über geographische, chemische, philologische und historische Gegenstände. Vgl. G. ORESTE, in: DBI 1 (1960) 537 f.; RITZLER - SEFRIN VII, 334.

schrieb mittlerweile den 23. Oktober - bei der Rückkehr von einem Ausgang einen Brief des päpstlichen Elemosiniere Bertazzoli vor, der ihn um eine Unterredung bat. Settele, der erneute Komplikationen ahnte, beriet sich sogleich mit Olivieri, der ihm empfahl, er solle sich, komme was kommen möge, stets auf das Hl. Offizium berufen.

Seine Befürchtungen waren nicht unbegründet, denn Bertazzoli versuchte, ihn im Laufe der eine ganze Stunde dauernden Unterredung zur „Hypothese" zu bekehren, wobei er sich auf eine Sinnesänderung des Papstes berief[83]. Settele jedoch beharrte auf seinem Standpunkt, nicht ohne auf das Ansehen Roms zu verweisen, das angesichts der jüngsten Presseberichterstattung auf dem Spiele stehe.

Olivieri, dem Settele unverzüglich alles berichtete, riet ihm, jedem Hinweis auf eine Anordnung des Papstes entgegenzuhalten, daß der Papst durch das Hl. Offizium den Druck angeordnet habe und, sollte er nun anders entschieden haben, auch dies ihm durch das Hl. Offizium mitteilen solle[84].

In einem weiteren Gespräch, das Settele am 28. Oktober mit Bertazzoli führte, gelang es ihm, den Elemosiniere davon zu überzeugen, daß es nicht angehe, wenn der Papst unter vier Augen etwas anderes sage als offiziell gegenüber dem Hl. Offizium. Man könne auch kaum annehmen, daß das ganze Hl. Offizium sich verschworen habe, den Papst zu betrügen. Unter dem Eindruck dieser Argumente erklärte Bertazzoli sich nunmehr bereit, dem Papst nicht nur Setteles „Nota", sondern auch den jüngsten Artikel der „Allgemeinen Zeitung" vorzutragen[85]. Dies erschien um so angebrachter als am 25. Oktober auch die „Gazzetta di Genova" auf dem Umweg über die „Wiener Zeitung" diesen Artikel resumierend übernommen hatte[86]. Einige

---

82 Olivieri hatte Settele - wohl am 21. Oktober - mitgeteilt, der Druck solle nun abgeschlossen und das „Imprimatur" danach erteilt werden. Wenigstens 30-40 Exemplare sollten fertiggestellt werden. Dies gab Vermutungen über eine neue Wendung der Dinge Raum (TB Settele, 21. Oktober 1820; MAFFEI 366).
83 Ausführlicher Bericht über die Unterredung: TB Settele, 23. Oktober 1820 (MAFFEI 366-368).
84 Vgl. TB Settele, 23. Oktober 1820 (MAFFEI 368).
85 Vgl. TB Settele, 28. Oktober 1820 (MAFFEI 369 f.). Es handelte sich um den in Anm. 69 genannten Artikel vom 7. September 1820.

Tage zuvor hatte bereits das zu Stuttgart und Tübingen erscheinende „Morgenblatt für gebildete Stände", das ebenfalls von dem Verleger Cotta herausgegeben wurde, unter dem Datum vom 30. September aus Rom gemeldet, daß Anfossi trotz der Entscheidung von höchster Stelle seinen Widerstand gegen die Veröffentlichung von Setteles Buch keineswegs aufgegeben habe[87].

Neue Gutachten - wer gibt das Imprimatur?

Daß von einem nahen Ende der Auseinandersetzungen noch immer nicht die Rede sein konnte, daß man, im Gegenteil, im Hl. Offizium weitere - und zwar ernste - Hindernisse für den Druck von Setteles „Astronomie" befürchtete, zeigt mehr als alles andere der Umstand, daß Anfossis „Ragioni" ihre Wirkung nicht verfehlten, obgleich es sich nur um die Wiederholung längst vorgebrachter Argumente handelte[88]. Gleichzeitig mit Olivieri befaßte sich ein weiterer Konsultor, P. Antonio Maria Grandi, erneut mit der Angelegenheit. Er verfaßte ein Gutachten von 17 Seiten, dem Scharfsinn nicht abzusprechen ist[89]. Von ihm erfahren wir überdies die genaue Formulierung der Fragen, die der Consulta vom 20. November 1820 vorlagen.

1. Ob gegen den Magister Sacri Palatii irgendeine Maßnahme ergriffen werden solle, und, gegebenenfalls welche?

2. Ob man angesichts dessen, was Anfossi dem Papst an Argumenten unterbreitet habe, von dem gefaßten Beschluß abrücken müsse?

Auch P. Grandi übt an dem völlig unverständlichen Vorgehen Anfossis herbe Kritik.

Angesichts der ganzen Haltung des Hl. Stuhls gegenüber den Lehren von Kopernikus und Galilei seit 1620 muß ein solches Verhalten unangebracht und schädlich, ja unverantwortlich genannt werden. Die Opposition Anfossis gegen die Entscheidung des Hl. Offiziums vom 16. August könne nicht hingenommen werden. Nun müsse der

---

86 Vgl. Wiener Zeitung (Wien), 16. September 1820, 841; Gazzetta di Genova (Genua), 25. Oktober 1820, ohne Paginierung (abgedruckt auch bei MAFFEI 562).
87 Vgl. Morgenblatt für gebildete Stände (Stuttgart - Tübingen), 19. Oktober 1820, 1008.
88 Vgl. TB Settele, 5. November 1820 (MAFFEI 371).
89 BRANDMÜLLER - GREIPL 386-393.

Assessor, Mons. Turiozzi, beauftragt werden, den Papst selbst zu bitten, daß er Anfossi entgegentrete.

Viel ausführlicher und wegen seiner scharfsinnigen Argumentation auch viel interessanter sind P. Grandis Bemerkungen zu der zweiten Frage. Es verwundert nicht, daß er sie negativ beantwortet. Und das sind seine Gründe: Auch wenn die zweifache Erdbewegung, wie die Astronomen sie heute lehren, mathematisch nicht stringent bewiesen werden kann, bleibt doch die Möglichkeit, den Beweis mit physikalischen Methoden zu führen. Wenn man nicht einmal das anerkennen wolle, könne man doch nicht in Abrede stellen, daß diese Ansicht den höchsten Grad der Wahrscheinlichkeit erreicht habe. Wenn der Heilige Stuhl dessenungeachtet sich auf die Position von 1616 versteifen sollte, würden die Gegner der Kirche, die ihr Verhalten mit Luchsaugen beobachteten, über sie mit Geschrei herfallen, wie schon Voltaire es getan, und sie wegen ihrer Unwissenheit, mit der sie den Fortschritt der Wissenschaft hindere, angreifen.

Vor allem aber müsse man dabei beachten, daß damals die Kirche die Theorie Galileis als falsch und der Heiligen Schrift widersprechend verurteilt habe, was im Hinblick auf den buchstäblichen Sinn der Heiligen Schrift auch gerechtfertigt war. Dieser Wortsinn darf auch bei Anwendung aller hermeneutischen Regeln nicht preisgegeben werden, es sei denn, er führe zu absurden Konsequenzen.

Aber sowohl Kopernikus als auch Galilei haben ihr System in einer mit großen Schwierigkeiten beladenen Form vorgelegt ohne sie befriedigend zu lösen, da ihnen die Schwere der Luft noch nicht bekannt war.

Aus diesem Grund habe damals das Hl. Offizium auf der wörtlichen Auslegung der Hl. Schrift bestanden.

Im Hinblick auf die folgenden Entdeckungen besteht jedoch kein Grund mehr, an dieser Position festzuhalten. Nunmehr ist es vielmehr erforderlich, die Heilige Schrift „in sensu figurato" auszulegen. Daran ändern Anfossis Argumente nicht das geringste. Dennoch beruft dieser sich auch auf die Unwiderruflichkeit päpstlicher Entscheidungen, was auch für die Sentenzen im Falle Galilei gelte.

Damit ignoriert Anfossi aber, daß diese Unwiderruflichkeit nur von Ex-cathedra-Entscheidungen gilt, keinesfalls für Entscheidungen der Art, wie sie in diesem Falle getroffen wurden. Deshalb müsse es bei der vom Heiligen Stuhl nunmehr eingenommenen Haltung bleiben, den Druck von kopernikanisch lehrenden Büchern nicht zu hindern. Daß die Entscheidung vom 16. August 1820 überprüft werde, komme nicht in Frage. Besonders interessant ist jedoch Grandis Meinung zu der schon mehrfach erwähnten Nota Setteles. Sie, schreibt Grandi, verdiene alle Aufmerksamkeit, halte sie doch die „assurdi filosofici", die der Theorie der Kopernikus anhafteten, für den Grund für deren Verurteilung.

Diese Argumentation lehnt Grandi ab. Er weist vielmehr darauf hin, daß der Heilige Stuhl bei lehramtlichen Entscheidungen sich niemals an philosophischen Kriterien orientiert habe, sondern allein an der göttlichen Offenbarung, wie sie in Schrift und Tradition vorliege. Galilei wurde nicht verurteilt, weil er eine falsche und philosophisch absurde Lehre vorgetragen habe, die deswegen auch im Gegensatz zur Heiligen Schrift stand, sondern vielmehr wegen des Häresieverdachtes, den er sich dadurch zugezogen hatte, daß er eine im Widerspruch zur Heiligen Schrift stehende Ansicht vertreten hat.

Da nun hier kein Bezug auf philosophische Irrtümer genommen wird, könne man gewiß nicht behaupten daß die Verurteilung durch solche begründet worden sei. Im übrigen stellen die beanstandeten „Absurditäten" keineswegs den Inhalt der Lehre Galileis dar, vielmehr hätten die Zensoren diese absurden Konsequenzen aus Galileis Theorie gezogen, - die dieser in Unkenntnis der Schwere der Luft damals nicht habe widerlegen können. Sie können deshalb nicht als Grund für die Verurteilung gelten.

Dem fügt Grandi eine gewichtige Bemerkung hinzu: Es sei sehr riskant, sich detailliert über die näheren Umstände der Verurteilung Galileis zu äußern, da die Prozeßakten noch nicht aus Paris zurückgebracht worden und deshalb unzugänglich seien.

Grandi zieht aus all dem die Folgerung, daß man die Nota Setteles in der vorliegenden Form nicht billigen könne. Anderseits erblicke er aber angesichts der bisherigen Haltung der Kurie in dieser

Angelegenheit auch keine Notwendigkeit, Setteles Buch überhaupt etwas hinzuzufügen. Deshalb solle Setteles Werk ohne jede weitere Erklärung gedruckt werden.

Olivieri sah sich deshalb nun veranlaßt, das bisher angefallene Aktenmaterial zu der bekannten „Positio" zusammenzustellen und diese für den Dienstgebrauch drucken zu lassen. Daß dies außerdem in Eile geschah, zeigt die große Zahl der Druckfehler, die dabei unterlaufen sind[90].

Am 16. November zeigte er Settele das gedruckte Dossier, nicht ohne diesen zu strengstem Stillschweigen darüber zu verpflichten[91].

Bei all dem Austausch von Argumenten Pro et Contra scheinen die von Anfossi bis zum Überdruß wiederholten Zitate des P. Boscovich eine besondere Rolle gespielt zu haben. Nachdem Olivieri darüber auch mit Caprano gesprochen hatte, lieferte ihm dieser eine eingehendere Analyse der in Frage stehenden Textpassagen, wobei er überzeugend darzutun vermochte, daß Anfossi den Sinn von Boscovichs Aussagen in ihr Gegenteil verkehrt hatte, indem er in bewährter Manier einzelne Sätze aus ihrem Zusammenhang gerissen hatte[92].

All dies beschäftigte die Consulta des Hl. Offiziums in ihrer „Feria Secunda" vom 20. November 1820, die sich indes in keiner Weise von dem zutage getretenen Widerstand beeindrucken ließ[93]. Zehn der Konsultoren plädierten für den unverzüglichen Druck von Setteles Werk samt der verlangten „Nota". Einer ging noch weiter und empfahl, die Akte nunmehr definitiv zu schließen. Das „Imprimatur" solle Kardinal della Somaglia als Sekretär des Hl. Offiziums geben. Dem Maggiordomo Frosini sei dies mitzuteilen, wobei man auch die lebhafte Verwunderung des Hl. Offiziums über dessen Aktivitäten zum Ausdruck bringen solle.

---

90 Vgl. BRANDMÜLLER - GREIPL 351-379. Darauf reagierte Anfossi mit seiner „Breve risposta", ohne darin ein neues Argument beizubringen (ebd. 380-384).
91 Vgl. TB Settele, 16. November 1820 (MAFFEI 374).
92 Vgl. Caprano an Olivieri, 18. November 1820 (BRANDMÜLLER - GREIPL 385 f.).
93 Vgl. Sitzungsprotokoll vom 20. November 1820 (BRANDMÜLLER - GREIPL 394).

In der Tat war das Erscheinen von Setteles „Astronomia" nun nicht mehr aufzuhalten[94]. Am 14. Dezember beschloß die Kardinalsversammlung des Hl. Offiziums, daß der Viceregente, Erzbischof Frattini, das „Imprimatur" erteilen solle, nachdem die beiden Revisoren ihre Approbation gegeben hätten[95]. Der Assessor, Mons. Turiozzi, hingegen solle den Papst bitten, daß er Anfossi wie auch dem Maggiordomo Frosini in dieser Sache Schweigen auferlege. Indes scheint die Entscheidung dem Papst nicht leicht gefallen zu sein[96]. Olivieri meinte: „... non ha petto fermo ..."[97].

Am 21. Dezember war es dann soweit, daß Olivieri Settele mitteilen konnte, die Entscheidung sei gefallen und der Viceregente solle das „Imprimatur" erteilen. Die Veröffentlichung des Buches solle ohne großes Aufsehen erfolgen - was gewiß nicht im Sinne Setteles war[98]. Allem Anschein nach befürchtete man im Hl. Offizium trotz allem weitere Schwierigkeiten, denn Turiozzi drängte nunmehr auf eine rasche, unverzügliche Veröffentlichung des Buches[99]. Das „Imprimatur" wurde also am 26. Dezember erteilt[100] und Olivieri ließ nun auch das Motiv dafür erkennen, daß das „Imprimatur" von Frattini erteilt werden sollte: Das Hl. Offizium wollte dabei überhaupt nicht in Erscheinung treten, sondern sich genauso verhalten wie nach dem Galilei-Prozeß: „... cioè di lasciar correre questa opinione senza opporvisi"[101].

Nun dauerte es noch einige Tage, bis am 2. Januar des neuen Jahres 1821 der Druck abgeschlossen und das „Publicetur" des Vicere-

---

94 De Romanis hatte auf Olivieris Anraten den Druck wieder aufgenommen (TB Settele, 27. November 1820; MAFFEI 376). Vgl. auch Morgenblatt für gebildete Stände (Stuttgart - Tübingen), 5. Dezember 1820, 1168; 11. Dezember 1820, 1188.
95 Vgl. Sitzungsprotokoll vom 14. Dezember 1820 (BRANDMÜLLER - GREIPL 398). Candido Maria Frattini (1767-1821) stammte aus Rom und war 1814 von Pius VII. zum Viceregente und Titularerzbischof von Philippi ernannt worden. Vgl. RITZLER - SEFRIN VII, 306; MORONI 99 (1860) 179 f. Zu Amt und Kompetenzen des Viceregente vgl. N. DEL RE, Il Viceregente del Vicariato di Roma, Roma 1976.
96 Vgl. TB Settele, 17. Dezember 1820 (MAFFEI 379 f.).
97 Ebd. 379.
98 Vgl. TB Settele, 21. Dezember 1820 (MAFFEI 380).
99 Vgl. TB Settele, 22. Dezember 1820 (MAFFEI 380 f.).
100 Vgl. TB Settele, 26. Dezember 1820 (MAFFEI 382 f.).
101 TB Settele, 27. Dezember 1820 (MAFFEI 383).

gente tags darauf erteilt war[102]. Settele konnte endlich aufatmen, indem er Vergils bekannten Vers abwandelte: „... tantae molis erat terrestrem volvere massam"[103].

---

[102] Vgl. TB Settele, 2. und 3. Januar 1821 (MAFFEI 384 f.). Frattini erstattete am 10. Januar 1821 Vollzugsmeldung an Turiozzi (BRANDMÜLLER - GREIPL 397).
[103] TB Settele, 3. Januar 1821 (MAFFEI 385). Der originale Vers findet sich in der Aenaeis, Lib. 1 Vers 33: „Tantae molis erat Romanam condere gentem" (P. VERGILII MARONIS Aeneidos I, ed. R. G. AUSTIN, Oxford 1971, 2).

5. Argumente Pro et Contra

Wichtiger noch als der Ablauf des äußeren Geschehens um die Druckerlaubnis für den zweiten Band der „Elementi di Ottica e di Astronomia" des Professors Settele waren - und sind - jedoch die Gedanken, deren Antagonismus die historischen Ereignisse bestimmte. Sie nun seien im folgenden dargestellt.

Anfossi - Contra

Nachdem er schon früher sein „Nein" zur Druckerlaubnis für Setteles Werk in neun „Motivi"[1] begründet hatte, legte der Maestro del Sacro Palazzo am 7. Oktober 1820 dem Papst seine Gründe hierfür erneut und in erweiterter Form dar. Seine Ausführungen, die in der gedruckten „Positio" zwölf Seiten füllen[2], enthalten Anfossis Argumentation in ihren charakteristischen Zügen, weshalb wir uns auf ihre eingehendere Darstellung und Erörterung beschränken können.

Anfossi leitet seine „Ragioni" mit einem Hinweis auf seine amtliche Kompetenz zur Erteilung der Druckerlaubnis für alle in Rom zu publizierenden Presseerzeugnisse ein. Sodann betont er, daß er seine Kriterien für die Gewährung oder Verweigerung des „Imprimatur" der Lehre der Kirche entnehme, die sich auf Schrift, Tradition, Väter und lehramtliche Entscheidungen der Päpste stütze. Nicht aber könne er sich hierbei auf die dem Irrtum unterworfenen Theorien von Philosophen und Astronomen beziehen. Auf Grund dieser Kriterien komme er aber hinsichtlich Setteles zu dem gleichen Ergebnis wie schon vor ihm der berühmte Astronom Bosco-

---

1   „Motivi per cui il P. Maestro del S. Palazzo Apostolico ha creduto, e crede non doversi permettere al Signor Canonico Settele d'insegnare come Tesi e non come semplice Ipotesi a tenore del decreto del 1620 la mobilità della Terra, e la stabilità del Sole nel centro del Mondo". Text: BRANDMÜLLER - GREIPL 310-317.
2   „Ragioni per cui il P. Maestro del S. Palazzo Apostolico ha creduto e crede che non si può permettere la Stampa del Manoscritto del Signor Canonico Settele, che incomincia: Movendosi la Terra intorno al Sole". Text: BRANDMÜLLER - GREIPL 336-349. Das Datum nach dem Gutachten Olivieris im Dossier (BRANDMÜLLER - GREIPL 353; Maffei 428).

vich, der geschrieben habe, es sei hier zu Rom (!) nicht erlaubt, die kopernikanische Theorie zu vertreten, da sie einst von der kirchlichen Autorität verurteilt worden sei[3]. Diese eher als ein „obiter dictum" denn als grundsätzliche Feststellung zu wertende Äußerung Boscovichs führt Anfossi in seinen „Ragioni" gleich einem „ceterum censeo" immer wieder an. Er fährt damit fort, daß der berühmte Astronom deshalb auch die Immobilität der Erde als von Gott geoffenbart und damit als Glaubensinhalt bezeichnet habe. Nun: Boscovich sagt: „... Telluris quies ut in sacris litteris revelata omnino admitti debet ..."[4]. Das ist aber eine der Interpretation zugängliche, ja bedürftige Formulierung. Er kann gewiß damit sagen wollen: Die Immobilität der Erde ist als geoffenbart festzuhalten. Ebenso berechtigt - und zwar im Kontext viel plausibler - ist es, zu übersetzen: Die Immobilität der Erde, wie sie in der Hl. Schrift geoffenbart ist ... Damit hätte - und das ist insgesamt der eigentliche Sinn - Boscovich jene Art von Immobilität der Erde gemeint, von der die Bibel spricht, und das war eben kein astronomisch-physikalisches, sondern ein von Menschen so erlebtes Feststehen der Erde. Olivieri wird dies später exegetisch überzeugend begründen.

Daß die Lehre von der Erdbewegung tatsächlich verurteilt worden sei, fährt nun Anfossi fort, gebe Settele in seiner Supplik an den Papst selber zu. Wie also könne man da den Druck seines Buches gestatten? Ein Versuch, das Gewicht der Verurteilung von 1616 durch den Hinweis abzuschwächen, es hätten damals nur die Qualifikatoren, nicht aber die Kardinalskongregation selbst gesprochen, könne nicht gelingen. Die elf Qualifikatoren seien nicht nur hervorragende Theologen gewesen, sie hätten auch im Auftrag der Kongregation gehandelt, und ihr Spruch sei vom Papst bestätigt worden. Es hätte die Verurteilung also gar nicht authentischer und feierlicher geschehen könne. Mit diesem Argument befindet sich Anfossi allerdings im Irrtum. Es ist im Jahre 1616 und auch später niemals

---

3 „... demum inierimus rationem superiore anno indicatam, qua quidquid ii ex Telluris motu derivarunt, quem nobis hic Romae olim a sacra auctoritate damnatum amplecti omnino non licet ..." (BOSCOVICH, De Aestu Maris, 4).
4 Ebd. 33.

ein einschlägiges Dokument ausgefertigt worden[5]. Anfossi interpretiert auch das Index-Dekret vom 5. März 1616 falsch, weil er jenes von 15. Mai 1620, das die am Buch von Kopernikus vorzunehmenden Emendationen enthält, nicht berücksichtigt[6]. Alsdann bemüht er das Konzil von Trient, das als oberste Norm für die Interpretation der Hl. Schrift die Lehre der Kirche, insbesondere den „unanimus consensus patrum" bezeichnet[7]. Es stehe also nicht den Astronomen und Physikern zu, die Bibel zu erklären. Wer darum wie er, Anfossi, und auch Settele, die Professio fidei Tridentina abgelegt habe, könne ohne eine Verletzung dieses Eides niemals eine Lehre vertreten, die der nach dem Consensus patrum interpretierten Bibel widerspricht. Die kopernikanische Theorie könne darum gar nicht anders denn als Hypothese gelehrt werden. Settele hingegen habe nach Auswegen und Vorwänden gesucht, um dies dennoch tun zu können. Dafür glaube er, sich auf den Umstand berufen zu dürfen, daß Benedikt XIV. im Jahre 1757 das generelle Verbot die Erdbewegung lehrender Bücher in den neuen Index nicht mehr aufgenommen wissen wollte[8]. Der Papst habe jedoch lediglich die Nichtaufnahme dieses Dekretes in den neuen Index von 1758 beschlossen, nicht aber, daß man fürderhin kopernikanisch lehren dürfe, seien doch die einzelnen Vertreter des Heliozentrismus namentlich auf dem Index verblieben. Das sei auch gar nicht anders möglich, denn die Kirche könne zwar ihre Disziplin ändern, doch niemals ihre Lehre. Im übrigen sei es eines, ein Dekret nicht wieder zu publizieren, und ein anderes, es zu widerrufen. Ein Beispiel hierfür biete die Bulle „In Coena Domini", die seit Clemens XIV. auch nicht mehr veröffentlich werde, ohne daß dadurch ihre Geltung berührt werde[9].

---

5   Vgl. oben 95f.
6   Vgl. Documenti 102 f. (Index-Dekret von 1616); ASO, St. St. E 5 a/b - Abschrift aus dem Originalregister 311 r-316 v (Index-Dekret von 1620).
7   Vgl. W. BRANDMÜLLER, Die Lehre der Konzilien über die rechte Schriftinterpretation bis zum 1. Vatikanum, in: AHC 19 (1987) 13-61.
8   Vgl. unten 183-185.
9   Vgl. W. M. PLÖCHL, in: LThK2 I (1957) 32.

Wie bekannt, hatte das Hl. Offizium die Druckerlaubnis für Setteles Werk mit der Auflage beschlossen, daß dieser dem Text eine erläuternde „Nota" beifüge, aus der hervorgehe, weshalb die Verurteilungen von 1616 nicht mehr im Wege stünden[10]. Diese - wie erwähnt - von Settele, Olivieri, Turiozzi und Grandi gemeinsam verfaßte „Nota" stieß nun gleichfalls auf Anfossis entschiedenen Protest.

Er meinte, sie mache die Sache nur noch schlimmer, erwähne sie doch nicht einmal die Verurteilung der Lehre des Kopernikus als häretisch und irrig im Glauben, die Anfossi als „il cardine di tutta la difficoltà" bezeichnet - womit er freilich wiederum einer historisch falschen Einschätzung des Qualifikatorenvotums von 1616 erliegt. So meint er denn auch, die Zurückführung der damaligen Zensur auf die Ungereimtheiten, die sich aus dem Umstand ergaben, daß Kopernikus und Galilei die Einwände gegen ihre Theorie nicht hatten entkräften können, stelle eine theologische Absurdität dar und sei ein Verstoß gegen die Unwiderruflichkeit päpstlicher Glaubensentscheidungen. Ein Argument, das wiederum ins Leere stieß, da eine solche Entscheidung gar nicht vorlag[11]. Nichtsdestoweniger insistierte er darauf und betonte, eine solche Glaubensentscheidung könne niemals auf veränderlichen philosophischen Prämissen beruhen, wie Settele voraussetze. Dies sei 1616 auch gar nicht der Fall gewesen, habe man damals doch den Widerspruch des Kopernikus zur Hl. Schrift festgestellt, und deshalb die Verurteilung ausgesprochen. Wenn aber dieser Widerspruch im Jahre 1616 bestanden habe, dann bestehe er auch im Jahre 1820. Würde man trotzdem heute anders entscheiden, hätte dies schlimmste Konsequenzen, denn die Interpretation der Hl. Schrift und der dem hl. Petrus und seinen Nachfolgern verheißene Beistand des Heiligen Geistes, der sie vor Irrtum bewahrt, bleibe immer der gleiche.

Nun behaupte, fährt Anfossi fort, die „Nota" auch, der konstatierte Widerspruch zwischen Erdbewegung und Hl. Schrift sei nur

---

10 Vgl. Sitzungsprotokoll vom 16. August 1820 (BRANDMÜLLER - GREIPL 300 f.).
11 Vgl. oben 162

ein scheinbarer gewesen. Damit jedoch behaupte Settele nicht weniger, als daß man durch Festhalten am Wortsinn der Hl. Schrift in Ungereimtheiten gerate, weshalb man vom Literalsinn abgehen müsse. Dem aber stehe die Lehre des hl. Thomas entgegen, der klar sage, „... quod sensui litterali sacrae Scripturae numquam potest subesse falsum"[12]. Wenn nun aber die „Nota" sage, man müsse unter den gegebenen Umständen vom Wortsinn abgehen, so öffne Settele damit eine breite Straße für individualistische Bibelauslegung, wie sie den Häretikern eigen ist.

Die Frage, ob der Sensus litteralis der Hl. Schrift überhaupt eine astronomisch-physikalisch verstandene Immobilität der Erde zum Inhalt habe, stellte sich Anfossi freilich nicht! Sein Widerpart Olivieri wird sie aufwerfen - und zu Recht negativ beantworten[13].

Anfossis nächste Frage lautet so: Beleidige man denn nicht Gott selbst, wenn man annimmt, er habe die Menschen so lange im Irrtum gehalten, indem er stets gesagt habe, die Sonne bewege sich - ein Standpunkt, auf dem wir noch immer stünden, wären nicht Kopernikus und der Kanonikus Settele der Menschheit erstanden? Nein, die Kirche gründe ihre Lehrurteile auf Schrift und Väter, und die Entdeckungen Torricellis änderten daran nichts! - Da bleibt allerdings nur eines: Kopfschütteln.

Auf einem einigermaßen adäquaten Niveau bewegt sich Anfossi bei einem weiteren Gedankengang bezüglich der Inerranz der Hl. Schrift. Dabei stützt er sich auf Muratoris Schrift „De ingeniorum moderatione"[14], und wiederum zitiert er Thomas von Aquin! Er sagt: Es fänden sich in der Hl. Schrift viele Aussagen, die sich auf

---

12 Summa Theologiae I Quaest. 1 Art. 10 ad 3: „... nam per voces significatur aliquid proprie, et aliquid figurative; nec est litteralis sensus ipsa figura, sed id quod est figuratum. Non enim cum Scriptura nominat Dei brachium, est litteralis sensus quod in Deo sit membrum huiusmodi corporale: sed id quod per hoc membrum significatur, scilicet virtus operativa. In quo patet quod sensui litterali sacrae Scripturae numquam potest subesse falsum" (S. THOMAE AQUINATIS Opera omnia, ed. iussu impensaque LEONIS XIII. P. M., IV, Romae 1888, 26). Wenn Anfossi nicht nur den letzten Satz gelesen hätte, hätte er bemerken müssen, daß die ganze Stelle gegen ihn, nicht aber gegen Settele etc. spricht.
13 Vgl. oben 272f.
14 Vgl. L. A. MURATORI, De ingeniorum moderatione in religionis negotio libri tres, Francofurti 1716, 187-199 (Lib. I Cap. 21).

Astronomie, Physik, Profangeschichte oder Chronologie bezögen und gewiß keine Heilswahrheiten zum Inhalt hätten. Da sie jedoch von inspirierten Schriftstellern stammten, und so in die Hl. Schrift eingegangen sind, wäre es Sünde, bei ihnen Irrtum zu vermuten. Deshalb sei dergleichen als Bestandteil der Offenbarung fest zu glauben. Als Argument gegen ein „Imprimatur" für Settele käme diese in sich stimmige Aussage jedoch nur in Frage, wenn der Wortsinn der einschlägigen Bibelstellen von Astronomie und Physik sprechen würde - was aber nicht der Fall ist. Die von Anfossi in diesem Zusammenhang zitierte Thomas-Stelle hat keinen Bezug zu dem von Muratori Gesagten. Vollends absurd wird seine Argumentation, wenn Anfossi nun erneut darauf insistiert, daß die rechte Interpretation der Hl. Schrift nicht von naturwissenschaftlichen Forschungsergebnissen wie jenen von Kepler, Menton und Bradley bestimmt werde, sondern vom Beistand des Heiligen Geistes. Überdies - fährt er fort - seien sich die Astronomen selbst uneins, und waren sie sich auch hinsichtlich der Feststellung der Tatsachen einig, so könnten sie sich dennoch über deren Ursachen täuschen. Außerdem seien diese dem Heiligen Geist bekannt gewesen, und dennoch habe dieser mehr als achtzigmal in der Hl. Schrift gesagt, daß die Sonne kreise und die Erde stillstehe. Dagegen komme keine Fernrohrbeobachtung an.

Zur Bekräftigung seines Standpunkts bemüht er nun den französischen Apologeten Jamin[15], und auch Racine[16], deren Aussagen in sich natürlich wahr, im Kontext jedoch deplaciert sind und jeder argumentativen Kraft entbehren. In einem weiteren Schritt bestritt Anfossi die Feststellung der „Nota", daß „heute" das kopernikanische System anders gelehrt werde als zu Galileis Zeiten. Es

---

15 JAMIN betont gegenüber dem Vernunftoptimismus seiner Zeit, daß alle Geschöpfe Gottes auch eine verborgene, unserer Erkenntnis schwer bzw. überhaupt nicht zugängliche Seite haben. Vgl. N. JAMIN, Pensieri teologici relativi agli errori de'nostri tempi, Milano ²1782, 245.

16 „Des systèmes savans epargnez-vous les frais. Et ces brillans discours, que n'eclairent jamais: Avouez nous plutôt vôtre ignorance extrême" (BRANDMÜLLER - GREIPL 345). Dieses Zitat war nicht zu verifizieren. Vgl. B. C. FREEMAN - A. BATSON, Concordance du Théâtre et des Poésies de Jean Racine I-II, Ithaca, New York 1968.

gehe, meint er, nach wie vor um die gleiche Behauptung, daß die Erde sich um die Sonne bewege. Deshalb bestehe auch die gleiche Verurteilung fort. Nehme die „Nota" auch die Autorität eines Cagnoli[17] für sich in Anspruch, so stünden doch die weit berühmteren Tycho Brahe und Boscovich dagegen. Erneut verweist er auf Nieuwentijd[18] und Gassendi, die zwar von der Wahrscheinlichkeit des kopernikanischen Systems überzeugt seien, nicht jedoch davon, daß es stringent bewiesen sei[19]. Tiraboschi, gleichfalls von der „Nota" angeführt, habe zwar diese Unklugheit begangen, sich jedoch auf die Kritik des P. Mamachi hin eines besseren besonnen[20]. Auch Kardinal Gerdil werde von der „Nota" zu Unrecht in Anspruch genommen, womit Anfossi einmal Recht hatte[21]. Schließlich ruft er auch den Kirchenhistoriker Natalis Alexander zum Zeugen an, der sich auf Augustinus stützte und dargelegt hatte, daß die Meinungen und Systeme der Philosophen sich an der Hl. Schrift bewähren müßten, nicht aber umgekehrt[22]. Wenn dennoch Gugielmini und Calandrelli ihre Beweise für die Erdbewegung veröffentlich hätten[23], müßten diese selbst zusehen, wie sie dies mit der Professio fidei Tridentina vereinbaren könnten. Und: wenn man zu Beginn des Jahrhunderts auch Rousseaus „Contrat social"[24], „La Cronaca del

---

17 CAGNOLIS „Notizie astronomiche" hatten weite Verbreitung gefunden. Vgl. U. BALDINI, in: DBI 16 (1973) 327.
18 NIEUWENTIJD bezieht für seine Person den Standpunkt Tycho Brahes. Vgl. B. NIEUWENTIJD, L'existence de Dieu, demontrée par les merveilles de la nature, en trois parties ..., Amsterdam 1727, 390.
19 Auch hier kommt Anfossi die Möglichkeit eines Erkenntniszuwachses im Verlauf von hundertfünfzig Jahren gar nicht in den Sinn!
20 Zu Tiraboschi vgl. unten 191-193. Die Bemerkung, er habe wegen der Beanstandung des damaligen Maestro del Sacro Palazzo, P. Mamachi, seine Ansicht revidiert, zeugt wohl von einer gewissen Naivität Anfossis. Dem intelligenten Leser mußte doch Tiraboschis Ironie auffallen, mit der er auf Mamachi antwortete! Vgl. TIRABOSCHI X, 388 f.
21 Zwar rühmt GERDIL Galilei, bemerkt aber doch, daß das Hl. Offizium seine Lehre nur als Hypothese verstanden wissen wollte. Vgl. GERDIL 1, 258 f.
22 Vgl. N. ALEXANDER, Historia ecclesiastica Veteris Novique Testamenti ab Orbe condito ad A. D. 1600 I, Parisiis 1730, 301. Dazu die Dissertatio XIII „De admirabili statione Solis imperante Josue" (N. ALEXANDER, Historia ecclesiastica Veteris Novique Testamenti ab Orbe condito ad A. D. 1600 II, Parisiis 1730, 43-46).
23 Vgl. unten 190-194.
24 Eine italienische Übersetzung von ROUSSEAUS „Contrat social" war 1798 zu Rom erschienen.

Paradiso"[25], Castis „Novelle galanti"[26] und andere schlimme Bücher gedruckt habe, so bedeute deren Veröffentlichung zu Rom keinesfalls eine kirchliche Billigung ihres Inhalts. Gleiches gelte von jenen Werken, die die „Nota" für sich glaube in Anspruch nehmen zu können.

Olivieri - Pro

Die Einwände des Maestro del Sacro Palazzo hatte Olivieri, damals noch „primo Compagno" des Kommissars des Hl. Offiziums, bereits mit seinen „Riflessioni" entkräftet, die das Datum des 10. Juni 1820 tragen und in dem behördenintern gedruckten Dossier 53 Seiten umfassen[27]. Über den gleichen Fragepunkt existiert ein weiterer handschriftlicher Traktat von siebzig Seiten, der jedoch mangels näherer Angaben in den Vorgang nicht eindeutig einzuordnen ist. Wenn auch zum Teil mit dem vorgenannten inhaltlich gleichlautend, vertritt er doch die Auffassung, die Dekrete von 1616 ff. seien nachwievor in Geltung, doch stehe die moderne Astronomie zu ihnen nicht im Widerspruch[28].

Drei Monate später schrieb Olivieri eine einunddreißig Seiten umfassende Antwort auf Anfossis Motivi, in der er diese Punkt für Punkt mit dem ihm eigenen Scharfsinn widerlegt. Bei aller Höflichkeit des Tons fällt doch die sachliche Härte der Ausführungen auf[29]. Ähnlich hatte der Kommissar das Schreiben Anfossis an Turiozzi vom 28. August 1820 behandelt[30].

---

25 Das Werk erschien ohne Angabe eines Autors, Datums und Erscheinungsortes. Es wurde in den Index-Anhang von 1806 aufgenommen. Vgl. REUSCH, Index II/2, 1016.
26 Giambattista Casti (1724-1803) hatte 1790 zu Rom einen Teil seiner „Novelle galanti" veröffentlicht (vollständige Ausgabe 1804 zu Paris). Vgl. S. NIGRO, in: DBI 22 (1979) 26-36, hier: 32. 1804/05 wurden seine „schmutzigen Sachen" indiziert. Vgl. REUSCH, Index II/2, 1016.
27 Vgl. BRANDMÜLLER - GREIPL 225-287.
28 BRANDMÜLLER - GREIPL 184-224.
29 BRANDMÜLLER - GREIPL 317-325.
30 BRANDMÜLLER - GREIPL 307-310.

Olivieri zeigt dabei große Belesenheit, exakte und subtile Arbeitsweise - aber auch rhetorisch-polemisches Geschick, zu dessen Demonstration ihm freilich sein Widerpart nicht wenig Gelegenheit gegeben hatte.

Als Motti für seine Ausführungen wählte Olivieri Aussprüche zweier unbezweifelbarer Autoritäten: Thomas von Aquin und Augustinus. Sie geben zugleich die methodischen Grundsätze wieder, denen Olivieri in seiner Argumentation folgen wollte:

„Multum autem nocet talia quae ad pietatis doctrinam non spectant, vel asserere vel negare quasi pertinentia ad sacram doctrinam"[31]. Damit war jede theologische Argumentation im Zusammenhang mit naturwissenschaftlichen, hier astronomisch-physikalischen Fragen von vornherein als illegitim zurückgewiesen.

Das zweite, Augustin entnommene Zitat geht sogar noch weiter, wenn der Bischof von Hippo sagt:

„... quidquid ipsi de natura rerum veracibus documentis demonstrare potuerint, ostendamus nostris litteris [= Sacrae Scripturae] non esse contrarium ..."[32].

Diese und ähnliche Aussagen Augustins hatte schon Roberto Bellarmino seiner Auffassung zugrundegelegt, die er längst vor dem Konflikt um Galilei geäußert und die ihn dann Foscarini und Galilei gegenüber zu der Forderung bewogen hatte, erst einmal schlüssige Beweise für den Heliozentrismus vorzulegen, ehe man an eine andere als die übliche Interpretation der Bibel denke[33].

Wenngleich in den nun folgenden Erörterungen Olivieris eine strenge Systematik bzw. logische Abfolge nicht zu erkennen ist und er dabei eher assoziativ vorzugehen scheint, so behandelt er doch - und zwar recht ausführlich und gut belegt - alle Fragen, die im Zusammenhang gestellt wurden bzw. zu stellen waren.

---

31 Responsio ad lectorem Vercellensem de articulis 42 Proemium (S. THOMAE Opera omnia, ed. R. BUSA, III, Stuttgart - Bad Cannstatt 1980, 640).
32 S. AURELII AUGUSTINI De Genesi ad litteram libri duodecim Lib. I Cap. 21 (CSEL 28/I (1894) 1-503, hier: 31).
33 Vgl. oben 82-84.

Olivieris erster Hinweis gilt der Quelle für Anfossis Widerstand. Diese war das Werk „Summa philosophica" des Dominikaners Salvatore Maria Roselli[34]. Darin spricht Roselli auch von Kopernikus etc. und führt auch die gegen dessen Theorie erlassenen Dekrete an. Merkwürdigerweise übergeht er aber die Tatsache, daß das generelle Verbot kopernikanisch lehrender Bücher durch Benedikt XIV. 1758 außer Kraft gesetzt worden war.

Den bedeutenden Pariser Astronomen Lalande, der nach einem Aufenthalt in Italien und Rom im Jahre 1765 eben davon geschrieben hatte, bezichtigte Roselli des Irrtums[35].

Indem nun Anfossi sich - und zwar ausschließlich - auf Rosellis Ausführungen gestützt hatte, hatte der Maestro del Sacro Palazzo einen unverzeihlichen Fehler begangen, den ihm sein Kritiker Olivieri nun auf Schritt und Tritt erneut vorhielt.

Es folgt ein weiterer Angriff. Diesmal geht es um die Prinzipien der Bibelerklärung - nämlich um den von Roselli und Anfossi bemühten Consensus patrum als Interpretationsnorm[36]. Da nun dreht Olivieri den Spieß um und fragt, ob es denn denkbar sei, daß die heliozentrisch lehrenden Bücher jemals vom Index hätten gestrichen werden können, wenn ihre Lehre tatsächlich dem Consensus patrum widersprochen hätte. Dem zu erwartenden Einwand, sie seien jedoch tatsächlich 1616 etc. verboten worden - wie hätte man sie da 1758 erlauben können[37] -, kommt Olivieri mit dem Hinweis auf ihre damals noch unvollkommene, heute jedoch gereinigte und berichtete Lehre zuvor. Ein Gedanke, der in Olivieris Argumentation zentrale Bedeutung besitzt.

In den folgenden Ausführungen, die nun wirklich ins theologische Zentrum der Kontroverse vorstoßen, erweist Olivieri sich als Fachmann auf dem Gebiet der alttestamentlichen Hermeneutik und

---

34 Vgl. S. M. ROSELLI, Summa philosophica ad mentem Angelici Praeceptoris S. Thomae Aquinatis I-VI, Romae 1777-1783. Olivieri benutzte die 2. Auflage von 1785. Zu Roselli vgl. P. v. LOË, in: KL2 (1897) 1274.
35 Vgl. LALANDE, Voyage V, 48 f.
36 Vgl. BRANDMÜLLER - GREIPL 339.
37 Vgl. BRANDMÜLLER - GREIPL 340.

Exegese, da er sich an die Entkräftung der von Roselli und in dessen Folge von Anfossi gegen die Erdbewegung angeführten alttestamentlichen Argumente begibt.

Zunächst weist er darauf hin, daß die Hl. Schrift die sichtbaren Phänomene im Auge habe und sich der alltäglichen Umgangssprache bediene, wenn immer sie von Auf- und Untergang der Sonne spricht. Dieser Umstand erlaube es, die eigentlichen astronomisch-physikalischen Ursachen für das, was am Himmel zu sehen ist, zu erforschen, ohne daß man dadurch der Hl. Schrift zu nahe trete. Gleiches gelte zumeist auch, wenn Texte der Kirchenväter in Frage stünden.

Da solche astronomischen Fragen keinesfalls Inhalt der göttlichen Offenbarung seien, hätten diesbezügliche Ausführungen der Väter lediglich ebensoviel Gewicht wie die Beweise, die sie dafür anführten, lehrten sie nun einhellig oder nicht. Für diese methodische Voraussetzung konnte Olivieri sich auf Melchior Cano, den Klassiker der theologischen Methodenlehre, berufen[38]. Wer, fährt er fort, dessen ungeachtet auf einem Widerspruch zwischen Schrift und Vätern sowie Kopernikus beharre, könne weder Schrift noch Väter jemals ernsthaft studiert haben. Wie hätte ihm sonst auch der poetische Charakter einer Reihe von Texten und die Anwendung rhetorischer Stilmittel verborgen bleiben können, ferner der Umstand, daß weder Schrift noch Väter die Absicht haben, astronomischen Unterricht über den Bau des Universums zu erteilen. Zur Illustration dessen führt der Kommissar des Hl. Offiziums einige Passagen aus dem Werk des Exegeten Calmet[39] an, und zwar in der italienischen Über-

---

38 Vgl. M. CANO, De locis theologicis libri duodecim VII, Romae 1890 (erstmals Salamanca 1563), 3.
39 Augustin Calmet OSB (1672-1757) war Lothringer, Abt von Senones und einer der berühmtesten Exegeten des 18. Jahrhunderts. Sein Hauptwerk „La sainte Bible en latin et en francais avec un commentaire littéral et critique", Paris 1707-1716, umfaßte 23 Quartbände. Es erlebte zahlreiche Auflagen. In unserem Zusammenhang wurden seine ins Englische, Holländische und Deutsche übersetzten „Dissertations, qui peuvent servir de prolégomènes de l'Ecriture sainte", Paris 1720, zitiert. Vgl. P. VOLK, in: LThK2 II (1958) 886.

setzung, in der sie der Paduaner Galilei-Ausgabe von 1744 beigegeben waren[40].

Daraus, meint er, ergebe sich zur Genüge, daß es die Intention der Hl. Schrift sei, durch die Darstellung der Himmelsphänomene den Blick auf Gott, den Schöpfer und Erhalter des Universums hinzulenken.

Nach diesen methodischen Vorbemerkungen geht Olivieri zur Erörterung der einzelnen einschlägigen Bibelstellen über.

Als erste untersucht er Eccl. (Kohelet) 1, 4-6: „Die Erde steht in Ewigkeit". Es fällt ihm leicht zu zeigen, daß hier keineswegs von Astronomie, nicht einmal vom Universum die Rede ist, denn der vorhergehende Satz: „Eine Generation geht, eine andere kommt", läßt die Aussageabsicht erkennen: Es geht um den Gegensatz zwischen dem vergänglichen Menschen und der Erde, dem beständigen, gleichbleibenden Schauplatz menschlichen Werdens und Vergehens. Wenn es sodann heißt: „Die Sonne, die aufging und wieder unterging, atemlos jagt sie zurück an den Ort, wo sie wieder aufgeht", so stelle sich doch nicht die Frage, ob dies so dem Augenschein entspreche, sondern auf welche physikalischen Ursachen das Beobachtete zurückzuführen sei. Aber eben diese Frage spiele im Zusammenhang des Textes keine Rolle. Seine eigentliche Aussage habe nämlich die beständige Wiederkehr der Phänomene der Natur, ihren „ewigen Kreislauf" zum Inhalt. Dies ergebe sich aus dem Zusammenhang mit den folgenden Versen.

Noch leichter fällt es unserem Exegeten, die „Beweiskraft" zweier anderer Bibelstellen, nämlich 1 Chronik (= Paralipomenon) 16, 30 und Psalm 93 (92), 2 zu erschüttern. Wieder ist da vom Feststehen der Erde die Rede und wiederum erweist der Kontext die Unmöglichkeit, hierin eine astronomisch-physikalische Aussage zu erblicken. Vielmehr - so Olivieri - werde hier ebenfalls von der Erde als dem Lebensraum des Menschen gesprochen, der in der Tat nicht erschüttert werde, wie der Psalm sagt. Dies wäre nur unter Voraus-

---

40 Vgl. GALILEI IV, 1-20.

setzung der von den Theologen beanstandeten „mobilità scompigliatrice e scompaginatrice" möglich[41], was jedoch nicht zutreffe.

Und nun ein neues Argument: Das Dekret von 1620 habe gestattet, die Erdbewegung als Hypothese anzunehmen. Dies wäre nicht möglich gewesen, wenn die Erdbewegung an sich der Hl. Schrift widerspräche und nicht nur im Zusammenhang mit ihrem damals angenommenen „Scompiglio terrestre". Dergleichen hätte nicht einmal als Hypothese zugelassen werden können. Hier werde jedoch der Nachweis geführt, daß eine von diesen Begleiterscheinungen des Durcheinanderwirbelns all dessen, was sich auf der Erdoberfläche befindet, befreite Erdbewegung der Hl. Schrift in keiner Weise widerspreche. Eben diese Trennung von Erdbewegung und „scompiglio" werde durch die spätere Entdeckung der Schwere der Luft, die letzteren absurden Effekt ausschließe, ermöglicht.

Alsdann behandelt Olivieri das vielberufene Sonnenwunder bei Josue 10, 12 f.: „Sonne, bleib stehen über Gibeon und du, Mond, über dem Tal von Ajalon! - Und die Sonne blieb stehen, und der Mond stand still, bis das Volk an seinen Feinden Rache genommen hatte". Hier war außerdem Jesaja 38, 8 mitzubedenken: „Siehe, ich lasse den Schatten, der auf den Stufen des Ahas bereits herabgestiegen ist, wieder zehn Stufen hinaufsteigen. Da stieg der Schatten ...". Da nun stellt der Exeget die Frage, ob denn aus der Tatsächlichkeit der hier berichteten Wunder geschlossen werden dürfe, daß auch die ihnen zugrundeliegenden physikalischen Sachverhalte mitgeoffenbart seien. Doch darüber schwiegen die heiligen Texte! Infolgedessen sei es Sache der Astronomen, diese Phänomene zu erforschen.

Ein abschließender Gedanke des P. Roselli, der aus dem Wortlaut des Schöpfungsberichtes (Genesis 1, 14-19) den Schluß ziehen wollte, daß die Erde Grundlage und Mittelpunkt des Universums sei, war leicht zurückzuweisen. Olivieri brauchte nur den Text Genesis 1, 1 anzuführen: „Am Anfang schuf Gott Himmel und Erde".

---

41 D. h. wenn die Erdbewegung zur Folge hätte, daß alles auf der Erdoberfläche Befindliche in rasendem Wirbel durcheinander geschleudert würde.

Also, erst den Himmel und dann die Erde. Vermutlich war ihm bei dieser Exegese, mit welcher er sich auf das Niveau seines Widerparts begeben hatte, nicht ganz wohl, denn er bemüht auch noch Thomas von Aquino[42] und den Astronomen Lalande[43]. Thomas also habe ein hier anzuwendendes Interpretationsprinzip formuliert, indem er darauf hinwies, daß Moses, um sich seinem ungelehrten Volk verständlich zu machen, von den sichtbaren Phänomenen gesprochen habe[44]. Weder er noch ein anderer Verfasser der Hl. Schriften habe je die Absicht gehabt, ein astronomisches System zu lehren. Dies sei, unbeschadet der Autorität der Hl. Schrift, Sache der Astronomen. Damit war die Zurückweisung der biblischen Einwände gegen Kopernikus abgeschlossen, wobei Olivieri ohne Zuhilfenahme anderer „Schriftsinne" sich ausschließlich - Philologe, der er war - am Wortsinn orientiert und damit der schon von Galileis zeitgenössischen Gegnern erhobenen Forderung entsprochen hatte.

Als nächste Aufgabe stellte sich ihm die Entkräftung von Anfossis These, auch die übereinstimmende Lehre der Väter, der Consensus patrum, verbiete die Annahme des heliozentrischen Systems, wofür Anfossi sich auf Natalis Alexander berufen hatte. Eine unbefangene Lektüre des angeführten Textes ließ Olivieri jedoch nichts anderes finden, als daß die dort angeführten Väter die Tatsächlichkeit des bei Josue berichteten Wunders betonten, womit Natalis Alexander sich gegen die Exegese des Rabbi Levi und des Maimonides gewandt habe, auf die sich auch Grotius stützte. Natalis Alexander

---

42 Vgl. Summa Theologiae I Quaest. 70 Art. 1 ad 1 (nicht ad 2, wie Olivieri schreibt). Es geht hierbei um die Frage, ob die Himmelsleuchten, also Sonne und Mond, am 4. Tag des Hexaemerons erschaffen wurden, oder „... ante omnem diem" (S. THOMAE AQUINATIS Opera omnia, ed. iussu impensaque LEONIS XIII. P. M., V, Romae 1889, 177). Thomas weist die Fragestellung selbst mit Berufung auf Augustinus zurück: „Non enim ponit [sc. Augustinus] successionem temporis in istis operibus ..." (ebd.). Daß Sonne und Mond erst am 4. Tag erwähnt (!) werden, bedeute nichts: Es gehe - so Chrysostomus - nur darum, dem Volk zu zeigen, daß sie keine Gottheiten, also geschaffen und deshalb nicht von Anfang an existent seien (ebd. 177 f.).
43 Vgl. LALANDE, Astronomie I, 536-541, bes. 539.
44 Vgl. Summa Theologiae I Quaest. 70 Art. 1 Resp.: „Tamen motus luminarium sensu percipitur: non autem motus sphaerarum. Moyses autem, rudi populo condescendens, secutus est quae sensibiliter apparent, ut dictum est" (S. THOMAE AQUINATIS Opera omnia V, 178).

verteidige also die Tatsächlichkeit des Wunders, von dessen physikalischen Ursachen spreche er aber mit keinem Wort[45].

Gleiches stellte Olivieri auch bei der Analyse der von Riccioli angeführten Väter fest[46]: Sie sprächen nicht zu der hier verhandelten Sache. Man müsse doch, so fährt er fort, klar erkennen, daß viele Väter überhaupt keine zutreffende Vorstellung von der Kugelgestalt der Erde gehabt hätten, sondern einfach den „concetti non rettificati" ihrer Zeitgenossen gefolgt seien. Der große Montfaucon sage deshalb in der Einleitung zu seiner Edition des Cosmas Indicopleustes, daß die Väter in ihren die Astronomie betreffenden Aussagen durchaus verschiedene Auffassungen gehabt hätten, je nachdem, ob sie sachkundig gewesen seien oder sich - obgleich unkundig - über die Kundigen lustig gemacht hätten[47].

Sei das nun auch wahr, so könne man doch bei den Erleuchtetsten von ihnen hervorragende Anweisungen für eine rechte Betrachtung der Dinge finden. So etwa rufe Basilius nach mehreren Erörterungen über den Bau des Weltalls dazu auf, die Weisheit seines Erbauers zu bewundern, wie auch Johannes Damascenus alle diesbezüglichen Theorien beiseite schiebe und sage: Wie dem auch sei - all dies ist gewißlich auf Gottes Befehl hin entstanden.

Nun führt Olivieri nur noch Augustinus an, von dessen Werken hier natürlich „De Genesi ad litteram" einschlägig war: Schon er habe es gewagt, das Sechstagewerk nicht buchstäblich zu verstehen.

Nicht so sehr sachlich, sondern rhetorisch war alsdann der Hinweis, daß Anfossi sich selber widerspreche, da er, von der Unbeweglichkeit der Erde überzeugt, sie dennoch mehrfach „unseren Planeten" nenne. Zugleich aber sage er, beim Josue-Wunder habe die Sonne, oder - wie andere meinten - die Erde ihren Lauf (!) angehalten. Wenn er überdies fordere, man müsse in dieser Frage am Literalsinn der Bibel fest-

---

45 Vgl. Anm. 22.
46 Vgl. RICCIOLI II, 481-486 (Lib. 9 Sect. 4 Cap. 37).
47 Olivieri lag die „Christiana Topographia sive Christianorum opinio de mundo" des COSMAS INDICOPLEUSTES in der Ausgabe von B. DE MONTFAUCON, Collectio nova Patrum et Scriptorum Graecorum II, Parisiis 1706, 113-345 (Praefatio: I-XXI, hier: IV-VI) vor. Heute am leichtesten zugänglich in: PG 88 (1860) 51-476. Vgl. H. G. BECK, Kirche und Theologie im Byzantinischen Reich, München 1959, 416 f.

halten, bis die Kirche anders entscheide, so räume er damit doch die Möglichkeit einer anderen Erklärung als der seinen ein. Offenkundige Inkonsequenzen! Indem Anfossi jedoch auf diese Weise die Erdbewegung als immerhin möglich zugebe, treffe nun auch ihn das Urteil der Inquisition von 1632 „... qui pariter est gravissimus error, cum nullo modo probabilis esse possit opinio, quae iam declarata, ac definita fuerit contraria Sacrae Scripturae". Aber mit solcher Konsequenzenmacherei, die Olivieri wohl selbst nicht ganz ernst nahm, konnte er allenfalls Anfossi ärgern. Zu beweisen war auf diesem Wege wenig.

Nun aber tritt er in eine ernsthafte Interpretation des Dekrets von 1633 ein. Nachdem er ausführlich den Gang der Ereignisse resumiert hat, zitiert er den bedeutenden Tiraboschi, der das Urteil gegen Galilei eine „troppo rigorosa censura" nennt und betont, daß sie von einem Tribunal verhängt worden sei, dem auch der eifrigste Katholik niemals Unfehlbarkeit zugeschrieben hätte[48]. Darin manifestiere sich die göttliche Vorsehung, die es nicht zugelassen habe, daß zu einer Zeit, da die meisten Theologen von der Schriftwidrigkeit des Kopernikus überzeugt gewesen seien, in dieser Sache ein feierliches Glaubensurteil erging. Dem stimmt Olivieri zu und widerspricht deshalb zu Recht Rosellis Behauptung, die gegen Kopernikus und Galilei ergangenen Sentenzen seien unwiderruflich[49]. Aber er könne diese Sentenzen deshalb trotzdem nicht als irrig betrachten. Es festige sich in ihm mehr und mehr die Erkenntnis, daß man es hierbei nicht mit einem einfachen Sachverhalt zu tun habe, wie es der erste Augenschein nahelege, sondern mit einem sehr komplexen Problem. Man müsse deshalb die einzelnen Ideen, die hier ineinander verschlungen seien, sorgfältig entwirren und auseinanderhalten. Dabei werde man feststellen, daß jene Ideen, die verurteilt worden sind, dies verdient hätten, während andere von der Verurteilung nicht betroffen seien. Und eben letztere seien von den modernen Astronomen aufgenommen worden, wenn diese von der Bewegung der Erde und der Unbeweglichkeit der Sonne sprächen.

---

48 Vgl. TIRABOSCHI X, 383.
49 Vgl. BRANDMÜLLER - GREIPL 228.

Um diese Analyse durchzuführen, wendet Olivieri sich zunächst dem Index-Dekret von 1616 zu. Dieses habe bezüglich der Lehren des Kopernikus zwei Qualifikationen ausgesprochen. Die eine laute „falsa", die andere „contraria alla Sacra Scrittura". Worauf im einzelnen sich diese beiden Qualifikationen bezögen, gehe aus dem Votum der Gutachter hervor, das in dem genannten Index-Dekret zusammengefaßt und erheblich entschärft worden sei. Es hieß im Text der Gutachter nämlich zuerst, die heliozentrische Theorie sei „absurda et falsa in philosophia", und dann - mit Bezug auf die Erdbewegung - diese Lehre sei „formaliter haeretica, quia est expresse contraria Sacrae Scripturae". Bezüglich der Immobilität der Sonne folge: „... et theologice considerata ad minus erronea in fide". Daraus ergebe sich klar, daß das „falsa" sich auf philosophische Absurditäten beziehe, die nicht Gegenstand theologischer, also aus der Offenbarung abgeleiteter, sondern philosophischer, im Lichte der natürlichen Vernunft zu gewinnender Erkenntnis seien. Anders verhalte es sich mit der Qualifikation „contraria alla Sacra Scrittura". Dies sei eine theologische Aussage, die sich ergibt, wenn man den Maßstab der Hl. Schrift an die zur Diskussion stehende Theorie anlegt. Ein solches Urteil setze jedoch den tatsächlichen Erweis der philosophischen Falschheit voraus. Erst dann, wenn man den Aussagen der Hl. Schrift einen philosophisch absurden Sinn gäbe, wäre dies ein Widerspruch zur Hl. Schrift. Es gehe also darum, die philosophischen Falschheiten und Absurditäten zu ermitteln, die Index und Hl. Offizium zur Zeit Galileis im Auge hatten, und diese seien es dann, die sich im Widerspruch zur Hl. Schrift befinden, wie die Sentenz sagt. Sollten sich aber diese Falschheiten und Absurditäten in der Lehre der modernen Astronomen nicht mehr feststellen lassen, dann sei ihre Lehre nicht mehr jene Lehre, die einst verurteilt wurde und auch nicht mehr im Widerspruch zur Hl. Schrift.

Welches also waren, so fragt Olivieri jetzt, die damals beanstandeten Falschheiten und Absurditäten? Da die Galilei-Prozeßakten nicht mehr aus Paris zurückgekehrt sind[50], müsse man dafür auf die Literatur der Galilei-Zeit zurückgreifen. Zuvorderst müsse jedoch

---

50 Dies geschah erst 1843. Vgl. D'ADDIO 2 f.

festgestellt werden, daß man den Stein des Anstoßes nicht in den Bewegungen der Himmelskörper suchen dürfe, denn zu ihrer Erklärung durfte das kopernikanische System in Form einer Hypothese durchaus herangezogen werden. Schon Bacon of Verulam habe geschrieben, Kopernikus könne durch astronomische Prinzipien nicht widerlegt werden, dies sei nur durch richtige Anwendung naturphilosophischer Prinzipien möglich[51]. Ihnen spürt Olivieri im folgenden nach. Er findet sie in den Werken der zeitgenössischen Gegner Galileis. Unter ihnen erscheint ihm Riccioli als der bedeutendste. In seinem „Almagestum novum" habe er die meisten damals formulierten Argumente gegen Kopernikus zusammengestellt. Deren gewichtigste seien von den Unstimmigkeiten abgeleitet, die sich unter den damaligen Voraussetzungen aus der Annahme der Erdbewegung ergeben mußten. Wenn da die Erde in rasender Umdrehung und Geschwindigkeit von West nach Ost dahingerissen würde, was müßte dann mit den schweren oder leichten Körpern auf ihr geschehen? Was mit der Luft, die hinter einer solchen Bewegung zurückbleiben würde? Folge einer solchen Erdbewegung wäre zwangsläufig ein ungeheurer Zusammenprall aller auf der Erdoberfläche befindlichen Körper. Man müßte außerdem ein unaufhörliches schrilles Pfeifen hören können - kein Lebewesen könnte sich da auf den Füßen halten, Bäume und Häuser würden flach am Boden liegen. Kein Vogel könnte nach Osten fliegen, kein Schiff seinen Kurs halten, die Wolken zögen immer zurück gen Westen ...

All diese Ungereimtheiten hätten weder Kopernikus noch Galilei ausschließen können. Nunmehr seien sie jedoch mit der Entdeckung der Schwere der Luft aus dem Wege geräumt, die Torricelli nach dem Tode seines Meisters Galilei gelungen ist. Dabei bleibe zu bemerken, daß man die Tragweite dieser Entdeckung und ihre Bedeutung für das heliozentrische System längere Zeit nicht erkannt habe, wie die bis heute hörbaren Gegenstimmen ge-

---

51 Vgl. F. BACON, De dignitate et augmentis scientiarum, Francofurti 1665, 98 (Lib. I Cap. 1).

gen Kopernikus bewiesen. Heute seien hingegen alle diese Schwierigkeiten aus dem Wege geräumt.

Nun aber geht Olivieri daran, die antikopernikanischen Argumente des P. Roselli im Lichte dieser Tatsachen zu betrachten. Ein langer, ermüdender Beweisgang, der hauptsächlich mit Mitteln der Astronomie unternommen wird. Die so gewonnenen Beweisgründe, meint er sodann, hätten bereits den berühmten Nikolaus Cusanus von der Erdbewegung überzeugt, nahezu ein Jahrhundert vor Kopernikus[52]. Ergebnis seiner Analyse: Was die gelehrten Patres Roselli, Pini[53] und Schettini[54] gegen ihn anführten, erweise sich im Lichte der neuen Entdeckungen als Beweis für Kopernikus. Ein Autor wie L. L. Mercier[55] sei ohnehin nicht ernstzunehmen.

Nun aber muß Olivieri in die Erörterung über einen Thomas-Text eintreten, der ebenfalls von Roselli angeführt wird. Es handelt sich um den berühmten und in unserem Zusammenhang von Anfang an oft zitierten Abschnitt aus dem Kommentar zu „De caelo et mundo" des Aristoteles. Hier geht es darum, daß die antiken Astronomen die Unregelmäßigkeiten der Planetenbahnen auf je verschiedene Weise zu erklären versucht hätten, was Thomas wie folgt kommentiert: Mag es auch sein, daß diese Erklärungsversuche plausibel erschienen, so darf man doch nicht sagen, sie seien tatsächlich wahr, denn es könnte durchaus sein,daß es auch eine andere zutreffende Erklärung gibt, die bislang nicht bekannt ist[56]. Offenbar sei - so Olivieri - Thomas davon überzeugt gewesen, daß dergleichen noch gefunden werden könne. In der Tat seien es dann auch die Planetenbahnen gewesen, die Kopernikus den Anstoß für die Entwicklung

---

52 Vgl. De docta ignorantia Lib. II Cap. 11 f. (NIKOLAUS VON KUES, De docta ignorantia/Die belehrte Unwissenheit II, ed. P. WILPERT - H. G. SENGER (= Schriften des NIKOLAUS VON KUES XV b), Hamburg 1977, 85-107).
53 Vgl. D. PINI, Esame del Neutoniano sistema intorno al moto della terra I-III, Como 1802.
54 Vgl. A. SCHETTINI, Elementa physicae II, Romae 1777, 118, 121.
55 Vgl. L. L. MERCIER, De l'impossibilité du système Astronomique de Copernic et de Menton, Paris 1806.
56 Vgl. Commentaria in libros Aristotelis de caelo et mundo Lib. II Lect. XVII (S. THOMAE AQUINATIS Opera omnia III, 186-189).

seines Systems geboten hätten. Thomas hingegen habe schon im 13. Jahrhundert den Weg für Cusanus und Kopernikus gewiesen. Damit sei erwiesen, daß sich Roselli in dieser Frage von seinem „Meister" Thomas entfernt hat.

Gleiches konstatiert Olivieri nicht ohne Genugtuung auch hinsichtlich eines weiteren Thomas-Textes. Es handelt sich um die Antwort des Aquinaten auf die zweiundvierzig Anfragen des Johannes von Vercelli. Dieser hatte von Thomas wissen wollen, ob die Stelle Eccl. 1, 6 „In circuitu pergit spiritus" so ausgelegt werden könne: Der Geist, d. i. der Engel, bewege sich am Himmel im Kreise und bewege dadurch den Himmel selbst im Kreise. Darauf die Antwort des Aquinaten: Es gebe keinen Grund, die Stelle nicht so zu deuten, sage doch Augustinus, es gebe deshalb viele Wege zur Auslegung der Schriftworte, damit jene, die durch weltliche Wissenschaft aufgeblasen sind, sich des Spottes (sc. über die Hl. Schrift) enthalten müßten[57]. Damit hatte Olivieri wiederum den Spieß umgedreht, da man dieses Prinzip auch auf die bekannten biblischen Einwände gegen Kopernikus beziehen konnte, ja mußte.

Und nun die Summe aus dem bisher Dargelegten: Es sei wohl jetzt zur Genüge bewiesen, daß die dem kopernikanischen System einst entgegenstehenden Argumente mittlerweile hinfällig geworden seien. Auf ihnen gründeten aber die seinerzeitigen kirchlichen Verurteilungen, denen somit heute die Grundlage entzogen sei. Wer diese Argumente heute noch anführe, zeige damit nur, daß er nicht verstehe, wovon er rede - oder, daß er wider besseres Wissen rede, wie man Roselli wegen seiner Interpretation des Dekretes von 1616 und des Index von 1758 nachweisen könne, der in höchster Weisheit die heliozentrisch lehrenden Bücher nicht mehr unter den verbotenen aufgeführt hatte.

---

57 Vgl. Responsio ad lectorem Vercellensem de articulis 42 Art. 18: „Decimus octavus articulus est, an illud Eccle. 1, 6 'In circuitu pergit spiritus', sic possit exponi: Spiritus, puta angelicus, pergit in circuitu caeli, et pergendo caelum movere facit in circuitu. Non video quare haec expositio sustineri non possit; praesertim cum dicat Augustinus in I super Gen. ad litteram cap. XX, quod ideo multis exitibus verba Scripturae exponuntur, ut se ab irrisione cohibeant litteris saecularibus inflati" (S. THOMAE Opera omnia III, 641).

Doch wie erkläre es sich nun, so fragt Olivieri weiter, daß dessen ungeachtet einige einschlägige Bücher namentlich auf dem Index verblieben seien. Die Antwort lautet: Diese Bücher - es handelt sich um Kopernikus, Kepler, Foscarini, Zúñiga und Galileis „Dialogo" - repräsentierten den Forschungsstand ihrer Entstehungszeit, zu welcher das kopernikanische System noch von den oft genannten Ungereimtheiten belastet gewesen sei.

Aber was sei von der Abschwörung zu halten, die der große Galilei habe leisten müssen? Er sei sicher, sagt Olivieri hierzu, daß Galilei so habe handeln können, ohne mit seinem Gewissen in Widerspruch zu geraten, und daß ein heutiger Astronom dieselbe Abschwörung, was ihren theologischen Inhalt betreffe, gleichfalls ohne Schwierigkeiten leisten könnte. Denn: Was habe Galilei in seiner Abschwörung wirklich bereut und widerrufen? Zunächst einmal, daß er das ihm 1616 erteilte Verbot, heliozentrisch zu lehren etc., mißachtet habe, was zutraf. Sodann habe er bekennen müssen, daß er sich eben dadurch Häresieverdacht zugezogen habe. Auch das traf zu. Inhaltlich habe Galilei zwei Sätze widerrufen. Der erste: Die Sonne steht im Mittelpunkt des Weltalls und ist unbeweglich, der zweite: Die Erde ist nicht Mittelpunkt und bewegt sich. Interessanterweise habe sich diese Formulierung in bemerkenswerter Weise von jener der Qualifikatoren des Hl. Offiziums unterschieden, die bezüglich des ersten Satzes ausdrücklich von einer Ortsbewegung bzw. von einer Bewegung der Sonne von Ost nach West gesprochen hatten, während die Formulierung des zweiten Satzes gelautet hatte: Die Erde ist weder Zentrum des Alls noch unbeweglich, sondern bewegt sich, und zwar täglich.

Um zu ermitteln, was Galilei damit positiv anerkannt habe, gelte es, den Gegensatz des Widerrufenen abzüglich der Ungereimtheiten von damals, die Galilei, hätte er sie erkannt, gleichfalls abgelehnt hätte, ins Auge zu fassen. Da nun ergebe sich ein Sinn, an dem Galilei ohne jede Unaufrichtigkeit festhalten konnte. Dieser Gegensatz laute wie folgt: Die Sonne befindet sich nicht im Zentrum des Weltalls und ist beweglich. Das aber entspreche durchaus heutiger astronomischer Erkenntnis, derzufolge die Sonne einen der beiden

Brennpunkte der von den Planeten beschriebenen Ellipsenbahn einnimmt. Sie bewege sich nicht nur um ihre eigene Achse, sondern auch auf einer Kreisbahn, zusammen mit ihren Planeten und deren Monden, und zwar in Richtung auf den Herkules. Wenn Galilei das auch noch nicht habe wissen können, so habe er doch erkennen müssen, daß die Sonne im Verhältnis zu den Fixsternen nicht habe als Mittelpunkt gelten können, da diese sich ja nicht um sie bewegten. Auch habe Galilei gewußt, daß irdische Körper in Richtung des Erdmittelpunkts und nicht in Richtung der Sonne fallen. Deshalb habe er auch dem zweiten Satz abschwören können. Er mußte und konnte nur bekennen, daß die Sonne nicht unbeweglich sei. Alles andere sei ja in die Abschwörungsformel nicht aufgenommen worden.

Was nun die Erde betreffe, müßte der positive Gegensatz so lauten: Die Erde ist Zentrum und bewegt sich nicht. Wer aber sei sich nicht darüber im klaren, daß die Erde Mittelpunkt für alle Körper sei, die sie umgeben und zu ihr fallen? Mittelpunkt für Wasser und Luft? Auch hinsichtlich der Himmelserscheinungen, für die von unserem Standpunkt aus die Erde wirklich den Mittelpunkt darstellt? Bezeichnenderweise habe Galilei ja nicht die Erde als Zentrum des Alls, sondern nur als Zentrum anerkennen müssen!

Olivieri war sich, als er dies niederschrieb, gewiß nicht bewußt, daß er solchermaßen vom Ansatzpunkt für die Relativitätstheorie nicht weit entfernt war! Was nun die Erdbewegung anlange, fuhr er fort, habe man den Zusatz der Qualifikatoren „motu etiam diurno" nicht in die Abschwörungsformel aufgenommen. Auch davon abgesehen, könne man nicht wirklich von einer Unbeweglichkeit der Erde sprechen? Sei sie es nicht im Hinblick auf all das Werden und Vergehen, das sich auf ihr ereignet? Bleibe sie nicht die unerschütterliche Grundlage für alles, was auf ihr geschieht? Sei sie es nicht im Hinblick auf die fallenden Körper? Könne man nicht sagen, sie sei unbeweglich, da sie als Ganzes bei all ihrer Bewegung stabil bleibt? Dies gelte auch im Hinblick auf die Luft. Schließlich könne man die Erde auch bezüglich ihres Verhältnisses zu den übrigen Himmelskörpern unbeweglich nennen. Dieses Verhältnis sei von unveränderlicher Regelmäßigkeit, ohne daß durch ein Aufhören der Bewegung irgendeine Unordnung am Himmel erschiene. All dies habe Galilei ruhigen Gewissens beschwören können. Die Formulierungen der Sentenzen ließen also durchaus günstige Interpretationen zu, denenzufolge die alten Urteile auf die moderne Astronomie nicht mehr zuträfen.

Ein weiterer Gedankenschritt führt Olivieri zur Erörterung der Frage, wie das Vorstehende mit der Unveränderlichkeit der kirchlichen Lehre vereinbar sei, oder umgekehrt, der Frage der Lehrentwicklung. Da stellt er zunächst die Unveränderlichkeit des „depositum fidei" heraus, das sich durch die Lehrverkündigung von Päpsten und Konzilien in immer ausdrücklicherer Weise darstelle. Angewandt auf den gegenwärtigen Fall bedeute dies, daß man bei dessen Beurteilung nicht auf die alten Väter rekurrieren könne, denn bei ihnen seien noch keine Spuren einer ausdrücklichen diesbezüglichen kirchlichen Lehre zu finden.

Obgleich die alten Philosophen bis hin zu Ptolemäus über die Fragen des astronomischen Weltbildes nachgedacht und geschrieben hätten, sei doch kein Anzeichen dafür zu entdecken, daß gleiches auch von den Kirchenvätern gelte. Lalande weise überdies darauf hin, daß im Imperium Romanum die Naturwissenschaften ohnehin vernachlässigt worden seien. Diese hätten ihre Heimstatt vielmehr in Ägypten, besonders in Alexandrien, gefunden[58]. Zum Beweis dafür führt Olivieri einen Brief Leos des Großen an, in dem er den Kaiser Marcian bittet, bei ägyptischen oder anderen Fachkreisen Auskünfte zur Lösung eines Kalenderproblems bezüglich der Osterfestberechnung zu erfragen[59]. Alsdann führt Olivieri die Kontroverse über die Antipoden zur Zeit des Papstes Zacharias an, der die Lehre verurteilt habe, daß unter der Erde eine zweite Welt und eine zweite Menschheit existierten, woraus ersichtlich sei, daß er keine Ahnung von der Kugelgestalt der Erde gehabt habe. Die von ihm

---

58 Vgl. LALANDE, Astronomie I, 146-160 (Bedeutung Alexandriens für die Astronomie), 155 (Geringschätzung der Astronomie durch die Römer).
59 Vgl. Leo der Große an Marcian, 11. Juni 453 (ACTA CONCILIORUM OECUMENICORUM, ed. E. SCHWARTZ, II/4, Berolini - Lipsiae 1934, 75 f.).

ausgesprochene Verurteilung des Virgilius von Salzburg falle daher mit ihren irrigen Voraussetzungen dahin, ohne daß sie in sich als falsch bezeichnet werden müßte[60].

In der weiteren Geschichte finde er, Olivieri, keine anderen einschlägigen Fakten, bis herauf zu Nikolaus Cusanus und zu Kopernikus, dessen Buch siebzig Jahre lang anerkannt war, ehe es auf einmal der Zensur verfiel. Hätte, wenn Kopernikus tatsächlich im Glauben geirrt hätte, der „Grido della Fede"[61] so lange auf sich warten lassen? Weitere Ausführungen über Kopernikus folgen, wobei Olivieri insbesondere auf die Bedeutung des Frauenburger Astronomen für die Kalenderreform des Jahres 1582 hinwies. So habe sich dieser schon von Anfang an der hohen Wertschätzung von Päpsten und Kardinälen erfreut. Das bedeute, daß die Kirche, die Kurie und die Päpste zweihundert Jahre lang von - Nikolaus Cusanus bis Galilei - keinen Einwand gegen die Lehre von der Erdbewegung gehabt hätten. Und auch dann sei nur eine bedingte Zensur erfolgt, wonach das kopernikanische System, sofern es in der Form einer Hypothese vorgetragen wurde, in seinem Wert anerkannt geblieben sei.

Selbst als Galilei wegen seines Ungehorsams gegenüber dem Verbot von 1616 verurteilt wurde, habe er in seiner Abschwörung nichts anerkennen müssen, was dem kopernikanischen System in Wahrheit widersprochen hätte. Es lasse sich auch kein Anzeichen dafür ausmachen, daß der Hl. Stuhl die beiden Erdbewegungen in ihrem wahren, eigentlichen Sinn verurteilt hätte. Noch viel weniger treffe dies für die Zeit nach dem Galilei-Urteil zu. Olivieri unterstreicht mit Nachdruck, daß er in all den Jahren seit 1633 keine einzige Maßnahme der Indexkongregation oder auch des Hl. Offiziums gegen eines der zahlreichen seither erschienenen heliozentrisch lehrenden Bücher oder ihre Autoren entdecken konnte.

---

60 Vgl. F. LAKNER, in: LThK2 I (1957) 658.
61 Anspielung auf den Titel einer anonymen Veröffentlichung des Maestro del Sacro Palazzo: [F. ANFOSSI,] Il grido della fede contro la metafisica sublimiore de Deo trino e uno, Monaco [= Roma] 1820. Die Schrift umfaßt 31 Seiten.

Einen entscheidenden Fortschritt habe alsdann Newton mit seiner Entdeckung der Gravitation gebracht, durch welche das kopernikanische System so modifiziert worden sei, daß man Kopernikus einen Newtonianer nennen könnte. Der Umstand, daß Newton niemals verurteilt worden sei, obgleich dies unbedingt hätte geschehen müssen, wenn seine Lehre von den alten Sentenzen betroffen gewesen wäre, zeige, daß sie eben nicht unter die 1616/33 gefällten Urteile fiel.

Im übrigen führt Olivieri nun zum Zeugnis für die tatsächliche Duldung des Heliozentrismus jene nicht wenigen Fakten an, die wir an anderer Stelle schon berichtet haben. Wenn er allerdings behauptet, in den Index-Ausgaben zwischen 1664 und 1752 kein generelles Verbot von Büchern, die die Erdbewegung und die Immobilität der Sonne lehrten, gefunden zu haben, dann muß man ihn doch wohl einer eher flüchtigen Lektüre bezichtigen. Das Verbot findet sich selbstverständlich in jeder römischen Ausgabe des Index, bis es 1758 erstmals nicht mehr erschien. Deswegen konnte auch das an sich gültige Prinzip, das er jetzt anführt, nicht überzeugen, daß nämlich menschliche Gesetze durch Vergessen oder Nichtbeachtung ihre Kraft verlören. Man könne, meint er auch, alle jene ausgezeichneten Päpste, die in den letzten beiden Jahrhunderten zur kopernikanischen Frage geschwiegen hätten, nicht der Indolenz bezichtigen. Dieses Argument mag hingehen, denn keiner dieser Päpste hat das generelle Verbot heliozentrischer Bücher in irgendeinem Fall urgiert.

So - und nun kommt Olivieri zum Schluß - habe denn Anfossi sich weit von der Wahrheit entfernt. Es gebe für ihn keinen einzigen Grund, dem Werk von Settele das „Imprimatur" zu verweigern, wie denn auch die in den letzten knapp dreißig Jahren erschienenen Werke gleicher Tendenz gänzlich unbeanstandet blieben und das „Imprimatur" erhielten.

Wenn dessenungeachtet Anfossi sich auf Roselli, dessen philosophische wie theologische Armseligkeit doch wohl sichtbar gemacht wurde, stütze und sich nach wie vor dem Druck von Setteles „Astronomie" widersetze, häufe er damit nur Schande auf den Hl. Stuhl, ja auf die katholische Religion überhaupt.

Sieht man von einigen nicht sogleich nachvollziehbaren Subtilitäten seines Raisonnements einmal ab, so muß man Olivieri bescheinigen, daß er nicht nur die Fragestellung, die hier angezeigt war, präzise getroffen hat. Er hat in der Durchführung seiner Argumentation auch große Belesenheit und Scharfsinn an den Tag gelegt. So ist es ihm wohl gelungen, überzeugend zu zeigen, daß der Hl. Stuhl den Heliozentrismus im Jahre 1616 mit ebenso guten Gründen zensurierte, wie er ihn 1820 zulassen konnte, ohne sich den Vorwurf eines Standpunktwechsels zuzuziehen. Durch diesen Nachweis und vor allem durch die Art und Weise, wie er ihn führte, hat Olivieri dem Hl. Offizium alle Ehre gemacht.

6. Causa Finita

Nach all diesen Kämpfen konnten also die druckfrischen Exemplare von Setteles „Elementi di Ottica e di Astronomia" Band II von der Offizin de Romanis am 10. Januar 1821 ausgeliefert werden[1]. Voll Freude und mit nicht geringem Stolz - so verrät es Settele seinem Tagebuch - brachte er nun sein Werk zu Freunden und Gönnern und konnte dafür mancherlei Komplimente in Empfang nehmen. Seine große Stunde schlug indes, als er am 24. Januar von Pius VII. in privater Audienz empfangen wurde[2]. Der Papst nahm das Buch und legte es auf einen Stuhl, um dann eine Konversation zu beginnen, die kaum als ernsthaft zu bezeichnen ist und Settele, der Scherz und Ironie des Papstes offenbar nicht verstand, eher verwirrte. Was anderes als dieses aber wollte der Papst, wenn er erneut Zweifel an der Beweisbarkeit des Heliozentrismus äußerte und schmunzelnd sagte, er habe bei Voltaire - den er besser nicht in die Hand genommen hätte - gelesen, daß Friedrich II. von Preußen D'Alembert gegenüber einmal geäußert habe, auch die Wilden auf Madagaskar führten Beweise für die Bewegung der Sonne an[3]!

Was Settele jedoch am meisten enttäuschte, war, daß der Papst ihm keine Medaille verlieh, die er sehnsüchtig erhofft hatte. Noch viel weniger erhielt er ein Benefizium, ein weiterer Wunsch, den er seinem Tagebuch schon oft anvertraut hatte.

Aber nicht nur dem Papst, auch Kaiser Franz I. von Österreich wollte Settele sein Werk dedizieren, nachdem er ihm anläßlich eines Aufenthalts in Rom schon dessen ersten Band hatte überreichen dürfen[4]. Er wandte sich deshalb an den österreichischen Gesandten, Graf Anton Apponyi, mit der Bitte, das Buch dem Kaiser zu über-

---

[1] Vgl. TB Settele, 10. Januar 1821 (MAFFEI 393).
[2] Vgl. TB Settele, 24. Januar 1821 (MAFFEI 401).
[3] Auf diese Äußerung des Preußenkönigs hatte Pius VII. bereits im Vorjahr gegenüber Cristaldi verwiesen (TB Settele, 20. Februar 1820; MAFFEI 295).
[4] Das geht aus dem Begleitbrief des österreichischen Gesandten, Graf Apponyi, vom 31. Januar 1821 an den Fürsten Metternich hervor (HHStA Wien, Staatskanzlei Rom, Administrative Berichte 2 fol. 51).

senden, was dieser am 31. Januar 1821 auch tat[5]. Als Settele darauf keine Antwort erhielt, ging er im September noch einmal den Gesandten an[6], worauf Settele geraume Zeit später eine Medaille des Kaisers erhielt, auf die er sehr stolz war[7]. Mochte Settele auch der große Ruhm nicht zuteil werden, von dem er träumte[8], so ermangelte es ihm doch nicht an Anerkennung in den gebildeten und wissenschaftlich interessierten Kreisen Roms. Einer ihrer Mittelpunkte war neben den Lincei seit den Tagen Christinas von Schweden die Accademia dell'Arcadia[9]. Ihr hatte nach dem Ende der napoleonischen Wirren der damals dreißigjährig Fürst Pietro Odescalchi[10] neues Leben eingehaucht, indem er 1819 das „Giornale Arcadico" gründete. Obgleich nach Ausbildung und Neigung selbst Altphilologe und Archäologe, war er als Herausgeber des „Giornale Arcadico" sehr darauf bedacht, auch neue Forschungsergebnisse aus dem Gebiet der Naturwissenschaften in der Zeitschrift, die monatlich erschien, bekannt zu machen. So verwundert es nicht, daß die Redaktion auch einen „Estratto" - eine inhaltliche Zusammenfassung - von Setteles Buch zu veröffentlichen gedachte[11], nachdem

---

[5] Das prachtvoll in Kalbleder, verziert mit Goldleisten und Goldschnitt, gebundene Exemplar befindet sich in der österreichischen Nationalbibliothek zu Wien unter der Signatur 253.939 - B Fid.

[6] Dem in Anm. 5 genannten Exemplar liegt das Originalschreiben Setteles an Graf Apponyi vom 14. September 1821 bei, in welchem er um eine kaiserliche Empfangsbestätigung für sein Buch bittet. Apponyi schrieb dann deswegen am 17. September 1821 an Metternich, wobei er sich auf eine Intervention des holländischen Gesandten de Reinhold zugunsten Setteles berief (HHStA Wien, Staatskanzlei Rom, Administrative Berichte 2 fol. 190).

[7] Vgl. TB Settele, 26. Juli 1822 (MAFFEI 411).

[8] „... in somma questo mio affare deve far furore in Germania, ed io sono immortalato, ho acquistato un posto nella Storia dell'Astronomia" (TB Settele, 27. April 1821; MAFFEI 407 f.).

[9] Vgl. Tre secoli di storia dell'Arcadia.

[10] Pietro Odescalchi, * 1. Februar 1789, † 15. April 1856. Unter seinen eigenen wissenschaftlichen Arbeiten ist seine Übersetzung des kurz vorher von Angelo Mai entdeckten Textes von Ciceros „De re publica" hervorzuheben. Er wurde Präsident der Pontificia Accademia Archeologica, der Pontificia Accademia dei nuovi Lincei und des Collegio filologico dell'Università Romana. Seit Leo XII. in politischen, administrativen Ämtern, von Pius IX. in die Consulta di Stato berufen, 1849 Presidente della Commissione Municipale. Vgl. P. BIOLCHINI, Notizie biografiche del Principe Don Pietro Odescalchi, Roma 1856; St. ROSSI, Elogio del Principe Don Pietro Odescalchi, già direttore di questo giornale, in: Giornale Arcadico 118 (1857) Mai-Juni 3-38; MORONI 20 (1843) 9; 48 (1848) 268.

[11] Vgl. TB Settele, 27. Juli 1821 (MAFFEI 408 f.).

schon sein erster Band über die Optik dort ausführlich und rühmend gewürdigt worden war[12]. Der Mediziner de Crollis[13] lieferte dann im April 1822 ein - so Settele - mittelmäßiges Manuskript[14], das alsbald jedoch Anlaß zu einer nur mehr als absurd zu bezeichnenden Komödie bieten sollte: Der Magister Sacri Palatii, P. Anfossi, verweigerte das „Imprimatur" für den Extrakt aus einem Buch, das selbst mit höchstinstanzlicher kirchlicher Druckerlaubnis seit einem Jahr erschienen war[15].

Nach all dem ausführlich dargestellten innerkurialen Grabenkampf, in dem er längst unterlegen war, stellte Anfossi den Autor, das Hl. Offizium samt der Indexkongregation, ja Kardinalstaatssekretär und Papst, und nun auch noch den Fürsten Odescalchi auf eine groteske Geduldsprobe, indem er dem Manuskript des de Crollis das „Imprimatur" verweigerte, worauf sich die Redaktion des „Giornale Arcadico" an das Staatssekretariat wandte, wo man sich dem Anliegen sehr gewogen zeigte, den P. Anfossi aber möglichst schonend behandeln wollte. Dieser aber erklärte, das „Imprimatur" für den „Estratto" solle jener geben, der es für das Buch erteilt habe, er wolle damit nichts zu tun haben[16].

Am 26. Juli berichtete ein Redaktionsmitglied des „Giornale Arcadico", Dott. Folchi, Kardinal della Somaglia habe die Druckerlaubnis gegeben, worüber P. Anfossi jedoch sehr verärgert sei, weshalb er die Zensur der neuen Nummer des „Giornale Arcadico" verzögere[17].

Also wandte sich Fürst Odescalchi an das Hl. Offizium, das in der „Feria Quarta" vom 21. August 1822 beschloß, daß, wie schon für Setteles Werk, so auch für den Extrakt des de Crollis der Vicege-

---

12 Schon im 1. Jahrgang 1819 im Heft 3, 216-225.
13 Zu Domenico de Crollis (1786-1862) vgl. D. BOMBA, Necrologia dell Dott. Domenico De Crollis, Genova 1863; A. MONTI, Della vita del prof. Domenico De Crollis, Roma 1863; MORONI 85 (1857) 184 f.
14 Vgl. TB Settele, 12. April 1822 (MAFFEI 409).
15 Vgl. die Einträge im TB Settele vom 5. Mai - 24. November 1822 (MAFFEI 410-414).
16 Vgl. TB Settele, 5 Mai bzw. 15. Juni 1822 (MAFFEI 410 f.).
17 Vgl. TB Settele, 26. Juli 1822 (MAFFEI 411).

rente das „Imprimatur" erteilen solle[18]. Daraufhin erließ Anfossi eine Anweisung an alle Druckereien Roms, worin er ihnen untersagte, Manuskripte zu drucken, die nicht sein „Imprimatur" trügen[19]. Diese Maßnahme, mit der er den Druck des „Estratto" verhindern wollte, beantwortete das Hl. Offizium mit Dekret vom 11. September 1822, in dem die Kardinäle es dem gegenwärtigen Magister Sacri Palatii wie seinen Nachfolgern verboten, Büchern das „Imprimatur" vorzuenthalten, die Erdbewegung und Unbeweglichkeit der Sonne lehrten. Zuwiderhandelnden wurden Strafen angedroht[20]. Indes beeindruckte dies Anfossi keineswegs. Er erteilte dem Fürsten Odescalchi am 25. September eine neuerliche negative Antwort[21], und als dieser sich am folgenden Tag hilfesuchend an den Assessor des Hl. Offiziums, Mons. Turiozzi, wandte, veranlaßte die Kongregation den Vicegerente, die Druckerlaubnis seinerseits zu erteilen[22]. Dies geschah unverzüglich. Nun aber war es der Drucker, der zögerte, weil er nicht mit P. Anfossi in Konflikt geraten wollte, da er auf gute Zusammenarbeit mit ihm angewiesen war[23]. Mit einem gewissen Triumph konnte Settele schließlich unter dem 24. November in seinem Tagebuch vermerken, daß de Crollis' „Estratto" mit Anfossis „Imprimatur" nun doch noch hatte erscheinen können[24]. Im Verlauf dieser Posse war natürlich auch Olivieri tätig geworden. Nachdem er in einem ausführlichen Gutachten vom August 1822 zu wiederholten Malen Anfossis Argumente widerlegt hatte, ging er nun selbst in die Offensive und empfahl der Kongregation, nunmehr endlich auch die namentliche Indizierung von Ko-

---

18 Vgl. Gutachten Olivieris, Ende August 1822 (BRANDMÜLLER - GREIPL 412-426).
19 Vgl. TB Settele, 7. November 1822 (MAFFEI 413 f.).
20 Vgl. Sitzungsprotokoll vom 11. September 1822 (BRANDMÜLLER - GREIPL 427 f).
21 Vgl. Anfossi an Odescalchi, 25. September 1822 (BRANDMÜLLER - GREIPL 429). Die Antwort bestand indes nur darin, daß Anfossi die ihm beweiskräftig erscheinenden Passagen aus den einschlägigen Dekreten von 1616 bzw. 1620 sowie den oft zitierten Satz von Boscovich „... nobis hic Romae ..." anführte. Zu bemerken ist, daß Olivieri auch hierzu widerlegend Stellung nehmen mußte.
22 Vgl. Odescalchi an Turiozzi, 26. September 1822 (BRANDMÜLLER - GREIPL 430 f.).
23 Vgl. TB Settele, 2. Oktober 1822 (MAFFEI 412).
24 Vgl. TB Settele, 24. November 1822 (MAFFEI 414).

pernikus, Zuñíga und Foscarini aufzuheben[25]. Mit diesem Vorschlag befaßten sich nun die Konsultoren in ihrer „Feria Secunda" vom 2. September 1822, die das einstimmige Votum zum Ergebnis hatte, es solle der Indexkongregation empfohlen werden, bei einer neuen Ausgabe des Index entsprechend zu verfahren[26].
Als dieses Votum der Kardinalskongregation in der „Feria Quarta" vom 11. September vorgelegt wurde, beschlossen sie, daß diesem stattgegeben werden sollte[27]. Indes scheinen alsbald Bedenken aufgetaucht zu sein, denn die folgende „Feria Quarta" vom 18. September verfügte, die Exekution des Dekrets vom 11. September auszusetzen. Inzwischen solle untersucht werden, ob die genannten Werke ausschließlich wegen ihrer kopernikanischen Lehre, nicht aber auch aus anderen Gründen beanstandet worden seien[28].

Damit war Olivieri die Aufgabe gestellt, zu prüfen, ob die Werke des Kopernikus, des Foscarini und des Zuñíga seinerzeit lediglich wegen ihres Heliozentrismus verurteilt worden waren oder auch aus anderen Gründen[29]. Der Umstand, daß man eben erst im Archiv das Original-Manuskript des einschlägigen Aktes der Indexkongregation gefunden hatte, machte ihm die Beantwortung dieser Frage leicht, und zwar im negativen Sinne. Was Kopernikus betrifft, konnte Olivieri sich dafür auf Ingoli berufen, da dieser im Jahre 1620 jene Liste von Korrekturen zusammengestellt hatte, nach deren Durchführung das Buch nicht mehr vom Verbot betroffen war[30].

Hinsichtlich der übrigen Werke machte er sich noch einmal selbst an die Arbeit. Er fand sowohl den Job-Kommentar des Zuñíga[31] als auch das Büchlein Foscarinis[32] in Originalausgaben in der ihm, dem Dominikaner, vertrauten Biblioteca Casanatense, wo sie keineswegs in dem für verbotene Bücher reservierten Schrank aufbewahrt wa-

---

25 Vgl. BRANDMÜLLER - GREIPL 412-426.
26 Vgl. Sitzungsprotokoll vom 2. September 1822 (BRANDMÜLLER - GREIPL 426).
27 Vgl. Sitzungsprotokoll vom 11. September 1822 (BRANDMÜLLER - GREIPL 427 f.).
28 Vgl. Sitzungsprotokoll vom 18. September 1822 (BRANDMÜLLER - GREIPL 428).
29 Vgl. Gutachten Olivieris, Anfang 1823 (BRANDMÜLLER - GREIPL 440-480).
30 Vgl. Ed. Naz. 5, 403-412, vgl. oben 98.
31 Die Signatur: Biblioteca Casanatense KK VII 32.
32 Die Signatur: Biblioteca Casanatense Vol. Misc. 75/2.

ren. Sie wiesen - übrigens auch der nicht nur „donec corrigatur" verbotene Foscarini - lediglich handschriftliche Korrekturen auf, die den seinerzeitigen Auflagen entsprachen - was für die Art und Weise bezeichnend ist, mit der die Dekrete von 1616 bzw. 1620 angewandt wurden. Da nun vergißt Olivieri nicht zu erwähnen, daß die 1584 zu Toledo erschienene Erstausgabe von Diego Zuñígas Job-Kommentar König Philipp II. von Spanien und eine 1591 zu Rom veranstaltete Ausgabe Papst Gregor XIV. gewidmet waren, was ohne deren Genehmigung nicht möglich gewesen wäre.

Im ersteren fand er nur eine einzige Stelle, die für eine Untersuchung in Frage kam. Es war der Kommentar zu der Stelle 9, 6: „Er erschüttert die Erde an ihrem Ort, so daß ihre Säulen erzittern". Diesen Vers legte Zuñíga in der Tat im kopernikanischen Sinne aus, während, wie Olivieri zutreffend bemerkt, damit nur die göttliche Allmacht über die ganze Natur ausgedrückt ist. Im übrigen war in dem Exemplar der Casanatense lediglich jener Satz durchgestrichen, was ihm zeigte, daß das Buch nur seinetwegen verboten worden war[33].

Ausführlicher mußte sich Olivieri hingegen mit Foscarini auseinandersetzen, dessen Büchlein er, wie erwähnt, gleichfalls in der Casanatense gefunden hatte. Es handelt sich dabei um ein Exemplar, das mit zahlreichen Randglossen von der Hand seines Erstbesitzers[34] versehen war. In ihm fand Olivieri den einen oder anderen Ansatzpunkt für eventuelle Kritik, weshalb er es einer genaueren Prüfung unterzog, wobei er einige der erwähnten Randglossen im Wortlaut mitteilt, um sie sogleich zu widerlegen[35].

Damit, meinte er, könnte eigentlich seine Arbeit beendet sein. Indes sollte, wenn diese drei genannten Werke vom Index getilgt würden, dies auch mit Keplers „Epitome" und Galileis „Dialogo" geschehen. Auch sie waren nur wegen ihres Heliozentrismus verboten worden. Nun müsse das Verbot endlich aufgehoben werden - nicht

---

33 Hier steht in Frage die Seite 205 des Werkes.
34 Vorbesitzer des Werkes war Patritius de Olivis (?), Medicus et Physicus, so der Besitzervermerk auf dem Frontispiz des Exemplars der Casanatense.
35 Siehe etwa BRANDMÜLLER - GREIPL 442 f.

nur, weil dieses nur wegen Keplers Heliozentrismus erfolgt sei, sondern auch im Hinblick auf die bewundernswerten Berichtigungen seiner Theorie in den späteren Werken und wegen seiner wahrhaft katholischen Haltung[36], mit der er das Verbot seinerzeit hingenommen habe.

Nun mußte noch von Galilei die Rede sein. Auch sein „Dialogo" war ausschließlich wegen seiner kopernikanischen Überzeugung verboten worden. Was ihm verdientermaßen zur Last gelegt wurde, war, daß er nämlich im Zusammenhang mit der Erteilung der Druckerlaubnis für den „Dialogo" das ihm seinerzeit auf Befehl des Papstes erteilte Verbot, sich weiterhin zu diesen Fragen zu äußern, verschwiegen habe. Dieses aber habe er durch die offenkundige Verteidigung des Kopernikus in seinem „Dialogo" übertreten. Die Erlaubnis für die Paduaner Ausgabe bedeutete indes schon einen „perdono" für diese Übertretung[37].

Für eine Aufhebung des namentlichen Verbotes des „Dialogo" sprach, wie Olivieri meinte, auch die Unterlassung des allgemeinen Verbotes heliozentrischer Bücher durch den Index von 1758. Diese Entscheidung könne ohne weiteres auf die namentlich indizierten Bücher dieser Art angewandt werden, also auch auf den „Dialogo". Ein weiteres Argument hierfür lieferte ihm der Umstand, daß die verschiedenen anderen Schriften Galileis, die im gleichen Sinne lauten, niemals namentlich verboten wurden, vielmehr frei zirkulierten, wobei Olivieri sich sowohl auf die Schriften über die Sonnenflecken bezog als auch auf die Briefe an Castelli und die Großherzogin-Mutter Christina.

Nun aber mußte Olivieri ein Hindernis überwinden, daß er selbst errichtet hatte. Er hatte nämlich - wie erinnerlich - mehrfach argumentiert, die seinerzeitigen Verbote der nun in Frage stehenden Bücher seien wegen der ihnen anhaftenden Absurditäten, von denen die heliozentrische Theorie nunmehr befreit sei, zu Recht er-

---

36 Vgl. L. SCHUSTER, Johann Kepler und die großen kirchlichen Streitfragen seiner Zeit, Graz 1888, 131-135. Es kann natürlich keine Rede davon sein, daß Kepler katholisch war (ebd. 202-232).
37 Vgl. BRANDMÜLLER - GREIPL 448 f.

folgt. Diese Schwierigkeit meisterte er jedoch leicht und überzeugend durch den Hinweis darauf, daß diese Werke heute nur noch von historischem Interesse seien.

Nachdem er erneut den Gang der Ereignisse um Settele dargelegt und außerdem noch darauf hingewiesen hatte, daß ein Extrakt aus dessen Werk im „Giornale Arcadico" sogar mit Anfossis Erlaubnis erschienen war[38], stellte er die weitere Frage, wie denn der Widerspruch zwischen einer Fortdauer des namentlichen Verbotes von Kopernikus etc. und dem „Imprimatur" für Settele anders zu beheben sei.

Anfossi war es gewesen, der diese Frage erneut aufwarf, obgleich Olivieri gezeigt hatte, daß der Widerspruch der von Galilei etc. gelehrten Erdbewegung zum wirklichen Sinn der oft angeführten Schriftstellen über das Feststehen der Erde noch 1616 und 1633 wirklich bestanden hatte, nunmehr aber behoben war. Mit seinem Widerspruch befinde Anfossi sich also im Widerspruch zur Evidenz. Dennoch bleibe es, so Olivieri - und das sei nicht zu leugnen - schwer erklärlich, daß die Durchführung des Index-Dekrets von 1758 unvollständig war.

Andererseits wisse man aber, daß es die Absicht bei der Index-Neuausgabe von 1758 war, durch die Zusammenfassung vieler Einzelverbote in allgemeine Verbote (also: „libri omnes, qui ...") den Umfang des Index zu verringern. Wenn dennoch diese fünf Bücher auf dem Index verblieben, obwohl das Generalverbot, unter das sie fielen, aufgehoben wurde, so sei anzunehmen, daß auch sie nicht mehr verboten seien. Im übrigen gehe Anfossi mit souveräner Nichtachtung über alle Fortschritte der Astronomie hinweg, wie er auch die von Olivieri vorgebrachten Argumente ignoriere. Vielmehr wiederhole er stereotyp seinen Vorwurf, der Heliozentrismus widerspreche der Hl. Schrift, wie die Väter sie erklärten. Diese Feststellung gibt Olivieri Anlaß, erneut zu betonen, daß die Thesen der Qualifikatoren des Hl. Offiziums von 1616 keinesfalls zu päpstlichen Definitionen geführt hätten, wie Anfossi nach wie vor ohne Grund

---

38 Vgl. BRANDMÜLLER - GREIPL 456 f.

behaupte. Offenbar fehle ihm der Mut, dies einzugestehen. Übrigens gelte dies auch für das Galilei-Urteil von 1633, ein Argument, das er „per lungum et latum" entfaltet. Sein Ergebnis: Kein einziger der Einwände Anfossis könne aufrechterhalten werden.

Olivieri schließt sein Gutachten nun mit einem Vorschlag, wie praktisch zu verfahren sei, wenn man die genannten fünf Titel vom namentlichen Index streichen wolle. Am leichtesten sei dies zu bewerkstelligen, indem man in der ungebundenen Restauflage des Index von 1819 jene fünf Seiten, auf denen die betreffenden Titel stehen, gegen einen Neudruck austausche, der sie nicht mehr enthalte. Auch könne man die Titelseite durch eine solche ersetzen, die das richtige Erscheinungsjahr trage. Ein neues Vorwort könne dazukommen. Auf diese Weise müßte man mit der vorgeschlagenen Maßnahme nicht bis zu einer Index-Neuausgabe warten.

Nun aber ließen Krankheit und Tod Pius' VII. - er starb am 20. August 1823 - die Angelegenheit wohl in den Hintergrund treten. Erst im November diskutierten die Konsultoren des Hl. Offiziums in ihrer „Feria Secunda" vom 10. November 1823 die Angelegenheit erneut und beschlossen, Olivieri solle sich mit den Einwänden, die in der Sitzung vorgebracht worden waren bzw. anderen denkbaren Gegenargumenten in einem weiteren Gutachten auseinandersetzen. Der Text dieses Gutachtens gestattet es also zugleich, den Gang der Diskussion des 10. November zu rekonstruieren, für den keine anderen Quellen existieren[39].

Die dabei erhobenen Schwierigkeiten bezogen sich demnach nicht mehr auf Kopernikus, wohl aber auf Zuñíga. Wiederum ging es um eine hermeneutische Frage, hatte doch Zuñíga behauptet, daß im Buch Job ausdrücklich von der Bewegung der Erde die Rede sei. Da nun zeigt Olivieri unter anderem mit Recht, daß dergleichen sich keineswegs auf astronomische Bewegung beziehe. Vielmehr solle in dichterischer Sprache die Allmacht Gottes über die Schöpfung zum Ausdruck kommen. Seine Konklusion: Die beanstandete Stelle in

---

[39] Vgl. Gutachten Olivieris vom November 1823 (BRANDMÜLLER - GREIPL 440-480, hier 462-480).

dem Job-Kommentar hindere keineswegs die Aufhebung des Verbotes.

Schwieriger erwies sich die nun folgende Auseinandersetzung mit Foscarini. Hier ging es um systematische Aspekte der kirchlichen Lehrautorität. Foscarini hatte nämlich geschrieben, daß der Papst nur in Fragen des Glaubens und des Seelenheils nicht irren könne, wohl aber in praktischen Urteilen, philosophischen Spekulationen und anderen nicht das Seelenheil betreffenden Dingen. Olivieri geht nun in der Sache, im Hinblick darauf, daß diese Äußerung Anstoß erregt hatte, sehr behutsam vor, betont aber dennoch, daß hier nur die allgemeine kirchliche Lehre wiedergegeben sei, wofür er sich auf Melchior Cano berief. Im übrigen verwies er auf die Tatsache, daß Foscarini *vor* den Zensuren von 1616 geschrieben und überdies seine Treue gegenüber dem Lehramt ausdrücklich beteuert habe. Könne man aber, fährt er fort, wirklich sagen, die Kirche könne bei philosophischen Spekulationen irren? Dagegen sei, tutto sommato, nichts einzuwenden, wenn man die These auf die angeführten Beispiele - Antipoden und Bewohner der Zona Orrida - beziehe. Hier handle es sich ja um Gegenstände der natürlichen Vernunfterkenntnis.

Ein zweiter Einwand war von den Konsultoren gegen eine Exegese Foscarinis erhoben worden, der im Siebenarmigen Leuchter des Tempels einen Hinweis auf die sieben Planeten erblickte. Darauf antwortete Olivieri mit einer Verteidigung der Allegorese, indem er nicht nur auf den Kanzelstil des beginnenden 17. Jahrhunderts, sondern auch auf mehrere Beispiele aus den Werken der Väter sowie des berühmten Exegeten Sixtus von Siena[40] hinwies, die gleichermaßen verfahren seien. Somit war auch dieser Einwand entkräftet.

---

40 Sixtus von Siena (1520-1569), als Jude geboren, nach Konversion im Jugendalter Franziskaner, dann Dominikaner. Michele Ghislieri (später Pius V.) rettete ihn vor der Verurteilung durch die Inquisition wegen häretischer Lehren. Von da an war er ein hervorragender Exeget von unbezweifelbarer Orthodoxie und ein bedeutender Prediger. Er hinterließ das acht Bände umfassende Werk „Bibliotheca sancta", Venedig 1566, das viele Auflagen erlebte. Vgl. A. SCHMITT, in: KL2 XI (1899) 384-386; J. MOLITOR, in: LThK2 IX (1964) 812.

Nun aber befaßte Olivieri sich - ausführlicher als mit allen anderen Autoren - mit Kepler, von dessen „Epitome" er offenbar geradezu fasziniert war. Von ihm standen achtzehn Titel in der Casanatense. Was ihn besonders beeindruckte, war Keplers fromme, ehrfürchtige Art, seinen Gegenstand zu behandeln. Er bewundert auch seine vorzügliche Kenntnis des Griechischen und namentlich, daß Kepler sogar hebräisch verstand. Zwei Gedanken Keplers waren nun im Hl. Offizium auf Bedenken gestoßen. Erstens, daß Kepler in der materiellen Schöpfung ein Abbild der göttlichen Trinität erblickte und zweitens, daß er die Gestirne als beseelt ansah.

Von all den in diesem Zusammenhang einschlägigen und von ihm selbst ausführlich und wörtlich zitierten Passagen sagt Olivieri, daß sie eher den Ausdruck einer Imagination denn rationale Argumente enthielten. Doch: Sie enthielten auch nichts, was nicht gläubig gedacht oder gar weniger im Einklang mit einer gesunden Theologie wäre. Seine Redeweise behebe überdies jeden Zweifel daran, daß er von Ähnlichkeiten, Bildern und Analogien spreche. Auch Augustinus und Thomas von Aquin hätten dies getan, wenn sie vom Verhältnis der Welt zu Gott sprachen.

Was nun die Beseeltheit der Gestirne betrifft, so gesteht Olivieri durchaus zu, daß ein solcher Gedanke den Ohren seiner Zeit fremd sei - ehedem sei dies jedoch seit des Origenes Zeiten anders gewesen. Ambrosius und Augustinus sprachen davon, und Thomas meinte, es sei nicht Gegenstand der Glaubenslehre, ob die Gestirne beseelt seien oder nicht. Jedenfalls aber hätten schon die Alten - Platon, Thales, Pythagoras, die Stoiker und Aristoteles - die Beseelung der Sterne angenommen[41], wie dann auch schon vor Origenes, Philo und Clemens Alexandrinus.

Huetius[42] habe dies schon aufgezeigt und so die Verteidigung Keplers übernommen. Nichtsdestoweniger zieht Olivieri nun selbst

---

41 Die Auffassung von einer Bewegung bzw. Besiedelung der Gestirne durch Engel bzw. Astralgeister geht schon auf Platon und Aristoteles zurück und wurde durch die Scholastik übernommen. Auch Paracelsus dachte ähnlich. Vgl. H. M. NOBIS, in: LMA I (1980) 1132 f.
42 Gemeint ist Pierre Daniel Huet (1630-1721), Konvertit, Bischof von Avranches, berühmter Polyhistor, Autor zahlreicher gelehrter Werke. Vgl. F. X. v. FUNK, in: KL2 VI (1889) 335-338.

eine Reihe von Keplers einschlägigen Texten heran, um zu zeigen, daß bei Kepler all diese Gedanken in einen Hymnus auf den Schöpfer einmündeten. Es bestehe wirklich keinerlei Hindernis, das Werk Keplers vom Index zu streichen.

Seien die Ausführungen über ihn etwas lang geraten, so könne er, fährt Olivieri fort, sich bezüglich Galileis „Dialogo" um so kürzer fassen. Da war zunächst der Einwand, Galilei habe in seinem Simplicio Urban VIII. der Lächerlichkeit preisgegeben. Darauf Olivieri: Das haben Galileis Feinde in die Welt gesetzt, um ihm zu schaden[43]. Die wahren Einwände gegen den „Dialogo" möge man den Ausführungen Ingolis[44] entnehmen. Diese stammten schließlich nicht vom damaligen Kardinal Barberini, sondern waren Gemeingut der peripatetischen Schule. Außerdem war das Verhalten Galileis gegenüber dem Hl. Offizium im Zusammenhang mit dem Druck des „Dialogo" bzw. dem hierfür nötigen „Imprimatur" Gegenstand der Kritik der Konsultoren gewesen. Dazu meint Olivieri: „Ammetto pertanto le accuse, e le credo vere; ma la conseguenza mi sembra in allegerimento della colpa del Dialogo, poichè sebbene non si parlasse in pubblico se non di questa; in realtà però si ebbero in mira altre delinguenze maggiori"[45]. Der dritte Kritikpunkt war, daß Galilei nach dem Urteil seriöser Historiker geglaubt habe, die kopernikanische Theorie mit der Hl. Schrift beweisen zu können, und diese zum Dogma erhoben, ihr Gegenteil jedoch als Häresie verurteilt haben wollte. Der einzige Hinweis auf die Inanspruchnahme der Hl. Schrift für die kopernikanische Lehre, so darauf Olivieri, habe er in Galileis Brief an Castelli gefunden, der aber nicht verurteilt worden sei! So bestehe kein einziger Grund, den „Dialogo" auf dem Index zu belassen. Nun aber waren auch prinzipielle Bedenken gegen das Vorhaben geäußert worden, die erwähnten Werke vom Index zu streichen. Man machte sich Sor-

---

43 Hier bemüht sich Olivieri in der Tat um eine Mohrenwäsche an Galilei.
44 Vgl. Ed. Naz. 5, 403-412.
45 Gutachten Olivieris vom November 1823 (BRANDMÜLLER - GREIPL 478).

gen, welche Figur denn die Kurie in diesem Falle machen würde. Olivieris Antwort: „... che la fa anzi buonissima"[46]. Den Beweis dafür hatte er längst geliefert.

Ein zweites Bedenken: Würde man nicht die angesehenen Konsultoren, die 1758 diese Bücher auf dem Index belassen haben, desavouieren, wenn man sie nun streiche? Aber - meint Olivieri - damals habe man sich, da es um Tausende von Büchern ging, über Einzelfälle gar keine Gedanken machen können! Wenn man sich 1758 genauso intensiv mit Galilei etc. befaßt hätte, wie dies heute der Fall sei, wäre man ohne Zweifel zum gleichen Ergebnis gekommen wie heute.

Und schließlich gebe es noch andere Bücher, die aus dem gleichen Grunde verurteilt worden seien wie jene, die nun vom Index gestrichen werden sollten. Nun, sagt Olivieri, er glaube das dem, der es sage. Er selbst habe jedoch keines gefunden. Und: Das berühmteste Werk, das die kopernikanische Lehre vertrete, sei doch Newtons „Principia". Diese aber seien niemals verurteilt worden!

Damit war Olivieris Argumentation mit einem letzten überzeugenden Hinweis abgeschlossen. Aber auch dieses Gutachten vermochte nicht, den Durchbruch zu erwirken. Als die Konsulta des Hl. Offiziums am 1. Dezember 1823 erneut darüber beriet, kam wiederum nur ein „Dilata" heraus; die Patres Cappellari - es war der künftige Gregor XVI. - und Garofalo sollten ihre Anmerkungen dazu machen und die Konsultoren sich damit noch einmal auseinandersetzen[47].

Für den Fortgang der Ereignisse versiegen nun die Quellen. Gewiß ist indes, daß der neue Index Gregors XVI. von 1835 die genannten Werke nicht mehr enthielt[48].

---

46 Ebd.479.
47 Vgl. Sitzungsprotokoll vom 1. Dezember 1823 (BRANDMÜLLER - GREIPL 481). Die Texte der Gutachten waren im Archiv leider nicht aufzufinden.
48 Vgl. REUSCH, Index II/2, 878-883.

Wir erfahren nur noch Sporadisches. So etwa schrieb Setteles Schüler Purgotti eine Abhandlung gegen Anfossi[49], wobei ihm sowohl Olivieri als auch Settele selbst Verbesserungsvorschläge machten[50]. Etwa zur gleichen Zeit, in der Purgotti am Werke war, sandte Olivieri ein Zirkular an die Inquisitoren einiger italienischer Städte, in welchem er mitteilte, daß Setteles „Astronomie" mit Erlaubnis des Hl. Offiziums veröffentlicht worden war[51]. Dies alles fiel in das Jahr 1823. Als dann sechs Jahre darauf ein spanischer Bischof beim Hl. Offizium anfragte, ob es einem Katholiken erlaubt sei, das kopernikanische System zu vertreten, antwortete die Behörde auf diese völlig anachronistische Anfrage durch die kommentarlose Übersendung der einschlägigen Dekrete in Sachen Settele[52].

In Rom erinnerte man sich an dessen Konflikt mit Anfossi noch manchmal im Scherz. Da mochte der einstige Gutachter Cappellari und nunmehrige Papst Gregor XVI. bei einer Audienz im Jahre 1833 schmunzelnd den Professor Settele fragen „...gira la testa o gira la terra?" „...ma lasciate che giri la terra, basta, che non girino le teste"[53]!

---

49 Die 74 Seiten umfassende Schrift von Sebastiano Purgotti (1799-1879), der später ein bedeutender Mathematiker wurde, trägt den Titel „Riflessioni sopra un opuscolo che porta per titolo »Se possa difendersi ed insegnare non come semplice ipotesi ma come verissima e come tesi la mobilità della terra, e la stabilità del Sole da chi ha fatta la professione di Fede di Pio IV.«", Pergola 1823. Das „Imprimatur" wurde unter dem 14. Juli bzw. 5. August 1823 erteilt.
50 Vgl. TB Settele, 5. Juni 1823 (MAFFEI 414 f.). Am 2. Oktober 1823 berichtet Settele, daß die Schrift im Druck erschienen sei (ebd. 416).
51 Vgl. TB Settele, 18. Juni 1823 (MAFFEI 415). Settele bezieht sich hier auf eine Mitteilung Olivieris. Im Archiv des Hl. Offiziums wurde davon keine Spur gefunden.
52 Vgl. TB Settele, 29. März 1829 (MAFFEI 421). Auch hier berichtet Settele von einer Mitteilung Olivieris. Vielleicht bezieht sich der Eintrag in den Collectanea des ASO 1800-1849 Nr. 59 „Hispalen. Censura Librorum 1826-1830 Nr. 4" auf diesen Vorgang. Das Archivale selbst erwies sich als unauffindbar.
53 TB Settele, 28. August 1829 (MAFFEI 421). „...dreht sich nun der Kopf oder die Erde?" „...aber laßt nur die Erde sich drehen, es reicht, wenn nicht auch die Köpfe rotieren"!

Nachwort

Das geläufige Urteil über den Fall Galilei lautet, wie dargestellt, eindeutig zu Ungunsten der Kirche. Sie habe jene naturwissenschaftliche Erkenntnis, die sich alsbald allgemein durchsetzen sollte und heute Gemeingut aller ist, verurteilt und sich somit nicht nur für alle Zeit ins Unrecht gesetzt, sondern einen allgemeinen Vertrauensschwund erlitten, der sich im Auszug vieler Naturwissenschaftler aus der Kirche manifestiert hat. Starrer, auf Machterhaltung fixierter Dogmatismus habe über den freien menschlichen Geist gesiegt; ein Sieg, doch ein Pyrrhussieg!

So simpel liegen jedoch die Dinge nicht. Daß Galilei durch den Fortgang der Entwicklung zunächst - aber auch nur zunächst! - bestätigt, die Kurie hingegen desavouiert werden sollte, hätte im damaligen Augenblick, da die Entscheidung in Rom anstand, nur ein Prophet wissen können. Ebensowenig war man sich des Paradoxon bewußt, daß jeder der Kontrahenten sich auf seinem eigenen Terrain im Irrtum befand. Obwohl Galileis Propaganda für Kopernikus im Nachhinein durch Newton, Bradley und andere gerechtfertigt worden ist, hat er selber geirrt, und zwar hinsichtlich der Schlüssigkeit der von ihm für das kopernikanische System vorgebrachten Argumente. Darüber besteht heute nicht mehr der geringste Zweifel; das wußten auch schon die kritischen Zeitgenossen. Es kann mit guten Gründen angenommen werden, daß etwa die Jesuitenastronomen Grienberger, Scheiner und etwas später ohne Zweifel auch Riccioli sowie andere kopernikanisch dachten. Daß sie sich nicht offen als Kopernikaner zu erkennen gaben, wurde ihnen in der Folge als bequemer Konformismus oder als blind-frommer Gehorsam, wenn nicht als Heuchelei, ausgelegt. Beides dürfte den Kern der Sache verfehlen: sie mögen vom heliozentrischen System intuitiv überzeugt gewesen sein, wie auch Galilei, sahen aber keinen stringenten Beweis dafür. Daß Galileis Argumente nicht bewiesen, was sie beweisen sollten, blieb ihnen nicht verborgen. Die Jesuiten aber waren die naturwissenschaftlichen Berater der Kurie. Und: Wie gezeigt wurde, gab es unter den Astronomen noch weit ins 18. Jahrhundert hinein entschiedene Gegner Galileis. Gewiß mag im einen oder anderen Fall geistige Unbeweglichkeit oder Borniertheit die Ursache hierfür gewesen sein. Insgesamt aber dürfte jene wissenschaftstheoretische Skepsis vorgeherrscht haben, die sich in unseren Tagen - ausgehend von Thomas von Aquino - erneut der Bedingungen und Grenzen menschlichen Erkennens bewußt ist und allem naiven Erkenntnisoptimismus abhold die Vorläufigkeit wissenschaftlicher Erkenntnis betont.

So ergibt sich die groteske Tatsache, daß letzten Endes die oft des Irrtums in dieser Frage geziehene Kirche auf dem ihr ferner liegenden Gebiet der Naturwissenschaft im Recht war, als sie von Galilei forderte, das kopernikanische System nur als Hypothese zu vertreten. Schon 1908 traf der Physiker Pierre Duhem deshalb aus seiner Sicht des Galilei-Prozesses die erstaunliche Feststellung, daß „... die Logik auf der Seite Osianders, Bellarmins und Urbans VIII. war, und nicht auf der Keplers und Galileis; die ersteren haben die eigentliche Bedeutung der experimentellen Methode erkannt, die letzteren haben sie mißverstanden ..."[1] Und nun die Begründung: „Angenommen, die Hypothesen des Kopernikus könnten alle bekannten Erscheinungsformen erklären; daraus könnte man schließen, daß sie möglicherweise wahr sind, nicht aber, daß sie mit Notwendigkeit stimmen. Denn um diesen letzteren Schluß zu legitimieren, müßte man beweisen, daß kein anderes System erdenkbar ist, das die Erscheinungsformen genau so gut erklärt. Dieser letzte Beweis ist aber nie geführt worden"[2]. Das aber war genau der Erkenntnisstand zu der Zeit, als der Fall Galilei in Rom diskutiert wurde. Auch vom Standpunkt heutiger Wissenschaftstheorie aus betrachtet, erscheinen die kirchlichen Reserven gegenüber dem Heliozentrismus begründet. Es war Thomas von Aquino gewesen, der jenes Prinzip formuliert hatte, dem die römischen Theologen ge-

---

1 Nach CROMBIE 451.
2 Nach ebd. Interessanterweise ist das genau der Einwand, den Kardinal Barberini (Urban VIII.) erhoben, und den Galilei dann seinem „Simplicio" in den Mund gelegt und lächerlich gemacht hatte; er geht bereits auf Thomas von Aquino zurück. Vgl. oben 112.

folgt waren und es damit vermieden, einem naiven Wissenschaftsoptimismus zu verfallen.

Nun wurde allerdings das kopernikanische System 1616 und wurde Galileis „Dialogo" 1633 nicht deshalb verurteilt, weil die Kirche das heliozentrische System für falsch und jenes des Ptolemäus oder des Tycho Brahe für wahr gehalten hätte. Das römische Nein zu Kopernikus und Galilei beruhte vordergründig vielmehr auf der Annahme, das heliozentrische System stehe in Widerspruch zur Heiligen Schrift. Sieht man allerdings genauer hin, so wird diese Annahme unter den damaligen Voraussetzungen durchaus plausibel.

Die verschiedenen Bibelstellen, die man gegen die Lehre von der Erdbewegung anzuführen pflegte, sprechen in der Tat von der Erde als dem unerschütterlich festgegründeten Schauplatz menschlichen Lebens. Bei all dem Kommen und Gehen, das sich täglich auf ihr ereignete, blieb die Erde, wo und wie sie war. Schließlich konnte, ohne das Wissen um Schwere der Luft und Gravitation, das damals noch nicht zur Verfügung stand, kein Mensch sich vorstellen, wie bei der angenommenen Bewegung der Erde sowohl um ihre eigene Achse als auch um die Sonne auch nur ein Mensch sich auf den Füßen halten, ein Haus, ein Baum stehen bleiben konnte, wenn die Erde in rasendem Flug durch das Weltall wirbelte.

Die Behauptung, die Erde bewege sich um die eigene Achse, widersprach unter den damaligen Voraussetzungen also wirklich dem Wortsinn der Heiligen Schrift, die vom unerschütterlichen Feststehen der Erde spricht. Man wird es den römischen Theologen der Galilei-Jahre nicht als Irrtum anrechnen können, daß sie nicht ahnen konnten, wie sehr sich diese Voraussetzungen innerhalb eines halben Jahrhunderts ändern sollten.

Eher mag man kritisieren, daß sie überhaupt eine physikalisch-astronomische Frage mit theologischen Mitteln beantworten wollten. Eine solche Kritik wäre jedoch als anachronistisch zu bezeichnen, da sie ganz und gar von jener erwähnten barocken Ganzheitsvision absieht, vor deren Hintergrund die Argumentation der römischen Theologen durchaus verständlich erscheint.

Was kritisiert werden kann, ist die Tatsache, daß Galileis theologische Gegner nicht in der Lage waren, in diesem Falle den buchstäblichen Sinn der Heiligen Schrift adäquat zu interpretieren, indem sie sich die etwa schon von Cajetan angewandten Interpretationsprinzipien zu eigen machten bzw. - wie andere Zeitgenossen - sich darüber Rechenschaft gaben, daß die Heilige Schrift sich an den angegebenen Stellen der Alltagssprache bediente[3]. Darin kann man jedoch allenfalls einen Irrtum der Inquisition erblicken.

Und nach zweihundert Jahren Olivieri? Zunächst mag es den Anschein haben, als habe er die Position des Aquinaten unter dem Eindruck des wissenschaftlichen Fortschritts preisgegeben. Aber auch Olivieri und mit ihm dann das Hl. Offizium haben nicht behauptet, daß Erdbewegung und Heliozentrismus unumstößliche Wahrheiten seien - obgleich nunmehr die Fachwelt und nicht weniger die öffentliche Meinung davon überzeugt waren. Olivieris Beweisführung zeigt lediglich, daß man diese astronomische Auffassung lehren könne, ohne damit dem katholischen Glauben zu widersprechen. Diese Zurückhaltung erwies sich albald als nur zu berechtigt, denn auch das System von Kopernikus, Galilei und Newton ist längst durch die Forschung überholt. Und eben diese Entwicklung bestätigt aufs neue die auf Thomas von Aquin gründende methodologische Skepsis der römischen Theologen von 1616. Mit dieser Feststellung hatte also das Hl. Offizium strikt die Grenzen seiner theologisch-wissenschaftlichen wie kirchlich-lehramtlichen Kompetenzen eingehalten.

So ergibt sich das Paradox, daß Galilei in der Naturwissenschaft und die Kurie in der Theologie irrte, während die Kurie in der Naturwissenschaft und Galilei in der Bibelerklärung Recht behalten hat[4].

---

3   Vgl. etwa LORETZ 101-113; C. M. MARTINI, Gli esegeti del tempo di Galileo, in: Quarto centenario della Nascita di Galileo Galilei (= Pubblicazioni dell'Università Cattolica del Sacro Cuore. Contributi III/8), Milano 1966, 115-124. Nun auch G. LEONARDI, Verità e libertà di ricerca nell'ermeneutica biblica cattolica dell'epoca Galileiana e attuale, in: Studia Patavina 29 (1982) 597-635.
4   Vgl. LANGFORD 78.

Die Frage ist nun, wie dieser Sachverhalt beurteilt werden soll. Manifestiert sich hierin nicht in eindrucksvoller Weise die Geschichtlichkeit des Menschen und seiner Erkenntnis? Wenn immer wir Heutigen in Anspruch nehmen, gegenüber den vergangenen Generationen in der Erkenntnis vorangeschritten zu sein, anerkennen wir doch zugleich die Möglichkeit, ja die Gewißheit, daß auch das von uns erreichte Maß an Erkenntnis überholt werden wird. Wieviele „kopernikanische Wenden" die Menschheit noch erleben wird, vermag niemand zu sagen. Ebensowenig wie wir Heutigen aber davon entbunden sind, unsere Gegenwartsprobleme und Fragen auf der Grundlage dessen, was uns zu wissen gegeben ist - und damit ist eine bedeutsame Einschränkung ausgesprochen - zu entscheiden, waren dies die Anhänger wie die Gegner Galileis. Ihnen müssen wir darum dasselbe einräumen, was auch wir in Anspruch zu nehmen gezwungen sind: das Recht auf Irrtum, oder besser: auf Vorläufigkeit und damit auf Fortschritt unserer Erkenntnis.

Welch unerträglicher, weil unmenschlicher Pharisäismus wäre es, den Menschen früherer Zeiten zum Vorwurf zu machen, daß sie nicht auch schon all das erkannt haben, was uns heute selbstverständlich ist!

Auf dem Gebiet naturwissenschaftlicher Forschung und Entdeckung wird dies nun auch zugestanden. Wenn es sich allerdings um die Erkenntnis der religiösen Wahrheit und ihre Verkündigung durch die Kirche handelt, urteilen die meisten anders! Die Kirche selbst hat jedoch nie den Anspruch erhoben, von Anfang an im vollbewußten Besitz der gesamten Wahrheit zu sein. Es ist ihr immer gegenwärtig gewesen, daß sie erst durch den ihr innewohnenden Heiligen Geist in alle Wahrheit eingeführt werden muß - wie das Johannesevangelium[5] sagt. Mit diesem „Einführen" ist die Erkenntnis der göttlichen Offenbarung aber schon als Prozeß definiert, über dessen Verlauf und Dauer das Evangelium bezeichnen-

---

5 „Der Beistand aber, der Heilige Geist, den der Vater in meinem Namen senden wird, der wird euch alles lehren und euch an alles erinnern, was ich euch gesagt habe" (Joh 14, 26); „Noch vieles habe ich euch zu sagen, aber ihr könnt es jetzt nicht tragen. Wenn aber jener kommt, der Geist der Wahrheit, wird er euch in die ganze Wahrheit führen" (Joh 15, 12 f.).

derweise nichts sagt. Hier hat denn auch der Begriff der Dogmenentwicklung seinen theologischen Ort. Dementsprechend formuliert das 2. Vatikanische Konzil: „Diese apostolische Überlieferung kennt in der Kirche unter dem Beistand des Heiligen Geistes einen Fortschritt: es wächst das Verständnis der überlieferten Dinge und Worte ... denn die Kirche strebt im Gang der Jahrhunderte ständig der Fülle der göttlichen Wahrheit entgegen ..."[6].

Nun wird freilich sogleich der Einwand erhoben, daß die Kirche doch Unfehlbarkeit in Glaubensdingen für sich in Anspruch nehme. Gewiß tut sie das, und sie stützt sich hierbei mit Recht auf die Heilige Schrift. Diese Unfehlbarkeit besagt aber nur, daß die Kirche bei der Verkündung für alle Gläubigen verbindlicher Dogmen vor Irrtum bewahrt wird. Unfehlbarkeit besagt hingegen nicht volle Erkenntnis der Offenbarungswahrheit. Diese ist erst in der jenseitigen Gottesschau möglich. Wenn die Kirche dennoch für ihre Dogmen Unfehlbarkeit in Anspruch nimmt, dann will sie damit sagen, daß deren Formulierungen, obgleich der Ergänzung und Vertiefung fähig und bedürftig, keinen Irrtum enthalten.

Selbstverständlich wird dieser Anspruch, wie schon erwähnt, auch nicht für jegliche Äußerung irgendeiner kirchlichen Instanz erhoben. Zur Ausübung des unfehlbaren und darum letztverbindlichen Lehramtes sind nur Papst und Konzil befugt. Zudem bedarf deren Spruch, um solchermaßen qualifiziert zu sein, der entsprechenden Form. Das hat die Konsequenz, daß in jenen vielen Fällen, in denen kirchliche Organe nicht mit solcher Verbindlichkeit sprechen, Irrtum grundsätzlich nicht absolut ausgeschlossen ist. Um einen solchen Fall handelt es sich aber beim „Fall Galilei", in dessen Zusammenhang ja niemals ein Dogma formuliert worden ist. Daß weder die verantwortlichen Kardinäle noch Paul V. und Urban VIII. die Nichtigkeit des behaupteten Widerspruchs zwischen Kopernikus und der Bibel so erkannten wie wir es heute vermögen, mag man be-

---

6 Konstitution über die Göttliche Offenbarung „Dei verbum", in: LThK. Das zweite Vatikanische Konzil. Dokumente und Kommentare II, Freiburg i. B. - Basel - Wien 1967, 497-583, hier: 519.

dauern. Das Recht auf diesen Irrtum kann man ihnen aber nicht bestreiten. Da sie in dem scheinbaren Dilemma die Unantastbarkeit der Bibel für ein höheres und darum schutzbedürftigeres Gut hielten als ein dazu nicht einmal stringent bewiesenes astronomisches Weltsystem, folgten sie ihrer Pflicht als Hüter des geoffenbarten Glaubens. Das ist ihnen nicht zu verargen, es war dies aber zugleich ihr Tribut an die Geschichtlichkeit menschlichen Erkennens. Nur wer sicher wäre, für seine Person von solcher Tributpflicht frei zu sein, könnte sich zum Richter über sie aufwerfen.

Um so erstaunlicher ist es, daß die wenigen amtlichen Äußerungen der Index-Kongregation von 1616 bzw. 1620 und des Hl. Offiziums von 1633 so formuliert waren, daß sie es zweihundert Jahre später gestatteten, jedes kirchliche Hindernis für die Annahme der Erdbewegung hinweg zu nehmen, ohne daß man die Entscheidungen der Galilei-Zeit dadurch desavouiert hätte.

Für die Kirche ist der „Fall Galilei" seit 1820 abgeschlossen.

Neu, und in zukunftsträchtiger Hoffnung erscheint hingegen der Dialog zwischen den Naturwissenschaften und der Kirche.

Den Anstoß hierzu hatte für sensiblere Geister wie etwa Ernst Jünger, der sich selbst, nicht nur auf Grund seiner Ausbildung, als Naturwissenschaftler versteht, schon das Erlebnis des 2. Weltkriegs gegeben, in dessen Katastrophe er eine äußerste Konsequenz des Denkens der Neuzeit erblickte. Noch in den letzten Kriegstagen erhob er darum die Forderung: „Wir müssen den Weg, den Comte vorgezeichnet hat, zurückfinden: von der Wissenschaft über die Metaphysik zur Religion. Freilich, bergab war es weniger mühevoll"[7]. Dies bedeutet allerdings nicht, daß Jünger die Naturwissenschaft durch Metaphysik und Religion ersetzen möchte. Er spricht vielmehr von der „... modernen Physik, die als scienza nuova" - und das ist eine deutliche Anspielung auf Galileis „Discorsi" - „Kräfte des Zufalls freimacht und adäquate Bindung nur

---

[7] Die Hütte im Weinberg, 1. Mai 1945 (E. JÜNGER, Strahlungen II (= Sämtliche Werke. Tagebücher III), Stuttgart 1979, 422).

durch die Königin der Wissenschaften erfahren wird - die Theologie"[8].

Es dauerte länger als drei Jahrzehnte, bis solche Einsichten durchzudringen vermochten. Der Positivismus Comtes behauptet noch heute wichtige Bastionen. Noch im Jahre 1968 konnte ein führender Physiker formulieren: „Es ist schade, daß es so ist, aber Welten trennen die katholische Kirche und die modernen Naturwissenschaften"[9].

Eine dieser Feststellung geradewegs widersprechende Erklärung verabschiedeten am 22. Dezember 1980 zu Rom zwölf Nobelpreisträger in einer Adresse an Papst Johannes Paul II. Wie Ernst Jünger am Ende des Zweiten Weltkrieges betonen sie die Notwendigkeit ethischer Bindungen für Naturwissenschaftler und Techniker - um der Zukunft der Menschheit willen. Sie fordern darum, jene überkommenen Mauern niederzulegen, die Naturwissenschaft und Religion bislang getrennt haben, und fahren fort: „... im besonderen anerkennen wir, daß die katholische Kirche in einer einzigartigen Weise zur moralischen Wegweisung für die Welt befähigt ist"[10]. Mit Dankbarkeit wollen sie darum auf die Bereitschaft des Papstes eingehen, mit ihnen die Probleme der Menschheit im Lichte der modernen Wissenschaft zu diskutieren.

Ein Text von säkularer Bedeutung, der im Prinzip den oft beklagten Graben zwischen Naturwissenschaft und Religion überbrückt, und im Wissen um die gemeinsame Verantwortung für die Zukunft von Mensch und Welt die Türen für einen fruchtbaren Dialog weit öffnet.

Nun aber wird sich nach aller menschlichen Voraussicht mit der Erklärung der zwölf Nobelpreisträger etwas Ähnliches ereignen wie mit dem kopernikanischen System: Der Prozeß der Bewußtseinsbildung, der den Inhalt dieser Erklärung zum Gemeingut jener macht, die Naturwissenschaft betreiben, wird von ähnlichen Vorausset-

---

8   Zweites Pariser Tagebuch, 7. März 1944 (ebd. 234).
9   BRÜCHE 363.
10 Erklärung von 12 Nobelpreisträgern, abgegeben am 22. Dezember 1980 in Rom (oben 311).

zungen und Faktoren bestimmt werden, wie einst die Rezeption des heliozentrischen Weltbildes. Die Erkenntnis von der Notwendigkeit religiös-theologisch begründeter Normen wird nämlich nicht weniger in das Denken und Leben des einzelnen Wissenschaftlers eingreifen als seinerzeit die „kopernikanische Wende". Es wird darum Geduld vonnöten sein, bis der Funke überall gezündet haben wird.

Galilei selbst könnte sich seinen Fachgenossen von heute als Führer zu einer solchen Wende anbieten, hat er doch sowohl in seiner Korrespondenz als auch vor allem in seinem Brief an die Großherzogin Cristina gezeigt und auch intellektuell begründet, daß katholische Gläubigkeit und naturwissenschaftliches Forschen in ein und derselben Persönlichkeit zu fruchtbarer Harmonie zu bringen sind[11]. War Galilei bislang Symbolfigur für den Konflikt zwischen Wissenschaft und Glauben, so mag in Zukunft sein Name für die Möglichkeit und Fruchtbarkeit einer Harmonie von beiden zeugen.

---

11 Die Sicht von SPINI, Galileos Religiousness, kann dem Quellenbefund nicht standhalten. Viel zutreffender P. G. NONIS, Galileo e la Religione, in: Quarto centenario, 125-152. Auch NONIS freilich nicht ohne das erwähnte „katholische Trauma". Die beste Darstellung von Galileis katholischer Gläubigkeit bietet O. PEDERSEN, Galileo's Religion, in: The Galileo Affair, 75-102.

*Erklärung von 12 Nobelpreisträgern,
abgegeben am 22. Dezember 1980 in Rom*

J. DAUSSET	MEDICINE	Fr	H. A. KREBS	MEDICINE	GB
C. de DUVE	MEDICINE	Bel	S. OCHOA	MEDICINE	US
J. ECCLES	MEDICINE	Austr	I. PRIGOGINE	CHEMISTRY	Bel
E. O. FISCHER	CHEMISTRY	Austr	C. H. TOWNES	PHYSICS	US
F. A. von HAYEK	ECONOMICS	GB	M.H.F.WILKINS	MEDICINE	GB
L. R. KLEIN	ECONOMICS	US	R. S. YALOW	MEDICINE	US

Rome 22nd December 1980

We Nobel Prizewinners share with Alfred Nobel his great concern that science should benefit humanity.

Science has brought great benefits and we look forward to it continuing to do so.

Nevertheless, scientific knowledge has sometimes been applied in very undesirable ways; for example in war, and beneficial applications may have unexpected side-effects which are undesirable.

Furthermore, the intellectual enlightenment that science has provided has changed humanity's view of itself and its place in the universe. This has tended to leave human beings spiritually deprived an in a moral vacuum.

We believe that scientists must possess ethical sensitivity and we are eager to break down the traditional separation - or even opposition of science and religion.

The Churches clearly can have a special role in trying to achieve this aim; and in particular we recognize that the Catholic Church is in a unique position to provide moral guidance on a world-wide scale.

We therefore greatly welcome the opportunity provided by Nova Spes for us to come together to discuss the position of science in our culture, and we greatly appreciate the willingness of your Holiness to discuss with us the problems of humanity in the light of modern science.

Als Nobelpreisträger teilen wir mit Alfred Nobel das große Anliegen, daß die Wissenschaft dem Wohle der Menschheit dienen sollte.
Die Wissenschaft hat viel Gutes geleistet und wir erwarten zuversichtlich, daß sie dies auch weiterhin tun wird.
Dennoch sind wissenschaftliche Erkenntnisse zuweilen in sehr wenig erstrebenswerter Weise angewandt worden, wie etwa im Kriege, und auch ihre nutzbringede Anwendung kann unerwartete Nebenwirkungen hervorrufen, die nicht wünschenswert sind.
Zudem hat die geistige Aufklärung durch die Wissenschaft der Menschheit ein verändertes Verständnis ihrer selbst und ihrer Stellung innerhalb des Universums gebracht. Dies hat dazu beigetragen, daß sich in den Menschen zunehmend ein der Gefühl der seelischen Verarmung und ein Zustand des moralischen Vakuums ausbreitet.
Wir glauben, daß Wissenschaftler auch über ethisches Feingefühl verfügen müssen, und uns ist sehr daran gelegen, die traditionelle Trennung - oder gar Gegnerschaft - zwischen Wissenschaft und Religion zu überwinden.
Zweifelsohne können die Kirche zu dem Versuch, dieses Ziel zu erreichen, einen wesentlichen Beitrag leisten; insbesondere sind wir der Meinung, daß gerade die katholische Kirche in einzigartiger Weise dazu befähigt ist, weltweit moralische Orientierung zu bieten.
Wir begrüßen es daher sehr, daß uns durch Nova Spes Gelegenheit gegeben wird, zusammenzukommen und die Stellung der Wissenschaft in unserer Kultur zu erörtern, und wir schätzen außerordentlich die Bereitschaft Eurer Heiligkeit, mit uns über die Probleme der Menschheit im Lichte der modernen Wissenschaft zu sprechen.

(Übersetzung ins Deutsche: M. Burghardt)

Bibliographie der Werke Galileis nach der Edizione Nazionale

1   *THEOREMATA CIRCA CENTRUM GRAVITATIS SOLIDORUM (= Überlegungen über den Schwerpunkt von Körpern) 1586, Teilveröffentlichung in Nr. 38, erste Gesamtveröffentlichung durch Favaro-Lungo
2   JUGENDSCHRIFTEN ca. 1586-1589, Erstveröffentlichung durch Favaro-Lungo
3   LA BILANCETTA (= Die Waage) 1586, Erstveröffentlichung durc Favaro-Lungo
4   TAVOLA DELLE PROPORZIONI DELLE GRAVITÁ IN SPECIE DE I METALLI E DELLE GIOIE, PESATE IN ARIA ED IN AQQUA (= Tabelle der spezifischen Gewichte von Metallen und Edelsteinen) 1586, Erstveröffentlichung durch Favaro-Lungo
5   POSTILLE AI LIBRI "DE SPHAERA ET CYLINDRO" DI ARCHIMEDE (= Bemerkungen zu Archimedes, Über Kugel und Zylinder) ca. 1586, Erstveröffentlichung durch Favaro-Lungo
6   CONTRA IL PORTAR LA TOGA (= Gegen das Tragen der Toga) ca. 1589-92, Erstveröffentlichung in: M. F. Berni, Opere burlesche III, Florenz 1723, 177-187
7   DE MOTU (= Über die Bewegung) 1590, erste Gesamtveröffentlichung durch Favaro-Lungo
8   DUE LEZIONI ALL'ACADEMIA FIORENTINA CIRCA LA FIGURA, SITO E GRANDEZZA DELL'INFERNO DI DANTE (= Zwei Vorlesungen an der Akademie von Florenz über Gestalt, Lage und Größe der Hölle bei Dante) Genauer Zeitpunkt der Abfassung ungewiß, jedenfalls vor Dezember 1592, Erstveröffentlichung durch O. Gigli bei F. Le Monier, Florenz 1855
9   SONETTE Datierung ungewiß, erste Gesamtausgabe durch Favaro Lungo nach den überlieferten Handschriften und einigen Drucken des 17. Jahrhunderts
10 ARGOMENTO E TRACCIA D'UNA COMEDIA (= Vorarbeiten zu einer Komödie) 1592-99, Erstveröffentlichung durch Favaro-Lungo

11 BREVE INSTRUZIONE ALL'ARCHITETTURA MILITARE (= Kurzer Unterricht über militärische Architektur) 1592-93, Erstveröffentlichung durch Favaro-Lungo
12 TRATTATO DI FORTIFICAZIONE (= Traktat über Befestigungen) 1592-93, Erstveröffentlichung in: G. B. Venturi, Memorie e lettere ine-dite finora o disperse di Galileo Galilei I, bei G. Vincenzi, Modena 1818
13 LE MECANICHE (= Mechanik) 1597-98, Erstveröffentlichung durch Favaro-Lungo
14 LETTERA A IACOPO MAZZONI (= Brief an J. Mazzoni) 30. Mai 1597, Erstveröffentlichung durch Favaro-Lungo
15 POSTILLE ALL'ARIOSTO (= Bemerkungen zu Ariosto ca. 1603, Erstveröffentlichung durch Favaro-Lungo
16 TRATTATO DELLA SFERA OVERO COSMOGRAFIA (= Traktat über die Himmelskugel bzw. Kosmographie) 1604-05, Erstveröffentlichung durch B. Sari bei D. Grialdi (Verleger) und N. A. Tinazzi (Drucker), Rom 1656
17 DE MOTU ACCELERATO (= Über die Beschleunigung) 1604, Teilveröffentlichung in Nr. 38, erste Gesamtveröffentlichung durch Favaro Lungo
18 FRAMMENTI DI LEZIONI E DI STUDI SULLA NUOVA STELLA DELL'OTTOBRE 1604 (= Fragmente über den neuen Stern vom Oktober 1604) 1604, Erstveröffentlichung in: G. B. Venturi II, bei G. Vincenzi, Modena 1821
19 LE OPERAZIONI DEL COMPASSO GEOMETRICO E MILITARE (= Die Operationen des geometrisch-militärischen Zirkels) bei P. Marinelli, Padua 1606
20 DIFESA DI GALILEI NOBILE FIORENTINO CONTRO ALLECALUNNIE & IMPOSTURE DI BALDESSAR CAPRA MILANE SE (= Verteidigung ... gegen Schmähungen und Betrügereien des Baldassar Capra aus Mailand) bei T. Baglioni, Venedig 1607
21 SIDEREUS NUNCIUS (= Botschaft von den Sternen) bei T. Baglioni, Venedig 1610
22 LE MATEMATICHE NELL'ARTE MILITARE (= Die Mathematik in der Kriegskunst) 1610, Erstveröffentlichung durch Favaro-Lungo, Authentizität nicht restlos gesichert
23 CONSIDERAZIONI AL TASSO (= Überlegungen zu Tasso) vor 1614, Erstveröffentlichung durch P. Pasqualoni bei Pagliarini, Rom 1794. Authentizität nach Favaro-Lungo wahrscheinlich
24 I PIANETI MEDICEI (= Die Mediceischen Planeten) 1610 19, Erstveröffentlichung durch Favaro-Lungo

25 THEORICA SPECULI CONCAVI SPHAERICI (= Lehre vom konklaven Kugelspiegel) ca. 1610, Erstveröffentlichung durch Favaro-Lungo
26 ANALECTA ASTRONOMICA (= Astronomisches) ca. 1612, Erstveröffentlichung durch Favaro-Lungo
27 DELLE COSE CHE STANNO IN SU L'ACQUA O CHE SI MUOVONO (= Über die Gegenstände die auf dem Wasser stehen oder sich bewegen) bei C. Giunti, Florenz 1612
28 ISTORIA E DIMOSTRAZIONI INTORNO ALLE MACCHIE SOLARI E LORO ACCIDENTI COMPRESE IN TRE LETTERE SCRITTE ALL'ILLUSTRISSIMO SIGNOR MARCO VELSERI LINCEO DUUMVIRO D'AUGUSTA (= 3 Briefe über die Sonnenflecken an Marcus Welser) bei G. Mascardi, Rom 1613
29 PROPOSTE PER LA DITERMINAZIONE DELLE LONGITUDINI (= Vorschläge für die Längenbestimmung) 1612, Erstveröffentlichung durch Favaro-Lungo
30 LETTERA A TOLOMEO NOZZOLINI (= Brief an T. Nozzolini) Januar 1613, Erstveröffentlichung durch Favaro-Lungo
31 LETTERA A D. BENEDETTO CASTELLI (= Brief an Don B. Castelli) 21. Dezember 1613, erste Teilveröffentlichung in: G. Targioni Tozzetti, Notizie degli aggrandimenti delle scienze fisiche I, 1, Florenz 1780, 22-26. Erste Gesamtveröffentlichung durch Favaro-Lungo
32 LETTERE A MONS. PIERO DINI (= Briefe an Mons. P. Dini) 16. Februar und 23. März 1613, Erstveröffentlichung in: I. Morelli, I codici manoscritti volgari della Libreria Naniana, Venedig l776,191-194,195-201
33 LETTERA A MADAMA CRISTINA DI LORENA, GRANDUCHESSA DI TOSCANA) (= Brief an Cristina di Lorena, Großherzogin von Toscana) 1616, Erstveröffentlichung der lateinischen Übersetzung bei Elzevier, Straßburg 1636
34 DISCORSO DEL FLUSSO E REFLUSSO DEL MARE (= Über Ebbe und Flut) 1616, Erstveröffentlichung durch Favaro-Lungo
35 DISCORSO DELLE COMETE (= Über die Kometen) Unter dem Namen von Galileis SchüJer M. Guiducci bei Cecconcelli, Florenz 1619
36 IL SAGGIATORE (= Die Goldwaage) bei G. Mascardi, Rom 1623
37 DIALOGHI SOPRA I DUE MASSIMI SISTEMI DEL MONDO (= Dialog über die beiden großen Weltsysteme) bei G. B. Landini Florenz 1632

38 DISCORSI E DIMOSTRAZIONI MATEMATICHE INTORNO A DUE NUOVE SCIENZE (= Erörterungen und mathematische Beweise bezüglich zweier neuer Zweige der Naturwissenschaft) bei Elzevier Leyden 1638
39 LE OPERAZIONI ASTRONOMICHE (= Astronomische Berechnungen) 1638, Erstveröffentlichung durch Favaro-Lungo

(* zu Lebzeiten Galileis gedruckte Werke)

Zeittafel

1564	Abschluß des Konzils von Trient - Galilei am 15. Februar zu Pisa geboren - Calvin und Michelangelo gestorben.
1569	Cosimo I. Großherzog von Toscana (+ 1574).
1571	Johannes Kepler geboren (+ 1630).
1572	Gregor XIII. Papst (+ 1585).
1574	Übersiedlung der Familie Galilei nach Florenz- Francesco Maria Großherzog von Toscana (+ 1587).
1575	Galilei Schüler im Kloster von Vallombrosa (bis 1578).
1581	Galilei Student in Pisa (bis 1585).
1585	Sixtus V. Papst (+ 1590).
1587	Galileis erste Reise nach Rom, Bekanntschaft mit Clavius - Ferdinando I. Großherzog von Toscana (+ 1609).
1589	Galileis Ernennung zum Professor in Pisa.
1590	Wahl der Päpste Urban VII. und Gregor XIV. (+ 1591).
1591	Galileis Vater Vincenzo stirbt, er selbst übersiedelt nach Florenz - Innozenz IX. Papst (+ 1592).
1592	Ernennung Galileis zum Professor in Padua - Clemens VIII. Papst (+ 1605).
1596	René Descartes geboren (+ 1650).
1600/01	Geburt von Galileis Töchtern Virginia und Livia - Tycho de Brahe gestorben (*1546).
1605	Leo XI. und Paul V. (+ 1621) Päpste.
1606	Geburt von Galileis Sohn Vincenzio.
1609	Konstruktion von Galileis Fernrohr, erste Himmelsbeobachtungen - Cosimo II. Großherzog von Toscana (+ 1621).
1610	Ernennung zum Ersten Mathematiker und Philosophen des Großherzogs von Toscana - Übersiedlung nach Florenz.
1611	Zweite Reise Galileis nach Rom.
1614	Kanzelattacke des Dominikaners Caccini gegen Galilei.
1616	Dritte Reise Galileis nach Rom -

	Verurteilung des Kopernikus und Verbot, den Heliozentrismus zu lehren, durch die Inquisition.
1617	Konstruktion eines binokularen Fernrohrs zur Längenbestimmung auf See durch Galilei.
1618	Erscheinen dreier Kometen - Ausbruch des Dreißigjährigen Krieges.
1621	Ferdinand II. Großherzog von Toscana (+ 1670) bis 1627 vormundschaftliche Regierung durch die Großherzogin-Mutter Christina - Gregor XV. Papst (+ 1623) - Kardinal Bellarmino gestorben (*1542).
1623	Urban VIII. Papst (+ 1643) - Vierte Reise Galileis nach Rom - Beginn der Arbeiten am Dialogo - Blaise Pascal geboren (+ 1662).
1630	Eingreifen Gustav Adolfs von Schweden in den Dreißigjährigen Krieg.
1632	Sieg Gustav Adolfs über Tilly bei Rain am Lech, Tilly - tödlich verwundet - Tod Gustav Adolfs in der Schlacht von Lützen - Vorladung Galileis vor die Inquisition.
1633	Prozeß gegen Galilei, Verurteilung und Abschwörung zu Rom -Aufenthalt in Siena, Rückkehr nach Arcetri.
1634	Tod von Galileis Lieblingstochter Virginia (Suor Maria Celeste) in Arcetri.
1635	Eintritt Frankreichs in den Dreißigjährigen Krieg als Gegner Habsburgs.
1636	Thomas Hobbes besucht Galilei.
1637	Erblindung Galileis.
1638	Besuch John Miltons bei Galilei.
1639	Vincenzo Viviani und
1641	Evangelista Toricelli (+ 1647) Hausgenossen Galileis.
1642	Galilei stirbt am 8. Januar.

Personen- und Ortsregister

Abetti, G. 170
Accarisi, G. 170
Accelle 224
Acquapendente 123
Acquaro Graziosi, M.T.
Acquasparta 108
Adam, Ch. 133, 172
Acquaviva d'Aragón, O. 57
Addio, M. d', 46, 60, 64, 84-85,
    91, 95, 119-120, 123, 125, 127,
    133, 163, 177-179, 277
dell'Addolorata, F. 226
Agucchi, G.B. 60
Airenti, G.V. 253
Albani, J. 229
Albano 214
d'Alembert, J. 167, 287
Alessandrini, A.
Alexander IV. 267, 274
Alexandria 283
Algarotti, F. 183
Alkmaar 49
Altdorf 183
Ambrosius 297
Amort, E. 182
Anfossi, F. 225, 230-233, 235-236,
    240-242, 245-268, 270-271, 274-
    276, 284-285, 289-290, 294-295,
    300
Ansbach, G. 49
Apamea 216

Apponyi, A. 210, 213-215, 217,
    287-288
Apreda, V. 249
Aquino 249
Arcetri 32, 101, 138-140, 142-
    143, 148
- *"Il Gioiello"* 139
- *S. Matteo 101, 138-139*
Archimedes 44
Argoli, A. 171
Aristoteles 46, 56, 68-69, 72, 79,
    85, 96, 102, 107, 112, 149, 156-
    157, 169-170, 183, 279, 297
Armagh 90
Aubert, R. 39, 93, 213, 223
Augsburg 158, 182, 238, 258
- *Universität* 180
Augustinus 77, 79-80, 82, 267,
    269, 275, 280, 297
Arranches 297
Auzout, A. 176

Bacon, F. 154, 172-173, 278
Baglioni, T. 51
Baillès, J.M.J. 205
Baldi, F.A. 225
Baldigiani, A. 177
Baldini, U. 62, 99, 183, 194, 246,
    267
Bamberg 54
Bandini, O. 58

Bangen, H.J. 205
Barberini, F. 119, 122-123, 125, 130, 142, 147, 170
Barberini, M. 35, 85-86, 96-97, 108-109, 111-112, 116, 123, 130, 137-139, 147-149, 160, 170, 176, 187, 192-193, 298, 302, 306
Barcelona 213
Bardani, A.A. 229-231, 239, 242
Barenghi, G. 170
Baronius, C. 79, 244
Bartholdy, J.L.S. 238-239
Basile, B. 76
Basilius 275
Beaulieu, A. 275
Beaurégard, C.G. 169
Beck, H.G. 275
Bellarmino, R. 60-63, 75, 82-86, 92-97, 99, 115, 122, 124, 126, 151-152, 155-156, 163, 178, 193, 269, 302
Belli, G.G. 226
Benedetti, G.B. 45
Benzoni, G.
Bérault-Bercastel, A.H.J.F.
Bergamo 180
Bernadino da Ferentino 224
Berlin 67, 183
Bernegger, M. 140
Bertazzoli, F. 203, 210, 217, 232, 237, 240, 254
Bessel, F.W. 194
Bidolli, A.P. 202-203, 217

Biolchini, P. 288
Blumenberg, H. 65-66, 154, 159
Boerhaave, H. 185
Boffito, G. 211, 244
Bologna 47, 55, 63, 130, 170-171, 175, 187, 190-191, 216-217, 227, 229, 242, 244
- *Istituto delle scienze* 166
Bomba, D. 289
Bonaparte, L. 215
Boncompagni, G. 175
Bonnet, Ch. 227, 231, 240
Bonora, E. 183
Bonora, T. 9, 227
Borelli, A. 166-167, 177
Borghese, Fam. 57
Borghese, S. 57
Borja, G. 101
Borromeo, F. 171
Borselli, L. 172
Bortson, A. 266
Boscaglia 160
Boscovich, R.G. 180, 258, 262, 267, 290
Boulliaud, I. 187
Bradley, J. 179, 266, 301
Brahe, T. 46, 55, 59, 66, 88, 102-103, 122, 151-154, 170-172, 174, 177, 183, 187-188, 267, 303
Brancadoro, C. 210, 214-215
Braun, J.W. 230, 231
Brecht, B. 130
Breitenfeld

Brescia 73, 166
Bressani, G. 183
Brodrick, J. 61, 93
Brüche, E. 27
Bruno, G. 55, 61
Büchmann, G. 31
Buchner, H. 221
Buchowiecki, W. 221
Busoi, R. 269
Burtt, E.A. 154
Buschkühl, M. 134
Byzanz 27

Cacciapiatti, I. 242
Caccini, T. 74-75, 85-86, 89, 146
Caetani, B. 97
Caferri, N.A. 188
Caffiero, M. 213
Cagnoli, A. 246, 267
Cajetanus, Th. de Vio 158, 304
Calandrelli, G. 194, 235, 245, 267
Calasanza, G. da 57
Calcagnini, C. 63, 71-72
Calmet, A. 182, 271
Calvin, J. 43
Camillis, M. de 214, 216
Campagnola, St. da
Campanella, T. 116, 119
Campbell, J. 157
Cano, M. 70, 271, 296
Capellari, M. bzw. B.A. 213, 218, 299
Capponi, Z. 123

Capra, B. 47-48
Caprano, P. 210, 217-218, 242, 258
Capua 62
Carafa, D. 96
Caramuel de Lobkowicz, I. 160
Cardi, L. (gen. il Cigoli) 67
Carlos, Don 43
Carter, J. 134
Casanovas, J. 103
Caselli, C.F. 213-214, 219
Casini, P. 180
Cassini, G.D. 166
Castelli, B. 73, 75, 77, 82, 86, 103, 116-117, 119, 123-124, 140, 143, 171, 293, 298
Castello Azzara 229
Casti, G. 268
Catalanus, J. 206
Cavalieri, B. 119, 171
Centini, F. 97
Cesena 170
Cesari, A. 244
Cesarini, V. 105, 108
Cesi, F. 58, 60, 75, 105, 108, 110, 117
Chapell, M. 67
Chiaramonti, B. (Pius VII.) 169-170, 199, 217
Chiaramonti, S. 169-170
Chieti 249
Chios 192
Christina von Schweden 166, 288

Chrysostomus, J. 274
Ciampini, G.G. 166
Ciampoli, G.B. 76, 84, 105, 108-109, 116, 119-120, 147
Ciccolini, L.M. 242
Cicero 288
Cigoli, L. 67
Cinti, D. 169-175, 178-180, 194
Ciuffa, S. 226
Ciugoli 237
Clavius, Ch. 44, 47, 54-60, 62, 108, 152
Clemens von Alexandria 297
Cohen, J.B. 152
Colapietra, R. 217
Comte, A. 307-308
Consalvi, E. 199-201, 210-211, 213-218, 229, 236, 238, 242, 244
Conti, Fam. 184
Conti, A. 235-236
Conti, C. 72
Corsi 224
Cosmas Indicopleustes 275
Costanzo, J.F. 161
Cotta, J.F. v. 238, 254
Coulon, R. 231
Coyne, G.V. 62, 99
Cremona 244
Cremonini, C. 61
Cristaldi, B. 236-239, 287
Cristofolini, P. 74
Crivelli, C. 228
Crollis, D. de 289-290
Crombie, A.C. 138, 150, 152

Cugnoni, G. 9-10
Cysat, J.B. 103

Dante 37, 226
Darwin, Ch. 37
Dausset, I. 311
Degli Angeli, S. 177
Del Bufalo, G. 236
Della Genga, A. (Leo XII.) 210, 214, 218
Della Porta, G.B. 48
Della Somaglia, G.M. 203, 210-211, 214, 219, 246, 253, 258, 289
Delle Colombe, L. 69-72
Del Monte, F. 45, 57, 59, 84, 101
Del Monte, G. 45
Del Re, N. 205, 259
Demont, P. 210, 218
Desanctis, L. 228
Descartes, R. 132-134, 140, 163, 172, 187
Dessauer, F. 35, 143
Didacus a Stunica s. Zúñiga,
Diderot, D. 167
Dini, P. 75, 77, 84, 86
Diogenes 188
Disraeli, B. 33
Diodati 150
Dobrzyn 178
Doppelmayr, J.G. 183
Dostojewskij, F.M. 61
Drake, S. 43, 51, 91, 94, 107, 122, 138-139, 198, 157, 160

D' Soŭza, E. 37
Dubrovnik 180
Duhem, P. 302
Duve, C. de 311

Eccles, J. 311
Eckstein, F. v. 249
Edessa 217
Elchinger, L.A. 37
Elzevier, I. 140-141
Ephesus 237
Ersch, J.S. 178
d'Este, I. 87
Eszer, A.K. 116
Euklid 44
Ezechias 70

Fabri, H. 176
Fabricius, D. 107
Farnese, O. 57, 60
Fasola, M. 192
Favaro, A. 10, 34
Feigl, L. 221
Fenestrelle 200
Fermo 215
Ferrara 63
Ferrari de, A. 58, 73, 75, 166, 171
Ferraris, L. 163, 187-190
Ferreto, G. 221
Ferrone, V. 106
Feyerabend, P.K. 56, 83-84
Firpo, M. 106, 116
Fischer, E.O. 311
Fleckenstein, J.O. 28

Florenz 32, 44, 51-54, 56, 58, 69, 71-72, 85, 87, 89, 100-101, 109, 117, 119, 122-123, 128, 137, 139, 142-143, 147, 149, 166, 178-179, 224
- Accademia del Cimento 166, 175-176
- Accademia della Crusca 103
- S. Croce 143
- S. Marco 74
Fölsing, A. 29
Folchi, Dr. 289
Fontainebleau 200, 212, 217
Fontana, C.
Fontana, F.L. 210, 212-213
Forli 216
Fortunatus a Brixia 188
Foscarini, P.A. 75-77, 83, 96-97, 155, 178, 205, 269, 281, 291-292, 296
Frankfurt 43, 49
Franz I., Kaiser von Österreich 287
Frattini, C.M. 210, 259-260
Frauenburg 61, 63-64, 187, 284
Freeman, B.C. 266
Freiesleben, H.C. 93, 108, 131, 134, 136, 139
Freud, S. 37
Friedrich II. von Preußen 183, 237, 287
Froidmont, L. 172
Frosini, A. 241, 252-253, 258-259
Frosinone 229

Furlani, S. 215

Gabrielli, G. 210, 214-215
Gaddi 232
Galamini, A. 97
Galeffi; P.F. 210, 214
Galilei, L. 101
Galilei, M. 45
Galilei, V.
Galilei, Vin. 43-44, 101, 128
Galilei, Vir. 45, 101, 138, 148
Galli, A.A. 185
Galli, M.G. 153
Gamba, M. 46
Garofalo, V. 299
Garin, E. 165
Gassendi, P. 172, 267
Gazola, C. 226
Geiselmann, J.R. 231
Gentili, E. 43
Genua 216, 254
Gerdil, G.S. 212-213, 245-246, 267
Gerlach, W. 27
Ghislieri, M. (s. Pius V.) 206, 208, 297
Giese, T. 64
Gliozzi, G. 171, 177
Goethe, J.W. v. 238
Golino, C.L. 63
Govi, G. 227
Grandami, J. 171
Grandi, A.M. 244-247, 255-258, 264

Grassi, O. 97, 100-110, 145, 150, 170
Grassi Fiorentini, S. 166
Graz 64
de Gregorio, E. 210, 213, 242
Grenoble 200
Grienberger, Chr. 57, 60, 75, 86, 97, 107-108, 145, 152, 308
Grisar, H. 32-34, 64, 66-67, 80, 95, 145, 160, 162, 167
Grotius, H. 274
Gruber, J.G. 178
Gualdo, P. 67
Guerrieri, C. 242
Guglielmini, G.B. 153, 190-191, 245, 267
Guicciardini, P. 100
Guiducci, M. 103-104, 107
Gunzenhausen 48
Gustav Adolf v. Schweden 159

Haffenreffer, M. 66
Halle 183
Haller, K.L. v. 249
Hammer, F. 175
Hammermayer, L. 166
Hampe, H.C. 37-38
Harriot, T. 107
Hausherr, H. 238
Hayetz, F.A. v. 311
Helmstedt 156
Helden, A.O. van 48
Heller, M. 63

Hemleben, J. 28, 51-52, 61, 86, 98, 130, 133-134
Hennemann, G.
Henner, C. 205
Hettinger, F.X. 33
Heyck, E. 238
Hieronymus 77, 81
Hilgers, J. 208
Hinschius, P. 205
Hipp, Th. 221
Hiroshima 26
Hirsch, E. 161
Hobbes, Th. 140
Hohenzollern, E.F. v. 109
Holstenius, L. 123
Horky, M. 45
Horaz 174
Hubensteiner, B. 157
Huet, P.D. 297
Hurter, H. 226
Hurter, F. v. 249

Iconium 218
Imola 237
Imperia 231
Inchhofer, M. 122, 125-126
Ingoli, F. 97-98, 109-111, 291, 298
Ingolstadt Universität 167
Isaias 70

Jacqueline, B. 184
Jamin, N. 266
Janssen, Z. 49

Jedin, H. 85, 223
Jesaja 273
Jesi 228
Jesuiten 44
Job 71, 295-296
Johannes Damascenus 275
Johannes v. Vercelli 280
Josue 65, 70, 74, 82, 273-275
Jünger, E. 307-308

Kepler, J. 34, 39, 46-48, 51-52, 54-56, 66-67, 84, 88, 102, 110, 122, 151, 166, 177-178, 187, 205, 266, 281, 292-293, 297-298, 302
Kerfbyl, J.H. 230
Klein, L.R. 311
Knak, G. 67
Kochánsky, A. 178
Koestler, A. 51, 151
König, F. 27
Königsberg 47
Kopernikus, N. (Copernico/Copernicus) 8-9, 26-27, 34, 46-47, 51, 55, 58-61, 63-67, 70-78, 80, 82-86, 88, 92, 96-99, 102, 105, 109-111, 113, 115, 117-118, 120-121, 124-126, 131-133, 135, 141, 148, 151-154, 159, 162-163, 167, 171, 174, 176-180, 182-194, 205-206, 222, 226, 231, 238-239, 243-246, 252-253, 255-257, 262-265, 267, 270-271, 274,

276-281, 284-285, 290-295, 298-306, 309
Kowall, Ch.T.
Kraus, A. 167-168
Krebs, H.A. 311
Kromer. M. 64
Kulm 64
Küng, H. 161

Lakner, F. 284
Lalande, J.J. 11, 185-186, 242, 246, 270, 274, 283
Lambruschini, G. 213
Lamennais, H.-F.-R. 37
Lamalle, E. 36
Lancellotti, O. 97
Landsberg, P. 171, 187
Langford, J.J. 84, 93, 304
Leibniz, G. 31
Leipzig 178
Lelli, C. de 57
Lembo, G.P. 57, 60
Leonardi, G. 304
Leopold von Österreich 101-102, 119
Lepanto 43
Lewi, Rabbi 274
Lewalter, E. 156
Leyden 140-141, 183
Liceti, F. 143, 170
Lindau
List, M. 46, 54
Litta, C. 203
Löwen 62

Loe, P. 270
Lombard, P. 90
London 210
- *Royal Society* 166, 180
Loreto 102
Loretz, O. 77, 304
Lorin, J. de 72, 146
Louis Napoleon
Lugo 217
de Lugo, A.M. 190
Luther, M. 43, 65, 95, 158
Luyten, N.A.
Lyon 72, 176, 218

Maculano, V. 30, 123-125, 127, 136, 147
Maderna, C. 57
Madrid 101
Madrigal, A.M. 69
Maelcote van, O. 57, 59-60
Maffei, P. 10, 192, 211, 221, 229, 235-237, 239-244, 246-248, 252-255, 260-261, 288-290, 300
Magalotti, L. 166
Magini, G.A. 47, 55-56
Mai, Angelo 288
Maier, A. 63
Mailand 171, 194, 224, 244
Maimonides 274
Mainzer, K. 180
Maire, Chr. 180
Maistre, I.M. 218
Malvasia, C. 228
Mamachi, T. 192-193, 267

Manolessi, C. 175
Mantua 148
Manzoni, A. 213
Maraffi, L. 75
Marchetti, V.
Marcianus, röm. Kaiser 283
Mariani, I. 11
Marie Louise von Österreich 200
Maria Stuart 43
Maritain, J. 135-136
Marius, S. 48-49, 76
Marsili, A. 139
Martin, H. 175
Martini, C.M. 304
Marx, K. 37
Mastrofini, M. 226
Mazetti, G.M. 249-250
Medici 88, 100
Medici, Christina 73, 77, 83, 140, 179, 293, 309
Medici, C. II. de 52-53, 57, 73
Medici, F. de 45, 109, 175
Medici, Gianc. de 175
Medici, Giov. de 45, 170
Medici, Giul. de 54
Medici, L. de 11, 166-167, 175-176
Medici, M. de 140
Meetsius, J.A. 49
Melanchthon, Ph. 66
Mellini (Millini), G.G. 92
Mendelssohn-Bartholdy, F. 238
Mendelssohn-Bartholdy, I. 75
Menton 266
Mercier, L.L. 279

Merola, A. 119, 134
Mersenne, M. 133, 172
Metternich, K.W. v. 210, 215, 287-288
Metzler, J. 98, 206
Micanzio, F. 119
Michelangelo Buonarotti 37, 43
Michelangelo Buonarotti (Neffe) 122
Middelburg 49
Milton, J. 140
Miollis, S.A. F. 228
Modena 87, 191, 241, 246
Molitor, I. 296
Moll, H. 11
Montalto, A. 57
Montefiascone 228
Montepulciano 61
Montesquieu, Ch. de 225
Montfaucon, B. 275
Monti A. 289
Monti, C. 143
Moody, E.A. 63
Morichini, D. 248
Moroni, G. 192, 205-206, 210, 212-213, 215-216, 224,227-228, 244, 249, 288
Moses 274
Moskau 28
Moss, J.D. 82, 126, 132
Moulins 169
Muccillo, M. 69
Müller, A. 31-32, 34, 39, 47-48, 50, 54, 56, 59, 69, 89, 98, 101,

105-106, 110, 114, 119, 121, 128-129, 138, 145, 167
München 159
- *Churbaier Akademie* 168
Muir, P.H. 119, 134
Muratori, L.A. 191, 265-266
Murillo, B.E. 31
Mutini, C. 105
Muzzarelli, G.F. 142-143

Nagasaki
Nantes 171
Napoleon Bonaparte 199-201, 211-214, 216-217, 222, 228-229, 232, 288
Neapel 48, 62, 72, 75, 96, 216, 249
- Investiganti 166
Newton, I. 141, 166, 178, 187, 285, 299, 301, 304
Niccolini, F. 120, 122-123, 138-139
Niebuhr, B.G. 8
Nieuwentijd, B. 267
Nigro, S. 268
Nikolaus von Kues 63, 82, 158, 279-280, 284
Nisibis 215
Noack, F. 221, 223
Nobis, H.M. 297
Noni, P.G. 309
Nürnberg 65, 183, 205

Ochoa, S. 311
Odescalchi, Fam. 12
Odescalchi, P. 202, 288-291
Olivieri, M.B. 9, 11-12, 163, 224-229, 232, 235-237, 239-247, 251-254, 258-259, 261-262, 264-265, 268-286, 290-300, 304
Olivis, P. de 292
Opizzoni, C. 210, 212, 216-217
d'Oresme, N. 63, 158
Oreste, G. 253
Oregio, A. 122, 126, 147
Origenes 297
Orioli, G. 226
Ornstein, M. 166
Orsini, A. 88, 101, 184
Orvieto 215
Osiander, A. 65, 312
Osimo 237
Ostini, P. 210, 218, 249-250
Overbeck, J.F. 249

Pacca, B. 200, 210, 214, 217
Padua 43, 45-47, 51-54, 61, 67, 72, 111, 130, 146, 177, 180-181, 272, 293
- *Accademia Constantium* 166
- *Priesterseminar* 180
Päpste:
- Alexander VII. 166
- Benedikt XIV. 11, 181, 183-184, 208, 238-239, 263, 270
- Bonifaz II. 223
- Clemens VII. 64, 91
- Clemens XIII. 186
- Clemens XIV. 263

- Gregor I. 223
- Gregor XIII. 64
- Gregor XIV. 91, 292
- Gregor XV. 110
- Gregor XVI. 218, 223-224, 228, 299-300
- Hadrian II. 223
- Johannes Paul II. 308
- Leo I. d. Gr. 283
- Leo XII. 210-211, 213-214, 218, 223, 232, 288
- Leo XIII. 35
- Marcellus II. 61
- Paul III. 64, 78, 91, 207
- Paul V. 57-58, 85-86, 88, 188, 189, 192-193, 306
- Paul VI. 28, 37, 206
- Pius II. 171
- Pius IV. 43, 251
- Pius V. 206, 208, 297
- Pius VI. 199, 211-215
- Pius VII. 170, 194, 199-202, 211-217, 222, 228-230, 232-233, 237, 239, 244, 245, 259, 287, 295
- Pius IX. 219, 228, 288
- Sabinian 223
- Sixtus V. 62, 207
- Urban VII. 62
- Urban VIII. 35, 85-86, 96-97, 108-109, 111-112, 116, 123, 130, 137-139, 147-149, 160, 170, 176, 187, 188, 192-193, 298, 302, 306
- Zacharias 283

Palestrina 216
Palazzolo, M.I. 235
Paracelsus 297
Paris 12, 55, 200, 210, 213, 215-216, 238, 242, 257, 270, 277
Parma 171, 224
Pascal, B. 154, 172, 173
Paschini, P. 35-36, 38, 43, 57, 60-61, 67, 76, 87, 89, 138, 172
Pasquaglio, Z. 122-126
Pastor, L. v. 34, 64, 148,
Pasztor, L. 244
Patschovsky, A. 134
Paulus 77
Pavan, M. 203
Pavia 244
Pazmány, P. 64
Pedersen, O. 82, 309
Pepe, L. 169
Pereira, B. 79, 156
Perugia, Biblioteca Universitaria 11
Pessuti, G. 221
Petrucci, A. 170
Petrus 264
Philipp II. v. Spanien 43, 292
Philippi 259
Philipps, G. 205, 206
Philo 297
Piantoni, G. 244
Piazza, P. 241
Piccolomini, A. 32, 62, 137-139, 149

Picchena, C. 87
Pietromgeli, C. 210
di Pietro, M. 203, 210, 212-214
Pignatelli, G. 215
Pineda, I. de 71
Pini, D. 194, 279
Piolanti, A. 201, 212, 217, 227, 244, 249
Pisa 37, 43-45, 53, 68, 72-73, 85, 103, 169-171
Pistoia 212, 230-231
Platon 182, 297
Plöchl, W. 263
Pohl, E. 49
Polacco, G. 171
Polling 182
Pontecorvo 249
Poli, Ch. 172
Prag 55
Prause, G. 29
Prigogine, I. 311
Primi, A. 100
Procissi, A. 114
Ptolemäus 46, 59-60, 64, 66-67, 74, 76-77, 82, 88, 113, 121, 127, 154, 158, 169, 171-172, 183, 187, 193, 283, 303
Purgotti, S. 300
Pythagoras 44, 46, 71, 112, 115, 187-188, 297

Querenghi, A. 87-88

Racine, J. 266

Rain am Lech 59
Ranke, O. v.
Rastatt 228
Ratzinger, J. 11
Redondi, P. 105
Reilly, C. 167
Reinhold, de 288
Reiprich, G. 221
Restiglia, M. 181
Reusch, F.H. 9, 180, 205, 268, 299
Riccardi, N. 105, 109, 116-117, 119-120, 124-125, 147
Ricci, D. 226
Ricci, O. 44
Riccioli, G.B. 173-174, 177, 188, 275, 278, 301
Richelieu, A.J. 149, 172-173
Ritzler, R. 185, 211-216, 228, 237, 241, 249, 253
Roberval, G. 172
Rom 8, 12, 27, 34, 44, 55, 57-58, 61-65, 67-68, 75, 79, 85, 87, 99-100, 107-108, 110, 112-113, 115-123, 138-139, 142-143, 159, 166, 173, 175, 177, 180-181, 185, 191, 194, 199-202, 207, 210-214, 216, 218, 221, 223, 226, 228, 238, 243, 248, 262, 267-268, 270, 287-288, 290, 301-303, 307-308
- *Accademia dell`Arcadia* 12, 201-202, 217, 222, 224, 288, 292

- *Accademia fisico-matematica* 166
- *Accademia dei Lincei* 57-58, 117, 201, 222, 288
- *Accademia di Religione Cattolica* 201, 203, 213, 217, 224-227, 232, 243, 249
- *Aqua Paola* 57
- *Archäologische Akademie* 201
- *Campo Santo Teutonico* 223
- *Collegio Romano/Collegium Romanum* 44, 54, 57-60, 62, 97, 102-104, 107, 112, 212, 218, 249
- *Gianicolo* 34
- *Gregoriana* 34
- *Hl. Offizium* 9, 11, 86, 88-96, 99-100, 105-106, 120, 122-130, 132, 135-136, 170, 172-174, 180-181, 185, 187-189, 191, 193, 205-208, 210, 224, 228-230, 232, 235-237, 242-248, 252-256, 258-259, 264, 268, 271, 281, 284, 288-290, 294-295, 297-300, 304
- *Indexkongregation* 11, 95-99, 174, 184-186, 205-206, 208, 210, 213, 216, 232, 239, 244-245, 284, 288, 291, 307
- *Inquisition* 31, 61-62, 113, 134, 138, 148, 160, 165-166, 168, 171
- *Inquisitionspalast* 31
- *Kapitol* 59
- *Kurie* 27, 75, 185-186, 199, 201, 206-207, 257, 284, 304
- *Palazzo Corsini* 166
- *Palazzo Medici* 123-125, 137
- *Pincio* 32, 87, 116
- *Quirinalspalast* 57-58
- *Rota Romana* 188
- *SS Celso e Giuliano in Banchi*
- *S.M. in Araceli* 229
- *S. Maria Maggiore* 57
- *S. Maria sopra Minerva* 127, 129
- *St. Peter* 57, 176, 214, 229
- *S. Sabina* 12
- *S. Trinità dei Monti* 32, 87
- *Sapienza* 9, 116, 170, 202, 221-222, 224, 236-237
- *Trastevere* 166, 221
- *Universität* 10
- *Vatikanisches Archiv* 35, 93
- *Vatikanische Bibliothek* 11, 123, 225-227
- *Vatikanische Grotten* 223
- *Villa Medici* 125, 137

de Romanis, F. 235, 248, 250, 252, 259, 287
Ronchi, V. 48
Rosa, M. 231
Roselli, S.M. 270-271, 273, 276, 279-280, 285
Rosenthal, D.A. 249
Rosmini 237
Rossi (de Rubeis), P. 188
Rossi, St. 288

Rousseau, J.J. 225,267
Ruffo Scilla, L. 210, 216

Sagredo 111
St. Quentin 216
Salamanca 64
Salviati 111, 115
da San Mauro, Z. 187
San Miniato 177
Sarasohn, L.T. 157
Sarpi, P. 85-86
Sarti, E. 223
Savi, B. 175
Savona 200, 253
Scaglia, D. 123
Scandaletti, P. 11
Scarpellini, F. 222
Schadow, R. 249
Schadow, W. 249
Schaffner, O.
Scheiner, Ch. 100-110, 122, 146, 301
Scherz, G. 173
Schettini, A. 201, 279
Schlosser, Christian 249
Schmauch, H. 63
Schmid, J. 72
Schmidlin, J. 199, 203, 211, 214-216, 223, 229, 249
Schmitt, A. 296
Schneider, B. 199, 203, 211
Schnürer, G. 35
Schönberg, N. 64
Schoppe, K. 109

Schuster, L. 293
Schwedt, H.H. 211, 228, 229
Schyrleus, A.M. 171
Seeg 221
Sefrin, P. 185, 211, 216, 228, 237, 241, 249, 253
Seghizzi, M. 85, 92-94
Seleucia 249
Senger, H.G. 279
Senones 271
Serristori, L. 123
Settele Lkr. Ostallgäu 221
Settele, F.X. 221
Settele, G. 7-11, 193-194, 199, 211, 218-219, 221-224, 229-232, 235-243, 245-255, 257-266, 287-290, 294, 300
Severinus 171
Shakespeare, W. 43
Siena 32, 137-140, 149, 166, 229
-Fisiocritici 166
Simoncelli, P.
Simplicio 61, 148, 298, 302
Sixtus von Siena 296
Sizzi, F. 56
Soccorsi, F. 115, 132, 145, 155, 162, 169
Soglia, G. 237, 240, 243
Solle, Z. 140, 149
Sommervogel, C. 103, 171, 173, 176, 178, 191
Sora 249
Spada, B. 148
Spano, N. 202

Spina, G. 210, 215, 219
Spini, G. 309
Stabile, G. 169
Stensen, N. 173
Stoiker 297
Straßburg 37, 140
Stuart, M.
Stuttgart 254
Suarez, F. 156
Suenens, J. 36-37

Tabarroni, G. 153, 191
Taggia 231
Tagliacozzo 171
Tannery, P. 133, 164, 172
Tartaglia, N. 45
Taurisano, I. 224, 229
Tertullian 79
Teilhard de Chardin, P. 37
Thales 297
Thiersch, F. v. 8-9
Thomas von Aquin 69-70, 77, 81, 112, 172, 253, 265-266, 269, 274, 279-280, 297, 302, 304
Thorndyke, L. 166
Tilly, J. 159
Tiraboschi, G. 191-193, 267, 276
Toaldo, G. 181-182
Todisco, O. 147
Toledo 292
Toni, M. 210, 218, 242
Torricelli, E. 140, 143, 265, 278
Toscanella 228
Toussaint, C. 182

Townes, C.H. 311
Treviso 183
Trient, Konzil 43, 77, 83, 247, 263
Tübingen 46, 66, 254
Turiozzi, F. 228-229, 237, 239, 240-243, 246-248, 250-252, 253, 256, 259-260, 264, 268, 290

Ulm 64
Ursaya a Bosco, D. 188

Valence 199
Vallombrosa 44
Vasoli C. 61, 95, 157, 165
Venedig/Venezia 45, 49, 51-55, 62, 85, 170, 177, 187, 199
- *S. Marco* 49
Vergil 260
Vernacchia-Galli, J. 10, 221
Vespucci, V. 53
Vicenza 243
Vidóni, P. 209
Viganó, M. 148
Villamena, F. 175
Vincennes 212
Vinaty, B. 52, 153
Virgilius von Salzburg 284
Visconti, R. 117
Viterbo 229
Viviani, V. 139-140, 177-178
Vogel von Vogelstein, K. V. 249
Voltaire, F.M.A. 237, 256, 287
Volk, P. 271
Voste, J.M. 158

Wallace, W. 39, 45, 133, 147, 153
Wangemann, H.Th. 67
Washington 39
Waterford 90
Weber, C. 214
Weiland, A. 221, 223
Werner, F.L.Z. 249
Weimar 252
Westfall, R.S. 58
Wien 217, 254
Österr. Nationalbibliothek 288
Wiener Hof 199, 215
Wiener Kongress 12, 200, 249
Wilkins, M.H.F. 311

Wilpert, P. 279
Wiseman, N. 223
Wittenberg 65
Wolff, C. 193

Yalow, R.S. 311

Zagarolo 194
Zapperi, R. 60
Zedler, J.H. 178
Zúñiga, D. 72, 96-97, 178, 205, 209, 281, 291-292, 295
Zycinski, J. 62

Der Autor

Walter Brandmüller, *Prof. Dr. theol., geb. 1929 in Ansbach/Mittelfranken;*

Priesterweihe 1953; Promotion 1962; Habilitation 1967;

1967 – 69 Privatdozent an der Universität München;

1969 – 71 ordentl. Professor an der Philosophisch-Theologischen Hochschule Dillingen;

seit 1971 Ordinarius für Kirchengeschichte des Mittelalters u. d. Neuzeit an der Universität Augsburg.

Begründer u. Herausgeber der "Konziliengeschichte", mit R. Bäumer zusammen Begründer und Herausgeber des "Annuarium Historiae Conciliorum";

ord. Mitglied der Pontificia Accademia Teologica Romana und Korrespondierendes Mitglied der Accademia degli Intronati di Siena;

Forschungsschwerpunkte: Konziliengeschichte, Kirchengeschichte des Spätmittelalters und des 19. Jahrhunderts;

Werke u.a.: Das Konzil von Pavia-Siena I–II (1968/72), Papst u. Konzil im Großen Schisma (1991), Das Konzil von Konstanz I (1992), Galilei und die Kirche (1982), 2. Auflage italienisch (1992); zusammen mit E.J. Greipl Copernico, Galileo e la Chiese. Fine della controversia (1820), Gliatti del S. Uffizio (1992).